Bestandsschutz und Beschäftigungskrise

Europäische Hochschulschriften
Publications Universitaires Européennes
European University Studies

Reihe II
Rechtswissenschaft

Série II Series II
Droit
Law

Bd./Vol. 3753

PETER LANG
Frankfurt am Main · Berlin · Bern · Bruxelles · New York · Oxford · Wien

Eckhard-Christian von Bülow

Bestandsschutz und Beschäftigungskrise

Ein Beitrag zum Problem der Beschäftigungswirkung institutionellen Bestandsschutzes

Dargestellt am Beispiel des deutschen Kündigungsschutzes bei betriebsbedingter Kündigung und Kündigung wegen Betriebsübergangs, mit vergleichenden Aspekten aus englischer und amerikanischer Sicht

PETER LANG
Europäischer Verlag der Wissenschaften

Bibliografische Information Der Deutschen Bibliothek
Die Deutsche Bibliothek verzeichnet diese Publikation in der Deutschen Nationalbibliografie; detaillierte bibliografische Daten sind im Internet über <http://dnb.ddb.de> abrufbar.

Zugl.: Berlin, Freie Univ., Diss., 2003

D 188
ISSN 0531-7312
ISBN 3-631-51332-1

www.peterlang.de

Vorwort

Die vorliegende Arbeit wurde im WS 95/96 von Prof. Dr. Klaus Adomeit als Stellungnahme zur Beschäftigungsproblematik aus Sicht des Arbeitsrechts angeregt. Mit ihren Grundaussagen konnte die Untersuchung im WS 97/98 erstmals fertig gestellt werden

Die sich entwickelnde Dynamik des Themas und die in ihren rechtspolitischen Zielrichtungen zum Teil gegenläufigen Aktivitäten des Gesetzgebers (1996 und 1998/99) machten eine mehrfache Überarbeitung notwendig. Die im WS 2000/2001 endgültig abgeschlossene und eingereichte Arbeit hat die Juristische Fakultät der FU- Berlin im WS 2002/2003 als Dissertation angenommen.

Während des längeren Begutachtungsverfahrens ist infolge der fast überraschend wiederbelebten Debatte um Reformen im Kündigungsrecht eine ungemeine Fülle an juristischer und ökonomischer Literatur parallel entstanden. Damit wurde noch vor der Veröffentlichung eine erneute Durchsicht der Ausführungen erforderlich. Neue Literatur und Rechtsprechung konnten, soweit von Relevanz, bis Juni 2003 Berücksichtigung finden.

Dank zu sagen habe ich Herrn Prof. Dr. Klaus Adomeit, der vorliegende Dissertation begleitet hat und das erste Gutachten fertigte. Die Herren Professoren Dr. Jochem Schmitt und Dr. Helmut Grothe haben das Zweit- bzw. Drittgutachten erstellt. Auch ihnen danke ich für wichtige Hinweise.

Hinsichtlich der rechtsvergleichenden Betrachtungen gilt darüber hinaus mein besonderer Dank den Herren Solicitors Keith Hearn und Mark Leach, Labour Department Ford & Warren Solicitors in Leeds, England. Mit großem Engagement führten mich die Kollegen in die Praxis des englischen Arbeitsrechts und Arbeitsgerichtsprozesses ein und erleichterten mir damit das Verständnis dieses Rechtssystems.

Zu selbem Dank verpflichtet bin ich gegenüber den Damen und Herren Attorneys at Law, Carol L. Vondale, R. Ian Hunter und John L. Gierak, Labor Group, Dean & Fulkerson, Attorneys and Counselors, Troy (Detroit), Mich., USA. Auch hier waren es vorzügliche Gespräche, die einen tieferen Einblick in die ökonomische Denkweise und den arbeitsrechtlichen Standard in den USA ermöglichten.

Schließlich möchte ich auf diesem Wege meines vor kurzem verstorbenen Vaters gedenken. Er hat mit großer Geduld und Beistand den späten Entschluß zur Promotion unterstützt. Meinen Freunden danke ich für ihre Diskussionsbereitschaft und ihren guten Zuspruch während zum Teil schwieriger Bearbeitungsphasen. Ihnen allen ist diese Arbeit gewidmet.

Dresden, Juni 2003 Eckhard-Chr. v. Bülow

Inhalt

Abkürzungsverzeichnis

A. Abkürzungsverzeichnis der ausländischen Zeitschriften

Ell-Suppl., GB	Ellis European Legal Literature Information Service, Supplement-GB
HLR	Harvard Law Review
IRLR	Industrial Relation Law Reporter
LA	Labour Arbitration
LACDI	Labour Arbitration Cumulative Digest and Index
LRR	Labour Relations Reporter
LRX	Labour Relations Expeditor
RIW	Recht der Internationalen Wirtschaft
TLL	The Labour Lawyer
ZIAS	Zeitschrift für ausländisches und internationales Arbeits- und Sozialrecht

Abkürzungsverzeichnis der ausländischen Entscheidungen

AD	Appellate Division, Entscheidungssammlung
aff'd	affirmed (bestätigt)
aff'g	affirming (bestätigend)
App.Div.	Appellate Division
CA	Court of Appeals
Cal.	California
cert.den.	certioary denied
cert.grant.	certioary granted
D oder DC	District Court
ED	Eastern District
F.	Federal Reporter
F.2d.	Federal Reporter Second Series
Fed.	Federal Reporter
F.Supp.	Federal Supplement
L Ed.	United States Supreme Court Reports, Lawyers Edition
L Ed 2d.	United States Supreme Court Reports, Lawyers Edition, Zweite Serie

Mass.	Massachusetts
Mich.	Michigan
NE	North Eastern Reporter
NE 2d.	North Eastern Reporter, Zweite Serie
NYS.	New York Supplement
NYS. 2d.	New York Supplement, Zweite Serie
P.	Pacific Reporter
P. 2d.	Pacific Reporter, Zweite Serie
rev'd	Reversed
S Ct	Supreme Court Reporter
SD	Southern District
SW	South Western Reporter
SW 2d.	South Western Reporter, Zweite Serie
US	United States Reports
USC	United States Code
v	versus (gegen)
WD	Western District

Weitere verwendete Abkürzungen entsprechen den üblichen (vgl. Kirchner, Hildebert/Kastener, Fritz, Abkürzungsverzeichnis der Rechtssprache, 4. Auflage, Berlin 1993), verwendete Zitierweisen ergeben sich aus dem Literaturverzeichnis.

Einführung

A. Anlaß der Untersuchung

Anlaß vorliegender Untersuchung ist eine nach wie vor in Deutschland mehr als unbefriedigende Beschäftigungsentwicklung und die in diesem Zusammenhang diskutierte Bedeutung des Kündigungsschutzes als Teil arbeitsrechtlicher Rahmenbedingungen.[1]

I. Beschäftigungslage und Arbeitslosigkeit in der Bundesrepublik

In einer Überschau belegen einige Eckdaten der Arbeitsmarktentwicklung ein seit Jahren anhaltend hohes Niveau der Arbeitslosigkeit in Deutschland.[2] Die *Arbeitslosenquote*[3] stieg besonders seit Ende des ersten Drittels der 90er Jahre erheblich an und liegt nach einer leichten Erholung des Arbeitsmarktes im Jahre 2000 – saisonbereinigt – derzeit deutlich in der Nähe von 10% (9,7 %) auf der Basis aller zivilen Erwerbspersonen bzw. 10,7 % auf der Grundlage abhängiger

---

1 aus jüngerer Zeit etwa: Adomeit, Regelungen, S. 32f. m.w.N.; ders., in: Hanau/Adomeit, S. 5ff. m.w.N.; Bauer, NZA 2002, S. 529ff u. 1001ff; Dichmann, S. 32; Eichhorst, Benchmarking Deutschland, S. 26; Hümmerich, NZA 1996, S. 1289ff. m.w.N.; eindringlich Rüthers, Beschäftigungskrise, besonders S. 51ff.; ders. NJW 2002, S. 1603ff; U. Preis, NJW 2000, S. 2304ff.; Walwei, IAB Topics Nr. 48 (2002), Beitr.AB 2002, S. 75ff; Willemsen, NJW 2000, S. 2779ff.

2 Vgl. zugrundegelegte Marktdaten und allg. Entwicklung in einem Zeitraum von 1995-2002: Eichhorst, Benchmarking Deutschland, S. 15; WSI-Projektgruppe Prognose, WSI-Mitt. 5/1995, S. 277ff. und 1996, S. 281ff.; Empter, Der Arbeitgeber 1995, S. 94ff.; Der Arbeitgeber, Jahresbericht 1994, S. 74ff.; Eckwerte des Arbeitsmarkts, Mitteilungen der BfA-Abt. Statistik; desgl. (ANBA) Nr. 9/95, S. 1291ff.; Blüm, BArbBl. 9/95, S. 5ff.; ders., BArbBl. 3/95, S. 5ff.; Hofmann, BArbBl. 2/1995, S. 5ff.; Gröbner/Lang-Neyjahr/Weber, BArbBl. 4/1995, S. 5ff.; ANBA Nr. 1/97, S. 5ff. (12); ANBA Nr. 8/97, S. 1059ff.; mit positiven Tendenzen, dennoch Anzeichen von Persistenz: ANBA Nr.12/99, S. 1301ff.; ANBA 2000, S. 363ff.; ANBA 2000, S. 997ff.; ANBA Nr.1/2002, S.9ff; ANBA Nr.6/2002, S.551ff; ANBA Nr.12/2002, S. 1351ff.; ANBA Nr.5/2003, S.469; zur Entwicklung über Jahrzehnte: Walwei, MittAB 2/98, S.334ff.

3 zur Ermittlungsbasis Cezanne, S. 279ff. (281).

ziviler Erwerbspersonen.[4] Die EU-standardisierte saisonbereinigte *Erwerbslosenquote*[5] errechnet sich auf 8,3 %. Die Phasen konjunktureller Erholung konnten hierbei weder auf den westdeutschen noch auf den ostdeutschen Beschäftigungsanteil wirklich durchschlagen.[6] Wenn überhaupt, so wurden von generell ungünstigen Tendenzen am Arbeitsmarkt ausgehend konjunkturbedingte Beschäftigungsanstiege lediglich in den Altbundesländern für möglich gehalten.[7]

In den *neuen Bundesländern* hingegen hat der massive Beschäftigungsabbau infolge von Privatisierung und Restrukturierung vorallem im Industriebereich[8] zwar weitgehendst sein Ende gefunden. Aber auch die Entstehung von mehr Gewerbe und der Ausbau neuer Erwerbsstrukturen konnten die Beschäftigungssituation bisher nicht maßgeblich verbessern.[9]

Die Arbeitslosenquote in Ostdeutschland stieg durchschnittlich im hier betrachteten Zeitraum von ca. 15 bis 17% auf z.T. über 20%, um auf diesem Niveau – je nach neuem Bundesland sogar darüber – zu verharren.[10] Dabei ist zu berücksichtigen, daß die Statistik das Ausmaß der Arbeitslosigkeit nicht vollständig erfaßt.[11] Denn Maßnahmen wie vermehrt angewandte Entlassung in den

---

4 Vgl. zur Entwicklung: ANBA 1997, S. 1059ff. (1061), auf der Grundlage aller zivilen Erwerbspersonen, jedoch unter Berücksichtigung saisonaler Bedingungen; FAZ v. 10.1.1998, S. 1f.; ANBA 2000, S. 363; ANBA 2000, S. 998; ANBA 2002, S. 1354.

5 zur Definition der "Erwerbslosenquote" gem. Statistisches Amt der EU etwa ANBA Nr. 12/2002, S. 1354.

6 etwa: ANBA Nr. 6/2002, S. 551; Frerich/Frey, Hdb. Bd. 3, S. 598; Sachverständigenrat, Jahresgutachten 1995/1996, S. 100 Vergleich zu Entwicklungen Mitte der 70er, Anfang der 80er Jahre; Walwei, MittAB 2/98, S.334ff (336).

7 ANBA Nr.12/99, S.1304; ANBA 2000, S. 363, 871, 997.

8 Frerich/Frey, Hdb. Bd. 3, S. 597.; Keller, S. 404ff; WSI-Projektgruppe Prognose, WSI-Mitt. 1995, S. 286 mit graphischen Darstellungen; Walwei, MittAB 2/98, S.334ff (337f).

9 Vgl. schon Sachverständigenrat, Jahresgutachten 1995/1996, S. 103/104; weiterhin Stagnation: ANBA Nr.12/99, S. 1308; auch ANBA 2000, S. 372, 881, 1000; ANBA Nr. 1/ 2002, S. 22ff; ANBA Nr.3/2003, S.203f u. 241f; ANBA Nr. 5/2003, S.469 zu strukturellen Problemen, S.475ff zu Entwicklungstendenzen.

10 Vgl. ANBA 1997, S. 1059ff. (1065); ANBA 1999, S. 1308; zuletzt ANBA 2000, S. 1010; ANBA und SMWA Report, Juni 2003 auf der Grundlage der abhängigen zivilen Erwerbspersonen: Brandenburg 20,2%; Sachsen 18,9%; Thüringen 17,7%; Mecklenburg/Vorpommern 21,2%; Sachsen/Anhalt 21,6%; NBL = 19,8% gegenüber ABL = 9,0%.

11 Vgl. Henrichmeyer/Gans/Evers, S. 322f.

Vorruhestand[12], subventionierte Arbeitszeitverkürzungen[13] oder ABM / SAM[14] verdecken die tatsächliche Dimension des Beschäftigungsproblems.

Die mit der internationalen Arbeitsteilung (Globalisierung) einhergehenden Reorganisations-, Verschlankungs- und Flexibilisierungsaktivitäten, verbunden mit einer Steigerung der Innovativität und Produktivität deutscher Unternehmen, führen bisher lediglich zu einem vergleichsweise geringen Beschäftigungszuwachs.[15] Diese Tatsache einer sich dem deutschen Arbeitsmarkt nur zögerlich mitteilenden Belebung der Konjunktur läßt den Schluß auf *strukturelle Ursachen* der Arbeitslosigkeit zu.[16] Genauer handele es sich nach Auffassung des Sachverständigenrates um ein strukturelles Problem des *Beschäftigungszugangs* als Ausdruck einer *"Nicht-Wiederbeschäftigungs-Arbeitslosigkeit" trotz Wachstums* ("jobless growth").[17] Als deren besonderes Merkmal wird ein verfestigt *hoher Stand an Langzeitarbeitslosen* gewertet. So lag die Langzeitarbeitslosigkeit in der Bundesrepublik im Schnitt der letzten Jahre kontinuierlich bei ca. 30% bis 32% der Erwerbslosen[18], wovon ein nicht unerheblicher Teil junge und ein wei-

---

12 Vgl. Eichhorst, Benchmarking Deutschland, 2001, S. 77ff; schon Sachverständigenrat, Jahresgutachten 1995/1996, S. 106f; z.B. vorzeitiger Ruhestand statt Kündigung; ANBA Nr. 1 1997, S. 7f.; Sachverständigenrat, Jahresgutachten 2002/2003, S. 10 ff, 182f, 213ff.

13 Die BfA-Statistik weist insofern den Bestand der Kurzarbeit in der Bundesrepublik (im August 118.191) und durch ABM-Beschäftigte (272.552) speziell aus: ANBA 9/95, S. 1291ff. (1291); ANBA 1997, Nr. 7ff.; zu den Instrumenten der Beschäftigungspolitik in diesem Zusammenhang: Keller, S. 412.

14 Vgl. ANBA Nr. 1 1997, S. 7f.; zu sonstigen Beschäftigungsmaßnahmen wie Strukturanpassungsmaßnahme Ost (SAM); Förderung berufliche Weiterbildung (FbW), ANBA 2000, S. 1007; Sachverständigenrat, Jahresgutachten 1995/1996, S. 106f.; ders. Jahresgutachten 2002/2003, S.185f.

15 Vgl. ANBA 1997, Nr. 1 mit Graphiken zum Entwicklungszeitraum 1993 bis 1996; ebenso 1996 bis 2000, ANBA 2000, S. 372, 881, 1000; Sachverständigenrat, Jahresgutachten 2002/2003, S.184f.

16 zur Konjunkturentwicklung, Wirtschaftsdienst des HWWA, 1999, S.638f.; Sachverständigenrat,1999, S.1; ders. Jahresgutachten 2002/2003, S. 4ff.

17 schon Ausschuß für Arbeit und Sozialordnung, Beschlußempfehlung, S. 16ff.; Hofmann, BArbBl. 2/1995, S. 5ff.; zum Problem struktureller Arbeitslosigkeit wissenschaftsübergreifend: Kleinhenz und Hanau, Gutachten zum 63. DJT 2000, Bd.1, Bu.C, dazu U. Preis, NJW 2000, S. 2304ff. (2305f.) m.w.N.

18 Vgl. für den hier gewählten Berichtszeitraum ANBA 9/95, S. 1293ff. und ANBA Nr. 1/97, S. 5ff. (12); FAZ v. 10.1.1998, S. 1f.; ANBA 2000, S. 1000; näher zur Analyse der Langzeitarbeitslosigkeit: Gröber/Lang/Neyjahr/Weber, BArbBl. 4/95, S. 5ff..

terer Teil ältere (ab 50 Jahre), weniger qualifizierte Arbeitnehmer darstellen, zumal dann, wenn eine Schwerbehinderung hinzukommt.[19]

II. Ursachen struktureller Arbeitslosigkeit und arbeitsrechtliche Rahmenbedingungen

Sicherlich kennzeichnen wirtschaftliche Folgen der Wiedervereinigung Deutschlands noch in besonderem Maße die skizzierte Beschäftigungsentwicklung.[20] Allerdings haben *konjunkturelle und strukturelle Verwerfungen* bereits seit den 70er Jahren die Arbeitslosigkeit auch schon in Westdeutschland kontinuierlich anwachsen lassen.[21] Das Ausmaß der Arbeitslosigkeit in den neuen Bundesländern mit all den damit verbundenen psycho-sozialen Folgeerscheinungen[22] hat seit Anfang der 90er Jahre die Diskussion um *Ursachen und Bekämpfung* des Beschäftigungsproblems wieder stark belebt.

Unbestritten sind negative Entwicklungen auf dem Arbeitsmarkt nicht singulären Ursachen zuzuschreiben; der Aussagegehalt einer deskriptiven Arbeitslosenstatistik ist für Begründungszwecke des Arbeitslosenstandes eher gering. Vielmehr ist das Beschäftigungsproblem nur aus komplexen sozio-ökonomischen Prozessen heraus zu erklären.[23] Unter diesen ist der in seiner volkswirtschaftlichen Dimension lange Zeit unterschätzte *"Faktor Recht"* [24] in den Vordergrund der beschäftigungsökonomischen Betrachtungen gerückt.[25]

---

19 zur Entwicklung der Arbeitslosenquote für Schwerbehinderte etwa ANBA 2000, S. 1005; ANBA Nr.2/2002, S.134f; ANBA Nr.5/2003, S.483.

20 Vgl. Ausschuß für Arbeit und Sozialordnung, Beschlußempfehlung, S. 16ff.; Kleinhenz und Hanau zum Problem struktureller Arbeitslosigkeit, 63. DJT 2000, Gutachten B u. C; U. Preis, NJW 2000, S. 2304ff. (2305f.) m.w.N.; Frerich/Frey, Hdb. Bd. 3, S. 591ff.; Sachverständigenrat, Jahresgutachten 1995/96, S. 101; ders., Jahresgutachten 2002/2003, S. 177ff; Heitmann, S. 31ff. (33); Schack, S. 33ff.; Adomeit/Thau, ZRP 1992, S. 350ff.; Adomeit, NZA 1993, S. 433ff. (435); Budde, AuR 1996, S. 1ff., letztere auch zu rechtlichen Konsequenzen.

21 Zur persistenten Arbeitslosigkeit: Brandt, S. 11ff; ; Frerich/Frey, Hdb. Bd. 3, S. 163ff.

22 Zu Wirtschaftskrise, Beschäftigungskrise, Krise des Sozialstaates vgl. Frerich/Frey, Hdb. Bd. 3, S. 61ff.

23 etwa Kommission für Zukunftsfragen der Freistaaten Bayern und Sachsen, Gutachten 1997, Teil II.

24 übereinstimmend etwa: Dichmann, S. 32 (Wirtschaftswissenschaft); Hümmerich, NZA 1996, S. 1289ff; Rüthers, Beschäftigungskrise, S. 22ff. (Rechtswissenschaft); Jubelius, JZ 1979, S. 542ff.

25 Vgl. aus der Fülle der Literatur, jeweils mit zahlreichen Nachweisen: Adamy, S. 475ff.; Bericht des BMWi zur Umsetzung des Katalogs von Deregulierungsmaß-

Seit Beginn der sogenannten *"Deregulierungsoffensive"* steht neben materiellrechtlichen und verfahrensrechtlichen Vorschriften aus Verwaltungs- und Steuerrecht nach wie vor die *Arbeits- und Sozialgesetzgebung* auf dem Prüfstand. Wirtschafts- und (Arbeits-)Rechtswissenschaft formulieren gleichermaßen die Frage nach einer Beschäftigung hemmenden Wirkung des ausufernden Regelwerks deutschen Arbeitsrechts.[26] Ein zentraler Gegenstand des Arbeitsrechts ist jedoch der *arbeitsrechtliche Bestandsschutz,* der sich in den Normen des Kündigungsschutzrechts manifestiert.[27] War in den 60er und frühen 70er Jahren die Kritik vor allem noch auf einen *unzureichend weiten und uneffektiven Kündigungsschutz* gerichtet[28], so geriet vor dem Hintergrund des Beschäftigungsproblems die Frage nach einem beschäftigungshindernden *Übermaß allgemeinen Bestandsschutzes zunehmend ins Blickfeld.*[29]

In Anbetracht der Gesetzeslage und Gerichtspraxis zum Kündigungsrecht und mit Hinweis auf die durch starken Kündigungsschutz (Bestandsschutz) ver-

---

nahmen der Bundesregierung v. 19.4.1994, DGB Informationsschrift, Ausgabe Nr. 02/94; Brandt, S. 167ff.; Brandes/Buttler/Dorndorf/Walwei, S. 111ff.; Büchtemann/Neumann; Buttler/Walwei, Mitt.-AB 1990, S. 386ff.; Däubler, WSI-Mitt. 1988, S. 449ff.; Dichmann, S. 1ff.; Dörsam, IAW-Mitt. 1995, S. 13ff.; Engelen-Kefer, AuA 1993, S. 257ff.; zusammenfassend Frerich/Frey, Hdb. Bd. 3, S. 192ff.; Franz, ZfA 1994, S. 439ff.; Hector, S. 97ff.; Keller, S. 443ff.; Kraft, ZfA 1994, S. 463; ders., ZfA 1995, S. 419ff.; ders., Lohnflexibilität, S. 239ff.; Linnekohl, Nichtanwendung, S. 89ff.; Möller, WSI-Mitt. 6/1990, S. 466ff.; Monopolkommission, bes. S. 360ff.; Neumann, WSI-Mitt. 6/1990, S. 40ff.; Rüthers, Beschäftigungskrise; ders. NJW 2002, S. 1603ff; Walwei, Ansätze, S. 4ff.; ders. IAB topics Nr.48 (2002), Beitr.AB, S. 75ff; Zachert, WSI-Mitt. 1990, S. 457ff.; Zöllner, ZfA 1988, S. 265ff.

26 Erdmann, DB 1985, S. 41ff.; Hector, S. 97ff. mit Bezug auf die Rechtsprechung; ferner Zöllner, NJW 1990, S. 1ff. (2); Adomeit, Regelungen, bes. S. 32f.; Beschlüsse des 63.DJT 2000 auf der Grundlage von Gutachten (Hanau/ Kleinhenz) und Referaten (Däubler/Heinze), 63. DJT 2000, L 61f; Linnekohl, Nichtanwendung, S. 89ff.; die Gesamtentwicklung bilanzierend Zöllner, NJW 1990, S. 1ff. (4f.); der Überblick bei v. Hoyningen-Huene/Linck, KSchG, Einl. Rn. 11ff.und 66ff.; Hümmerich, NZA 1996, S. 1289ff.; Dörsam, IAW-Mitt. 1995, S. 13ff.; U. Preis zum Gutachten Hanaus, NJW 2000, S. 2304ff.; Rüthers, Beschäftigungskrise; Schellhaaß in Büchtemann, Mehr Markt, 1990, S. 87; bei Wagner/Jahn, Neue Arbeitsmarkttheorien, S. 193ff.

27 Vgl. Schellhaaß in Büchtemann, Mehr Markt, 1990, S. 87.

28 Vgl. z.B. Klees, BlStSoz 1978, S. 177ff.; Göllheim/Reidegeld, BlStSoz 1979, S. 237ff.; dagegen schon früh Reuter, RdA 1973, S. 345ff.

29 zur Entwicklung: Adomeit, Regelungen, bes. S. 32f.; Dichmann, S. 32 und 42f.; Eichhorst, Benchmarking Deutschland, S. 169ff; Erdmann, DB 1985, S. 41ff.; Hector, S. 97ff. mit Bezug auf die Rechtsprechung; Linnekohl, Nichtanwendung, S. 89ff. m.w.N.; der Überblick bei v. Hoyningen-Huene/Linck, KSchG, Einl. Rn. 11ff. und 66ff.; Hümmerich, NZA 1996, S. 1289ff.; Rüthers, Beschäftigungskrise; ders. NJW 2002, S. 1603ff; Schiefer, NZA 2002, S. 770; ferner die Gesamtentwicklung bilanzierend Zöllner, NJW 1990, S. 1ff. (4f.).

ursachten Friktionen auf dem Arbeitsmarkt, wird ein Umschlagen der eigentlich beschäftigungserhaltenden Zielstellung des Bestandsschutzes in eine beschäftigungshemmende konstatiert.[30] Das Phänomen der *"Nicht-Wiederbeschäftigungs-Arbeitslosigkeit"*[31] zeige, daß das Schutzpotential des bestehenden Kündigungsrechts das Neu- bzw. Wieder-Einstellungsverhalten von Unternehmen negativ beeinflußt. Ferner führe die Unflexibilität im Bereich personeller Anpassungsmöglichkeiten im Unternehmen zu verminderter Flexibilität des Faktors Arbeit, damit zu geringerer (internationaler) Wettbewerbsfähigkeit und zu beschäftigungsrelevanten Wachstumshemmnissen. Die starke Begünstigung der Arbeitsplatzbesitzer hinsichtlich Bestand und Inhalt des Arbeitsverhältnisses durch Kündigungsschutz hindere nicht nur die marktnotwendige Mobilität von Arbeitskräften[32], sondern schaffe vor allem eine Struktur der insider/outsider-Situation.[33] Strukturell vertiefe Kündigungsschutz Segmente des Arbeitsmarktes, indem ein "labiler" Teil gering qualifizierter und wettbewerbsschwacher Arbeitnehmer auf dem Arbeitsmarkt durch das *inisider/outsider-Phänomen* der Langzeitarbeitslosigkeit preisgegeben werde.[34] Starker Kündigungsschutz mit seinem Kostenpotential und Handlungsbeschränkungen begünstige darüber hinaus das Ausweichen der Unternehmen auf ungeschützte Beschäftigungsformen[35] und Schwarzarbeit.[36] Im Ergebnis zeuge eine solche Entwicklung von der Kontraproduktivität arbeitsrechtlicher Schutznormen und könne insofern nicht mehr im

---

30 Vgl. den Diskussionsverlauf aus teils wirtschaftswissenschaftlicher, teils juristischer Sicht: Adomeit, Schwierigkeiten, S. 1ff.; ders., Anm. zu BAG v. 13.3.1987, SAE 1988, S. 71ff. (74); Brandt, S. 19ff.; Zusammenfassung wesentlicher Argumente der Kündigungsschutzkritiker bei Büchtemann, in: Semlinger, S. 135f.; Dichmann, S. 32; Hector, S. 97ff.; v. Hoyningen-Huene/Linck, KSchG, Einl. Rn. 11ff., 66ff.; Überblick bei Dörsam, IAW-Mitt. 1995, S. 13ff. (13); Erdmann, DB 1985, S. 41ff.; Kraft, ZfA 1995, 463ff.; Linne/Voswinkel, in: Semlinger, S. 159; Reuter, RdA 1973, S. 1973, S. 345ff.; ders., Ordo 1982, S. 190ff.; Walwei, Ansätze, S. 4ff.; Zöllner, 52. DJT, D. 21ff.; ders., ZfA 1988, S. 265ff.

31 Ausschuß für Arbeit und Sozialordnung, Beschlußempfehlung, S. 16ff.

32 Vgl. zu diesem Folgeeffekt überzogenen Bestandsschutzes etwa Dichmann, S. 28.

33 Vgl. Brandt, S. 19ff. m.w.N.; Zusammenfassung aus ökonomischer Sicht von Dörsam, IAW-Mitt. 1995, S. 13ff. (14f.); Monopolkommission, S. 360ff. (S. 374).

34 Vgl. die noch in Teil 2 1. Abschnitt dieser Arbeit zu vertiefenden Argumente bei Dörsam, IAW-Mitt. 1995, S. 13ff. (14f.).

35 Vgl. Büchtemann, in: Semlinger, S. 135ff. (136) (z.B. Leiharbeit, "neue Selbständigkeit", aber auch vorwiegend befristete statt nicht befristete Arbeitsverhältnisse).

36 Vgl. Wolff, S. 31: Staatsversagen.

Einklang mit dem Ziel der durch das Sozialstaatprinzip und die Grundrechte vermittelten sozialen Gerechtigkeit liegen.[37]

Dem wird im wesentlichen entgegnet, daß allgemeiner Kündigungsschutz über Stabilitäts- und Motivationseffekte beim Arbeitnehmer und Kostenersparnis beim Arbeitgeber (Stabilisierung des Einkommens, Amortisation partnerspezifischer Investitionen, Transaktions-/Suchkostenersparnis und Steigerung von Arbeitsproduktivität) zur Steigerung einer wirtschaftlichen Gesamteffizienz beitrage und damit den Beschäftigungszugang nicht wesentlich belaste.[38] Empirische Befunde lieferten zudem keine überzeugenden Ergebnisse zur kausalen Verknüpfung des Kündigungsschutzes mit dem Beschäftigungsstand.[39] Hingegen berge der Abbau von Bestandsschutz die Gefahr einer Auflockerung betrieblicher Vertragsbindungen und damit eines "Ausstiegs aus dem Normalarbeitsverhältnis".[40] Auch die psycho-sozialen Folgen eines wirtschaftlich bedingten Beschäftigungsverlusts zeigten die Notwendigkeit umfassend durchsetzbaren Bestandsschutzes der Arbeitsverhältnisse.[41]

Die primär von Ökonomen diskutierte Beschäftigungsproblematik entwikkelte sich durch den Gegenstand des Kündigungsrechts auch zu einem Thema der Rechtswissenschaft. Zunächst befaßte sich der 52. Deutsche Juristentag 1978 mit dem Problem. Auf der Grundlage des Gutachtens von Zöllner[42] fand die Frage umfassende Erörterung, ob *im Interesse einer gerechten Verteilung der*

---

37 Vgl. z.B. Adomeit, Anm. zu BAG v. 13.3.1987, SAE 1988, S. 71ff. (74); angesprochen von Benda, Herrschaft, S. 77ff. und S. 543; mittelbar Löwisch, NZA 1985, S. 478ff.; näher v. Hoyningen-Huene/Linck, KSchG, Rn. 7ff.

38 Vgl. die Argumente im Überblick Brandes/Buttler/Dorndorf/Walwei, S. 111ff.; Dörsam, IAW-Mitt., 1995, S. 15; Diskussion in: Monopolkommission, S. 360ff. (367ff.); Walwei, IAB topics Nr.48 (2002), S. 6f, Beitr.AB, 2002,S. 80; näher Wagner/Jahn, Neue Arbeitsmarkttheorien, S. 195.

39 Dörsam, IAW-Mitt. 1995, S. 12ff. (15); Büchtemann/Höland, S. 135ff.; noch Hanau, Gutachten 54. DJT, E 31ff.; noch Zöllner, 52. DJT, D. 51; ders., NJW 1990, S. 1ff. (2).

40 Vgl. Mückenberger, NZA 1985, S. 518ff.; zu atypischen Arbeitsverhältnissen: kontinuierlich geringfügige Beschäftigung, kurzfristige Beschäftigung, "reguläre" Teilarbeitszeit, befristetes Arbeitsverhältnis, Leiharbeit und "neue Selbständigkeit"; ders., in: Büchtemann/Neumann, S. 169ff.; Bellinger/Cornetz/Pfau-Effinger, in: Semlinger, S. 177ff.; zum "Ausstieg" in Form der Schwarzarbeit aus Gründen des Marktversagens Wolff, S. 31f.; Deakin, Cambridge Journal of Economics 1986, S. 225ff.; Schlußfolgerungen Däubler, Arbeitsrecht 2, 1995, S. 891ff.

41 Vgl. Klees, BlStSoz 1978, S. 117ff.; dazu auch Göllheim/Reidegeld, BlStSoz 1979, S. 273ff. (277); aus dieser Sicht auch die Begründung des allgemeinen Weiterbeschäftigungsanspruchs, Gr. S. BAG v. 27.2.1985, AP Nr. 14 zu § 611 BGB (Beschäftigungspflicht) = NJW 1985, S. 2968; dagegen LAG Niedersachsen v. 7.2.1986, DB 1986, S. 1126ff. (1128) m.w.N.

42 Vgl. Zöllner, 52. DJT, D1ff.; dazu Richardi, JZ 1978, S. 485ff.

Arbeitsplätze Begründung und Beendigung des Arbeitsverhältnisses neu zu regeln seien.[43] Nach einer regen Anteilnahme der Literatur aus Ökonomie und Rechtswissenschaft, einer erheblichen Anzahl empirischer Untersuchungen und Reformversuchen des Kündigungsschutzes nahm sich zuletzt der 63. Deutsche Juristentag 2000 einer ökonomischen und juristischen Bewertung des deutschen Arbeits- und Sozialrechts an.[44]

Welche Bedeutung dem allgemeinen Kündigungsschutz für das Beschäftigungsproblem von seiten der Rechtspolitik zugemessen wurde, vergegenwärtigt sich an den bisherigen Reformansätzen des Kündigungsrechts.

So beabsichtigte der Gesetzgeber mit dem *BeschFG'85*[45] die Etablierung eines *beschäftigungsförderlicheren Arbeitsrechts*[46], in dem verschiedene Bereiche des Bestandsschutzes durch die erweiterte Zulassung befristeter Arbeitsverhältnisse selektiv aufgelockert wurden. Gravierender hingegen waren die nach lebhaften Debatten[47] vorgenommenen Änderungen des *Arbeitsrechtlichen Beschäftigungsförderungsgesetzes vom 1.10.1996 (ArbRBeschFG'96).*[48] Durch diese am KSchG direkt ansetzende Reform wurde mit dem konkreten Ziel, *mehr Wachstumsdynamik* zu ermöglichen und dadurch zusätzliche Arbeitsplätze zu schaffen[49], *unmittelbar* in Voraussetzungen des Kündigungsschutzes modifizierend eingegriffen.[50] Entscheidend war für die Befürworter dieses Gesetzesvorhabens eine auch im Kündigungsrecht zum Ausdruck kommende Betonung des Ökonomischen zugunsten positiver Beschäftigungsimpulse. Bei einer erheblichen

---

43 Vgl. Zöllner, 52. DJT, D21; ders., in: NJW, 1990, S. 1ff. (5); Referat von Simitis, M6ff.; Diskussion und Beschlüsse 52. DJT, in: Bd. 2, Sitzungsbericht M 246ff.; Richardi, JZ 1978, S. 484ff.

44 vgl. U. Preis, NJW 2000, S. 2304ff.

45 Vgl. Adomeit, in: Hanau/Adomeit, Rdnr.16, S. 7ff.; ders., NJW 1989, S. 1715ff.; Eich, DB 1978, S. 1785ff.; Frerich/Frey, Hdb. Bd. 3, S. 192; das BeschFG'85 ließ das erste Mal, unter bestimmten Bedingungen, vor allem die erweiterte Befristung von Arbeitsverträgen zu und schuf Freistellungen bzw. Erleichterungen bei der Sozialplanpflicht für Unternehmen; v. Hoyningen-Huene/Linck, KSchG, Rn. 57f.; Löwisch, NZA 1985, S. 478ff.; Mückenberger, NZA 1985, S. 519ff.; Preiseler, NZA 1985, S. 241ff.; Plander, NZA 1984, S. 337ff.

46 Vgl. aus Arbeitgebersicht Empter, Der Arbeitgeber 1995, S. 94ff.; aus gewerkschaftlicher Sicht Engelen-Kefer, Beschäftigungspolitik, S. 25ff.; dies., AuA 1993, S. 257ff.; Frerich/Frey, Hdb. Bd. 3, S. 163; Zöllner, 52. DJT, D21ff.

47 Vgl. Sachverständigenrat, RdA 1990, S. 288 und Bericht des Sachverständigenrates 1995/96, S. 101; Monopolkommission, S. 360ff. (370ff.); dagegen Neumann, WSI-Mitt. 1990, S. 400ff.; Diskussionsstand bei Erlaß des ArbRBeschFG'96 in BT-Drs. 13/5107, 1996.

48 BGBl. 1996, Teil 1 Nr. 48, S. 1476.

49 Vgl. Parlamentarischer Diskussionsverlauf, BT-Drs. 13/5107, 1996.

50 Vgl. zur Umstrittenheit des Gesetzes BT-Drs. 13/5107 v. 26.6.1996.

Uneinigkeit in Politik und Fachwelt über das Erreichen der beschäftigungspolitischen Ziele des ArbRBeschFG'96[51] verwundert jedoch kaum, daß die erste sozialpolitische Handlung nach dem Regierungswechsel 1998 in der Aufhebung der durch das ArbRBeschFG'96 erfolgten Änderungen des Kündigungsrechts bestand.[52] Mittlerweile werden die Ergebnisse dieser Rücknahme wieder eindringlich in Frage gestellt.[53]

Nach wie vor bestimmen arbeitsrechtliche Rahmenbedingungen und damit auch Regelungen des Bestandsschutzes Erfolge im Standortwettbewerb der Volkswirtschaften.[54] Hierbei scheinen die *angloamerikanischen Staaten* auf den ersten Blick mit einem gegenüber Deutschland verhältnismäßig deregulierten Arbeitsmarkt eine erheblich positivere Beschäftigungsbilanz vorweisen zu können.[55] Zeigt sich in Großbritannien nach einer Deregulierungsphase in den 80er Jahren[56], unter Berücksichtigung allgemeiner EG-Rechtsstandards[57], ein beachtliches Beschäftigungswachstum[58], so wurde in den USA zeitweise gar von einem

---

51 Sell, arbeit und beruf, S. 353f.; Emmerich/Walwei/Zika in: Keller/Seifert, Deregulierung am Arbeitsmarkt, S. 171ff.

52 Vgl. Däubler, NJW 1999,S. 601ff.

53 etwa BMWA: BM Clement in SPIEGEL Nr. 10/ v. 1.3.03, S. 34f; E-Gesetz zur Reform am Arbeitsmarkt, BR-Drs. 421/03; Meinel, DB 2003, S.1438f.

54 Vgl. etwa: Adomeit, Regelungen, S. 18f.; Barro/Grilli, S. 434ff.; Empter, Der Arbeitgeber 1995, S. 95; Eger, Beitr.AB, 2002, S. 45f; Hümmerich, NZA 1996, S. 1289ff.; Beiträge von Freeman/Soskice u.a. in: Die Mitbestimmung 1996, H. 7+8, S. 15ff., europäische Länder und USA; Walwei, MittAB 2/98, S. 334ff.

55 etwa Statistisches Bundesamt, 1999, S. 12 (Beschäftigungsentwicklung BR, GB, USA).

56 zum Einfluß der Deregulierung im Kündigungsschutz: Dickens/Hart/Jones/Weeks, S. 154ff.; Rhode, S. 173ff.; Hepple, RdA 1981, S. 164ff. (165); Echterhölter, RdA 1982, S. 299ff. (302); Döse-Digenopoulos, S. 12ff.; ELL-Suppl. 63 (1986), S. 18ff.; Freedland, ZIAS 1991, S. 440ff.; Docksey, RIW 1991, S. 22ff.; hist. Entwicklung zur Lage vor der "Deregulierung": Serie v. Kahn-Freund, RdA 1952, S. 361-366 u. 405-410; RdA 1969, S. 336ff.; Kahn-Freund, FS f. Ballerstedt 1975, S. 51ff.; Meinhardt, RIW 1963, S. 371ff.; Meinhardt, RIW 1972, S. 74ff.

57 Vgl. Kolloquium "Flexibilisierung des Arbeitsrechts als europäische Herausforderung" mit Einl. Birk und dem Beitrag von Heinze für das deutsche Arbeitsrecht, ZIAS 1987, S. 222ff.; auch Adomeit, NJW 1989, S. 155f.; Berie/Hofmann, BArbBl. 2/92, S. 5ff.; Birk, NZA 1989, S. 329ff. (333); Deutscher Bundestag, BT-Drs. 11/4340 (13.4.1989); Blanpain/Klein, S. 52ff. (54f.); Bobke-v. Camen/Veit und Wisskirchen, in: FS 100 Jahre DAV, S. 431ff. und 653ff.; allg. zu den Konzepten der Arbeitsmarktregulierungen in Europa und den USA: Konferenz der G7-Staaten im März 1994, 151 Labor Relations Reporter (LRR) v. 8.4.1996, S. 435ff.; Dörsam, IAW-Mitt. 1995, S. 13ff. (13); Schaub, Handbuch, § 3, Rdnr. 26ff.

58 FAZ v. 25.8.1997, S. 14.

„Beschäftigungswunder“ gesprochen;[59] der Beschäftigungsstand sei allenfalls von konjunkturellen Faktoren abhängig und nicht strukturell verfestigt. Diese Beobachtung legt es nahe, – verallgemeinerungsfähig – den Regulierungsstand des Bestandsschutzes eines Landes mit dessen Beschäftigungsentwicklung in kausale Verbindung zu bringen.[60]

B. Aufgabenstellung der Arbeit

Angesichts neuerer Stellungnahmen und empirischen Materials zur Frage eines kausalen Zusammenhangs zwischen Kündigungsschutzniveau und Beschäftigungsstand eines Landes, soll das Problem in vorliegender Arbeit unter der *Thematik "Bestandsschutz und Beschäftigungskrise"* aus *ökonomischer und juristischer Sicht* erörtert werden. Dabei verdeutlicht das Recht des Bestandsschutzes von Arbeitsverhältnissen in besonderem Maße auch das Spannungsverhältnis zwischen ökonomisch und juristisch ausgerichteten Beurteilungskategorien.[61]

Die Normierung von Bestandsschutz in umfassenden Kündigungsschutzvorschriften ist als staatlicher Ordnungseingriff in das Geschehen auf dem Arbeitsmarkt zu interpretieren, der nicht nur allein durch sozialpolitische Vorstellungen des *Gesetzgebers* gekennzeichnet ist. Vor allem die *arbeitsrechtsgerichtliche Rechtsprechungspraxis* setzt mit ihren Judikaten im Kündigungsrecht ökonomische Determinanten. Die Frage nach einem besonderen Stellenwert der Rechtsprechung im Zusammenhang mit dem zu erörternden Beschäftigungsproblem stellt sich damit offenkundig. Ökonomisch problematischen Ergebnissen einer vornehmlich auf Subsumtion, juristisches Denken und nicht auf ökonomische Kategorien verpflichteten Jurisprudenz wird jedoch erst in jüngerer Zeit einige Aufmerksamkeit geschenkt. Auf dem Prüfstand steht die konkrete Arbeit der Rechtsprechungspraxis angesichts deren zur ökonomischen Wirkung äquivalenten Verantwortung für die Beschäftigungsfrage.[62]

---

59 Angesprochen von Brandes/Buttler/Dorndorf/Walwei, S. 111ff. (112, 122). Ausdrücklich Dörsam, IAW-Mitt. 1995, S. 12ff.; umfassend Freeman u.a., Beiträge in: Die Mitbestimmung, H. 7+8 1996, S. 15ff.; Eurostat, Bericht 2000, Arbeitslosenquoten für GB von 1991 (8,8%) – 1992/3 (10,3%) – 1996 (8,2%) – 1997 (7,0%) – 2000 (6,0%); Arbeitslosenquoten für USA von 1991 (6,7%) – 1992/3 (6,8%) – 1996 (5,4%) – 1997 (4,9%) – 2000 (4,0%) – 2003 (5,8 %).

60 Umfassend: OECD, Employment Outlook 1999, Chap. 1, S. 16ff.

61 schon Sachverständigenrat, RdA 1990, S. 288ff.

62 im obiter dictum, BVerfG 59, S. 231ff. (mit abweichender Meinung Heußner, S. 273f.); Adomeit, Anm., SAE 88, S. 74f.; ders., Regulierung von Arbeitsbedingungen 1996, S. 32ff.; ders., ArBl. (zu § 626), D. Kündigung IX, (B) II.; ders., Wen schützt..., S. 61ff.; ders., Anm. zu BAG v. 13.3.1987, SAE 88, S. 71ff. (74); zur be-

Diesen Problemkreisen will sich die vorliegende Arbeit widmen. Angesichts der *"multipolaren"*[63] *Komplexität* des Themas versteht sich die Untersuchung als Beitrag zu einer Diskussion, in der vor allem die deutsche Wirtschaftspraxis regelmäßige Stellungnahmen erwartet. Zwar mag die mit dem fachübergreifenden Untersuchungsziel notwendig werdende *Anwendung ökonomischer Kategorien* auf das der Verwirklichung sozialer Gerechtigkeit verpflichtete Arbeitsrecht nicht unwidersprochen bleiben.[64] Dennoch erscheint es in einer an ökonomischen Prinzipien ausgerichteten Marktordnung angezeigt, soziale Gerechtigkeit *nicht gegen* sondern *in* das Einvernehmen mit ökonomischen Sichtweisen zu stellen und Erkenntnisstände hierzu aus *Wirtschafts- und Rechtswissenschaft* zusammenzuführen.[65] Dies vorausgesetzt, wurde folgender Gang der Untersuchung gewählt:

C. Gang und Eingrenzung der Untersuchung

Vorliegender Beitrag wird am Beispiel der Kündigungsschutztatbestände § 1 Abs. 1, § 2 KSchG, §§ 17f. KSchG, §§ 102, 111ff. BetrVG und § 613a Abs. 4 BGB das deutsche Kündigungsrecht im Lichte des Beschäftigungsproblems analysieren und die Bewertung durch eine Rechtsvergleichung mit dem Kündigungsrecht in Großbritannien und den USA *ergänzen*. Die *beispielhafte* Wahl der Regelungen aus dem Bereich der betriebsbedingten Kündigung begründet

---

triebsbedingten Kündigung Berkowsky, NJW 1983, S. 1292ff.; Sachverständigenrat, RdA 1990, S. 288f. (239); Erdmann, DB 1985, S. 41ff. (41); Hahn, DB 1988, S. 1015ff.; auf jeden Fall "Fernwirkung", v. Hoyningen-Huene/ Linck, KSchG, Einl. Rn. 11ff.; Hümmerich, NZA 1996, S. 1289ff.; Mayer-Maly, ZfR 1988, S. 59ff. (61); Oetker, RdA 1997, S. 9ff. (21) m.w.N. zu Rspr. und Lit.; U. Preis, Prinzipien, S. 237ff.; ders., DB 1988, S. 1387ff. (1391); mit ihm die überwiegende Ansicht; Reuter, Ordo, 1982, S. 190ff.; ders., Grundlagen, S. 405ff. (409); Picker, JZ 1988; S. 1ff., 62ff.; Rüthers, Beschäftigungskrise; ders. NJW 2002, 1601ff (1604); Runggaldier, DRdA 1996, S. 101ff.; GK-Wolf, Grunds. Rn. 44ff.

63 U. Preis, NJW 2000, S. 2304ff. (2304).

64 Vgl. bei Adomeit, Regelungen, S. 34f.; Behrens, ZfA 1989, S. 209; der Streit um diesen Ansatz generell: Fezer gegen Schäfer/Ott, JZ 1986, S. 817ff.; Schäfer/Ott, S. 325ff.; aber auch aus Sicht der US-amerikanischen Rechtsprechung ähnlich: Bellace, The Labor Lawyer 595 (1993), S. 603ff.; allerdings zu einer ökonomischen Bewertung auch des Gerechtigkeitsgedankens: Brandes/Buttler/Dorndorf/Walwei, S. 111ff. (125); zur Überprüfung des Kündigungsschutzes auf seine Effizienzwirkungen Buttler/Walwei, MittAB 1990, S. 386ff.; Bezug in: Monopolkommission, S. 370ff.; Schellhaaß, ZfA 1984, S. 139ff.; Stockert, S. 9f.

65 Vgl. zum Auftrag der ökonomischen Rechtsanalyse: Sadowski, BeitrAB, 2002, S. 4f; Schäfer/Ott, JZ 1986, S. 817ff.

sich auf deren Repräsentativität für das Niveau allgemeinen Kündigungsschutzes in einem Land.[66]

Nach einem historischen Abriß zur Entwicklung des deutschen Kündigungsschutzes mit besonderem Blick auf seine *beschäftigungspolitische Interpretation* werden *in Teil 1* der Arbeit die einschlägigen Normen und die Rechtsprechung zur betriebsbedingten Beendigungs- und Änderungskündigung des KSchG (§ 1 Abs. 1 und 2 S. 1 und 2, Abs. 3 KSchG), zum Anhörungsrecht gem. § 102 BetrVG, zu Anzeigepflicht und Entlassungssperren (§§ 17, 18 KSchG), zu den §§ 111, 112, 112a BetrVG (Interessenausgleich und Sozialplan) sowie § 613a Abs. 1, Abs. 4 BGB dargestellt. Der ausreichenden Repräsentativität der gesetzlichen Normen für das angestrebte Bearbeitungsziel wegen bleiben tariflicher Kündigungsschutz und Sonderkündigungsschutz bestimmter Personengruppen (Mutterschutz, Schutz der Schwerbehinderten und Betriebsräte) weitgehendst außer Betracht.

Angesichts der besonders zu den Schutznormen der betriebsbedingten Kündigung ergangenen enormen Fülle an Entscheidungsmaterial und Literatur *kann und will* sich das Referat der Normen nur auf einzelne Punkte der Rechtsprechungspraxis beschränken, die diesem Teil des Kündigungsschutzes sein charakteristisches Gepräge verliehen haben. Nicht die Erörterung (bekannter) dogmatischer Details des Kündigungsrechts steht im Vordergrund, sondern die für das Thema notwendige Vermittlung eines Eindrucks von Dichte und Vernetzung kündigungsrechtlicher Vorschriften im Bereich wirtschaftlich bedingter Änderungsmaßnahmen.

Von diesem *normativen Ausgangspunkt aus* wendet sich *Teil 2* der Arbeit einer (beschäftigungs-) ökonomischen Analyse des dargestellten Kündigungsschutzrechts zu *(1. Abschnitt)*. Dabei soll versucht werden, den Kündigungsschutz *betrieblich und volkswirtschaftlich* einzuordnen und Aspekte seiner Beschäftigungswirkung zu *diskutieren.*

In der ökonomischen Bewertung des praktizierten Kündigungsschutzes stehen dabei die Wirkung der Normen auf den unternehmerischen Handlungsspielraum und betriebliche Kosteneffekte im Vordergrund. Um anschließend einen gesamtwirtschaftlichen Einfluß von Kündigungsrestriktionen auf den Beschäftigungsverlauf argumentativ weiter differenzieren zu können, sollen alte und neue *Arbeitsmarkttheorien* als Anknüpfungspunkt dienen.[67] Die ökonomische Analy-

66 So die Studie: OECD, Employment Outlook 1999, Chap. 2, S. 49ff.

67 In der Diskussion zur Beschäftigungswirksamkeit des Kündigungsschutzes angesprochen; Monopolkommission, S. 360ff. (373f.); Brandes/Buttler/Dorndorf/Walwei, S. 111ff.; Hinweis Dörsam, IAW-Mitt. 1995, S. 13ff. (16); Brandt, S. 167ff.; Sesselmeier/Blauermel; zur genaueren Definition des Erkenntnisinteresses der Arbeitsmarkttheorien Fischer/Heier, S. 10ff.

se des Rechts wird mit einer Betrachtung *neuerer empirischer Befunde* zum Thema abgeschlossen.

Der *2. Abschnitt des Teils 2* widmet sich juristischen Fragestellungen unter *Zugrundelegung des ökonomischen Befundes*. Wertungsvorgaben der Verfassung haben die arbeitsrechtliche Gesetzgebung und Rechtsprechungspraxis geprägt. Namentlich orientieren sich Struktur und Zielrichtung eines im Laufe der Zeit verdichteten Kündigungsschutzes an den Wertmaßgaben sozialer Grundrechte und unmittelbar am Sozialstaatprinzip. Mit Blick auf den ökonomischen Befund soll hierzu erörtert werden, ob eine Überbewertung des individuellen Sozialschutzes mit den ebenso auf Abbau von Beschäftigungsschranken zielenden Wertmaßgaben der Verfassung in Widerspruch stehen und zu einem Ausgleich finden können.[68] Ferner findet Behandlung, inwieweit ein neuer *rechtspolitischer Lösungsansatz* des Gesetzgebers als erfolgversprechend eingeschätzt werden könnte. Darüber hinaus soll die aufgeworfene Fragestellung nach Lösungsansätzen eines "beschäftigungsförderlicheren Kündigungsrechts" angesichts ihres Verantwortungsstandes gegenüber ökonomischen Ergebnissen der Judikate auch auf die Rechtsprechungspraxis und ihre Rechtsfindungsmethodik ausgedehnt werden.[69]

Teil 3 fügt dem Untersuchungsgegenstand eine *rechtsvergleichende Betrachtung* des Kündigungsschutzes der ausgewählten Länder *Großbritannien und USA* [70] an. Beispielhaft für die Rechtsentwicklung in den USA wird die Rechtsprechung im US-Bundesstaat Michigan hervorgehoben. Dieser Wahl liegen neben dem Ansatz einer repräsentativen Auswahl von Entwicklungstendenzen auch praktische Erfahrungen des Verfassers mit dem Arbeitsrecht dieses US-

---

68 Vgl. schon im obiter dictum BVerfG 59, S. 231ff. (mit abweichender Meinung Heußner, S. 273f.); Adomeit, Anm. zu BAG v. 13.3.1987, SAE 88 S. 74f.; ders., Regelungen, S. 33; Hahn, DB 1988, S. 1015ff.; mittelbar Hümmerich, NZA 1996, S. 1289ff.; Darstellung bei v. Hoyningen-Huene/Linck, KSchG, Einl. Rn. 11ff.; ausführlich Oetker, RdA 1997, S. 9ff. (21); vor allem Reuter, Ordo, 1982, S. 190ff.; ders., Grundlagen, S. 405ff. (409); Runggaldier, DRdA 1996, S. 101ff.; schon Sachverständigenrat, RdA 1990, S. 288f. (239).

69 Vgl. "Fernwirkung", Berkowsky, NJW 1983, S. 1292ff.; Erdmann, DB 1985, S. 41ff. (41); Picker, JZ 1988; S. 1ff., 62ff.; Adomeit, Anm. zu BAG SAE 1988, S. 74f.; Sachverständigenrat, RdA 1990, S. 288ff. Runggaldier, DRdA 1996, S. 101ff.; Hümmerich, NZA 1996, S. 1289ff.; methodische Gesichtspunkte, Adomeit, ZRP 1970, S. 176ff.; ders., Regelungen, S. 34f.; Coles, S. 1ff.

70 Vgl. zur Zielrichtung der Rechtsvergleichung: v. Hoffmann, S. 22f, Rn. 95f.; Rheinstein/v. Borries, S. 11ff. (31); Ebert, S. 22ff.; Zweigert/Kötz, S. 16ff.; Neumayer, S. 2f., dort mit besonderem Hinweis auf die neuen Aufgaben der Rechtsvergleichung im Bereich des Arbeits-, Sozial und Wirtschaftsrechts als Notwendigkeit zur internationalen Rechtsannäherung; zum aktuellen Anlaß der EU-Privatrechtsangleichung Schmidt-Jortzig, S. 11ff.

Bundesstaates zugrunde. Das vergleichbare Kündigungsschutzrecht zur Entlassung aus wirtschaftlichen Gründen in Großbritannien *(1. Abschnitt)* und den USA *(2. Abschnitt)* wird in seinen *Grundzügen* veranschaulicht. Mit Blick auf die Beschäftigungsproblematik können so beschrittene Wege im deutschen Recht stärker kontrastiert werden[71], um mit Hilfe der Rechtsvergleichung einen Indikator für die Beschäftigungswirkung des Kündigungsschutzes einzuführen *(3. Abschnitt)*.[72]

Teil 4 dient einer stichpunktartigen Zusammenfassung der wichtigsten Ergebnisse der Untersuchung.

---

71 Vgl. Rheinstein/v. Börries, S. 26; zusammenfassend Neumayer, S. 31.
72 Mit diesem Ansatz: OECD, Employment Outlook 1999, S. 49ff.

Teil 1

A. Die Entwicklung des Kündigungsschutzrechts im wirtschafts- und beschäftigungspolitischen Zusammenhang

Seit seiner ausdrücklichen Etablierung wird dem deutschen Kündigungsschutz über seinen sozialpolitischen Charakter hinaus eine *wirtschaftliche* und *beschäftigungspolitische Dimension* zugewiesen.[73] Dies zeigt nachfolgend die Entwicklung der hier gewählten Normen vor dem Hintergrund wechselhafter ökonomischer Bedingungen und Krisen auf dem Arbeitsmarkt.[74]

I. Erster Weltkrieg und Weimarer Republik

Vor dem Ersten Weltkrieg gestaltete sich das Arbeitsverhältnis weitgehend unreguliert. Nach *wirtschaftsliberaler Anschauung* bestand, wie im Warenverkehr, die uneingeschränkte Freiheit zu Abschluß, Inhaltsgestaltung und Beendigung des Arbeitsverhältnisses.[75] Die Gewerbeordnung und das Handelsgesetzbuch bildeten trotz einiger Schutzbestimmungen und Fristenregelungen in *wirtschaftlichen Krisen* keine echten Entlassungshemmnisse.[76] Trotz einiger bemerkenswerter Ansätze stellte auch das kriegsspezifisch konzipierte Hilfsdienstgesetz vom 5.12.1916[77] keinen durchgreifenden Kündigungsschutz dar. Das Beschäftigungsvolumen blieb damit *sozusagen anpassungsflexibel* und die Verdrängung des Arbeitnehmers aus einer Stellung möglich, in der er sich unter Umständen lange Zeit bewährt und die ihm ein Zugehörigkeitsgefühl zum Betrieb vermittelt hatte.[78]

---

73 Vgl. Adomeit, NJW 1996, S. 1710 m.w.N.; GK-Etzel zu § 1 KSchG, Rn. 1ff.; v. Hoyningen-Huene/Linck, KSchG, Einl. Rn. 13ff.; Wüllenweber; Kaskel; Jadesohn; Übersicht bei U. Preis, Prinzipien, S. 11.

74 die historische Entwicklung auch als Teil einer politikwissenschaftlichen Arbeitsmarkttheorie: Keller, S. 342.

75 GK-Etzel zu § 1 KSchG, Rn. 3.

76 Vgl. zu Abriß und Bedeutung der Entwicklung konstitutiver Arbeitsmarktordnung: Brandt, S. 69ff.; Adomeit, NJW 1996, S. 1710ff. (1711f.).

77 RGBl. 1916, Nr. 276, S. 1333; Wüllenweber, S. 25ff.

78 Bechtel, S. 405ff. (410).

Nach dem Ersten Weltkrieg führten die sozialen Garantien der Weimarer Reichsverfassung (WRV)[79] und andere arbeitsrechtliche Rahmenregelungen[80] zu einem ersten erheblichen Ausbau des arbeitsrechtlichen Kündigungsschutzes. Im Demobilmachungsrecht findet sich der arbeitsrechtliche Kündigungsschutz bereits als *beschäftigungspolitisches Lenkungsinstrument*. Die Demobilmachungsverordnungen von 1918[81], 1919[82] und 1920[83] regelten über besondere Kündigungsschutztatbestände hinaus einen *Einstellungszwang* bestimmter Personengruppen.[84] Demobilmachungsausschüsse konnten u.a. dem Arbeitgeber *Austauschkündigungen* aufgeben, um Arbeitsplätze für bestimmte Arbeitnehmer *zu schaffen*. Das Demobilmachungsrecht beinhaltete ferner Ansätze zu einem Verhältnismäßigkeitsprinzip[85] und einer Sozialauswahl[86] bei *wirtschaftlich begründeten Kündigungssachverhalten*. Der Weg jedoch, die *Beschäftigungskrise* durch starken Kündigungsschutz oder gar Beschäftigungszwang zu bewältigen, erwies sich als offensichtlich nicht erfolgreich. Der in den Demobilmachungsverordnungen geschaffene Kündigungsschutz wurde infolge seiner *produktionshemmenden Wirkung*[87] wieder zurückgeführt und in der StillegungsVO vom 15.10.1923[88] in einen den heutigen §§ 17ff. KSchG vergleichbaren Schutz vor Massenentlassungen verwandelt.

---

79 Vgl. die RV mit den für den Bereich des Arbeitsrechts relevanten Bestimmungen: Art. 7 Nr. 9, 118, 122, 124, 139, 151, 157, 159 bis 165; auch im Überblick Kaskel, S. 6ff.

80 Vgl. Gesetze (z.B. Betriebsrätegesetz von 1920), Verordnungen als gesetzliche Delegationsnorm, Tarifverträge (Verordnung v. 23.12.1918, RGBl. 1918, S. 1456) Betriebsvereinbarungen; dazu Jacobi, S. 85ff. (145f., 246ff.), zum wissenschaftlichen Streitstand zum Richterspruch als Rechtsquelle S. 145.

81 RGBl. 1918, S. 1292.

82 RGBl. 1919, S. 1500.

83 Vgl. Wüllenweber, S. 40ff.

84 Vgl. U. Preis, Prinzipien, S. 14; Kaskel/Dersch, S. 218ff.; Kaskel, S. 4f. und S. 62ff.; Jadesohn, S. 15ff.; Wüllenweber, S. 40ff.

85 § 12 der DemobilmachungsVO v. 19.2.1920 sah vor, daß eine Entlassung, die zur Verminderung der Arbeitnehmerzahl aus wirtschaftlichen Gründen notwendig wurde, nur dann vorgenommen werden durfte, wenn dem Arbeitgeber nach den Verhältnissen des Betriebes keine Vermehrung der Arbeitsgelegenheiten durch Verkürzung der Arbeitszeit bzw. Streckung der Arbeit zugemutet werden konnte. Im Fall der Arbeitsstreckung waren Lohn- und Gehaltskürzungen möglich.

86 Vgl. Wüllenweber, S. 46, bei der Auswahl notwendig zu entlassender Arbeitnehmer sollte insbesondere zunächst die Ersetzbarkeit des einzelnen Arbeitnehmers im Verhältnis zu der Wirtschaftlichkeit des Betriebes geprüft werden. Sodann wurde eine Vorgehensweise obligat, die die Auswahl nach Lebens-, Dienstalter sowie Familienstand zu berücksichtigen hatte.

87 Vgl. Überblick bei U. Preis, Prinzipien, S. 11ff. (14).

88 RGBl. 1923, S. 983.

Der neu im Betriebsrätegesetz vom 4.2.1920[89] etablierte Kündigungsschutz war als individueller Arbeitnehmerschutz zumindest nicht ausdrücklich zur Verfolgung volkswirtschaftlicher, arbeitsmarktpolitischer Interessen konzipiert. Im wesentlichen enthielt § 84 BRG die Möglichkeit eines Einspruchsrechts des Betriebsrates gegen eine arbeitgeberseitige unbillige oder nicht durch die Verhältnisse des Betriebes bedingte Kündigung. Die (wirtschaftlich begründete) Kündigung blieb an sich zwar wirksam, das BRG gewährte aber bei deren Rechtswidrigkeit einen *Entschädigungsanspruch.*[90]

Auch das Problem betriebsbedingter Entlassungen im Zuge einer Betriebsübernahme wurde bereits von Regelungen (§ 2 AngKSchG von 1926) und Rechtsprechung erfaßt.[91] Die Gefahr für langjährig tätige Arbeitnehmer, ihre Beschäftigung und erworbenen Vergünstigungen durch einen Wechsel des Betriebsinhabers (infolge einer Kündigung) einzubüßen, sollte über Billigkeitserwägungen zumindest eingeschränkt werden.[92]

Die *ökonomische Bewertung des Kündigungsschutzes*[93] knüpfte an den Erfolg eines betriebswirtschaftlichen und, davon ausgehend, eines volkswirtschaftlichen Gesamtnutzens durch Erreichen eines *möglichst hohen Standes der jeweiligen Betriebsleistung* an.[94] Art und Stärke des Kündigungsschutzes wurden *Folgewirkungen* für Arbeitsmarkt und Beschäftigungsstand zugesprochen und daran der Lenkungseingriff des Staates bemessen.[95] Zugleich aber wurde der rechtliche Zweck des Bestandsschutzes zunehmend von *ideell überhöht* erscheinenden Aspekten des Erhalts einer möglichst *lebenslangen "Betriebsgemeinschaft"* geprägt[96] und entfernte sich damit von *rational ökonomischen Bewertungsmaßstäben.* Beide Gesichtpunkte, *ökonomischer wie auch sozialpolitisch ideeller*, bilden den Hintergrund für eine erhebliche Stärkung des Kündigungsschutzes im Deutschland der 20er und 30er Jahre.

---

89 RGBl. 1920, S. 218; U. Preis, Prinzipien, S. 12ff. (14f.); Wüllenweber, S. 63; Bechtel, S. 432f.

90 Vgl. im einzelnen Wüllenweber, S. 63ff.

91 RAG v. 26.10.1927, ARS 1, S. 14; RAG v. 8.2.1928, ARS 2, S. 71ff.; Joost, S. 29ff.; Falkenberg, RdA 1967, S. 122ff.; Herschel, RdA 1956, S. 161ff.; Loritz, RdA 1987, S. 65ff.; Henssler, NZA 1994, S. 912ff.; Borngräber, S. 28.

92 RAG v. 8.2.1928, ARS 2, S. 71ff. (73).

93 Vgl. zur unterschiedlichen Zielrichtung des Kündigungsschutzes: v. Hoyningen-Huene/Linck, KSchG, Einl. Rn. 13ff.

94 Vgl. Bechtel, S. 432f.

95 Vgl. Kaskel, S. 41f.

96 kritisch Kahn-Freund, Das soziale Ideal des Reichsarbeitsgerichts, 1931, S. 50ff.; Reuter, RdA 1973, S. 345ff.

Der NS-Staat betonte den Wert der Arbeit auch zum Zwecke der Verwirklichung ideologischer Vorstellungen.[97] Dem Recht auf Arbeit entsprach die Pflicht zur Arbeit im Sinne eines "völkisch" verstandenen *Gemeinschaftsinteresses*.[98] Die nationalsozialistische Auffassung vom Inhalt der Arbeitsbeziehungen *überhöhte* aus ideologischen Gründen das Arbeitsverhältnis zu einem eheähnlichen *Institut*.[99]

Das Bestreben eines arbeitsrechtlichen Systems im NS-ideologischen Sinne sollte durch ein "neues" nationalsozialistisches Arbeitsrecht zum Ausdruck kommen.[100] Das sogenannte AOG entkoppelte den Kündigungsschutz von seiner kollektiven Verankerung, gestaltete ihn individueller und *verstärkte* ihn gleichzeitig, indem der Schutzbereich auf Betriebe ohne Betriebsrat (zehn Arbeitnehmer) und die Klagemöglichkeit des Arbeitnehmers ausgeweitet wurde.[101] Im übrigen beschäftigte sich die oberste Rechtsprechung der 40er Jahre[102] weiter mit der Frage von Schutzbelangen des Arbeitnehmers infolge eines Betriebsübergangs.[103] Kündigungsschutz sollte schließlich unter der ArbeitsplatzwechselVO vom 1.9.1939 als *Instrument der Arbeitskräfteverteilung* zum Tragen kommen. Das individuelle Bestandsschutzinteresse des Arbeitnehmers trat in den Hintergrund.[104] Der ideologisch gefärbte Gedanke der Betriebsgemeinschaft und die zunehmende Notwendigkeit der Bindung von Arbeitskräften in der kriegsvorbereitenden Rüstungswirtschaft ließen auch den Kündigungsschutz zum zielgerichteten *Verteilungsinstrument von Arbeit* werden.[105]

97 Vgl. Hueck, Arbeitsrecht, S. 56ff., Recht auf Arbeit nicht als subjektiv-öffentliches, aber "moralisches" Recht.

98 Vgl. näher Rüthers, Beschäftigungskrise, S. 73ff.; Söllner und Rüthers, beide in: FS 100 Jahre DAV, S. 1ff. (9f.), 31ff. (43ff.).

99 Vgl. Rüthers, Beschäftigungskrise, S. 77ff; ders.NJW 2002; S. 1601ff (1606).

100 Vgl. Söllner und Rüthers, beide in: FS 100 Jahre DAV, S. 1ff. (9f.), 31ff. (43ff.).

101 Vgl. v. Hoyningen-Huene/Linck, KSchG, Einl. Rn. 23; Wüllenweber, S. 124ff. (130).

102 RAG 1941, ARS 43, S. 282ff., Voraussetzung und Folgen des Betriebsübergangs.

103 RAG v. 1.10.1930, ARS 11, S. 208.

104 Vgl. v. Hoyningen-Huene/ Linck, KSchG, Einl. Rn. 15.

105 Vgl. Hueck, Arbeitsrecht, S. 132f.

III. Nachkriegsdeutschland

1. Bestandsschutz in der DDR

Die aus der marxistisch-leninistischen Lehre[106] abgeleitete Wirtschaftsordnung der DDR sah in ihrer Zielrichtung eine Vergesellschaftung des Eigentums und die Lenkung marktlicher Abläufe durch den Plan vor.[107] Das *Individualarbeitsrecht* war nach den Prinzipien staatlicher Planwirtschaft in die Ausführung der *Beschäftigungslenkung* mit eingebunden.[108] Ideologisch war das Arbeitsrecht wiederum, wenn auch unter politisch anderen Vorzeichen, geprägt von einer *angenommenen Aufhebung gegensätzlicher* Arbeitnehmer- und Arbeitgeberinteressen, was die gesellschaftlich notwendige Verfestigung der Arbeitsbeziehung unterstrich.[109] Das Kündigungsrecht diente neben den verfassungsrechtlich betonten sozialen und gesellschaftspolitischen Interessen (Recht auf Arbeit und Pflicht zur Arbeit)[110] *in volkswirtschaftlicher Hinsicht* auch dem Zweck, Abwanderungen aus Betrieben mit Planschwerpunkt entgegenzuwirken.[111] Die Kündigungsfreiheit wurde demgemäß eingeschränkt und von einem System der Aufhebungs-, Umsetzungs- oder Überleitungsverträge ersetzt.[112] Zumindest formal gab es zwar die Möglichkeit einer unter strengem Begründungszwang (juristische Auflösung oder Umorganisation des Betriebes, tatsächlicher Wegfall bestimmter Tätigkeiten, Stellenplanänderung) stehenden betriebsbedingten Kündigung, die in Anbetracht der Umsetzungs- bzw. dreiseitigen Überleitungsverträge allerdings nicht zum Verlust der *Beschäftigung* führen mußte (§ 51 Abs. 2 AGB).[113] Planungsvorgaben, die oft zu Kostenersparnissen zwangen, und gelenkte Güterpreise sowie niedrige Löhne führten zu einer Hortung von Arbeitskräften trotz ihrer teilweisen Überflüssigkeit. Dieser Zustand kam einer *ver-*

---

106 im einzelnen Fischer/Heier, S. 33ff.; Niess, Geschichte der Arbeitslosigkeit 1979, S. 49;

107 Vgl. Bundesministerium für innerdeutsche Beziehungen (Hrsg.), S. 64 (Arbeitsmarkt); Brunner, S. 98ff.; Pleyer/Hensel; Müller-Römer, S. 39ff.

108 Vgl. Bundesministerium für innerdeutsche Beziehungen (Hrsg.), S. 64 (Arbeitsmarkt).

109 zur Ideologie: Rüthers, FS 100 Jahre DAV, S. 39ff. (50f.); ders., Beschäftigungskrise, S. 80ff.

110 Vgl. Pfarr, S. 135ff. (135); Baumgart/Kunz, S. 87f.

111 Vgl. Pleyer/Hensel, S. 147.

112 Vgl. Adomeit, NJW 1996, S. 1711 (1713); Baumgart/Kunz, S. 83ff.; Pleyer/Hensel, S. 148; Schweders, FS 100 Jahre DAV, 1994, S. 149f.

113 Vgl. Adomeit, NJW 1996, S. 1711 (1713); zum gutachterlichen Schutz Schweders, FS 100 Jahre DAV, 1994, S. 149f.; Baumgart/Kunz, S. 87f.

deckten Arbeitslosigkeit gleich.[114] Bestenfalls unter diesen staatlichen Eingriffen (u.a. durch Kündigungsschutz) in den Arbeitsmarkt könnte von einer Verwirklichung des in der Verfassung festgeschriebenen Rechts auf Arbeit gesprochen werden.[115]

2. Bestandsschutz in der Bundesrepublik

Das gegenwärtig hohe Schutzniveau des deutschen Kündigungsrechts ist vom Ausgangspunkt her aus einer modifizierten Übernahme von Vorkriegsstandards in den modernen Kündigungsschutz sowie dessen Weiterentwicklung unter zeitweise günstigen wirtschaftlichen Bedingungen erklärlich.[116]

Das einheitliche Kündigungsschutzgesetz[117] entstand auf der Grundlage eines gesellschaftlichen *Konsenses*[118], *wonach* Kündigungsschutz *"etwas wirklich Gutes und im Interesse der Allgemeinheit Liegendes"* sein sollte.[119] Dabei nahm der Gesetzgeber das Ergebnis der Verhandlungen und notwendige *Kompromisse*[120] der Sozialpartner auf und sah konzeptionell eine strikte Bindung der Kündigung an eine Begründung und Rechtfertigungsüberprüfung vor. Das entsprach der Ansicht des Wirtschaftsrates, den Arbeitnehmern im Wirtschaftsleben eine *bessere wirtschaftliche Fundierung und Sicherheit* zu geben.[121] Sozialpolitisch sollte zwar das Interesse des Arbeitnehmers am Bestandsschutz seines als Lebensgrundlage dienenden Arbeitsverhältnisses geschützt sein, das KSchG beabsichtigte gleichwohl *ausdrücklich nicht*, Entlassungen überhaupt unmöglich zu machen.[122]

Bei der gewählten Konzeption des KSchG blieben dessen mögliche *wirtschaftlichen Folgen* nicht unumstritten. Eine (finanzielle) Belastung von Kleinbetrieben und *Reflexe des Bestandsschutzes auf das Beschäftigungsverhalten von*

---

114 Vgl. Bundesministerium für innerdeutsche Beziehungen (Hrsg.), S. 63f. ("Arbeitslosigkeit").

115 Vgl. Müller-Römer, S. 46. Grundrechte, worunter auch das Recht auf Arbeit nach Art. 24 Abs. 2 DDR-Verfassung zu verstehen war.

116 Frerich/Frey, Hdb. Bd. 3, S. 3, S. 11.

117 Vgl. Hattenheimer Entwurf, RdA 1951, S. 58ff.

118 Vgl. Verhandlungen des Bundestages 1951, S. 5120ff. (5120).

119 Vgl. Verhandlungen des Bundestages 1951, S. 5120f.

120 Vgl. v. Hoyningen-Huene/Linck , KSchG, Einl. Rn. 33ff.

121 Vgl. Verhandlungen des Bundestages v. 11.4.1951, S. 5120ff.

122 Vgl. Erste Beratung des Entwurfes eines KSchG v. 11.4.1951, Protokolle 1951, S. 5121; nur Willkürschutz vor Arbeitgeberkündigung, Rüthers, NJW 2002, S. 1601 (1607).

Unternehmen wurden thematisiert.[123] Die Notwendigkeit der Sozialauswahl bei betriebsbedingter Kündigung führte auf seiten der Kritiker bereits zur Sorge eines *Einstellungshindernisses* gerade für sozial schwache Arbeitnehmer ("Rückschlageffekt").[124]

Die späten 50er und 60er Jahre waren indessen charakterisiert durch wirtschaftliche *Stabilität und Vollbeschäftigung*[125]. Der Sozialstaat konnte so zu einem Synonym für die Gewähr hohen *sozialen Schutzes und gleichzeitiger Vollbeschäftigung werden.*[126] Die verfolgte Regulierungsaktivität im Bereich des mitbestimmungsrechtlich flankierten Bestandsschutzes von Arbeitsverhältnissen wurde Ausdruck dessen.[127] Zudem "entdeckte" die arbeitsgerichtliche Rechtsprechung *das Sozialstaatprinzip* für eine unmittelbare Gestaltung der *Arbeitsbeziehungen.*[128] Ein nach Ausgleich von Machtungleichgewichten[129] und Paritätsverhältnissen strebendes *„soziales Ideal"*[130] leitete offensichtlich die Rechtsprechung beim Schließen von Regelungslücken im arbeitsrechtlichen Schutzsystem und verlieh damit dem arbeitnehmerseitigen Sozialschutz eine Art "Zweckmonopol".[131] Darüber hinaus wird teilweise angeführt, die BAG-Rechtsprechung habe sogar eine überkommene *"Lebensbundtheorie" des RAG* in seiner Spruchpraxis weitergeführt.[132] Damit wird die ideell geprägte Tendenz zu einer kontinuierlichen Verstärkung des Bestandsschutzes, über den ursprünglich veranlagten Willkürschutz hinaus, transparent.

Die Rezession von 1966/67 ließ erstmalig seit langem die Arbeitslosenzahlen fast um das Dreifache ansteigen.[133] Die Beschäftigungskrise wurde noch mit

---

123 Vgl. die Beiträge der Abgeordneten Günther (CDU), Sabel (CDU), Ludwig (SPD), Reismann (Z) in der Beratung v. 5.7.1951, Protokolle 1951, S. 6213ff.

124 Beratung v. 5.7.1951, Protokolle, S. 6216f.

125 Vgl. Frerich/Frey, Hdb. Bd. 3, S. 20ff.

126 z.B. Sozialbericht der Bundesregierung des Bundestages v. 23.9.1971, die auch ein Bild der Wirtschaftslage jener Jahre wiedergibt, Protokolle 1971, S. 7865ff. (7875f.).

127 Vgl. Frerich/Frey, Hdb. Bd. 3, S. 25f. und 100ff.

128 Vgl. Dürig, JZ 1953, S. 196; Müller, DB 1956, S. 524ff. (524); Beispiel: BAG, DB 1955, S. 668; Frey, AuR 1961, S. 43ff. und AuR 1961, S. 298ff.

129 Vgl. Frey, AuR 1961, S. 43f. und S. 298 (299); Wank, Arbeitnehmer, S. 46ff.; Beispiel: BAG v. 10.5.1957, AP Nr. 1 zu Art. 6 Abs. 1 GG; zuvor BAG v. 3.12.1954, AP Nr. 12 zu § 13 KSchG; aber BVerfGE 7, 198ff.; dann: BAG v. 20.12.1984, AP Nr. 27 zu § 611 BGB Direktionsrecht = DB 1985, S. 2689.

130 Müller, DB 1956, S. 524ff. (524); Schober.

131 Rüthers, Beschäftigungskrise, S. 39.

132 Vgl. Rüthers, Beschäftigungskrise, S. 83ff., bes. S. 85f. mit Hinweisen auf Rspr. und Lit. zum "Prognose-Prinzip" im Kündigungsschutz, das auf Herschel zurückgeht.

133 Vgl. Frerich/Frey, Hdb. Bd. 3, S. 87ff.

keynesianischem, nachfrageorientierten Instrumentarium überwunden.[134] Eine *aktive staatliche Beschäftigungspolitik* trat in den Vordergrund.[135] Zur Überprüfung sozialer Schutzrechte auf ihre *Beschäftigungswirkung* blieb schon aus diesem wirtschafts- und beschäftigungspolitischen Ansatz heraus kaum Raum, da das Beschäftigungsproblem hiernach auf eine ambivalente Ordnungspolitik zurückgeführt wird.[136]

Vielmehr folgte mit Beginn der 70er ein weiterer Ausbau kündigungsrechtlicher Regulierung. Hierzu gehörte etwa das Arbeitsrechtbereinigungsgesetz vom 14.8.1969[137], das neben anderen Neuerungen[138] im Bereich der betriebsbedingten Kündigung prozessuale Erleichterungen für den Arbeitnehmer[139] und einen umfänglichen Inhaltsschutz des Arbeitsverhältnisses durch Vorschriften über die Rechtfertigung von *Änderungskündigungen* schuf.[140] Schutz erweiternd und der Rechtsprechungspraxis zum Kündigungsschutz Impulse gebend[141] wirkte schließlich die Einführung des *BetrVG1972*.[142] Von einer mittelbaren Ausweitungstendenz des Kündigungs- bzw. Bestandsschutzes kann ferner durch die rechtsfortbildende Beschränkung *befristeter Beschäftigungsverhältnisse* (§ 620 BGB) gesprochen werden, durch die eine Umgehung des KSchG mittels sog. Kettenarbeitsverträge verhindert werden sollte.[143] Was die gesetzliche Entwicklung zum Recht des *Betriebsübergangs* anbetrifft, war das Meinungsbild zwar gespalten[144] und stand das BAG einem automatischen Betriebsübergang

---

134 Vgl. Frerich/Frey, Hdb. Bd. 3, S. 87ff.; Keller, S. 341 (antizyklische Haushalts- und Finanzpolitik, Kreditfinanzierung konjunkturbedingter Einnahmeausfälle).

135 Vgl. Frerich/Frey, Hdb. Bd. 3, S. 87ff., AFG-Novelle von 1969 mit Zielrichtung hoher Beschäftigungsstand, Verbesserung der Beschäftigungsstruktur und Förderung des Wachstums.

136 Vgl. Rüthers, Beschäftigungskrise, S. 53; anders: neoklassische Ansätze, unten Teil 2, 1. Abschnitt.

137 BGBl. 1969, I S. 1106; Fitting, DB 1969, S. 1459ff. (1459); Wenzel, DB 1969, S. 1402ff.

138 Vgl. Überblick bei Fitting, DB 1969, S. 1459ff.: Schwellenwerte des KSchG werden von 20 auf 18 Jahre abgesenkt; für Wartezeit ist die rechtliche, nicht tatsächliche Beschäftigung relevant; leitende Angestellte fallen unter den Kündigungsschutz.

139 Gesetz v. 14.8.1969, BGBl. I 1106: Sozialauswahl.

140 Vgl. Richardi, ZfA 1971, S. 71ff. (73); GK-Rost zu § 2 KSchG 1969, Rn. 1f.; Adomeit, DB 1969, S. 2179ff.

141 BAG v. 6.7.1978 AP Nr. 16 zu § 102 BetrVG 1972 und später BAG v. 29.3.1984, BB 1984, 1426ff. zu § 102 BetrVG.

142 Vgl. im Überblick: v. Hoyningen-Huene/Linck, KSchG, Einf. Rn. 41ff.

143 BAG AP Nr. 16 zu § 620 BGB; zum ganzen Mager/Winterfeld/Göbel/Seelmann, BeschFG'85, S. 30f.

144 Vgl. Borngräber, S. 28ff.; Gaul, S. 22ff.; Falkenberg, RdA 1967, S. 121ff.; Herschel, RdA 1956, S. 161ff.

u.a. aus *wirtschaftlichen Gesichtspunkten* kritisch gegenüber[145], schließlich wurde mit der Novellierung des BetrVG von 1972 jedoch § 613a Abs. 1 S. 1 sowie Abs. 2 und 3 BGB in das Schutzsystem eingefügt.[146]

Die Komplexität des hauptsächlich in KSchG und BetrVG verankerten Kündigungsschutzrechts nahm in den 70ger und 80ger Jahren erheblich zu[147], während sich die *Bedingungen des Arbeitsmarktes nachhaltig* zu ändern begannen.[148] Der Glaube, sozialer Fortschritt bedeute stets eine Ausweitung konsumtiver Ausgaben bei hohem sozialem Sicherheitsstandard, mündete in eine bis heute andauernde *Krise des Sozialstaats*.[149] Die Suche nach Gründen für Störungen auf dem Arbeitsmarkt führte zur kontroversen Diskussion über die Rolle des Arbeitsrechts – und dort besonders des Kündigungsschutzrechts.[150] Es mehrten sich kritische Analysen zur *ökonomischen Bewertung des Bestandsschutzes* im Hinblick auf seine Beschäftigungswirksamkeit. Ein bei der Entstehung des KSchG und Folgenovellen noch bestehender *Grundkonsens* der Sozialpartner über ein wirtschaftlich vertretbares Maß des Kündigungsschutzes wurde vor allem arbeitgeberseitig in Zweifel gezogen.[151] Während in der juristischen Literatur[152] das Für und Wider zur beschäftigungspolitischen Bewertung des Kündigungsschutzes zwar diskutiert wurde, durchgreifende Änderungsvorschläge des Rechts jedoch ausblieben[153], galt aus *Sicht der Richterschaft* wohl die vorherrschende Tendenz, Sicherung und Stärke des Bestandsschutzes als maßgeblichen Beitrag zur Bekämpfung von Arbeitslosigkeit aufzufassen.[154]

Auf die Fortentwicklung des Kündigungsschutzes nahm hingegen nunmehr auch das Europarecht Einfluß. Die in § 17ff. KSchG und § 111ff. BetrVG umgesetzte Richtlinie 75/129 EWG über Voraussetzungen bei Massenentlassungen[155] sowie die Änderungen des § 613a Abs. 1 S. 2-4, Abs. 4 BGB (Kündigungs-

---

145 BAG AP Nr. 2 zu § 419 BGB; dargestellt in BAG AP Nr. 1 zu § 613a BGB.

146 BT-Drs. VI/1786, S. 59.

147 Mit dem Hinweis auf Komplexität: v. Hoyningen-Huene/Linck, KSchG, Einl. Rn. 46.

148 Frerich/Frey, Hdb. Bd. 3, S. 159ff.; Keller, S. 435.

149 Frerich/Frey, Hdb. Bd. 3, S. 161ff.

150 Beispiel: Klees, BlStSoz 1978, S. 177ff.; a.A. Reuter, RdA 1973, S. 345ff.

151 Vgl. dazu Zöllner, NJW 1990, S. 1ff. (2).

152 Vgl. Zöllner, 52. DJT, D21 mit anschließender Diskussion und Beschlüssen in Bd. 2, Sitzungsbericht M 246ff.; ders., in: NJW 1990, S. 1ff. (5).

153 Vgl. v. Hoyningen-Huene/Linck, KSchG, Einl. Rn. 46; Linne/Voswinkel, in: Semlinger, S. 159; Dörsam, IAW-Mitt. 1995, S. 13ff. (13); Zusammenfassung bei Büchtemann, in: Semlinger, S. 135f.; Walwei, Ansätze, S. 4ff.; Zöllner, ZfA 1988, S. 265ff..

154 beispielhaft Jobs, AuR 1981, S. 16ff. (16).

155 Vgl. im einzelnen v. Hoyningen-Huene/Linck, KSchG, Einl. Rn. 55; U. Preis, Prinzipien, S. 237ff. (239).

schutz) aufgrund der EG-Richtlinie 77/187 vom 14.2.1977[156] sind anzuführen. Der EuGH entwickelte in oft umstrittener Form seine den Arbeitnehmerschutz tendenziell ausdehnende Rechtsprechungspraxis[157]. Ob diese dem Ziel der Europäischen Gemeinschaft zur Errichtung eines gemeinsamen Marktes dienende Anhebung des sozialen Standards dem *"Erfordernis wirtschaftlicher Vernunft"*[158] jedoch immer entsprechen konnte, blieb fraglich[159] und wurde oft zum Sinnbild beschäftigungsrelevanter Gegenläufigkeit volkswirtschaftlicher Notwendigkeiten und juristischer Dogmen.[160]

Zu Beginn der 80er Jahre findet im Kündigungsrecht, so zumindest eine *Auffälligkeit*, noch einmal eine *durch die Rechtsprechung veranlaßte Verstärkung* des an betriebliche Umstände geknüpften Kündigungsschutzes statt:

Das Erkenntnis zur Anwendung der Sozialplanvorschriften im Konkurs[161], die Entscheidung des Großen Senats des BAG zum übergesetzlichen allgemeinen Weiterbeschäftigungsanspruch[162] und Urteile zur Einschränkung befristeter Beschäftigungsverhältnisse fallen in diesen Zeitraum.[163] In ihren Judikaten zum befristeten Arbeitsverhältnis nimmt die Rechtsprechung zur *beschäftigungsfördernden Wirkung* des Bestandsschutzes positiv Stellung.[164]

---

156 ABl. EG Nr. L 61 v. 5.3.1977.

157 EuGH v. 7.2.1985, Slg. 1985, S. 457ff. wendet 77/187 nicht auf den Konkurs an, läßt aber Anwendung den Staaten offen; dazu bei der Anwendung des § 613a BGB im Konkurs: BAG v. 26.1.1977 AP Nr. 5 u. BAG v. 15.11.1978 AP 14 jeweils zu § 613a BGB; im Vergleichsverfahren BAG v. 10.02.1981, AP Nr. 26 zu § 613a BGB.

158 Begründung, RdA 1975, S. 124ff. (125).

159 Vgl. Wiedemann/Willemsen, RdA 1979, S. 419ff.

160 Erläutert am Beispiel § 613a BGB: vgl. Risse, KTS 1989, 465ff., zu den betriebswirtschaftlichen Aspekten der Sanierung im Konkurs.

161 BAG v. 13.12.1978 AP Nr. 6 zu 112 BetrVG 1972 = DB 1979, 261 = NJW 1979, 774.

162 BAG AP Nr. 14 zu § 611 BGB (Beschäftigungspflicht) = NJW 1985, 2968 = NZA 1985, 702; Rechtfertigung von Jobs, AuR 1981, S. 16ff.

163 st.Rspr.: BAG AP Nr. 1 zu § 620 BGB (Hochschule); BAG, AP Nr. 62 zu § 620 BGB befristeter Arbeitsvertrag und AP Nr. 1 zu § 53 BAT; BAG AP Nr. 52 zu § 620 BGB; LAG Berlin, AP Nr. 29 zu § 620 BGB; LAG Berlin, DB 1977, S. 2237 kein Abschluß einer Reihe von (nur) befristeten Beschäftigungsverhältnissen wegen in Zukunft absehbarer Rationalisierungsmaßnahmen.

164 Vgl. BAG, SAE 1985, S. 62, Zulässigkeit der Befristung eines Arbeitsverhältnisses, um einem noch Auszubildenden die Weiterbeschäftigung zu ermöglichen; BAG, DB 1983, S. 1551 (1553), Dauer der Befristung soll mit Dauer der Zuweisung i.S.d. AFG übereinstimmen; Kritik von Eich, DB 1978, S. 1785ff. (1786); auch Flander, NZA 1984, S. 337ff.: "Machtungleichgewichtsthese" verstellt Blick auf die beschäftigungsfördernde Wirkung des befristeten Arbeitsverhältnisses.

Die Mitte der 80er Jahre verfolgte, vorwiegend angebotsorientierte Wirtschaftspolitik mit ihren größeren Deregulierungsbestrebungen[165] verschaffte der *Zweischneidigkeit des Bestandsschutzes* [166] mehr rechtspolitisches Gewicht. Der Gesetzgeber war nunmehr der Auffassung, daß das Hauptanliegen des Arbeitsrechts zwar nach wie vor die Sicherung des Arbeitnehmerschutzes sei, das Arbeitsrecht aber auch für die *Brückenbildung zum Arbeitsmarkt* ausreichend Gewähr bieten müsse.[167] Obwohl das BeschFG'85 den Bestandsschutz *nur selektiv* lockerte und das KSchG selbst substantiell nur unwesentlich berührte[168], wurde dem Konzept teilweise unterstellt, es verfolge entgegen sozialstaatlicher Vorgaben das System eines "Heuerns und Feuerns".[169]

Entwicklungen im Arbeitsrecht sowie in Wirtschafts-und Beschäftigungspolitik der 90er Jahre stehen im Zeichen der deutschen Einheit.[170] Eine *einheitliche* (arbeits-)rechtliche Ausgestaltung der Beschäftigungsverhältnisse war im Restrukturierungsprozeß der (zunehmend globalen) Wirtschaft besonders in den neuen Bundesländern ohne Brüche kaum möglich.[171] Ein arbeitsrechtliches Reformwerk, das ökonomische Erkenntnisse über die Wirkung extensiver Schutznormen auf den Arbeitsmarkt hätte aufgreifen können, gelang über Entwürfe hinaus bis heute nicht.[172] Dagegen traf im Bereich des Rechts der betriebsbedingten Kündigungen die vom Kündigungsrecht vertretene Schutzrichtung teilweise auf Unverständnis[173] und mußte im Falle des § 613a BGB, soweit EU-

---

165 zum ganzen Frerich/Frey, Hdb. Bd. 3, S. 161ff.

166 BVerfGE 59, 231 (266).

167 Vgl. Adomeit in Hanau/Adomeit, Arbeitsrecht, S. 7f (Rdnr.16); Blüm, Beschäftigungsoffensive, S. 23ff. (34f.); Beratungen, Protokolle BT 1984, S. 6716ff. mit Hinweis auf Kündigungsschutz und dessen "Sperrwirkungscharakter" bei Neueinstellungen; im Überblick v. Hoyningen-Huene/Linck, KSchG, Einl. Rn. 57ff.; zu §112a BetrVG, Fitting/Auffahrt/Kaiser u.a. zu § 111 BetrVG Rn. 2; BT-Drs. 10/2102 (1985), S. 17.

168 Vgl. v. Hoyningen-Huene/Linck, KSchG, Einl. Rn. 58.

169 Vgl. SPD Sozialexperte Dreßler, BT-Protokolle, 1984, S. 6720ff.; dagegen: Löwisch, NZA 1985, S. 478ff. (479), Weiler, BB 1985, 934ff. (937).

170 Vgl. Adomeit, Arbeitsrecht der 90er Jahre; ders., NZA 1993, S. 433ff.; Hanau/Adomeit, S. 4f.(Rdnr.5ff); Baeck/Quarg, DtZ 1990, S. 51ff.; Frerich/Frey, Hdb. Bd. 3, S. 591ff.; Schwedes, FS 100 Jahre DAV, 1994, S. 147f.

171 Vgl. Frerich/Frey, Hdb. Bd. 3, S. 593f.

172 Vgl. zur Reformgeschichte des Arbeitsrechts und Kündigungsschutzrechts v. Hoyningen-Huene/Linck, KSchG, Einl. Rn. 63ff.; Entwurf ArbVG, Verhandlungen des 59. DJT 1992, Gutachten D; Gesetzesantrag des Freistaates Sachsen, Entwurf eines Arbeitsvertragsgesetzes v. 23.5.1995, BR-Drs. 293/95.

173 Vgl. Budde, AuA 1996, S. 7ff. (9) zur Sozialauswahl.

rechtlich zulässig, befristet gelockert werden, um Hemmnisse für Privatisierungs- und Sanierungsaktivitäten abzubauen.[174]

Erst mit dem am 1.10.1996 in Kraft getretenen *ArbRBeschFG'96* griff der Gesetzgeber unmittelbar in den gewachsenen Kündigungsschutz modifizierend ein. Im Ergebnis sollten durch Änderungen des KSchG dem Bedürfnis der Wirtschaft vor allem nach *mehr Rechtssicherheit* Rechnung getragen und *betriebliche Regelungsfreiräume* geschaffen werden.[175] Betriebsbedingte Kündigungen erleichternde Regelungen des am 1.1.1999 in Kraft getretenen, betont markt- und sanierungsfreundlicheren[176] Insolvenzrechts wurden in den allgemeinen Kündigungsschutz vorgezogen.[177] Den als Teil der Reform von 1996 erhöhten Schwellenwert des KSchG von 5 auf 10 Arbeitnehmern mit dem Ziel vermehrter Freistellung von Kleinbetrieben vom gesetzlichen Kündigungsschutz, hatte das BVerfG zwar für verfassungskonform erklärt, zugleich aber bestätigt, daß – wenn auch nicht mit der Intensität eines KSchG- Arbeitnehmer in Kleinbetrieben nach den allgemeinen Bestimmungen des BGB (§§ 138, 242 BGB) vor Kündigungen geschützt seien. [178]

In der rechts- und beschäftigungspolitischen Diskussion blieben jedoch Zusammenhänge zwischen überzogenem Bestandsschutz und negativem Beschäftigungsstand streitig[179], das Gelingen von Erleichterungen für die Unternehmenspraxis fraglich[180] und in der Instanzrechtsprechung bis zur gesetzlichen

---

174 Vgl. die parlamentarische Aussprache zur Maßnahmegesetzgebung (9. Sitzung, 21.2.1991), von Stetten, BT-Protokolle 1991, S. 378ff.; Ascheid, NZA 1991, S. 873ff. (878) zu § 613a BGB; Gesetz über die Spaltung der von der Treuhandanstalt verwalteten Unternehmen v. 5.4.1991 (§ 16 Abs. 2 SpTrUG) BGBl. I, S. 854; zur Bewertung: Adomeit, noch in: Hanau/Adomeit, 11. Aufl., S. 10f.

175 im Überblick Lorenz, DB 1996, S. 1973ff.; BGBl. 1996, Teil 1 Nr. 48, S. 1476; BT-Drs. 13/5107 v. 26.6.1996; Überblick bei v. Hoyningen-Huene/Linck, KSchG, Rn. 62c (vor allem Gestaltung und gerichtliche Überprüfbarkeit der Sozialauswahl).

176 Einführungsgesetz, E-InsO, BT-Drs. 12/3803; Berscheid, S. 405ff. (425f.); Schaub, ZIP 1989, S. 205ff. (206).

177 Arbeitsrechtliches BeschFG 1996 BT-Drs. 13/5107, bes. S. 20ff.; Berscheid, S. 405ff. (425f.), zur Sozialauswahl bei Massenentlassung inner- und außerhalb der Insolvenz; Schaub, ZIP 1989, S. 205ff. (206f.) m.w.N. und kritischer Würdigung der durch die neuen §§ 120, 121 InsO entstehenden Benachteiligungen des Betriebsrates und der Individualinteressen des Arbeitnehmers.

178 BVerfG NZA 1998,S.470ff.

179 Vgl. Mückenberger, Kritische Justiz 1996, S. 343ff. (346f.), Bedenken der Wissenschaft; Hinrichs, Arbeitsrecht im Betrieb, S. 589ff., Polemik der Gewerkschaft; U. Preis, NZA 1997, S. 1075ff.; Sell, arbeit und beruf 1997, S. 353f.; Walwei/Zika, IRS 1997, S. 7ff.

180 Vgl. U. Preis, NZA 1997, S. 1075ff.; Fischermeier, NZA 1997, S. 1089ff., jeweils m.w.N.

Rücknahme der Änderungen des KSchG angreifbar.[181] Die Reformansätze des ArbRBeschFG'96 wurden 1998 unter Zustimmung mancher Teile der Rechtswissenschaft korrigiert.[182] Hingegen stieß diese übereilige Rücknahme der Reform aus beschäftigungspolitischer Sicht auf massive Kritik, die auch im Übrigen eindringlich vor einer weiteren Erhöhung der Regulierungsdichte warnte.[183]

Ungeachtet dessen führte die Umsetzung der EU-RiLi 97/81/EWG über Teilzeitarbeit und RiLi 99/70/EWG über befristete Arbeitsverhältnisse in das Teilzeit - und Befristungsgesetz (TzBfG) flankierend zu einer *mittelbaren Verschärfung* des Kündigungsrechts. Im TzBfG, welches das bis zum 31.12.2000 gültige BeschFG ablöste, ging man arbeitsmarktpolitisch von einem „enormen Beschäftigungspotential“ der Teilzeitarbeit aus. Dagegen wurden die Möglichkeiten *sachgrundloser Befristung* durch eine strikte Maximaldauer der Befristung von 2 Jahren (§ 14 Abs 2 TzBfG)[184] gegenüber den alten Regelungen eingeschränkt. Dieses nach wie vor als atypisch (also als eigentlich nicht gewünscht) bezeichnete Beschäftigungsverhältnis sollte einer Ausnutzung durch Umgehung des Kündigungsschutzes nicht zugänglich sein. Dem bekannten *Umgehungsschutz* wurde gegenüber einem denkbaren Beschäftigungsimpuls freizügiger Befristungsmöglichkeit einmal mehr rechtspolitischer Vorrang eingeräumt. Lediglich dem Umstand schutzbedingter Einstellungshemmnisse im Segment älterer Arbeitnehmer soll weiterhin versucht werden mit einer erleichterten Altersbefristung (§ 14 Abs 3 TzBfG), deren Voraussetzung (Altersschwelle) mit dem Gesetz für moderne Dienstleistungen am Arbeitsmarkt vom 1. Januar 2003 noch einmal angepasst wurde, Rechnung zu tragen.

IV. Ergebnis

Im Ergebnis läßt die Entwicklungsgeschichte des deutschen Kündigungsschutzes dessen bewußte Verknüpfung mit beschäftigungspolitischen Zielstellungen bis hin zur Instrumentalisierung als volkswirtschaftliches Lenkungsinstrument der Beschäftigung erkennen. Gegenüber anderen Rechtsordnungen[185] erhält der deutsche Kündigungsschutz sein umfassendes Niveau u.a. aus Entwicklungsphasen, in denen Gesetzgeber und Rechtsprechung den Kündigungsschutz auch aus

---

181 Bonn v. 5.2.1997, EzA § 1 KSchG-Interessenausgleich.

182 Vgl.etwa Däubler, NJW 1999, S. 601ff.

183 etwa Sachverständigenrat, Gutachten 1998/1999, S. 405f.

184 Abschluß eines Arbeitsverhältnisses unter den erleichterten Voraussetzungen des TeilzBfG wird ausgeschlossen, wenn *jemals* zuvor mit demselben AG ein befristetes oder unbefristetes Arbeitsverhältnis bestand.

185 Siehe Teil 3 dieser Arbeit.

überhöht ideellen Motiven heraus zugunsten eines Art Lebensbundprinzips gestalteten. Als ein Ausdruck dessen dürfte die konsequente Ausrichtung des deutschen Kündigungsschutzes am Bestandsschutzprinzip zu gelten haben.[186] Eine *rational ökonomische Beurteilung* trat in Zeiten des Wachstums und der Vollbeschäftigung hinter eine "sozial determinierte" Bewertung des Kündigungsschutzes zurück.

Die damit erheblich über den ursprünglich gedachten Schutz vor willkürlicher Entlassung hinausgehende Ausgestaltung des Kündigungsschutzes konnte zur Bekämpfung von Beschäftigungskrisen offensichtlich nichts beitragen. Vielmehr wird aus den *kündigungsrechtlichen Disproportionalitäten* eine Ursache der Beschäftigungsproblematik abgeleitet und der ursprüngliche Konsens der Sozialparteien über die Intensität des Kündigungsschutzes in Frage gestellt. Regelungskritische Analysen zum Kündigungsschutz haben eine dauerhafte Trendwende der beschäftigungspolitischen Beurteilung und Reform des Bestandsschutzes nicht herbeiführen können. Infolge der schon 1998 erfolgten Korrekturen des ArbRBeschFG'96[187] war eine echte Bewährung des Beschäftigungseffektes dieser Gesetzesmodifikation kaum möglich.

Vor dem Hintergrund hohen politischen Drucks angesichts der eingangs geschilderten Wirtschafts- und Arbeitsmarktlage und der mittlerweile in Vielzahl vorliegenden juristischen und ökonomischen Analysen[188] zum Änderungsbedarf im Arbeitsrecht, ist nun wieder eine zähe Reformdebatte um den Kündigungsschutz in Gang gekommen. Im Wettlauf der Vorschläge werden *mehr Rechtssicherheit* und *betriebliche Regelungsfreiräume* im Bereich der betriebsbedingten Kündigung gefordert,[189] fast so, als habe es den Reformansatz von 1996 nie gegeben.

Dass ein solcher Reformweg nicht zuletzt supranational beschäftigungspolitischen Konsens findet und mittlerweile sogar zur klaren Handlungsaufforderung gerät, bestätigt der jüngste gemäß Art 128 Abs.2 EGV von der EU-KOM vorgeschlagene *Beschluss des Rates über Leitlinien für beschäftigungspolitische Maßnahmen der Mitgliedsstaaten.* Die entworfenen Leitlinien begründen einen wesentlichen Teil ihrer Handlungsprioritäten für mehr Beschäftigung mit einer Bewältigung des Wandels und Förderung der Anpassungsfähigkeit in der Arbeitswelt. Die Leitlinien sehen an dieser Stelle alle Mitgliedsstaaten in der

---

186 Vgl. zum Wandel im Vergleich zum Kündigungsrecht in der WR, Willemsen, NJW 2000, S. 2779 (2782).

187 Vgl.etwa Däubler, NJW 1999, S. 601ff.

188 Aus der Vielzahl etwa Eichhorst, Benchmarking Deutschland, 2001, S. 196f; Teil 2.

189 vgl. Regierungserklärung von BK Schröder v. 14.03.2003, www.bundesregierung.de; Reformprogramm etwa in Süddeutsche Zeitung v. 8.3.03, S. 13; E-Gesetz zu Reformen am Arbeitsmarkt, DR-Drs. 421/03, Meinel, DB 2003, S.1438.

Pflicht, nach Abwägung von Flexibilität einerseits und sozialer Sicherheit andererseits *„...das Arbeitsrecht zu reformieren, indem sie (die Mitgliedsstaaten) allzu restriktive Bestimmungen lockern, die die Arbeitsmarktdynamik beeinträchtigen und einer Beschäftigung derjenigen im Wege stehen, die Schwierigkeiten beim Zugang zum Arbeitsmarkt haben."*[190]

B. Personalanpassung und Voraussetzungen des Kündigungsschutzes gem. § 1 Abs. 2 und 3, § 2 KSchG und §§ 102, 111ff. BetrVG, §§ 17f. KSchG sowie § 613a Abs. 4 BGB

Inhalt folgenden Abschnitts sind Aspekte der Personalanpassung, die Voraussetzungen der betriebsbedingten Kündigung (§§ 1, 2 KSchG) und deren betriebsverfassungsrechtlichen Folgen (§§ 102 BetrVG, 111 ff. BetrVG) sowie des Kündigungsschutzes bei Betriebsübergang (§ 613a Abs. 1 und 4 BGB). Die Erörterungen dienen dem Zweck, *Regelungsdichte* und Schutzniveau des deutschen Kündigungsrechts zu veranschaulichen, um auf dieser *Grundlage (Teil 2)* ökonomische und juristische Argumente zur Beschäftigungsproblematik im Kontext mit dem Kündigungsrecht zu diskutieren.

I. Betriebliche Planung der Personalreduzierung

Dem Unternehmer steht mit Blick auf eine sich nachteilig ändernde konjunkturelle und/oder strukturelle Situation[191] mit sinkendem Beschäftigungsbedarf unterschiedliches Instrumentarium personeller Anpassungsmaßnahmen zur Verfügung.

Daß negative Konjunkturverläufe von Unternehmen nicht sofort in umfangreiche Entlassungen umgesetzt werden, liegt zum einen an der Lenkungs- bzw. Hemmnisfunktion des nachstehend erörterten Kündigungsschutzrechts. Zum anderen sind – unabhängig von rechtlichen Handlungsbeschränkungen – unternehmerische Überlegungen denkbar, die auf eine Erhaltung von Humankapitalinvestitionen, von Leistungswilligkeit, positiver Motivationslage der Arbeitnehmer[192] und auf eine Vermeidung von Suchkosten oder Reputationsverlu-

---

190 Vorschlag der EU-KOM für einen Beschluß des Rates über Leitlinien für beschäftigungspolitische Maßnahmen, 2003, B.Ziff.3..

191 zur Unterscheidung aus Sicht des Unternehmens Schellhaaß, Beschäftigungshemmnis, S. 90; Soltwedel, S. 136f.

192 Vgl. die ökonomischen Argumente: Brandes/Buttler/Dorndorf/Walwei, S. 111ff.; näher zu den Arbeitsmarkttheorien unten.

sten[193] ausgerichtet sind. Das unternehmerische Vorgehen bei Anpassungsmaßnahmen im Personalbereich infolge verminderten Beschäftigungsbedarfs wird durch einzelne Entscheidungsprozesse geleitet[194]:

- die Ermittlung des Anpassungsbedarfs,
- die Auswahl einer oder mehrerer Anpassungsmaßnahmen und
- die Realisierung der Maßnahmen.

Nach Ermittlung des Anpassungsbedarfs können Anpassungsmaßnahmen *ohne* und *mit* Personalabbau unterschieden werden; Maßnahmen, die eine Inhaltsänderung des Beschäftigungsverhältnisses genügen lassen oder schließlich zu dessen Beendigung führen.[195]

1. Anpassungsmaßnahmen ohne Personalabbau[196]

Dem Unternehmen stehen diesbezüglich folgende Möglichkeiten zur Verfügung:

- Einstellungssperren.
- Abbau von Überstunden,
- Einführung von Kurzarbeit[197],
- betriebs- oder unternehmensinterne Versetzungen und Umsetzung nach vertraglichem Vorbehalt oder mit Hilfe von Änderungskündigungen.[198]

Die Maßnahmen können teils als arbeits*zeitliche* (z.B. Kurzarbeit), teils als personalkapazitätsorientierte (z.B. Einstellungssperre) Anpassungsmaßnahmen klassifiziert werden.[199]

---

193 Vgl. Franz, Ökonomik, S. 133ff.; Hanel, S. 130. Schellhaaß, ZfA 1989, S. 167ff. (168); ders., in: Büchtemann/Neumann (Hrsg.), S. 90f.; hierzu Beratung des KSchG 1951, Protokolle S. 5120ff. und S. 6214.

194 Buchner, DB 1984, S. 506, der Weg bis zur Kündigungsentscheidung; Stockert, S. 13f.; Hanel, S. 130ff.; Köhler/Sengenberger, S. 68f.

195 Vgl. Buchner, DB 1984, S. 504ff. (506); Hanel, S. 130ff.

196 Überblick bei Hanel, S. 130; Köhler/Sengenberger, S. 68f.

197 §§ 169ff. SGB III.

198 Beispiel bei Federlin, ZfA 1988, S. 99ff. (103); Hanel, S. 130; Stockert, S. 13ff., 91ff.

199 Vgl. Stockert, S. 13ff.

2. Anpassungsmaßnahmen mit Personalabbau

Als Anpassungsmaßnahmen *mit* Personalabbau kommen schließlich in Betracht[200]:

- die vorzeitige Entlassung in den Ruhestand (Vorverrentung),
- der Abbau von Leiharbeit,
- der kündigungsersetzende Aufhebungs- bzw. Abwicklungsvertrag,
- die betriebsbedingte Beendigungskündigung in Form von Einzel- und sozialplanpflichtiger Massenbeendigungskündigung (§§ 1, 17 KSchG mit §§ 111ff. BetrVG).

3. Alternative Konzepte zum Personalabbau?

Das Gewinnmaximierungskalkül bestimmt vornehmlich das unternehmerische Planen und Handeln mit einem Vorrang des Rentabilitätsgedankens vor Konzepten der Arbeitssicherung.[201] Zwar werden immer wieder alternative Möglichkeiten einer arbeitnehmerorientierten, beschäftigungssichernden und zugleich effizienten Unternehmenspolitik bei restrukturierenden Anpassungsmaßnahmen erörtert[202], können sich i.d.R. aber nicht im gewünschten Umfang durchsetzen. Im Mittelpunkt standen bisher etwa Modelle einer Kombination von Kurzarbeit und Arbeitnehmerqualifizierung.[203] Bekannt geworden sind ferner beschäftigungssichernde Vereinbarungen auf Tarif-[204] und Betriebsebene.[205]

Die in dieser Weise zur Vermeidung von Arbeitsplatzabbau existierenden oder vorgeschlagenen betrieblichen Beschäftigungsstrategien[206] werden vorwiegend in mitbestimmten, d.h. größeren Unternehmen mit entsprechendem Organisationsvermögen Umsetzung finden können. Zudem ist die politische Durchsetz-

---

200 Vgl. zu dieser Kategorisierung, Stockert, S. 13f.

201 Vgl. Brandt, S. 11; näher Köhler/Sengenberger, S. 314ff.

202 näher Adomeit, Regelungen, S. 58ff.; Bosch, WSI-Mitt. 1995, S. 422ff.; Neumann/Spies, WSI-Mitt. 1995, S. 431ff. (433).

203 näher Neumann/Spies, WSI-Mitt. 1995, S. 431ff. (433f.); Bosch, WSI-Mitt. 1995, S. 422ff.

204 Beispiele: Adomeit, Regelungen, S. 58ff.; zum "VW-Modell": Peters/Schwitzer/Volkert/Widuckel-Mathias, WSI-Mitt. 1994, S. 165ff.; Bispinck, WSI-Mitt. 1994, S. 154ff.

205 näher Peters/Schwitzer/Volkerts/Widuckel-Mathias, WSI-Mitt. 1994, S. 170.

206 Bosch, WSI-Mitt. 1995, S. 422ff.; Neumann/Spies, WSI-Mitt. 1995, S. 431ff., dazu noch unten; Beispiel der "Vissmann-Entscheidungen", Beschl. d. ArbG Marburg, NZA 1996, S. 1331 und 1337; dazu Buchner, NZA 1996, S. 1304ff.; Bericht (Handelsblatt v. 21.08. 2000), NJW 2000, H. 39, LXVIII.

barkeit staatlich unterstützter betrieblicher Beschäftigungsprogramme wegen der oftmals bestehenden Bindung an begrenzte Haushaltsmittel der öffentlichen Hand erschwert.[207] Der Personalabbau *durch betriebsbedingte Änderungs- oder Beendigungskündigungen* stellt daher einen oft unvermeidlichen Weg zur Reaktion auf Kostendruck, auf eine Vorbereitung von Strukturierungsnaßnahmen infolge von wettbewerbsbedingten Konzentrationsprozessen sowie auf einen damit sinkenden Beschäftigungsbedarf dar.

II. Umfang, Regelungsstruktur und Regelungstiefe des Kündigungsschutzes bei betriebsbedingter Kündigung des Arbeitnehmers

Als Grundlage für eine unter Teil 2 der Arbeit weiterführende beschäftigungsökonomische Betrachtung der Kündigungsschutznormen sind *Regelungsstruktur und Regelungstiefe* des Kündigungsschutzrechts mit Blick auf die unternehmerische Handlungs- und Entscheidungsfreiheit zu ermitteln.[208] Das *Maß rechtlicher Kontrolle* unternehmerischer Handlungsspielräume durch exogene, d.h. nicht unternehmensinterne Entscheidungsinstanzen gibt den *tatsächlichen Umfang* ökonomisch relevanter Ordnungseingriffe an. Letzterer wird im wesentlichen durch den Gesamtablauf des Kündigungsverfahrens bestimmt.

1. Kündigungsschutz und leitende Prinzipien

Das deutsche Kündigungsschutzrecht wird von übergeordneten Prinzipien bestimmt.[209] Als wesentliches Merkmal des deutschen Kündigungsschutzes wird das *Bestandsschutzprinzip* zu gelten haben. Das KSchG ist prinzipiell und mit Blick auf die existentielle Bedeutung des Arbeitsverhältnisses für den Arbeitnehmer auf den *möglichst dauerhaften Bestand* des Arbeitsverhältnisses und dessen Inhalt gerichtet. Auch an eine wirtschaftlich bedingte Kündigung sind nicht automatisch oder wahlweise Abfindungsleistungen gegen Aufgabe des Arbeitsverhältnisses geknüpft. Ein gegebenenfalls abfindungsbewährter Auflösungsantrag infolge des Kündigungsstreits ist gesetzlich nur unter den engen Voraussetzungen des § 9 KSchG denkbar. Auch §§ 111f. BetrVG (Sozialplan) durchbrechen das Prinzip nicht, denn sie greifen bei rechtmäßiger, wirksamer Beendigungskündigung.

207 Vgl. Neumann/Spies, WSI-Mitt. 1995, S. 431ff. (433).

208 Vgl. OECD, Employment Outlook 1999, S. 49ff; Walwei, IAB topics, Nr.48 (2002), S. 3ff, Beitr.AB, 2002, S.76ff.

209 grundlegend U. Preis, Prinzipien; instruktiv: BVerfG, NZA 1998, S. 470ff.

Ebenso kann das Prinzip der *Interessenabwägung* in seiner ganzen Intensität als Spezifikum des deutschen Kündigungsschutzrechts eingeordnet werden. Die sich im Falle einer Kündigung gegenüberstehenden schutzwürdigen Güter und Interessen von Arbeitgeber und Arbeitnehmer sollen in sozial gerechter Einzelfallabwägung zum Ausgleich gebracht werden.[210]

Dem Bestand des Arbeitsverhältnisses dient gleichfalls das nicht ausdrücklich geregelte, maßgeblich von der Rechtsprechung entwickelte *Verhältnismäßigkeitsprinzip*.[211] Es wirkt als besondere Eingriffsschranke gegenüber der arbeitgeberseitigen Kündigungsfreiheit und sieht die Kündigung als ultima ratio möglicher Anpassungsmaßnahmen.[212] Obwohl ungeschrieben, rezipierte die Rechtsprechung das Verhältnismäßigkeitsprinzip bei der Interessenabwägung und Gestaltung von Wertungsspielräumen für die Intensivierung des Kündigungsschutzes.[213]

Die auf betriebliche Vorausschau angelegte Begründung einer betriebsbedingten Kündigung mit dem endgültigen Wegfall konkreter Beschäftigungsmöglichkeit ohne alternative Weiterbeschäftigungsperspektive stellt schließlich das im Kündigungsrecht dogmatisch erst spät gewürdigte *Prognoseprinzip* in den Kanon entscheidungsleitender Prinzipien im Kündigungsschutz.[214]

2. Die betriebsbedingte Kündigung in der Rechtsprechungspraxis

Ausgangspunkt für die Rechtmäßigkeitsprüfung einer aus betrieblichen Gründen erklärten Beendigungskündigung ist der Wortlaut des § 1 Abs. 2 S. 1 KSchG. Danach ist, bei genereller Anwendbarkeit des KSchG[215], eine Kündigung u.a. dann *sozial* ungerechtfertigt, *wenn sie nicht durch dringende betriebliche Erfordernisse bedingt ist, die einer Weiterbeschäftigung des Arbeitnehmers in diesem Betrieb entgegenstehen.*

---

210 Vgl. U. Preis, Prinzipien, S. 224ff.

211 Vgl. Dey, S. 10f.; grundlegend U. Preis, Prinzipien, S. 261 m.w.N.; kritisch Wank, RdA 1987, S. 129ff. (134f.).

212 Vgl. Schwerdtner, ZIP 1984, S. 10ff. (14); G. v. Hoyningen-Huene, NZA 1995, S. 1009ff. (1012); Berkowsky, NJW 1996, S. 291ff. (293).

213 Kritisch: U. Preis, Prinzipien, S. 261ff. m.w.N.; kritisch Hümmerich, NZA 1996, S. 1290f.

214 Vgl. U. Preis, Prinzipien, S. 322ff. m.w.N.; ders., NZA 1997, S. 1075ff. (1081); dazu auch BAG NZA 2002, S. 1205.

215 § 1 Abs. 1 KSchG (bisher 6 Monate Mindestbeschäftigungsdauer und mindestens 5 Arbeitnehmer).

Mit der Gesetzesformulierung gibt das KSchG lediglich eine Richtung an, aus der die Störung des Arbeitsverhältnisses resultiert.[216] Die Rechtsprechung konnte demgemäß – im ökonomischen Kontext gesprochen – über den ihr vom Gesetz überlassenen *Gestaltungsspielraum* in erheblichem Umfang den eigenen *Ordnungseingriff* gestalten. Bei einer an sich neutral verfaßten Marktordung[217] ergeben sich so durchaus bedeutsame Regelungsspielräume für die Rechtsprechung, entweder dem Kündigungsschutz eine eher *betrieblich-marktbezogene oder sozial-arbeitnehmerbezogene* Ausrichtung zu verschaffen.[218] Die Regelungstiefe des Tatbestandes (§ 1 Abs. 2 S. 1 KSchG) läßt sich aus den einzelnen Prüfungsstufen der betriebsbedingten Kündigung ersehen:

a) Betriebsbedingte Kündigungsgründe

Das KSchG in Gestaltung durch die Rechtsprechungspraxis geht davon aus, daß im Falle einer betriebsbedingten Kündigung zunächst *dringende betriebliche Erfordernisse (Gründe)* zum dauerhaften Wegfall des Beschäftigungsbedarfs eines oder mehrerer Arbeitnehmer geführt haben müssen. Bei Veränderungen in der ökonomischen Umwelt des Unternehmens, die "an sich" eine betriebsbedingte Kündigung begründen können, unterscheidet die Rechtsprechung seit dem Erkenntnis von 1978[219] zwischen *äußeren* und *inneren* betrieblichen Gründen.

Dabei werden unter *äußeren* betrieblichen Gründen vor allem wirtschaftliche Umstände (konjunktureller oder struktureller Art) verstanden, die im Ergebnis beim Unternehmen zu Rentabilitätseinbußen durch Nachfrage- bzw. Auftragsschwund, zu Umsatzrückgang und Gewinnverfall führen und dadurch Beschäftigungsbedarf entfallen lassen.[220] Die sogenannten *innerbetrieblichen Gründe* hingegen gehen als originäre Organisationsentscheidung vom Unternehmer selbst aus.

Dabei kann es sich um betriebswirtschaftliche Konzepte handeln, die äußeren Wettbewerbsbedingungen unter Berücksichtigung neuer Techniken geschuldet

---

216 Vgl. G. v. Hoyningen-Huene, NZA 1994, S. 1009ff. (1011); Zepter, DB 2000, S. 474ff. (474) m.w.N.

217 BVerfGE, 7 (17f.); 50, 290 (336ff.).

218 Vgl. Buchner, DB 1984, S. 504ff. (504f.); Däubler, Arbeitsrecht 2, 1995, S. 521ff.; Feudner, DB 2000, S. 476ff.; B. Preis, DB 2000, S. 1122ff. (1122); BAG, DB 1964, S. 958. BAG v. 28.11.1956 AP Nr. 20 zu § 1 KSchG (betriebsbedingte Kündigung); BAG v. 4.2.1960 AP Nr. 5 zu § 1 KSchG (betriebsbedingte Kündigung); BAG v. 17.9.1957 AP Nr. 8 zu § 13 KSchG; BAG v. 25.6.1964 AP Nr. 14 zu § 1 KSchG (betriebsbedingte Kündigung).

219 BAG, DB 1979, S. 650f.

220 BAG AP Nr. 47 zu § 1 KSchG 1969 (betriebsbedingte Kündigung).

sind und typischerweise als beschäftigungsrelevante Rationalisierungsmaßnahmen umgesetzt werden. Zu den aus der Rechtsprechung beispielhaft hervorgehenden Fallgruppen innerbetrieblicher Gründe gehören etwa die Auflösung von Abteilungen[221], die Umstellung der Arbeitsorganisation[222], Einstellung[223] der Produktion bzw. Stillegung[224]. Im Rahmen weiterer Konzentrationsprozesse hat zudem die sogenannte Verdichtung von Arbeitsleistung als Rationalisierungskonzept, d.h. eine Konzentration von Betriebsabläufen und eine Flexibilisierung von Arbeitszeittakten verbunden mit Stellenabbau, an Bedeutung gewonnen.[225]

Die von der Rechtsprechung getroffene Unterscheidung zwischen *außer- und innerbetrieblichen Umständen* scheint auf den ersten Blick entbehrlich, werden letztlich doch alle "betrieblichen Umstände" von äußeren Faktoren eines dynamischen Prozesses globaler Wirtschaft bestimmt.

Was die Rechtsprechung durch eine derartige Unterscheidung in der Sache jedoch erreicht, ist eine im Sinne des KSchG normativ gesicherte Überprüfbarkeit der *tatsächlichen Kündigungsrelevanz* vor allem äußerer wirtschaftlicher Faktoren.[226] Dabei werden ausdrücklich als *kündigungsschutzrechtlich relevante* außerbetriebliche Umstände nur solche Faktoren anerkannt, die einen *Bezug zum Betrieb* i.S.d. § 1 Abs. 2 KSchG aufweisen und damit einer Weiterbeschäftigung des Arbeitnehmers *im Betrieb* entgegenstehen können. Selbst *beschäftigungspolitisch motivierte und auf die Berücksichtigung von Drittinteressen Beschäftigungsloser gerichtete Kündigungen* werden konsequenterweise von der Rechtsprechung nicht ohne weiteres als betriebsbedingter Kündigungsgrund anerkannt. Dies gilt auch dann, wenn die Kündigung lediglich die *Neben*tätigkeit

---

221 BAG AP Nr. 2 zu § 1 KSchG 1969 (betriebsbedingte Kündigung).

222 BAG Nr. 10 zu § 1 KSchG 1969 (betriebsbedingte Kündigung); auch LAG Köln, LAGE Nr. 8 zu § 1 KSchG 1969 (betriebsbedingte Kündigung); neuerdings mit unterschiedlicher Interpretation: BAG 17.6.1999, NZA 1999,1095, hierzu Zepter DB 2000, S.474ff. m.w.N.; BAG DB 2002, S. 2276.

223 BAG AP Nr. 21 zu § 1 KSchG 1969 (betriebsbedingte Kündigung); auch LAG Berlin/LAGE Nr. 9 und 13 zu § 1 KSchG (betriebsbedingte Kündigung).

224 BAG AP Nr. 74 zu § 613a BGB = NZA 1989, S. 265, zur Definition der Stillegung besonders in Abgrenzung zu Konstellationen des § 613a BGB; das BAG hat allerdings auch klargestellt, daß mit der Durchführung der Betriebsstillegung nicht schon begonnen sein muß, NZA 1991, S. 891.

225 BAG NZA 1997, S. 1047 = NJW 1998, S. 179 = DB 1997, S. 1776; von Instanzgerichten, nicht vom BAG als "Verdichtungsfall" gewertet: BAG, DB 1999, S. 1909 = NJW 2000, S. 378.

226 Vgl. Berkowsky, NJW 1983, S. 1292ff. (1292); BAG NZA 2002, S. 1205.

eines im Übrigen durch eine *Haupt*beschäftigung gesicherten Arbeitnehmers betrifft, um Neueinstellungen *arbeitsloser* Anwärter zu ermöglichen.[227]

Da das Vorliegen außer- oder innerbetrieblicher Gründe an sich nicht automatisch Arbeitsplätze entfallen lassen kann, bedarf es grundsätzlich einer für das *Gericht nachvollziehbaren* Unternehmerentscheidung, die letztlich den Bezug des betrieblichen Grundes zur Beschäftigungsreduktion allein mittels Kündigungsmaßnahme herstellt.[228]

Die Prämisse der Rechtsprechung liegt – vereinfacht ausgedrückt – in der Vorstellung mehrerer Schritte eines Entscheidungsablaufs bis zur Kündigung:

- volks- oder betriebswirtschaftliche Umstände, die Anlaß einer unternehmerischen Entscheidung werden;
- die Unternehmerentscheidung selbst;
- die als Folge der unternehmerischen Entscheidung eingeleitete Personalmaßnahme (Kündigung).[229]

b) Die freie Unternehmerentscheidung (ein Gradmesser der Regelungstiefe)

aa) Auffassung der Rechtsprechung

Ausgehend von dem oben skizzierten Entscheidungsverlauf, muß der konzeptionelle Entschluß des Unternehmers, mit bestimmten organisatorischen Maßnahmen auf äußere wirtschaftliche Veränderungen zu reagieren, als unternehmerischer Willensakt zunächst tatsächlich vorliegen, um Bindungswirkung für das Gericht zu entfalten. Ebenso gilt dies bei den innerbetrieblichen Gründen für originäre Organisationsentscheidungen des Unternehmers (z.B. Rationalisierung).[230]

In ständiger Rechtsprechung betont das BAG, daß vom Schutzweck der Norm her das KSchG an die Kündigungsentscheidung selbst anknüpft, daß es jedoch die dem betrieblichen Gestaltungsrecht (Organisationshoheit des Arbeitgebers) folgenden unternehmerischen Aktivitäten, die der Kündigung vorgelagert sind, nicht reglementieren will.[231] Das Gesetz differenziert somit Entscheidungen auf Betriebsebene und Entscheidungen auf einer dieser vorgelagerten unternehmens-

---

227 Keine "Austauschkündigung": BAG AP Nr. 37 zu § 1 KSchG 1969 (betriebsbedingte Kündigung) = SAE 1988, S. 71ff. mit Anm. Adomeit; U. Preis, DB 1988, S. 1387ff. (1391f.); zur Bewertung solcher Sonderfälle, Teil 2, 2. Abschnitt.

228 Vgl. Zepter, DB 2000, S. 474ff.

229 G. v. Hoyningen-Huene, NZA 1994, S. 1009ff. (1010).

230 Zepter, DB 2000, S. 474ff.

231 etwa BAG, NZA 1990, S. 734 = DB 1990, S. 1773 m.w.N.

politisch-konzeptionellen Ebene.[232] Demgemäß ist in Konsequenz die Entscheidung, veränderten Absatzbedingungen mit beschäftigungsbeschränkenden organisatorischen oder technischen Maßnahmen zu begegnen, vom Gericht auf ihre Notwendigkeit oder Zweckmäßigkeit nicht überprüfbar.[233]

Wiewohl vom KSchG nicht eindeutig vorgegeben, unterstreicht die Rechtsprechungspraxis den regelungsfreien Handlungsspielraum des Unternehmers unter dem Blickwinkel einer verfassungskonformen Auslegung des KSchG.[234]

bb) Umfang der Entscheidungsfreiheit des Unternehmers

Das BAG hebt mit Blick auf Art. 2 Abs. 1, 12, 14 GG hervor, daß Gerichte weder unmittelbar noch mittelbar zu "Überunternehmern" berufen seien.[235] Dieser Hinweis bedenkt, daß die im Rechtsstreit erfolgende ex post-Betrachtung abgeschlossener Planungs- und Entscheidungsvorgänge der Rechtsprechung Grenzen auferlegt.[236] Unternehmensfremde und damit fehleranfällige ex post-Beurteilungen würden einerseits die wirtschaftlichen Geschicke des Unternehmens bestimmen. Andererseits trüge das Gericht jedoch keine Verantwortung für betriebliche Risiken und Folgen seiner Unternehmer-Entscheidung.[237] Damit wäre eine staatliche Institution zur unmittelbaren (Mit-)Gestaltung von Unternehmens-, Wirtschafts- und Strukturpolitik berufen, ohne hinsichtlich der Auswirkungen dieses gesamtgesellschaftlich (ökonomisch) relevanten Tuns demokratischen Kontrollmechanismen zu unterliegen.[238]

Gleichwohl nimmt die Rechtsprechung Einschränkungen vor, die sich in unterschiedlicher Weise auf die unternehmerische Entscheidungsfreiheit auswirken:

---

232 Vgl. Mayer-Maly, ZfA 1988, S. 209ff. (211), der von der Entscheidungsfreiheit des Betriebsinhabers spricht; GK-Etzel zu § 1 KSchG, Rn. 138ff.; Zöllner/Loritz, S. 298.

233 st.Rspr. etwa BAG AP Nr. 6 zu § 1 KSchG 1969 (betriebsbedingte Kündigung) mit Anm. Reuter; BAG, NZA 1997, . 1047; BAG , NZA 1999, S. 1095f.

234 Dies verdeutlicht die Darstellung von Däubler, Arbeitsrecht 2, 1995, S. 52ff., der eine maximale Überprüfung unternehmerischer Entscheidungsformen aus der Sozialpflichtigkeit des Eigentums nach Art. 14 Abs. 2 GG herleiten will.

235 BAG AP Nr. 6 zu § 1 KSchG (betriebsbedingte Kündigung); BAG, NZA 1990, S. 734 = DB 1990, S. 1773.

236 Reuter, Anm. zu BAG AP Nr. 6 zu § 1 KSchG 1969 (betriebsbedingte Kündigung).

237 Reuter, Anm. zu BAG AP Nr. 6 zu § 1 KSchG 1969 (betriebsbedingte Kündigung).

238 Vgl. auch Däubler, Arbeitsrecht 2, 1995, S. 524 (z.B. über Wahlen).

Die erste ergibt sich aus dem anerkannten Verbot des Rechtsmißbrauchs[239] und bezieht sich auf die Überprüfung der arbeitgeberseitigen Organisationsentscheidung auf eine offensichtlich unsachliche bzw. willkürliche Ausübung der betrieblichen Gestaltungsfreiheit.[240]

Zwar hat schon diese Mißbrauchkontrolle Annahme und Kritik genährt, daß Arbeitsgerichte die eigentlich als frei geltenden Unternehmerentscheidung überprüfen müßten, schon um diese überhaupt als bindend anerkennen zu können.[241] Hingegen lehrt die Praxis, daß sich die Fallgestaltungen der Mißbrauchskontrolle auf den Versuch des Arbeitgebers beschränken, organisatorische Änderungen nur deshalb vorzunehmen, um bestimmte Arbeitnehmer auf diese Weise loszuwerden. Demgegenüber hat das BAG in st.Rsp. bisher um so mehr betont, daß es den Gerichten verwehrt sei, über die Mißbrauchskontrolle eine Prüfung der Notwendigkeit und Zweckmäßigkeit der organisatorischen Maßnahme nachzuholen.[242]

Eine weitere Einschränkung der unternehmerischen Entscheidungsfreiheit nimmt das BAG mit Blick auf den normativen Zweck des KSchG vor. Es unterstreicht, daß die Kündigung selbst nicht zur freien Unternehmerentscheidung gehören könne, da andernfalls der Kündigungsschutz leer liefe bzw. zur Disposition des Arbeitgebers gestellt wäre.[243] Gerade von diesem Ausgangspunkt her gesehen zeigen sich jedoch in jüngster Zeit Abgrenzungsschwierigkeiten, wo die unternehmerische Organisationsentscheidung an eine bloße Kündigungsentscheidung "heranrückt" und ihr nicht mehr eindeutig vorgelagert ist. In diesen Fallkonstellationen der "Leistungsverdichtung" durch Reduzierung des Stellenplanes hat das BAG[244] den Entschluß zur Stellenplanänderung den innerbetrieblichen Kündigungsgründen zugeordnet. Der Besonderheit einer Nähe zum eigentlichen Kündigungsentschluß trägt die Rechtsprechung dadurch Rechnung, daß sie den Arbeitgeber darauf verpflichtet, die organisatorische Durchführbarkeit und Dauer des Beschäftigungswegfalls exakt zu verdeutlichen und darüber hinaus, je nä-

---

239 basierend auf BAG v. 7.12.1978, AP Nr. 6 zu § 1 KSchG 1969 (betriebsbedingte Kündigung); auch BAG, DB 1980, S. 1401 (organisatorische und technische Maßnahmen des Arbeitgebers zur Einsparung von Arbeitsplätzen); BAG DB 2002, S. 2276f.

240 BAG v. 24.10.1979 AP Nr. 8 zu § 1 KSchG 1969 (betriebsbedingte Kündigung) mit Anm. Herschel; BAG v. 19.5.1993, AP Nr. 31 zu § 2 KSchG 1969 mit Anm. Waas = NZA 1993, S. 1075ff.

241 Vgl. Schwerdtner, ZIP 1984, S. 10ff. (13).

242 BAG AP Nr. 22 zu § 1 KSchG (betriebsbedingte Kündigung); bei BAG, DB 1980, S. 1400 (1402).

243 BAG v. 20.2.1986, DB 1986, S. 2236 = BAG v. 20.2.1986 AP Nr. 11 zu § 1 KSchG (betriebsbedingte Kündigung).

244 BAG, DB 1999, S. 1909 = NJW 2000, S. 378.

her die eigentliche Organisationsentscheidung an den Kündigungsentschluß rückt desto mehr zu veranschaulichen, daß ein Beschäftigungsbedürfnis für den Arbeitnehmer entfallen ist.[245]

Hinsichtlich einer Bestimmung von *Inhalt und Grenzen* der freien Unternehmerentscheidung zeigen sich auch im übrigen immer wieder einmal *Unsicherheiten* bei der Einschätzung betrieblicher Organisationsentscheidungen für die Frage unternehmerischer Bindungsfreiheit. So war zwischen den Instanzgerichten und BAG-Senaten streitig, wie weit die Überprüfungsobliegenheit der Rechtsprechung bei organisatorischen Maßnahmen reiche, mit denen der Arbeitgeber grundsätzlich entscheidet, Beschäftigung im Betrieb dadurch zu rationieren, daß er sich zu betriebsbedingten Kündigungen statt ebenso möglicher Teilzeit- oder Kurzarbeit entschließt.[246] Hier konnte u.a. mit Blick auf § 87 Abs. 1 Nr. 3 BetrVG (Mitbestimmungsrecht bei Arbeitszeitverkürzung) darauf verwiesen werden, daß Fragen der Arbeitszeitverkürzung zur Vermeidung von Entlassungen allein den Betriebspartnern obliegen.[247] Grenzbereiche mag auch die Auffassung eines LAG markieren, wonach die unternehmerische Entscheidung zur Umwandlung eines Halbtags- in einen Ganztagsarbeitsplatz auf das Vorliegen "dringender betrieblicher Gründe" überprüfbar sei, wenn der Arbeitgeber einem halbtags beschäftigten Arbeitnehmer kündigt, um den Teilzeit- in einen Vollzeitarbeitsplatz umzuwandeln.[248]

c) *Wegfall der Weiterbeschäftigungsmöglichkeit, dringliches Kündigungserfordernis*

Nach st. Rspr. des BAG[249] müssen außer- oder innerbetriebliche Umstände nachweislich zu einem (dauerhaften) Wegfall der weiteren Beschäftigungsmöglichkeit des Arbeitnehmers führen. Das BAG prüft der Sache nach, ob durch inner- oder außerbetriebliche Umstände mit einem geringeren oder veränderten Arbeitsanfall das Bedürfnis zur Weiterbeschäftigung nach den Verhältnissen des

---

245 BAG, DB 1999, S. 1909 = NJW 2000, S. 378; näher: Zepter, DB 2000, S. 474ff.

246 BAG AP Nr. 6 zu § 1 KSchG 1969 (betriebsbedingte Kündigung) mit Anm. Reuter.

247 Vgl. BAG, EZA § 87 BetrVG Nr. 17; BAG v. 15.6.1989, NZA 1990, S. 65ff. (66) m.w.N.

248 LAG v. 10.5.1988, DB 1988, S. 2263.

249 BAG v. 30.5.1985, DB 1986, S. 232 = NZA 1986, S. 155 = AP Nr. 24 zu § 1 KSchG (betriebsbedingte Kündigung) mit Anm. Schmidt; BAG NZA 2002, S. 1205f (1206).

Betriebes entfallen oder innerhalb einer Gruppe vergleichbarer Arbeitnehmer gesunken ist.[250]

Bei Auftragsrückgang etwa prüft das BAG, ob durch diesen der Arbeitsanfall so zurückgegangen ist, daß für einen oder mehrere Arbeitnehmer ein Bedürfnis zur Weiterbeschäftigung tatsächlich entfällt. Dabei muß unter Zugrundelegung der Auftragsdaten und einer vernünftigen betriebswirtschaftlichen Prognose im Zeitpunkt des Kündigungsausspruchs festgestanden haben oder zumindest davon auszugehen gewesen sein, daß zum Zeitpunkt des Kündigungstermins eine Beschäftigungsmöglichkeit des Arbeitnehmers nicht mehr bestand.[251] Wird ein dauerhafter Umsatzrückgang vom Arbeitgeber vorgetragen, so kann das Gericht im Bestreitensfalle die Dauerhaftigkeit überprüfen. Liegt eine Dauerhaftigkeit des Umsatzrückganges nach den Feststellungen des Gerichts vor, steht nach dem zur unternehmerischen Entscheidungsfreiheit Ausgeführten der Dringlichkeit der Personalreduzierung auch die theoretisch mögliche Einführbarkeit von Kurzarbeit nicht entgegen.[252]

Durch das Merkmal der Dringlichkeit in § 1 Abs. 2 S. 1 KSchG werden Verhältnismäßigkeits- und Prognoseprinzip im Kündigungsrecht dahin konkretisiert, daß die Kündigung im Interesse des Betriebes *wirklich unvermeidbar* ist und sich als ultima ratio erforderlicher Anpassungsmaßnahmen darstellt.[253] So kann der Betrieb von einem Auftragsrückgang zwar betroffen, die Maßnahme der Kündigung aber erst dann gerechtfertigt sein, wenn nachgewiesen ist, daß dadurch für einen oder mehrere Arbeitnehmer das Bedürfnis zur Weiterbeschäftigung entfällt.[254]

---

250 BAG v. 30.5.1985, DB 1986, S. 232 = NZA 1986, S. 155 = AP Nr. 24 zu § 1 KSchG (betriebsbedingte Kündigung) mit Anm. Schmidt; Beispiele bei Ascheid, Beweislastfragen, S. 148. Berkowsky, NJW 1983, S. 1292ff. (1292).

251 BAG v. 30.5.1985, DB 1986, S. 232 = NZA 1986, S. 155 = AP Nr. 24 zu § 1 KSchG (betriebsbedingte Kündigung) mit Anm. Schmidt.

252 (z.B. Kurzarbeit) BAG AP Nr. 14 zu § 1 KSchG (betriebsbedingte Kündigung); BAG AP Nr. 9 zu § 1 KSchG 1969 (soziale Auswahl), BAG, DB 1986, S. 1395 (Argument aus § 87 Abs. 1 Nr. 3 BetrVG), BAG, BB 1987, S. 1882, auch in betriebsratlosen Betrieben wird eine Überprüfung der Entscheidung auf Einführung von Kurzarbeit statt Entlassung nicht möglich sein; a.A. ArbG Mannheim, BB 1983, S. 1031; aber LAG Hamm, DB 1983, S. 506; LAG Hamm, DB 1984, S. 463; LAG Düsseldorf, DB 1984, S. 565; ArbG Stade, DB 1984, S. 514.

253 Vgl. zum ganzen U. Preis, Prinzipien, 1987, S. 288f., S. 294ff., S. 305ff.

254 BAG v. 7.12.1978 AP Nr. 6 zu § 1 KSchG 1969 (betriebsbedingte Kündigung) mit Anm. Reuter; BAG AP Nr. 9 zu § 1 KSchG 1969; in BAG, DB 1986, S. 232 war es bei Auftragsrückgang und Auslaufen einer bestimmten Anzahl von Baustellen für die Betriebsbedingtheit der Kündigung eines Maurers unerheblich, ob gerade auf der Baustelle, auf der er zuletzt beschäftigt war, noch Arbeit vorhanden war oder nicht; BAG, DB 1987, S. 2207; BAG, NZA 1990, S. 65ff.

Mehr als mit der die freie Unternehmerentscheidung nur vordergründig einschränkenden gerichtlichen Mißbrauchskontrolle wird wohl durch die weiteren Prüfungsschritte, namentlich durch die Darlegungs- und Beweislast des Arbeitgebers zur konkreten Auswirkung der Unternehmerentscheidung auf die Beschäftigung, ein mittelbares Korrektiv der unternehmerischen Entscheidungsfreiheit erreicht.[255]

d) *Darlegungs- und Beweislast zum Vorliegen betrieblicher Gründe und zum Wegfall der Beschäftigungsmöglichkeit des Arbeitnehmers*

Gemäß § 1 Abs. 2 S. 4 KSchG hat der Arbeitgeber diejenigen Tatsachen zu beweisen, die die Kündigung bedingen. Der Gesetzestext des KSchG ließ der Rechtsprechung noch *Wertungsspielraum* genug, um auch mit Blick auf die im KSchG (§ 1 Abs. 2 KSchG) zum Ausdruck kommende Interessenlage Prozeßrisiken der Parteien des Kündigungsrechtsstreits zu gewichten und mit der gestuften Darlegungs- und Beweislast Risiken des materiellen Rechtsverlusts zu entwickeln.[256] Eine besondere prozessuale Risikozuweisung gestaltet die Regelung des Anscheinsbeweises.[257]

Im Kündigungsschutzprozeß der betriebsbedingten Kündigung hat die Rechtsprechung den Umfang der Darlegungslast in besonderer Weise vom jeweiligen Verhalten der Prozeßparteien abhängig gemacht.[258] Mit diesem nicht unumstrittenen Ansatz[259] versucht das BAG, der Position des klagenden Arbeitnehmers in einer vom Arbeitgeber beherrschten Betriebs- bzw. Unternehmensstruktur gerecht zu werden[260] und größtmögliche *Einzelfallgerechtigkeit* zu schaffen.[261]

Vor dem Hintergrund des Beweisrechts im Kündigungsschutzprozeß gewinnt nunmehr die eher formal wirkende Unterscheidung des BAG zwischen "äuße-

---

255 Vgl. Hümmerich, NZA 1996, S. 1289 (1300); B. Preis, DB 2000, S. 1122 (1123).

256 Schutz durch Darlegungs-und Beweislast: BVerfG NZA 1998, S. 470ff; Ascheid, Beweislastfragen, S. 3f., 61f. und 144f.; Rosenberg/Schwab/Gottwald, S. 676; Schiefer, NZA 2002, S. 770f.

257 Definition bei BGH 100, 214; BGH NJW 1978, S. 2032; BAG, DB 1980, S. 1401ff. (1401); näher Ascheid, Beweislastfragen, S. 11ff.

258 st.Rspr. BAG, DB 1980, S. 1401ff. (1401).

259 Vgl. Berkowsky, NJW 1983, S. 1292 (1293), zu dogmatischen Widersprüchlichkeiten; Hümmerich, NZA 1996, S. 1289 (1300), die Arbeitgeberposition werde dadurch insgesamt nachhaltig verschlechtert; Darstellung bei Ascheid, Beweislastfragen, S. 148ff..

260 dazu Berkowsky, NJW 1983, S. 1292ff. (1292).

261 Auch zur "freien" Anendung des Anscheinsbeweises: BAG, DB 1980, S. 1400 (1402); Ascheid, Beweislastfragen, S. 154ff.

ren" und "inneren" betrieblichen Kündigungsgründen *normintensivierende Bedeutung*:

Aus Sicht des Arbeitgebers erscheint zunächst die Darlegung und Beweisführung *innerbetrieblicher* Kündigungsgründe einfacher.[262] Hält der Arbeitgeber etwa Produktionseinschränkungen und "Arbeitsverdichtungen" für notwendig, so hat er darzulegen und gegebenenfalls nachzuweisen, mit welcher Zahl von Arbeitnehmern er das Produktionsziel erreichen kann, um damit im Sinne einer quantitativen Personalabbauplanung die Überzahl beschäftigter Arbeitnehmer belegen zu können.[263]

Wo sich hingegen der Arbeitgeber zur Kündigung auf "außerbetriebliche" Ursachen beruft, hat er sowohl die Entwicklung der äußeren wirtschaftlichen Einflüsse an sich, deren Folgen für den betrieblichen Umsatz oder Auftragsbestände als auch deren *unmittelbare und dauerhafte Auswirkung* auf den Arbeitsplatz bzw. die Weiterbeschäftigung von ein oder mehreren Arbeitnehmern im einzelnen darzulegen und gegebenenfalls zu beweisen.[264] Der Aufwand für den substantiierten Vortrag ist besonders hoch.[265] Schlagwortartige Formulierungen zu Gewinnverlust und Umsatzrückgang reichen nicht aus. Die Angaben sind vielmehr so konkret vorzunehmen, daß der gekündigte Arbeitnehmer in den Stand versetzt werden kann, Gegentatsachen vorzutragen. Die gerichtliche Praxis verlangt hierzu eine Vorlage konkreter Zahlen über den Umsatzrückgang mit Vergleichszahlen des Vorjahres sowie die Offenlegung des gegenwärtigen Auftragsbestandes und die daraus abgeleitete Personalplanung.[266] Nicht selten fordern Gerichte mathematisch hohe Präzision.[267]

e) Weiterbeschäftigungsmöglichkeit des Arbeitnehmers

Der Arbeitgeber hat als konkrete Folge des im Kündigungsrecht herrschenden Verhältnismäßigkeitsprinzips vor jeder ordentlichen betriebsbedingten Beendigungskündigung *von sich aus* dem Arbeitnehmer einen *anderen freien und vergleichbaren*, d.h. gleichwertigen oder – nach entsprechenden inhaltlichen Ände-

262 Vgl.auch Zepter, DB 2000, S. 474ff. (475).

263 BAG v. 7.12.1978 AP Nr. 6 zu § 1 KSchG 1969 (betriebsbedingte Kündigung) mit Anm. Reuter; BAG, DB 1986, S. 2236; BAG, NZA 1990, S. 65.

264 Grundsätzlich BAG v. 7.12.1978 AP Nr. 6 zu § 1 KSchG 1969 (betriebsbedingte Kündigung) mit Anm. Reuter; BAG, DB 1986, S. 2236; BAG, NZA 1990, S. 65; BAG, DB 1980, S. 1400ff. (1401); BAG, NZA 1989, S. 265; BAG, NZA 1991, S. 891 (jeweils zu § 613a BGB) zur Betriebsstillegung.

265 Vgl. Schwertdner, ZIP 1984, S. 10ff. (11), die Nachweislast solle nicht unterschätzt werden; daraus die Kritik von Hümmerich, NZA 1996, S. 1289ff. (1297).

266 BAG, DB 1980, S. 1400 (1401).

267 BAG, DB 1989, S. 2384.

rungsmaßnahmen – "schlechteren" Arbeitsplatz im Unternehmen anzubieten.[268] Dabei ist es gleichgültig, ob der Arbeitgeber dies erst durch zumutbare Umschulungs- oder Fortbildungsmaßnahmen verwirklichen kann.[269]

aa) *Gleichwertiger "freier" bzw. "frei werdender" Arbeitsplatz, Weiterbeschäftigungsmöglichkeit und ihre Grenzen*

Die Rechtsprechung geht von einer Weiterbeschäftigungsmöglichkeit auf einem anderen Arbeitsplatz dann aus, wenn dem zu kündigenden Arbeitnehmer ein horizontal auf möglichst gleicher Beschäftigungsebene vergleichbarer Arbeitsplatz zur Verfügung steht. Das ist nach einer Faustformel der Fall, wenn der Arbeitgeber aufgrund seines Direktionsrechts den Arbeitnehmer ohne Änderung des Arbeitsvertrages auf der anderen Arbeitsstelle weiterbeschäftigen könnte.[270]

Die Vergleichbarkeit der Arbeitsplätze ist in einer funktionalen und damit weitgefaßten Sicht nach der jeweiligen inhaltlichen Ausgestaltung des Arbeitsvertrages zu ermitteln.[271] Ist auf dieser Grundlage eine vergleichbare Beschäftigung auf einem freien Arbeitsplatz nicht möglich, wird dem Arbeitgeber aufgegeben, den Arbeitnehmer, gegebenenfalls über die Maßnahme der Änderungskündigung, wenigstens zu geänderten Arbeitsbedingungen weiterzubeschäftigen. Die Rechtsprechung hat hierzu den Grundsatz des Vorrangs der *Änderungskündigung vor Beendigungskündigung* entwickelt.[272]

Der vergleichbare Arbeitsplatz muß *frei* sein. Als "frei" werden in der Rechtsprechung zunächst diejenigen Arbeitsplätze verstanden, die zum Zeitpunkt des Zugangs der Kündigung unbesetzt sind[273], was der Sache nach bedeutet, daß die anderweitige Beschäftigungsmöglichkeit von dem durch die Kündigung bedrohten Arbeitnehmer wahrgenommen werden kann, ohne daß die Beschäftigung eines anderen Arbeitnehmers dem entgegensteht.[274] Es kann also nicht um die "Freikündigung" eines Arbeitsplatzes gehen, die im Ergebnis einen betrieb-

---

268 BAG, DB 1985, S. 1186 (Initiativlast des Arbeitgebers); BAG, DB 1991, S. 173; BAG, NZA 1995, S. 521; BAG, NZA 1995, S. 413 (Abgrenzung zur Sozialauswahl); kritisch Wank, RdA 1987, S. 129ff.

269 BAG v. 7.2.1991, AP Nr. 1 zu § 1 KSchG (Umschulung).

270 BAG, DB 1991, S. 173; BAG, NZA 1995, S. 521; kritisch hierzu Berkowsky, NJW 1996, S. 291ff. (293).

271 auch BAG, NZA 1986, S. 155; Berkowsky, NJW 1996, S. 291ff. (293) zur Weiterbeschäftigung.

272 BAG, DB 1985, S. 1186; BAG, DB 1993, S. 1879; zur Ausdehnung der Initiativlast auf Grundlage des Verhältnismäßigkeitsprinzips GK-Etzel, Rn. 513 zu § 1 KSchG.

273 st.Rspr. seit BAG AP Nr. 2 zu § 1 KSchG 1969 (betriebsbedingte Kündigung) = NJW 1974, S. 470.

274 Vgl. Berkowsky, NJW 1996, S. 291ff. (293).

sinternen *Verdrängungswettbewerb* legitimieren würde.[275] Andererseits braucht auch kein Arbeitsplatz *neu* geschaffen zu werden[276], denn mit einem solchen Verlangen griffe die Rechtsprechung offensichtlich in die unternehmerische Gestaltungsfreiheit betriebsorganisatorischer Angelegenheiten ein.[277] Die Frage der Stellenteilung zur Verhinderung von Beschäftigungsverlusten soll der Vereinbarung auf Betriebsebene vorbehalten bleiben und unterliegt nicht dem gerichtlichem Organisationszwang.[278]

Weiterentwickelt hat sich die Rechtsprechungspraxis durch die Auffassung des BAG[279], daß eine Weiterbeschäftigung auch dann möglich und ein Arbeitsplatz auch dann als "frei" anzusehen sein soll, wenn der Arbeitgeber bei Ausspruch der Kündigung mit hinreichender Sicherheit voraussehen könne, daß ein Arbeitsplatz[280] bis zum Ablauf der Kündigungsfrist z.B. wegen Ausscheidens eines anderen Arbeitnehmers zur Verfügung stehen werde. Das BAG macht die Wertung des § 1 Abs. 2 S. 3 KSchG fruchtbar, als dort vom Arbeitgeber eine Weiterbeschäftigung des Arbeitnehmers nach *zumutbaren* Umschulungs- oder Fortbildungsmaßnahmen verlangt werde, die über den Ablauf der Kündigungsfrist hinaus einen zeitweiligen Verzicht auf die Arbeitskraft des Arbeitnehmers bedingen könne. Allerdings sei es nicht ausreichend, wenn lediglich nach den Erfahrungen des Betriebes "mit einiger Sicherheit" in "absehbarer Zeit" mit dem Freiwerden einer Stelle gerechnet werden kann. Für zumutbar wird ein Zeitraum gehalten, den ein anderer Stellenbewerber zur Einarbeitung benötigen würde.[281]

bb) Betriebs-, Unternehmens-, Konzernbezogenheit der Weiterbeschäftigungspflicht

Dringende betriebliche Erfordernisse müssen gemäß § 1 Abs. 2 S. 1 KSchG einer Weiterbeschäftigung des Arbeitnehmers *"in diesem Betrieb"* entgegenstehen (§ 1 Abs. 2 S. 1 KSchG). Umstritten war lange Zeit, ob die Suche nach einer Weiterbeschäftigungsmöglichkeit betriebs- oder unternehmensweit vorzunehmen bzw. der Kündigungsschutz als betriebs- oder unternehmensbezogen anzu-

---

275 Vgl. zur dogmatischen Einordnung und Abgrenzung der Weiterbeschäftigungspflicht zur Sozialauswahl Wank, RdA 1987, S. 129ff. (138).
276 Ascheid, Beweislastfragen, S. 158ff.; Wank, RdA 1987, S. 129ff. (138).
277 BAG v. 24.4.1997, BB 1997, S. 1950.
278 Vgl. Ascheid, Beweislastfragen, S. 158ff.; aber zur Änderungskündigung im Anschluß an BAG, DB 1985, S. 1186, BAG v. 19.5.1993, DB 1993, S. 1879.
279 BAG v. 15.12.1994, NZA 1995, S. 521; dazu U. Preis, NZA 1997, S. 1075ff. (1082).
280 Vgl. zur Kritik an dieser Begriffsbildung Berkowsky, NJW 1996, S. 291ff.
281 BAG, NZA 1995, S. 521 (525).

sehen sei. Hierbei vertrat die Rechtsprechung zunächst die Auffassung, das KSchG sei ohne weitergehende Vereinbarung betriebsbezogen und eine Weiterbeschäftigungspflicht nur auf einen vergleichbaren, freien Arbeitsplatz innerhalb *des Betriebes* gerichtet.[282]

Angesichts der später neu in das KSchG und BetrVG *eingeführten* § 1 Abs. 2 S. 2 KSchG und § 102 Abs. 3 Nr. 3 BetrVG, die an sich eine unternehmensweite Weiterbeschäftigung im *mitbestimmten* Betrieb nach begründetem Widerspruch des Betriebsrates vorsahen[283], wurde die Unternehmensbezogenheit der Weiterbeschäftigungspflicht des Arbeitgebers auch auf *nicht mitbestimmte* Betriebe *ausgedehnt.*[284] Unter anderem wird die Entscheidung auf den Gleichbehandlungsgrundsatz gestützt, der eine Unterscheidung zwischen Arbeitnehmern in mitbestimmten und (zufälligerweise) nicht mitbestimmten Betrieben in diesem Punkt sachlich nicht hinreichend begründen könne.[285] Mit der Begründung, bei Konzernunternehmen handele es sich jeweils um rechtlich selbständige Unternehmen, lehnt das BAG einen Konzernbezug der Weiterbeschäftigungspflicht unter Ausnahme von Selbstbindungsvorbehalten ab.[286] Damit wird zumindest für Konzernunternehmen ein Begrenzungseffekt des Kündigungsschutzes erzielt. Gleichwohl scheint der rechtliche Schritt und damit die Gefahr nicht weit, daß ein vertraglicher Selbstbindungsvorbehalt, der in der Praxis das Dispositions*recht* zum konzernweiten Einsatz des Arbeitnehmers darstellt, in eine Dispositions*pflicht* des Arbeitgebers verkehrt werden könnte.[287]

f) Betriebsbedingte Beendigungskündigung und soziale Arbeitnehmerauswahl

Nach der seit 1.1.1999 wieder geltenden Fassung des § 1 Abs. 3 KSchG ist eine Kündigung auch bei Vorliegen dringender betrieblicher Gründe und Wegfall der Weiterbeschäftigungsmöglichkeit sozial ungerechtfertigt, wenn der Arbeitgeber bei der Auswahl des zu kündigenden Arbeitnehmers *soziale Gesichtspunkte* nicht oder nicht ausreichend berücksichtigt hat. Gemäß § 1 Abs. 3 S. 2 KSchG

---

282 BAG v. 22.11.1973, DB 1974, S. 438 (439); BAG AP Nr. 36 zu § 1 KSchG 1969 (betriebsbedingte Kündigung).

283 Vgl. näher: Wank, RdA 1987, S. 129ff. (138).

284 Klarstellend besonders BAG v. 17.5.1984, DB 1985, S. 1190 (1191); h.M. Schwerdtner, ZIP 1984, S. 10ff. (14) m.w.N.; Buchner, DB 1984, S. 504ff.; näher: Wank, RdA 1987, S. 129ff. (138); G. v. Hoyningen-Huene, NZA 1994, S. 1009ff. (1012); Berkowsky, NJW 1996, S. 291ff.

285 BAG, DB 1985, S. 1190 (1191); Aspekte bei Wank, RdA 1987, S. 129ff. (138) mit anderem Begründungsansatz.

286 BAG, DB 1985, S. 1190ff.

287 Feudner, DB 2002, S. 1106ff (1109) mit Hinweis auf die praktischen Folgen dieser Ausdehnung des KSchG.

gelten diese Grundsätze nicht, wenn *betriebstechnische, wirtschaftliche oder sonstige berechtigte betriebliche Bedürfnisse* die Weiterbeschäftigung eines oder mehrerer bestimmter Arbeitnehmer bedingten und damit der Auswahl nach *sozialen* Gesichtspunkten entgegenstehen.[288] Die aktuelle Debatte um eine (erneute) Arbeitsrechtsreform, die gerade an diesem sensiblen Punkt des Kündigungsrechts ansetzen will, rechtfertigt einen kurzen Blick auf die Rechtslage zwischen 1996 und 1998.[289]

aa) Absichten des ArbRBeschFG'96

Mit Blick auf eine größere Berücksichtigung *betrieblicher Interessen* hatte das ArbRBeschFG'96 gerade im Bereich der Sozialauswahl Änderungen eingeführt und damit die *rechtspolitische Bedeutung dieses Bereiches* für ein *wachstums- und beschäftigungsförderliches Kündigungsschutzsystem* hervorgehoben.[290]

Die bis 1996 im Wortlaut des § 1 Abs. 3 KSchG nicht im einzelnen definierten "sozialen Gesichtspunkte" waren mit dem Ziel *rechtssicherer Klarstellung* durch das ArbRBeschFG'96 auf die Auswahlgesichtspunkte *Betriebszugehörigkeit, Lebensalter und Unterhaltspflicht* festgeschrieben worden.[291] Ferner sollte durch die Modifikationen des ArbRBeschFG'96 betrieblichen Interessen am Erhalt qualifizierter, leistungsfähiger Arbeitskräfte Rechnung getragen werden.[292] Arbeitnehmer sollten nicht in die soziale Auswahl einzubeziehen sein, deren Weiterbeschäftigung insbesondere wegen ihrer *Kenntnisse, Fähigkeiten* und *Leistungen* oder zur Sicherung einer *ausgewogenen Personalstruktur* des Betriebes im berechtigten betrieblichen Interesse liege.

Mit dem Ziel einer *größeren Bestandhaftigkeit* und höherer Prozeßchancen bei einer Vielzahl betriebsbedingter Kündigungen regelte § 1 Abs. 5 KSchG a.F. (ArbRBeschFG'96) für den Fall eines Interessenausgleichs mit *Namensliste* die Vermutungsregel, daß die Kündigung durch dringende betriebliche Erfordernisse bedingt sei. Die soziale Auswahl der Arbeitnehmer konnte nur auf grobe Fehlerhaftigkeit überprüft werden.[293] Diese Neuformulierungen des

288 BAG v. 25.4.1985, AP Nr. 7 zu § 1 KSchG (soziale Auswahl) = DB 1985, S. 2205; BAG v. 18.10.1984, DB 1985, S. 1083; Schaub, Handbuch, § 132, S. 1201f.; Weller, RdA 1986, S. 222f.; unter Berücksichtigung tariflicher Bestimmungen, Zwanziger, DB 2000, S. 2166ff.

289 vgl. oben Entwicklung Teil 1 A. IV..

290 BT-Drs. 13/5107 v. 26.6.1996, dazu noch unten.

291 Ein Bedürfnis danach hat schon der Entwurf eines ArbVG des Landes Sachsen formuliert, vgl. BT-Drs. 293/95, § 125 und Erläuterungen zu § 125, S. 145.

292 Vgl. zur Kritik an der früheren Regelung Buchner, DB 1984, S. 504ff. (509); U. Preis, NJW 1996, S. 3369ff. (3371).

293 Vgl. Lorenz, DB 1996, S. 1973ff. (1973).

ArbRBesch'96 hatten sogleich die Auffassung eines "leichteren Spiels" des Arbeitgebers mit betriebsbedingten Kündigungen provoziert[294] und hinsichtlich der Tatbestandsmerkmale und ihrer Gewichtung zu Auslegungsstreitigkeiten[295] geführt.

Die Regelungen wurden schließlich mit der Begründung, sie trügen dem Gedanken der Einzelfallgerechtigkeit und dem individuellen Kündigungsschutz keine Rechnung, wieder aufgehoben.[296] Die Erstellung von Namenslisten bleibt dadurch zwar nach wie vor zulässig, jedoch ohne die vom ArbRBeschFG'96 fixierten rechtlichen Folgen.[297]

Mit dem Korrekturgesetz vom 1.1.1999 ist der Gesetzgeber zu jener Ausgangsform des KSchG zurückgekehrt, wie sie bis 1996 der Ausgestaltung durch die Rechtsprechungspraxis überlassen worden war.[298] Die vom Problem der Rechtsunsicherheit durch Abwägungsfehler des Arbeitgebers ausgehende Auffassung von der Sozialauswahl als "Achillesferse" der betriebsbedingten Kündigung[299] könnte vor allem im Fall von Massenentlassungen wieder an Aktualität gewinnen.[300] Nicht unkritisch gesehen wurde zudem bis 1996 die von der Rechtsprechung erzeugte zu starke Gewichtung sozialer Arbeitnehmerinteressen gegenüber den betrieblichen Interessen, obwohl der Wortlaut des KSchG ("ausreichend zu berücksichtigen") der Aufnahme typischer betrieblicher Gesichtspunkte (z.B. Leistungsfähigkeit des Arbeitnehmers) in die Abwägung nicht entgegen stehe.[301]

---

294 Vgl. Hinrichs, Arbeitsrecht im Betrieb 1996, S. 589ff. (591).

295 Streitig bei U. Preis, vgl. NZA 1997, S. 1075ff. (1083f.); Fischermeier, NZA 1997, S. 1089ff. (1091f.).

296 BT-Dr. 14/151, S. 38.

297 Vgl. Däubler, NJW 1999, S. 601ff. (606).

298 Vgl.Schiefer, DB 2000, S. 669ff. (672).

299 kritisch Buchner, DB 1984, S. 504ff. (508f.); Berkowsky, NJW 1983, S. 1292ff. (1295); Schiefer, NZA 2002, S. 770ff (774); Wank, RdA 1987, S. 129ff. (145ff.); Weller, RdA 1986, S. 222f.

300 Vgl. Buchner, DB 1984, S. 504ff. (508f.); Wank, RdA 1987, S. 129ff. (145f.); Entwurf ArbVG-Sachsen, BT-Drs. 13/5107 v. 26.6.1996; Monopolkommission, S. 360ff. (375f.).

301 BT-Drs. 13/5107; Monopolkommission, S. 360ff. (375f.); Buchner, DB 1984, S. 504ff. (509).

bb) Bezugsgrößen und Kriterien der Sozialauswahl – Begrenzungseffekte

Die Sozialauswahl knüpft hinsichtlich der *organisatorischen Bezugsgröße* an das Gebilde des Betriebes an.[302] Eine betriebsübergreifende, unternehmensbezogene oder konzernweite Sozialauswahl findet nicht statt.[303] Der Grundsatz der Betriebsbezogenheit ist auch nicht durch die mißverständlich als "betriebsübergreifende Sozialauswahl" bezeichnete Rechtsprechung aufgegeben worden.[304]

Zumindest hat die organisatorische Bezugnahme auf den *Betrieb*[305] eine für die pragmatische Handhabung des Kündigungsschutzes nicht unwesentliche *Begrenzungsfunktion* im Hinblick auf die zu vergleichende Zahl auszuwählender Arbeitnehmer. Die Auswahlbegrenzung auf den Betrieb dürfte u.a. verhindern, daß der mit Entlassungen oft verbundene Konfliktstoff in einen nicht beteiligten Betrieb des Unternehmens getragen wird.

Die *personelle Bezugsgröße* der Sozialauswahl bildet zuerst die Schwellenwertregelung des KSchG.[306] Im übrigen sind nur *vergleichbare Arbeitnehmer* in die Sozialauswahl einzubeziehen. Die Vergleichbarkeit bemißt sich danach, ob der Arbeitgeber aufgrund seines *Direktionsrechts* den Arbeitnehmer auf einen anderen Arbeitsplatz versetzen könnte (Austauschbarkeit), d.h. nach Art und Dauer des Arbeitsverhältnisses eine Änderung des Arbeitsvertrages (noch) nicht notwendig ist.[307]

Die insofern nur auf *horizontaler Ebene* der Betriebshierarchie zu treffende Arbeitnehmerauswahl[308] hat *den Effekt einer weiteren Beschränkung* des auszuwählenden Arbeitnehmerkreises. Hingegen hätte die Zulässigkeit einer *vertika-*

---

302 BAG AP Nr. 15 zu § 1 KSchG 1969 (soziale Auswahl) = DB 1987, S. 2158; BAG, DB 1986, S. 2547; BAG, BB 1995, S. 930; BAG, NZA 1995, S. 413 = DB 1995, S. 979; Jobs, DB 1986, S. 538ff. (538); G. v. Hoyningen-Huene, NZA 1994, S. 1009ff. (1013).

303 BAG, DB 1986, S. 2549; BAG AP Nr. 7 zu § 1 KSchG 1969; BAG AP Nr. 15 zu § 1 KSchG 1969 (soziale Auswahl) = DB 1987, S. 2158; BAG, BB 1990, S. 351; a.A. Berkowsky, NJW 1996, S. 291ff. (294); zum konzernbezogenen Kündigungsschutz: Feudner, DB 2002, S. 1106ff; Kukat, BB 2000, S. 1242ff.

304 BAG, BB 1995, S. 930 (933); dazu Löwisch u.a. in Auseinandersetzung mit den Argumenten Oetkers, BB 1997, S. 782ff. (787f.).

305 Das RAG Bd. 7, 71ff. (75) versuchte schon, dem Betrieb abstrakte Konturen zu geben.

306 BAG v. 17.2.1983 DB 1983, S. 1880, anders noch: BAG AP Nr. 7 zu § 1KSchG 1969 (soziale Auswahl) = NJW 1961, S. 940.

307 Vgl. BAG v. 15.6.1989 = DB 1990, S. 380; BAG v. 29.3.1990, DB 1991, S. 173, Probleme können bei diesem Kriterium beim Vergleich Teilzeit/Vollzeit bei selber Beschäftigung auftreten; der tariflichen Eingruppierung kann ein Indizwert zukommen.

308 BAG v. 29.3.1990, DB 1991, S. 173.

len, also ebenenübergreifenden Sozialauswahl voraussichtlich die Folge, daß der zu Kündigende durch Vertragsänderung mit dem Arbeitgeber die Vergleichbarkeit (etwa zu schlechteren Bedingungen) herstellen und mittelbar den auszuwählenden Personenkreis erweitern bzw. Personen verdrängen könnte (Verdrängungswettbewerb "nach unten").[309]

cc) Die Auswahlkriterien und ihre (betriebliche) Bedeutung

Die wesentlichen, wenn auch nicht abschließenden Kriterien der Sozialauswahl zwischen (horizontal) vergleichbaren Arbeitnehmern sind unbestritten: *Betriebszugehörigkeit, Alter* und *Unterhaltspflicht*.

Dabei lassen sich rechtlich-systematisch zunächst über den Vorrang von Betriebszugehörigkeit und Alter bereits in § 10 KSchG (Höhe der Abfindung bei Auflösung des Arbeitsverhältnisses durch Urteil) Hinweise finden.[310] Ferner könnte der mit der *Betriebszugehörigkeit* anwachsende Sozialschutz als Honorierung der Betriebstreue des Arbeitnehmers einerseits und des bleibenden Arbeitsertrags andererseits interpretiert werden.

Der besondere Schutz des *Alters* im Kündigungsschutz wird dagegen oft mit einem betrieblichen Belangen grundsätzlich gegenläufigen Schutz Leistungsschwächerer synonym gesetzt.[311] Diese Stereotype scheint sogar die Rechtsprechung zu vertreten, wenn es in einer Entscheidung zu § 613a BGB heißt: *"...ist der Erwerber oftmals an einer Verringerung der Belegschaft interessiert, sie mag vielfach auch erforderlich sein. Dann soll er aber nicht, ohne § 1 Abs. 3 KSchG berücksichtigen zu müssen, sich für die jungen, unverbrauchten gegen die langjährig Beschäftigten und verschlissenen, kurzum, die besonders schutzbedürftigen Arbeitnehmer entscheiden dürfen..."*[312]

Untersuchungen aus Sozial- und Rechtswissenschaft haben versucht, diese Sichtweise zu erschüttern.[313] Biogenetische Prozesse determinieren danach die Leistungsfähigkeit zumindest *nicht* im Sinne eines kalendarischen Fortschreitens des Alters.[314]

---

309 BAG v. 7.2.1985, AP Nr. 9 zu § 1 KSchG 1969 (soziale Auswahl) = NZA 1986, S. 260; BAG v. 29.3.1990, DB 1991, S. 173.

310 BAG v. 18.10.1984, DB 1985, S. 1084.

311 Ein umfassendes Bild liefert etwa Schröder, S. 42, mit Rückgriff auf demographische, gerontologische und betriebswirtschaftliche Erkenntnisse, wobei erstere in dieser Darstellung heute als überholt gelten können.

312 BAG AP Nr. 34 (II.4.c) zu § 613a BGB.

313 Vgl. Schröder, S. 44ff.

314 Beispiel bei Schröder, S. 45ff. m.w.N., Determinanten sind etwa Ausgangsbegabung, Bildungsgrad, berufliche Tätigkeit, Gesundheit, anregende Umgebung.

Aus *betriebswirtschaftlicher Sicht* wird eine Vorteil-Nachteils-Würdigung in der Beschäftigung älterer Arbeitnehmer vorzunehmen sein. Zu berücksichtigen sind hierbei das Potential an betriebs- und fachspezifischen Kenntnissen und Erfahrungen, die vor allem in forschungs- und entwicklungsintensiven Wirtschaftszweigen (Dienstleistung) eine wichtige Rolle spielen. Dagegen werden strukturelle Belange der Verjüngung, Flexibilität und Förderung von Aufstiegschancen aufstrebender Nachwuchskräfte gestellt.[315] Fällt allerdings die betriebswirtschaftliche Analyse zum Nachteil älterer Arbeitnehmer aus, so verschafft zumindest das Kündigungsrecht durch den besonderen Schutz des Arbeitnehmers dem Bedürfnis nach Änderungen der Altersstruktur im Betrieb gerade keinen Raum.[316]

Die *Unterhaltspflicht* kann als ein betriebsunabhängiger wirklich sozial bedingter Auswahlgesichtspunkt gewertet werden. Dabei ist zu bemerken, daß das Auswahlkriterium der Unterhaltspflicht gegenüber den Kriterien des Alters und der Betriebszugehörigkeit in der Praxis eher in den Hintergrund tritt.[317]

dd) Überprüfung der Sozialauswahl durch die Rechtsprechung

Nach Ansicht der Rechtsprechung definiert § 1 Abs. 3 S. 1 KSchG zwar nicht, was unter sozialen Gesichtspunkten zu verstehen ist, allerdings handele es sich, so die Judikatur, um einen *unbestimmten Rechtsbegriff*, der dem Arbeitgeber kein Ermessen, wohl aber einen Beurteilungsspielraum gewähre.[318] Damit hat der Arbeitgeber die sozialen Grunddaten grundsätzlich zu berücksichtigen und in den *Abwägungsvorgang* überhaupt einzubeziehen. *Insoweit* unterliegt sein Handeln auf jeden Fall einer *objektiven* Kontrolle des Gerichts. Dem Arbeitgeber verbleibt jedoch ein *gewisser Spielraum* hinsichtlich der Bewertung der Sozialdaten im einzelnen zueinander.[319]

Hinsichtlich der Frage, *wie* der Arbeitgeber die Sozialdaten zu gewichten hat, ging und geht die Rechtsprechung davon aus, daß *keinem* der Kriterien ein absoluter Vorrang zukommt.[320] Allerdings scheint das Kriterium der Betriebszugehörigkeit (Argument aus § 10 KSchG) die Rolle einer fixen Größe einzunehmen, während für Alter und Unterhaltspflichten dies nicht der Fall sein muß. Das Al-

315 Vgl. bei Schröder, S. 63ff.
316 Sogar für die bis zum 1.1.1999 gültige Fassung des KSchG, LAG Hessen, NZA-RR 2000, 74.
317 Vgl. für den soziologischen Ansatz Weissleder, S. 75ff., 121ff.
318 BAG v. 18.10.1984, DB 1985, S. 1083ff. (1984), G. v. Hoyningen-Huene, NZA 1994, S. 1009ff. (1012).
319 BAG, DB 1985, S. 1083ff. (1084).
320 BAG v. 8.8.1985, BB 1987, S. 472 = AP Nr. 10 zu § 1 KSchG (soziale Auswahl).

ter, so die Rechtsprechung[321], könne gegenüber der Betriebszugehörigkeit in Zeiten der Massenarbeitslosigkeit an Gewicht verlieren. Das Kriterium der Unterhaltspflicht sieht die Rechtsprechung als ambivalente Größe, aus deren konkreter Auswirkung sich ermitteln lassen müsse, ob eine soziale Schutzbedürftigkeit angezeigt sei.[322] Vielfach schreiben ergänzende Tarifverträge die ordentliche *Unkündbarkeit von Arbeitnehmern* bestimmten Alters (z.B. 45 Jahre) und Beschäftigungszeit (i.d.R. 15 Jahre) fest.[323]

Das BAG weist auf den (für das deutsche Recht) charakteristischen Aspekt des § 1 Abs. 3 KSchG hin, *keine schematische* Betrachtung zuzulassen, sondern vom Sinngehalt der Vorschrift her unter Verwendung der drei Kriterien eine einzelfallbezogene individuelle *Abwägung* vorzunehmen. *Es verbieten sich Schematisierungen.* Damit kann in der Rechtsprechung eine Überprüfung der Sozialauswahl mittels einer *vom Gericht* selbst erstellten Tabelle die Wertung des Arbeitgebers bzw. der Betriebsparteien nicht ersetzen.[324] Demgegenüber hatte die Rechtsprechung in manchen Fällen sogar zu klären, ob die mit der Sozialauswahl nach § 1 Abs. 3 KSchG verbundenen Schwierigkeiten im betrieblichen Ablauf nicht selbst schon als berechtigtes betriebliches Interesse i.S.d. § 1 Abs. 3 S. 2 KSchG zur Aussetzung der Sozialauswahl zu gelten habe.[325] Einer Milderung der betrieblichen Belastung durch eine potentiell fehlerhafte Sozialauswahl sollte wohl auch das Erkenntnis dienen, nach dem nicht jede nur *geringfügige* Fehlleistung innerhalb notwendiger Interessenabwägung sofort zur Sozialwidrigkeit der Kündigung führen könne.[326]

---

321 BAG v. 24.3.1983, DB 1983, S. 1822; BAG v. 18.10.1984, DB 1985, S. 1083; BAG v. 8.8.1985, BB 1987, S. 472ff., oft im BAT, Unkündbarkeit eines Arbeitnehmers ab 45 Jahren; tarifliche Unkündbarkeit und Sozialauswahl, Zwanziger, NJW 2000, S. 2166ff.

322 BAG, BB 1987, S. 472.

323 BAG DB 2003, S. 102 (öffentlicher Dienst); Zwanziger, NJW 2000, S. 2166 (2166) zu § 53 Abs. 3 BAT.

324 anders bei selbständiger Schlußbewertung durch ArbG BAG v. 24.3.1983, DB 1983, S. 1922; BAG v. 18.10.1984, DB 1985, S. 1083ff. (1084).

325 BAG AP Nr. 6 zu § 1 KSchG 1969 (soziale Auswahl) mit Anm. Löwisch; diese Entscheidung verdeutlicht die gravierenden Folgen auch nur einer fehlerhaften Kündigung bei Massenentlassungen; Hinrichs, Arbeitsrecht im Betrieb 1996, S. 589ff., der das Scheitern vieler Kündigungen an einer falschen Sozialauswahl als Vorteil verbucht.

326 BAG, DB 1985, S. 1083ff. (1084), Fehlleistungen dort trugen schon Offensichtlichkeitscharakter; BAG v. 18.10.1984, DB 1984, S. 1083 (1084) m.w.N.; BAG, BB 1990, S. 351; BAG, DB 1990, S. 1335; zum Vortrag bei Beeinträchtigung betrieblicher Interessen BAG EZA § 1 KSchG Nr. 18, 35 (betriebsbedingte Kündigung).

Eine Öffnungsklausel findet sich lediglich für mitbestimmte Betriebe.[327] Dort können nach wie vor als Bestandteil von Betriebsvereinbarungen (§ 1 Abs. 4 KSchG, § 95 BetrVG) *Auswahlrichtlinien* zur Sozialauswahl festgelegt werden, die den drei sozialen Gesichtspunkten tabellarische *Punktewerte* zuordnen.[328] Zweck ist eine erleichterte Handhabung der Sozialauswahl, eine *Eingrenzung des Fehlerrisikos* und damit die Gewähr eines Stücks Rechtssicherheit. Das Schema der Auswahlrichtlinie kann nach Auffassung der Rechtsprechung aber nur eine *Vorauswahl* zur Vermeidung unbilliger Härten darstellen. Eine vom Punkteschema ausgehende individuelle Abschlußprüfung ist weiterhin erforderlich.[329] Die Rechtsprechung versucht ein Stück Rechtssicherheit dadurch zu schaffen, daß bestehende *Auswahlrichtlinien* gerichtlich lediglich daraufhin überprüft werden, ob die Grundwertung des § 1 Abs. 3 S. 1 KSchG eingehalten worden ist.[330] Die Rechtsprechung hat darüber hinaus schon vor 1996 versucht, die Rechtsfolgen einer unwirksamen Auswahlrichtlinie dadurch zu entschärfen, daß diese nicht auch zugleich zur Unwirksamkeit der darauf gründenden Kündigungen führen sollen [331] und dem Arbeitgeber Korrekturmöglichkeiten verbleiben.[332]

ee) Das Kriterium der Leistung und die Wertung betrieblicher Belange

Nach der Entstehungsgeschichte des KSchG[333] ging es bei der Formulierung des Gesetzes vor allem um die im Betrieb gebrauchten Qualifikationen. So war es durch die betrieblichen Bedürfnisse gerechtfertigt, *"den Hilfsarbeiter vor dem Facharbeiter und unter den Facharbeitern zunächst denjenigen zu kündigen, der für den Produktionsprozeß am ehesten entbehrlich sei"*. Bei erheblichen Leistungsunterschieden sollte die Auswahl zunächst des Leistungsschwächsten möglich werden.

327 Zur Restriktion der Öffnung für einzelbetriebliche Belange, Zwanziger, NJW 2000, S. 2166 (2166).

328 Sachverhalt bei BAG v. 18.1.1990, DB 1990, S. 1335; Beispiel: 10 Dienstjahre, je Dienstjahr 1 Punkt; ab 11. Dienstjahr 2 Punkte; für jedes volle Lebensjahr 1 Punkt (max. 55 Punkte); je unterhaltsberechtigtes Kind 4 Punkte; verheiratet 8 Punkte; dazu Schwerbehinderung und Erwerbsminderung mit Sonderbewertung.

329 BAG, DB 1990, S. 1335 im Anschluß an BAG, DB 1985, S. 215 mit Anm. Otto; Ausnahme allerdings bei der Herausnahme bestimmter Arbeitnehmer aus der Sozialauswahl ohne sachlichen Grund, BAG, BB 1990, S. 351.

330 BAG v. 24.3.1983, DB 1983, S. 1922.

331 BAG v. 20.10.1983, DB 1984, S. 563.

332 BAG v. 18.10.1984, DB 1985, S. 974.

333 zum KSchG, RdA 1951, S. 57ff. (63).

Das ArbRBeschFG'96 hatte die Kritik an einer zu restriktiven Berücksichtigung betrieblicher Belange[334] (Produktivität sichernder Leistungserhalt) aufgegriffen, mit dem Ziel, durch die Stärkung dieser betrieblichen Belange *beschäftigungswirksame Wachstumsanreize* zu schaffen. Dem Arbeitgeber sollte erleichtert werden, Arbeitnehmer von vornherein aus der Sozialauswahl zu nehmen, *"deren Weiterbeschäftigung insbesondere wegen ihrer Kenntnisse, Fähigkeiten und Leistungen oder zur Sicherung einer ausgewogenen Personalstruktur des Betriebes, im berechtigten betrieblichen Interesse"* liege[335]. Dieser ökonomisch orientierte Ansatz wurde durch das Korrekturgesetz wieder zurückgenommen.

Das KSchG trägt betrieblichen Erfordernissen durch § 1 Abs. 3 S. 2 KSchG n.F. dadurch Rechnung, daß Arbeitnehmer aus betriebstechnischen, wirtschaftlichen oder sonstigen berechtigten betrieblichen Bedürfnissen aus der Sozialauswahl ausgenommen werden können.

Die Rechtsprechung interpretierte bereits vor 1996 diesen Wortlaut des KSchG in eine Richtung, die der Berücksichtigung der Leistung innerhalb der Sozialauswahl einen *strengen Ausnahmecharakter* verlieh.[336] Die Notwendigkeit einer Sozialauswahl soll danach bereits dann entfallen, wenn die Leistungsunterschiede zwischen den Arbeitnehmern so erheblich seien, daß auf den leistungsstärkeren Arbeitnehmer im Interesse eines geordneten Betriebsablaufes definitiv nicht verzichtet werden könne. Reine Nützlichkeitserwägungen hingegen bilden nach dieser Auffassung keine anerkannte betriebliche Notwendigkeit, von der Sozialauswahl bei einem Arbeitnehmer abzusehen. Leistungsminderungen z.B. infolge krankheitsbedingter Ausfallzeiten werden nur dann berücksichtigt, wenn sie einen Grad erreichen, der für eine krankheitsbedingte Kündigung ausgereicht haben würde.[337] Dahinter verbirgt sich die Erwägung, daß die für eine personenbedingte oder verhaltensbedingte Kündigung entwickelten Maßstäbe nicht durch eine Kündigung umgangen werden soll, deren Grund der Arbeitnehmer nicht zu vertreten hat.

g) Darlegungs- und Beweislast bei der Sozialauswahl

Die Verteilung der Darlegungs- und Beweislast zwischen den streitenden Parteien des Kündigungsschutzprozesses gibt auch an dieser Stelle das *Maß des Pro-*

---

334 u.a. Buchner, DB 1984, S. 504ff. (508f.), mit Hinweis auf nicht veröffentlichte Entscheidungen aus dem Jahre 1978; ders., DB 1993, S. 388ff.

335 Vgl. U. Preis, NJW 1996, S. 3369ff. (3371); Bedenken: Mückenberger, Kritische Justiz 1996, S. 343ff. (347); Hinrichs, Arbeitsrecht im Betrieb 1996, S. 589ff. (591).

336 BAG, DB 1983, S. 1822 (1824), dazu kritisch Buchner, DB 1984, S. 504 (508f.).

337 BAG v. 24.3.1983 DB 1983, S. 1822.

zeßrisikos der Parteien an.[338] Gesetzlicher Ansatzpunkt ist § 1 Abs. 3 S. 3 KSchG, nach dem der Arbeitnehmer die fehlerhafte Sozialauswahl zu beweisen hat. Weiterhin fordert § 1 Abs. 3 S. 1 2. Hs. KSchG vom Arbeitgeber, auf Verlangen des Arbeitnehmers die Gründe anzugeben, die zur getroffenen Sozialauswahl geführt haben.

Unter Berücksichtigung des § 138 ZPO i.V.m. § 1 Abs. 3 S. 1 2. Hs. KSchG hat die Rechtsprechung die besondere Figur der *gestuften* Darlegungs- und Beweislast entwickelt.[339] Prozeßökonomie, Harmonisierungsbestrebungen zwischen BetrVG und KSchG zur Beweislastverteilung[340] und Erwägungen der Sachnähe sowie Praktikabilität[341] liegen u.a. diesem Konzept zugrunde.

Im Fall des substantiierten Bestreitens durch den Arbeitnehmer kann sich die Mitteilungspflicht des Arbeitgebers auf vergleichbare Arbeitnehmer konzentrieren, die nach *seiner Auffassung* zum auswahlrelevanten Personenkreis gehören.[342] Verweigert der Arbeitgeber seine Auskunftspflicht oder ist sie *unvollständig*, so wird teilweise angenommen, daß der infolge fehlender Kenntnis entsprechende Vortrag des Arbeitnehmers bereits als schlüssig und ausreichend i.S.d. § 138 Abs. 2 ZPO anzusehen sein wird.[343] Die aktuelle Diskussion macht auch an dieser Stelle auf einen bereits erkannten Reformbereich aufmerksam:

Durch das ArbRBeschFG'96 war ergänzend nach § 1 Abs. 5 KSchG bestimmt worden, daß im Falle von Betriebsänderungen gem. §§ 111ff. BetrVG, bei denen in Vereinbarungen des Interessenausgleichs Arbeitnehmer namentlich benannt sind, *vermutet wird, daß die Kündigung bei diesen durch dringende betriebliche Erfordernisse i.S.d. § 1 Abs. 2 KSchG bedingt sind.* Es lag dem die Erwägung zugrunde, daß durch das Verfahren des Interessenausgleichs wegen Beteiligung der Arbeitnehmervertretung die Möglichkeit der Fehlerhaftigkeit einer Sozialauswahl gering sein werde und daher die Kündigungen Gerichtsfestigkeit verdienten. Die *Sozialauswahl* konnte nach dieser Fassung zwar nur einer Überprüfung auf *grobe Fehlerhaftigkeit* unterzogen werden, sollte aber anderer-

338 Vgl. Schwerdtner, ZIP 1984, S. 10ff. (18).
339 BAG AP Nr. 12 zu § 1 KSchG (betriebsbedingte Kündigung) = ZIP 1983, S. 205; BAG, DB 1987, S. 472; BAG, DB 1990, S. 380; Ascheid, Beweislastfragen, S. 164ff.; Schwerdtner, ZIP 1984, S. 10ff. (18).
340 zur Frage der Harmonisierung BAG, DB 1984, S. 1990; aber: Mühlhausen, NZA, 2002, S. 644ff.
341 BAG AP Nr. 12 zu § 1 KSchG = ZIP 1983, S. 205; Schwerdtner, ZIP 1984, S. 10ff. (18); Ascheid, Beweislastfragen, S. 164ff.
342 BAG, DB 1990, S. 380.
343 Vgl. Ascheid, Beweislastfragen, S. 164ff., 173ff.

seits nicht zum Instrument betrieblicher Interessen an der Entwicklung einer bestimmten Personalstruktur werden.[344]

Nachdem bereits einige Untergerichte begonnen hatten die Gesetzesänderung in Frage zu stellen und zu neutralisieren[345], wurden die Änderungen im Zuge des Korrekturgesetzes vom 1.1.1999 aufgehoben. Der Gesetzgeber war der Ansicht, die Regelungen des ArbRBeschFG'96 hätten *eine Stärkung des Betriebsrates* nicht erreicht und zudem der *Einzelfallgerechtigkeit* sowie dem *individuellen Kündigungsschutz* nicht ausreichend Rechnung getragen.[346] Ein aktueller Reformgesetzgeber wird sich mit diesen seinen eigenen Argumenten auseinanderzusetzen haben.

3. *Die betriebsbedingte Änderungskündigung*

a) *Betriebliche Bedeutung der Änderungskündigung*

Die *betriebsbedingte Änderungskündigung* erlaubt es dem Arbeitgeber, durch einseitige Willenserklärung inhaltliche Änderungen der Arbeitsvertragsbedingungen herbeizuführen.[347] Der gesetzliche Schutz des § 2 Abs. 1 KSchG jedoch gewährt dem Arbeitnehmer das Recht, unter vorbehaltlicher Annahme des arbeitgeberseitigen Änderungsangebots die in Aussicht stehende Veränderung der Arbeitsbedingungen auf ihre soziale Rechtfertigung überprüfen zu lassen.[348]

Betriebsbedingte Änderungskündigungen richten sich i.d.R. auf die *Anpassung* von *Entgelt, Tätigkeit* und *Arbeitszeit* eines Arbeitnehmers oder einer Vielzahl von Arbeitnehmern (Massenänderungskündigung).[349] Sofern nicht in bestimmten Grenzen zulässige Vorbehaltsklauseln im Arbeitsvertrag (Flexibilitätsklauseln) notwendige Flexibilität schaffen, ist die Änderungskündigung aus Unternehmersicht, zumal *in Krisen- oder Umbruchzeiten, ein bedeutsames In-*

---

344 LAG Hessen, NZA-RR 2000, S. 74 m.w.N.; v. Hoyningen-Huene/Linck, KSchG, Einl. Rn. 62c.

345 ArbG Bonn v. 5.2.1997 EZA § 1 KSchG Interessenausgleich Nr. 1.

346 BT-Dr 14/151, S. 38.

347 Kittner, NZA 1997, S. 968ff. (970); Vollmer, DB 1982, S. 1933ff.

348 Vgl. zur Entwicklungsgeschichte: Adomeit, DB 1969, S. 2179ff.; Löwisch, NZA 1988, S. 633, zu den Voraussetzungen der fristlosen Änderungskündigung; GK-Rost, § 2 KSchG, Rn. 70 prozessuale Aspekte; Annahme nicht unter Vorbehalt: BAG v. 19.6.1986 AP Nr. 16 zu § 2 KSchG = BB 1986, S. 2418; Interesse an einer baldigen Klärung der Situation für Arbeitgeber: BAG AP Nr. 16 zu § 2 KSchG 1969.

349 eingehend Hromadka, NZA 1996, S. 1ff. (8); ders. DB 2002, S. 1322ff (1325); Krause, DB 1995, S. 574ff. (574) mit Hinweis auf die tarifvertraglichen Grenzen der Änderungskündigung.

strument zur Anpassung von Kosten- und Organisationsstrukturen.[350] Einen prägnanten Anwendungsfall bildet sicherlich die *Betriebsübernahme*, in deren Folge Anpassungen der Konditionen unverändert übergegangener Arbeitsverhältnisse durch den Übernehmer oft unvermeidbar werden.[351]

Man könnte die auf *Flexibilisierung und Effizienzgewinn* ausgerichteten Vorbehaltsklauseln ("Flexibilisierungsklauseln") wie auch das Instrument der Änderungskündigung als eine für den Arbeitnehmer oft einschneidende Art innerbetriebliche *Verteilungsmaßnahme wirtschaftlicher Risiken* interpretieren, die gleichzeitig jedoch *dem Beschäftigungserhalt* dient.[352]

Mit Blick auf *längerfristige Anpassungshemmnisse* infolge hoher Anforderungen an die Durchsetzung von Änderungsmaßnahmen bei sich ändernden ökonomischen Bedingungen kann *erhöhter Entlassungsdruck* ausgelöst werden. Vor dem Hintergrund der hier thematisierten Beschäftigungsfrage erscheint daher die Auffassung, daß eine (betriebsbedingte) Änderungskündigung *"nicht einfacher zu handhaben sein solle als die Beendigungskündigung"*[353] problematisch und im Kontext der Rechtsprechung widersprüchlich.[354] Selbst aber der Gesetzgeber zum ArbRBeschFG'96 hatte überraschenderweise eine Modifikation der Regelungen über die Änderungskündigung nicht in Betracht gezogen.[355]

b) Verhältnis von Flexibilisierungsklauseln zur Änderungskündigung

Da die betriebsbedingte Änderungskündigung selbst vom Grundsatz der Verhältnismäßigkeit bestimmt wird, ist sie im Verhältnis zu anderen zulässigen Änderungsmaßnahmen der Arbeitsbedingungen nachrangig.[356] Diese sind, so ver-

---

350 so auch die Begründung zu §§ 112ff. des Entwurfes eines ArbVG des Landes Sachsen, Drs. 293/95, S. 136ff.; Löwisch, NZA 1988, S. 633 (636); zur Kurzarbeit Vollmer, DB 1982, S. 1933ff.

351 Vgl. etwa Pückler/Wienke, Der Arbeitgeber 1996, S. 465ff.

352 BAG v. 19.5.1993 AP Nr. 31 zu § 2 KSchG 1969 (betriebsbedingte Änderungskündigung) mit Anm. Waas = NZA 1993, S. 1075; Hromatka, DB 2002, S. 1322ff (1325); Löwisch, NZA 1988, S. 633f.; Kittner, NZA 1997, S. 968.

353 Im Ergebnis BAG DB 1999, S. 103= AP Nr. 50 zu § 2 KSchG 1969; Zirnbauer, NZA 1995, S. 1073ff. (1079); Kittner, NZA 1997, S. 968ff. (970f.) m.w.N. zur Rspr.

354 Vgl. zur Kontraproduktivität gerade dieser Norm auch U. Preis, NJW 2000, S. 2304ff. (2308).

355 Vgl. dazu im einzelnen U. Preis, NZA 1997, S. 1075ff. (1087f.); Fischermeier, NZA 1997, S. 1089ff. (1100).

356 etwa: BAG NJW 2000, S. 756; BAG DB 2002, S. 2276; BAG, NJW 2000, S. 578; Hromadka, NZA 1996, S. 1ff. m.w.N.; zur Einführung von Kurzarbeit Vollmer, DB 1982, S. 1933 (1934).

einbart, als Konkretisierung des Direktionsrechts[357] vor Ausspruch einer Änderungskündigung zu verwirklichen.[358] Zum Erhalt räumlich-funktionaler Flexibilität der Arbeitskräfte wird der Arbeitgeber *Versetzungsklauseln* in die Gestaltung des Arbeitsvertrages aufnehmen. Für den Abbau von Lohnkosten gelten i.d.R. *Widerrufs- und Anrechnungsklauseln* für freiwillig (über Arbeits- oder Tarifvertrag) entrichtete Lohnteile.[359]

Rechtlich besteht bisweilen ein *Abgrenzungsbedürfnis* zwischen noch zulässigem Direktionsrecht und notwendiger Änderungskündigung.[360] Dies ist insofern von Bedeutung, als das ausgeübte *Direktionsrecht* zum Rechtsstreit führen und drohen kann, über die Billigkeitskontrolle gemäß § 315 BGB dem Recht der Änderungskündigung unterworfen zu werden. So entsteht in der Praxis ein *Unsicherheitsfaktor* bei der *Wahl des richtigen Anpassungsinstruments betrieblicher Kosten- und Organisationsstrukturen*.[361]

Der Arbeitgeber riskiert gegebenenfalls Klagen auf Weiterzahlung widerrufener Leistungen. Er kann andererseits aber nicht vorsorglich eine Änderungskündigung aussprechen, ohne Gefahr zu laufen, daß schon wegen Verstoßes gegen das Verhältnismäßigkeitsgebot die Maßnahme für unwirksam erklärt wird.[362] In mitbestimmten Betrieben kann zudem die Ausübung von Flexibilisierungsklauseln zu einem unvorhersehbaren Eingreifen von Mitbestimmungsrechten (§ 95 Abs. 3 BetrVG) führen.[363]

Die Rechtspraxis zieht die Grenze des Direktionsrechts dort, wo Vorbehaltsklauseln in den *Kernbereich* des Arbeitsverhältnisses eingreifen. Maßstab ist der Schutzgehalt des § 2 KSchG[364] und dessen mögliche Umgehung.[365] So wirkt et-

---

357 BAG, DB 1982, S. 1776.

358 BAG AP Nr. 70 zu § 626 BGB = DB 1978, S. 1790.

359 Vgl. näher U. Preis, FS Kissel, S. 879ff. (892f.) (widerrufsfähig: Gratifikationen, Sonderzulagen, Erschwerniszulagen, betriebliche Leistungszulagen und Prämien, freiwillige Sozialleistungen). Bei Anrechnungsklauseln soll die individuelle Gehaltsentwicklung an die allgemeine Tarifentwicklung angelehnt werden (Abschmelzung).

360 BAG v. 28.4.1982 AP Nr. 3 zu § 2 KSchG 1969 = DB 1982, S. 1776; GK-Rost, § 2 KSchG, Rn. 36ff. m.w.N.; BAG AP Nr. 21 zu § 2 KSchG 1969.

361 Hromadka, NZA 1996, S. 1ff. (1); GK-Rost, § 2 KSchG, Rn. 40ff. (45) m.w.N.

362 BAG v. 21.4.1993, AP Nr. 31 zu § 2 KSchG mit Anm. Waas; Krause, DB 1995, S. 574ff. (576).

363 BAG v. 2.4.1996, EzA § 99 BetrVG 1972 Nr. 27, in dem bezeichneten Fall war einem sog. Gebietsautoverkäufer, der zugleich Ladendienst verrichtete, der Ladendienst entzogen worden, es entstand die Frage einer Versetzung.

364 BAG v. 28.4.1982 AP Nr. 3 zu § 2 KSchG.

365 BAG AP Nr. 1 zu § 620 BGB (allg. Umgehungsgedanke); BAG AP Nr. 21 zu § 2 KSchG 1969; BAG AP Nr. 25 zu § 5 BetrVG; Hümmerich/Spirolke, NZA 1998, S. 797ff. (798).

wa eine vertraglich vorbehaltene Berechtigung, den *Umfang der Arbeitszeit* einseitig nach Bedarf festzusetzen, wie die Veränderung des Arbeitsverhältnisses als ganzes und greift in dessen Kernbereich ein. Eine solche Regelung, so das BAG[366], stelle eine objektive Umgehung des gesetzlichen Kündigungsschutzes dar. Bei Widerrufsklauseln bezüglich *Lohnteilen* prüft die Rechtsprechung die Ausübung des Widerrufs an den Maßstäben des § 315 BGB (Billigkeitskontrolle)[367], denn auf einen gerichtlichen Schutz der Billigkeitskontrolle gem. § 315 BGB kann der Arbeitnehmer prinzipiell nicht verzichten.[368] Das billige Ermessen im Sinne dieser Vorschrift ist dann gewahrt, wenn der Arbeitgeber für die Kürzung von Lohnleistungen (Widerruf) einen sachlichen Grund anführen kann.[369] Die Grenze ist dort erreicht, wo durch die Ausübung des Widerrufs von Lohnteilen das Gleichgewicht von Leistung und Gegenleistung nachhaltig gestört wird.[370]

c) *Prüfungsmaßstab, unternehmerische Entscheidungsfreiheit und Sozialauswahl bei betriebsbedingter Änderungskündigung*

Das KSchG gibt weder in § 2 noch in § 4 S. 2 KSchG abschließend Auskunft über einen besonderen *Prüfungsmaßstab* der Änderungskündigung.[371] Lediglich die Gesetzesverweisung in § 2 KSchG deutet darauf hin, daß gem. § 1 Abs. 2 bis Abs. 3 KSchG *dringende betriebliche Umstände* vorliegen müssen, die die Weiterbeschäftigung des Arbeitnehmers zu den bisherigen Bedingungen nicht mehr zulassen. Die Rechtsprechung sieht nach der ratio legis des KSchG als geschütztes Rechtsgut das Arbeitsverhältnis mit seinem im Zeitpunkt der Kündigung *bestehenden Inhalt*.[372] Der in § 1 KSchG geregelte *Bestandsschutz* des Arbeitsverhältnisses als solcher und der in § 2 KSchG geregelte *Vertragsinhaltsschutz* stehen danach *gleichwertig* nebeneinander.[373]

---

366 BAG AP Nr. 21 zu § 2 KSchG.

367 Vgl. dazu z.B. Krause, DB 1995, S. 574ff. (575); U. Preis, FS Kissel, S. 879ff. (892).

368 BAG v. 13.5.1987, NZA 1988, S. 95.

369 BAG v. 11.12.1985, NZA 1986, S. 470.

370 BAG AP Nr. 1 zu § 620 BGB (allg. Umgehungsgedanke); kritisch U. Preis, FS. Kissel, S. 879ff. (892).

371 BAG AP (1975) Nr. 1 zu § 626 BGB (Änderungskündigung); BAG v. 19.5.1993 AP Nr. 31 zu § 2 KSchG 1969 = NZA 1993, S. 1075 (1077); Zirnbauer, NZA 1995, S. 1076; Boewer, DB 1996, S. 2618ff.

372 BAG AP (1975) Nr. 1 zu § 626 BGB (Änderungskündigung); BAG v. 19.5.1993 AP Nr. 31 zu § 2 KSchG 1969 = NZA 1993, S. 1075 (1077).

373 BAG v. 19.5.1993 AP Nr. 31 zu § 2 KSchG 1969 = NZA 1993, S. 1075 (1077); zur Entwicklung Kittner, NZA 1997, S. 968ff. (969).

Nach Auffassung der Rechtsprechung geht es bei der Änderungskündigung im Vergleich zur Beendigungskündigung zwar um einen *anderen* Prüfungsmaßstab, der aber gleichwohl *streng* ist.[374] Das BAG mißt das *Änderungsangebot* und seine soziale Rechtfertigung im Ergebnis daran, ob (1.) dringende betriebliche Erfordernisse gem. § 1 Abs. 2 S. 1 KSchG das Änderungsangebot bedingt haben *und* ob (2.) der Arbeitgeber sich, bei einem an sich anerkennenswerten Anlaß zur Änderungskündigung, darauf beschränkt hat, nur solche Änderungen vorzuschlagen, die der Arbeitnehmer billigerweise hinnehmen muß.[375]

aa) Kontrolle der unternehmerischen Entscheidungsfreiheit

Hinsichtlich der *unternehmerischen Entscheidungsfreiheit* gilt ebenso eine Selbstbindung des Gerichts an die übergeordnete, der konkreten Kündigung vorgelagerte Organisationsentscheidung des Arbeitgebers. Die sogenannten "äußeren" wie auch "inneren" betrieblichen Umstände können, zumal bei *Unternehmenszusammenschlüssen,* in größerem Umfang zu einem *Nebeneinander von Änderungs- und Beendigungskündigungen* führen. Die Rechtsprechung geht in bezug darauf davon aus, daß auch die Anerkennung einer generell beschränkten Überprüfbarkeit organisatorischer Unternehmerentscheidungen[376] es nicht entbehrlich macht, gerichtlich zu prüfen, ob die Organisationsänderung eine *Beendigungs-* oder *Änderungs*kündigung unvermeidbar werden läßt oder ob andere Maßnahmen hätten in Betracht gezogen werden können.[377]

Im Bereich der Reduktion von *Personalkosten* lehnt es das BAG ab, den Entschluß eines Arbeitgebers an sich, die Lohnkosten zu senken, als für das Gericht bindend zu qualifizieren.[378] Der Arbeitgeber könne sich sonst mit der Erklärung begnügen, er habe beschlossen, die Vergütung um einen bestimmten Prozentsatz zu kürzen, ohne daß das Gericht überprüfen könne, ob für die Kürzung ein *dringendes betriebliches Erfordernis* vorliege.[379] Ein Fall durchgreifender *Mißbrauchskontrolle der an sich freien Unternehmerentscheidung* und damit ein Scheitern der Änderungskündigung kann z.B. dann vorliegen, wenn bei einer Anpassung der Arbeitsmenge an den aktuellen Arbeitsbedarf durch Teilzeitarbeit

---

374 BAG, NZA 1987, S. 94.

375 BAG AP Nr. 31 zu § 2 KSchG = NZA 1993, S. 1075 (1077); BAG, NJW 2000, S. 756; BAG DB 2002, S. 2276; Zirnbauer, NZA 1995, S. 1076, zit. eine unveröffentlichte Entscheidung des LAG BW v. 21.8.1991; Hromadka, NZA 1996, S. 1ff. (3), es geht um das "Ob" und das "Wie" der Änderungskündigung.

376 hierzu ausdrücklich BAG DB 2002, S. 2276.

377 BAG, NZA 1990, S. 734 = DB 1990, S. 1773; BAG DB 2002, S. 2276.

378 BAG v. 20.3.1986, AP Nr. 14 zu § 2 KSchG 1969 = NZA 1986, S. 824.

379 BAG v. 20.3.1986, AP Nr. 14 zu § 2 KSchG 1969 = NZA 1986, S. 824.

der verbleibende Arbeitsverdienst unterhalb des Arbeitslosengeldanspruchs bei Beendigung des Arbeitsverhältnisses gelegen hätte oder nur Teilzeitbeschäftigungen von zehn Stunden und weniger wöchentlich verblieben wären, *um* damit die Geltung des KSchG (§ 23 Abs. 1 S. 3 KSchG) *zu unterlaufen.*[380]

bb) Dringendes betriebliches Erfordernis zur Änderungskündigung

Der Prüfungsmaßstab "dringender betrieblicher Gründe", die das Änderungsangebot bedingt haben müssen, führt im Ergebnis zu *einem späten Durchgreifen* von nur über Änderungskündigungen gestaltbaren Anpassungsmaßnahmen.[381] Wenn in der Rechtsprechung ausgeführt wird, daß *"der Arbeitgeber mit dem Ausspruch einer Änderungskündigung nicht warten müsse, bis sein Ruin unmittelbar bevorsteht"*[382], so spricht daraus wohl im Umkehrschluß die Grenzbestimmung für eine Zulässigkeit von Änderungen kostenerheblicher Besitzstände mittels Änderungskündigung erst bei Gefahr eines Ruins des Unternehmens.

So ist die aus Gründen der Kostenreduktion wegen hoher Bilanzverluste mit Blick auf die Wiederherstellung der Konkurrenzfähigkeit und Sicherung der Arbeitsplätze veranlaßte Änderungskündigung nicht in jedem Fall sozial gerechtfertigt. Das BAG führt aus, daß ein allgemeiner wirtschaftlicher Zustand, der das Unternehmen mit Gewinnverfall und Unrentabilität treffe, so lange nicht als *dringender betrieblicher* Grund relevant werde, wie die wirtschaftliche Situation nicht *im Betrieb konkret* zu Entscheidungen über Maßnahmen geführt und sich als Organisationsmaßnahme auf den Inhaltsbestand des Arbeitsverhältnisses verdichtet habe.[383] Die für ein dringendes Änderungserfordernis notwendige Unrentabilität muß sich auf den *Gesamtbetrieb*, nicht nur auf einzelne Betriebsteile des Arbeitgebers beziehen.[384] Eine Ausnahme mag nur dann gelten, wenn die Unrentabilität eines Betriebsteils auf das wirtschaftliche Ergebnis des Gesamtbetriebs durchschlägt und ohne Anpassung der Personalkosten Beendigungskündigungen nicht zu vermeiden wären.[385]

---

380 Vgl. Beispiel bei BAG v. 19.5.1993, NZA 1993, S. 1075ff. (1077).

381 Vgl. kritisch hierzu und kontrovers Gamillscheg, Arbeitsrecht I, 1987, S. 250, andererseits Schwerdtner, FS 25 Jahre BAG, S. 555ff.

382 BAG AP Nr. 14 zu § 2 KSchG = NZA 1986, S. 824 = DB 1986, S. 2442; BAG, NJW 2000, S. 756.

383 Vgl. BAG v. 20.3.1986 AP Nr. 14 zu § 2 KSchG 1969, die Beklagte argumentierte mit Zahlenangaben, der Kläger bestritt substantiiert.

384 BAG v. 11.10.1989 DB 1990, S. 607 = NZA 1990, S. 2024.

385 Näher BAG, NJW 2000, S. 756.

cc) Sozialauswahl bei Änderungskündigung

Durch die Verweisung des § 2 auf § 1 KSchG gilt auch das Gebot der ausreichenden Berücksichtigung sozialer Gesichtspunkte (§ 1 Abs. 3 S. 1 KSchG) für die Änderungskündigung gleichermaßen. Die Rechtsprechung hat hier allerdings einen *besonderen Auswahlmaßstab* entwickelt.

Im Falle der Änderungskündigung geht es um die *soziale Rechtfertigung des Änderungsangebots.* Deshalb wird geprüft, ob der Arbeitgeber, statt die Arbeitsbedingungen des gekündigten Arbeitnehmers zu ändern, diese Änderung einem anderen vergleichbaren Arbeitnehmer hätte anbieten können, dem sie in sozialer Hinsicht eher zumutbar gewesen wäre.[386] Es kann also darauf ankommen, welchem Arbeitnehmer gemäß seiner Geeignetheit die Umstellung auf eine neue Tätigkeit nach Vorbildung und persönlichen Eigenschaften leichter- bzw. schwerer fällt. Eigenschaften wie Flexibilität, schnelle Auffassungsgabe, Anpassungsfähigkeit und Gesundheitszustand können Bedeutung gewinnen.[387]

Das Abstellen auf eine bessere oder umfassendere Qualifikation bei der Sozialauswahl läßt es zwar zu, daß der umfassend Qualifizierte seinen Arbeitsplatz weniger schnell verliert.[388] Andererseits wird "Lernen auf Vorrat", die freiwillige betriebliche Fortbildung im Ergebnis zu einem Risikofaktor bei Änderungskündigungen.[389] Damit ergeben sich zudem Zwiespältigkeiten dieses Maßstabs im Hinblick auf § 1 Abs. 3 S. 2 KSchG, denn danach dürften innerhalb der Sozialauswahl Leistungs- und Qualifikationsgesichtpunkte gerade keine Rolle spielen[390]. Fehler des Arbeitgebers in diesem diffizilen Bereich der Sozialauswahl können in Grenzen korrigiert werden.[391]

4. Das Beteiligungsrecht des Betriebsrates nach § 102 BetrVG und der allgemeine Weiterbeschäftigungsanspruch

Nach § 102 Abs. 1 BetrVG ist der Betriebsrat vor jeder Kündigung zu hören. Der Arbeitgeber hat ihm die Gründe der Kündigung mitzuteilen. Eine in einem

---

386 BAG AP Nr. 6 zu § 1 KSchG 1969 (soziale Auswahl) mit Anm. Löwisch = DB 1985, S. 1083 = NZA 1985, S. 423 (Massenänderungskündigung zur Versetzung).

387 BAG v. 13.6.1986, AP Nr. 13 zu § 1 KSchG 1969 (soziale Auswahl) = DB 1987, S. 335.

388 BAG v. 13.6.1986 AP Nr. 13 zu § 1 KSchG 1969 (soziale Auswahl) = DB 1987, S. 335 = NZA 1987, S. 155 ("Schwimmeisterfall" – der Arbeitnehmer hatte mangelnde Sozialauswahl gerügt, weil zwei vergleichbare Schwimmeister wesentlich jünger waren und eine kürzere Betriebszugehörigkeit aufwiesen).

389 Vgl. Schwerdtner, NJW 1987, S. 1607f.

390 Hromadka, DB 2002, S. 1322 (1325) m.w.N..

391 BAG, DB 1985, 1083ff. (1083), eigentlich nicht in der Intention des KSchG.

mitbestimmten Betrieb ohne Anhörung des Betriebsrats ausgesprochene Kündigung ist *unheilbar*[392] unwirksam.

a) Betriebliche Bedeutung des § 102 BetrVG

Dem Betriebsrat wird durch das Anhörungsrecht gem. § 102 BetrVG Gelegenheit gegeben, seine Überlegungen zur Kündigungsabsicht aus Sicht der Arbeitnehmerseite dem Arbeitgeber zur Kenntnis zu bringen. Der Arbeitgeber soll dadurch in die Lage versetzt werden, bei seiner Entscheidung die Stellungnahme des Betriebsrates, insbesondere dessen Bedenken, gegebenenfalls auch dessen Widerspruch, in seine Überlegungen zur Kündigung einzubeziehen.[393]

Die Rechtsfolge einer *unheilbaren Unwirksamkeit* der Kündigung bei Verletzung der Norm macht § 102 BetrVG zu einer Vorschrift mit erheblicher *betriebspraktischer Tragweite*.[394] In der Betriebspraxis relevant wird hierbei vor allem eine oftmals nur *in Nuancen fehlerhafte*[395], d.h. *unvollständige Anhörung*.[396] Nur wo Fehler definitiv nicht in den Zuständigkeits- und Verantwortungsbereich des Arbeitgebers, sondern des Betriebsrats fallen (z.B. fehlerhafte Beschlüsse) können sie den Arbeitgeber entlasten.[397]

Bezogen auf die betriebsbedingte Kündigung kann vor allem die Informationspflicht des Arbeitgebers zu Möglichkeiten einer Weiterbeschäftigung des Arbeitnehmers, aber auch die Frage ordnungsgemäßer Sozialauswahl als sensibler, mit Rechtsunsicherheiten befrachteter Bereich der Anhörungspflicht bezeichnet werden.[398] Die Rechtsprechungspraxis zu § 102 BetrVG hat eine eigene Art Kündigungsschutz außerhalb des KSchG geschaffen, mit der sie einen Kündi-

---

392 BAG v. 28.2.1974 AP Nr. 2 zu § 102 BetrVG 1972 = BB 1974, S. 836.

393 BAG v. 29.3.1984 BB 1984, S. 1426ff. (1427).

394 Vgl. Grundsatzurteile BAG, DB 1978, S. 2367, und BAG, DB 1984, S. 1990; zur Bewertung der neueren Entwicklungen Hümmerich/Mauer, DB 1997, S. 165ff.; Berkowsky, NZA 1996, S. 1065ff; Mühlhausen, NZA 2002, S. 644ff; Schiefer, DB 2002, S. 770 (771f).

395 Vgl. Hümmerich/Mauer, DB 1997, S. 165ff. (166f.) mit den dort genannten Beispielen.

396 BAG v. 4.8.1975 AP Nr. 4 zu § 102 BetrVG 1972 = DB 1975, S. 2184, eine analoge Anwendung der Vorschrift auf den Fall der unvollständigen Anhörung; Hümmerich/Mauer, DB 1997, S. 165ff. (169).

397 BAG v. 28.3.1974 und v. 4.8.1975, Nr. 3 und 4 zu § 102 BetrVG 1972 = BB 1974, S. 980 bzw. BB 1975, S. 1435.

398 Vgl. Hümmerich, NZA 1996, S. 1289ff. (1298); Hümmerich/Mauer, DB 1997, S. 165ff. (169).

gungsstreit schnell beenden kann ohne daß erst noch in eine aufwendige Prüfung materieller Schutzrechte eingetreten werden müsste.[399]

b) *Anforderungen an die Anhörungspflicht des Arbeitgebers gemäß § 102 BetrVG*

Die Vorschrift gilt für jede *Kündigung*.[400] Die Rechtsprechung hat festgehalten, daß Kündigungsgründe auch dann mitgeteilt werden müssen, wenn der Arbeitnehmer noch keinen Kündigungsschutz genießt und der Arbeitgeber in einem Prozeß die Kündigung eigentlich nicht begründen müßte. Die Kündigungsgründe sind so ausführlich darzulegen[401], daß der Betriebsrat aufgrund des mitgeteilten Kündigungssachverhalts entscheiden kann, wie er auf die Kündigungsabsicht reagieren will.[402] Pauschale, schlag- oder stichwortartige Bezeichnungen des Kündigungsgrundes reichen ebensowenig aus, wie die bloße Mitteilung eines Werturteils ohne Angabe der für die Bewertung maßgebenden Tatsachen.[403] Andererseits ist der Betriebsrat bei einem Widerspruch mit dem Ziel, die Weiterbeschäftigung nach § 102 Abs. 5 BetrVG zu erreichen, zu einem Mindestmaß an konkreter Argumentation verpflichtet.[404]

Im Hinblick auf die betriebsbedingte Kündigung gehören zu den mitteilungspflichtigen Gründen nach § 102 Abs. 1 BetrVG unter anderem auch die Tatsachen, die zu der vom Arbeitgeber getroffenen sozialen Auswahl i.S.d. § 1 Abs. 3 KSchG führten. Sie sind dem Betriebsrat auch *ohne* dessen ausdrückliches Verlangen mitzuteilen.[405]

War die Rechtsprechung zunächst noch der Auffassung, daß bei einer Sozialauswahl so zahlreiche Umstände in Betracht kämen, daß der Arbeitgeber dem Betriebsrat ohne eine *gezielte Anfrage* kaum eine erschöpfende Auskunft über alle im Einzelfall erheblichen Auswahlerwägungen werde geben können[406], so wurde diese Haltung später revidiert. Dem Gesetz lasse sich nicht entnehmen,

---

399 Schiefer, NZA 2002, S. 770ff (771).

400 BAG v. 12.7.1984 AP Nr. 32 zu § 102 BetrVG = DB 1985, S. 300 wegen Übertragung nach § 28 Abs. 1 BetrVG.

401 Vgl. zum Umfang der Darlegung BAG v. 28.3.1974 AP Nr. 2 zu § 102 BetrVG = DB 1974, S. 1294 = NJW 1974, S. 1526 und BAG v. 27.8.1982 AP Nr. 25 zu § 102 BetrVG 1972 = DB 1983, S. 181.

402 BAG v. 13.7.1978 AP Nr. 17 zu § 102 BetrVG 1972 = BB 1979, S. 322.

403 BAG v. 13.7.1978 AP Nr. 17 zu § 102 BetrVG 1972 = BB 1979, S. 322; BAG v. 29.3.1984 BB 1984, S. 1426ff. (1427) m.w.N.

404 BAG, NJW 2000, S. 236.

405 BAG v. 6.7.1978, AP Nr. 16 zu § 102 BetrVG 1972; BAG v. 29.3.1984, BB 1984, S. 1426ff.

406 BAG v. 6.7.1978, AP Nr. 16 zu § 102 BetrVG 1972 mit Anm. Hueck.

daß bestimmte Kündigungsgründe des Arbeitgebers nur auf Verlangen vorgetragen werden müßten. Das BAG weist in diesem Zusammenhang darauf hin, daß sich die Rechtsprechung an *Praktikabilitätsaspekten* orientieren, diese aber *nicht als leitenden Grund* einer Rechtsfortbildung zulassen könne.[407] Einschränkend verlangt die Rechtsprechung vom Arbeitgeber, die Auswahlgesichtspunkte aus *seiner* Sicht, also *subjektiv determiniert,* darzulegen.[408] Über Umstände und Erwägungen, die der Arbeitgeber *subjektiv* angestellt habe, könne und müsse er dem Betriebsrat jedoch *erschöpfend* berichten.[409]

Auch beim Vorliegen eines Interessenausgleichs mit Namensliste (§ 112 BetrVG), die gem. § 1 Abs. 5 KSchG (a.F. 1996) zur eingeschränkten Überprüfbarkeit der Sozialauswahl führen sollte, sieht das BAG *keine erleichterten Anforderungen* an die Anhörung gem. § 102 BetrVG.[410] Zwar kann eine Anhörung des Betriebsrats mit den Verhandlungen über den Interessenausgleich verbunden werden, diese Verbindung ist aber ausdrücklich (d.h. im Wortlaut des Interessenausgleichs) bei der Einleitung des Beteiligungsverfahrens klarzustellen. Im Zuge eines vorangegangenen Interessenausgleichs mit Namensliste besteht die arbeitgeberseitige Möglichkeit, auf Vorkenntnisse des Betriebsrats zu verweisen. Substantiiertes Bestreiten der Sozialauswahl durch den Betriebsrat hat jedoch die Darlegungs- und Beweislast des Arbeitgebers für die Vorkenntnisse des Betriebsrats zur Folge.[411]

Die dem Anhörungsrecht ebenfalls unterliegende *Änderungskündigung* birgt, sofern mit ihr eine Versetzung vorgenommen werden soll[412], das Problem, daß *neben* dem Anhörungsverfahren auch das in Voraussetzung und Rechtsfolge unterschiedliche Zustimmungsverfahren nach § 99 Abs. 1 S. 1 BetrVG einzuleiten ist.[413] Sollte die Zustimmung verweigert werden, so kann durch Einschaltung des Arbeitsgerichts die Zustimmung des Betriebsrats nach den Maßgaben des § 99 Abs. 3 und 4 BetrVG ersetzt werden. Eine Verbindung der Verfahren ist möglich.[414] Die Frage, ob eine Änderungskündigung schon deshalb unwirksam

407 BAG v. 6.7.1978 AP Nr. 16 zu § 102 BetrVG 1972 mit Anm. Hueck, zusammengefaßt in BAG v. 29.3.1984, BB 1984, S. 1426ff. (1427).

408 BAG v. 29.3.1984, BB 1984, S. 1426ff. unter Revidierung des Urteils v. 6.7.1978, AP Nr. 16 zu § 102 BetrVG 1972 mit Anm. Hueck; kritisch zu der vom BAG zugelassenen subjektiven Determination Berkowsky, NZA 1996, S. 1065ff. (1066) m.w.N.; Hümmerich/Mauer, DB 1997, S. 165ff. (165).

409 BAG, BB 1984, S. 1426ff. (1427).

410 BAG, NZA 1999, S. 1101 m.w.N.

411 BAG, NZA 1999, S. 1101 m.w.N.

412 etwa Schwertdner in FS 25 Jahre BAG 1982, S. 555ff. (577f.).

413 BAG v. 3.11.1977 AP Nr. 1 zu § 75 BPersVG = DB 1978, S. 1135, mit auf den Betriebsrat übertragbaren Argumenten.

414 BAG v. 3.11.1977 AP Nr. 1 zu § 75 BPersVG = DB 1978, S. 1135.

ist, weil die Verfahren nach § 102 BetrVG und § 99 BetrVG nicht *zugleich* eingeleitet wurden, ist teilwiese bejaht worden.[415] Bei unternehmensweiter Versetzung ist zudem in der Praxis ein langwieriger Zuständigkeitsstreit verschiedener Betriebsräte der Einzelbetriebe nicht selten.[416]

§ 102 Abs. 6 BetrVG eröffnet über Betriebsvereinbarungen Wege besserer Internalisierung von Streitigkeiten, wenn die Kündigung stets der Zustimmung des Betriebsrats unterworfen wird, um im Falle des Streits die Einigungsstelle mit den entsprechenden Verfahrenschritten und Fristen anrufen zu können.[417]

c) Der Weiterbeschäftigungsanspruch gemäß § 102 Abs. 5 BetrVG

Liegen die Voraussetzungen eines frist- und ordnungsgemäßen Widerspruchs des Betriebsrates (§ 102 Abs. 3 Ziff. 1-5 BetrVG) vor und hat der Arbeitnehmer Kündigungsschutzklage erhoben, so besteht, unabhängig von der noch zu überprüfenden Wirksamkeit der Kündigung, das Arbeitsverhältnis mit allen Pflichten und Rechten der Vertragspartner kraft Gesetzes fort.

Nach dem im deutschen Kündigungsschutzrecht herrschenden *Bestandsschutzprinzip* soll mit dieser Regelung eine tatsächliche Beschäftigung während des Prozesses garantiert werden. Das Verlangen des Arbeitnehmers auf Weiterbeschäftigung wird an keine Frist gebunden und kann klageweise durchgesetzt werden. Der Fortbestand wird auflösend bedingt durch die rechtskräftige Abweisung der Kündigungsschutzklage.[418] Das BAG ließ es, da eine eindeutige Ausschlußfrist für das Weiterbeschäftigungsverlangen des Arbeitnehmers nicht geregelt ist, genügen, wenn der Arbeitnehmer vier Monate nach der Kündigung und drei Monate nach Auslaufen der Kündigungsfrist den Weiterbeschäftigungsantrag stellt.[419] Diese eher praxisferne Rechtsprechung scheint eine Änderung in Aussicht zu nehmen, denn der Zusammenhang zwischen Erhebung der Kündigungsschutzklage und Weiterbeschäftigung ab Ablauf der Kündigungsfrist legt eine an der Kündigungsfrist orientierte Ausschlußfrist für den Antrag nahe.[420]

Gemäß § 102 Abs. 5 S. 2 BetrVG kann der Arbeitgeber auf Antrag bei Gericht durch einstweilige Verfügung erwirken, daß er von der Verpflichtung zur Weiterbeschäftigung entbunden wird (§ 102 Abs. 5 S. 2 Nr. 2 BetrVG), wenn die Weiterbeschäftigung des Arbeitnehmers zu einer unzumutbaren wirtschaftli-

415 LAG Frankfurt v. 18.3.1987, BB 1987, S. 2453.
416 Näher zur Versetzung in diesem Rahmen BAG AP Nr. 40 zu § 99 BetrVG 1972 = DB 1987, S. 747.
417 Schaub,Handbuch,§ 123,Rdnr.136.
418 BAG AP Nr. 7 zu § 102 BetrVG 1972 = NZA 1986, S. 424.
419 BAG, DB 1979, S. 652.
420 BAG, DB 1999, S. 2012.

chen Belastung des Arbeitgebers führen würde. Die Formulierung der Antragsgründe im Gesetz geht bei Vorliegen eines Widerspruchs des Betriebsrates von einer höheren Wahrscheinlichkeit des Obsiegens des Arbeitnehmers aus. Deshalb wird der Arbeitgeber im Verfahren der einstweiligen Verfügung Umstände vortragen müssen, die eine Abweisung der Kündigungsschutzklage sehr wahrscheinlich machen. Nur bei einer solchen Sachlage soll der Arbeitgeber nicht das *Beschäftigungsrisiko* des Arbeitnehmers tragen.[421]

Bei der Änderungskündigung können die Folgen des § 102 Abs. 5 BetrVG dann eintreten, wenn der Arbeitnehmer das mit der Änderungskündigung verbundene Änderungsangebot nicht annimmt und dadurch die Änderungskündigung zur Beendigungskündigung wird.[422]

5. *Der allgemeine ("übergesetzliche") Weiterbeschäftigungs- und Wiedereinstellungsanspruch des Arbeitnehmers*

a) *Der allgemeine Weiterbeschäftigungsanspruch*

Als besonderer Markstein einer über die Voraussetzungen des § 102 Abs. 5 BetrVG hinausreichenden Rechtsfortbildung gilt der vom Großen Senat des BAG entwickelte allgemeine Weiterbeschäftigungsanspruch.[423] Anlaß zur Kritik an dieser Rechtsfigur dürfte mehr der Akt *schutzerweiternder Rechtsschöpfung an sich* sein, als die praktische Durchsetzungsrelevanz des Anspruchs.[424]

Das BAG leitet den allgemeinen Weiterbeschäftigungsanspruch[425] des Arbeitnehmers im Kern aus der Natur des Arbeitsverhältnisses selbst ab. Es ver-

---

421 Dazu näher LAG Düsseldorf/Köln DB 1977, S. 2383; ArbG Düsseldorf BB 1984, S. 675; LAG Düsseldorf, DB 1978, S. 1282f. (1283).

422 Vgl. Schwerdtner, FS 25 Jahre BAG, S. 555ff. (576/577).

423 BAG AP Nr. 14 zu § 611 BGB (Beschäftigungspflicht) = NZA 1985, S. 702 = NJW 1985, S. 2968; Durchsetzung: LAG Berlin LAGE § 888 ZPO Nr. 27; LAG Köln, NZA 1988, S. 39ff.; LAG Frankfurt NZA 1988, S. 743; LAG Hamm NZA 1990, S. 327; für den Fall der nachträglichen Feststellung der Weiterbeschäftigungspflicht nach obsiegendem Urteil: BAG AP Nr. 4 § 611 (Beschäftigungspflicht); zum Bezug auf arbeitsmarktliche Belange bemerkenswert Jobs, AuR 1981, S. 16ff. (16); z.T. kritisch v. Hoyningen/Linck, zu § 4 Rn. 94; Schaub, Handbuch, § 110 II, S. 952; GK-Etzel zu § 102 BetrVG, Rn. 269ff. (Rn. 280); Hess/Schlochauer/Glaubitz-Schlochauer zu § 102 BetrVG, Rn. 175f.

424 vgl. zur Rechtstatsachenforschung diesbezüglich: Falke/Höland,Vorstudie, 1997, S. 64ff.

425 zur Durchsetzbarkeit: LAG Berlin LAGE § 888 ZPO Nr. 27; LAG Köln, NZA 1988, S. 39ff.; LAG Frankfurt NZA 1988, S. 743; LAG Hamm NZA 1990, S. 327; für den Fall der nachträglichen Feststellung der Weiterbeschäftigungspflicht nach obsiegendem Urteil: BAG AP Nr. 4 § 611 (Beschäftigungspflicht).

weist auf dessen Wandel seit Entstehung des BGB (§ 611ff. BGB) und legt im Anschluß an seine Rechtsprechung aus dem Jahre 1955[426] das Arbeitsvertragsrecht verfassungskonform im Lichte der Art. 1, 2 GG (Menschenwürde und Persönlichkeitsrecht) als Pflicht des Arbeitgebers zur *tatsächlichen* Beschäftigung des Arbeitnehmers aus.

Ein Anspruch auf vertragsgemäße Beschäftigung über den Ablauf der Kündigungsfrist hinaus bis zum rechtskräftigen Abschluß des Kündigungsschutzprozesses besteht dann, wenn die Kündigung unwirksam ist und überwiegende schutzwerte Interessen des Arbeitgebers einer solchen Beschäftigung nicht entgegenstehen.[427]

Ein überwiegendes schutzwürdiges Interesse des Arbeitnehmers an der Weiterbeschäftigung besteht eindeutig im Fall einer *offensichtlich unwirksamen Kündigung.* Bei betriebsbedingten Kündigungen läßt sich eine derartige Fallgestaltung indessen selten vorstellen (z.B. Verstoß gegen absolute Schutzrechte gem. §§ 15 SchwbG; 9 Abs. 3 MuSchG; Kündigung ist nach eigenem Vortrag des Arbeitgebers ohne Beweiserhebung unwirksam).

Im übrigen dürfte der Abwägungsvorgang die Position des Arbeitgebers eher bevorteiligen, denn die Ungewißheit über den Ausgang des Kündigungsschutzprozesses begründet ein schutzwürdiges Interesse des Arbeitgebers an der *Nichtbeschäftigung* des gekündigten Arbeitnehmers für die Dauer der Prozesses.[428] Das Nichtbeschäftigungsinteresse des Arbeitgebers überwiegt i.d.R. das Beschäftigungsinteresse des Arbeitnehmers bis zu dem Zeitpunkt, zu dem ein die Unwirksamkeit der Kündigung feststellendes Urteil ergeht. Besteht ein solches Urteil, kann die *Ungewißheit des Prozeßausganges* für sich allein ein überwiegendes Gegeninteresse des Arbeitgebers nicht mehr begründen, falls nicht noch zusätzliche für die Nichtweiterbeschäftigung sprechende Umstände hinzutreten.[429] Nicht unkompliziert gestaltet sich das Verfahren je nach endgültigem Ausgang des Kündigungsschutzstreits. Dies ergibt sich etwa aus Streitigkeiten um bereicherungsrechtliche Ausgleichsansprüche, wenn über ein vorläufig voll-

---

426 BAG v. 10.11.1955 AP Nr. 2 zu § 611 BGB (Beschäftigungspflicht).

427 BAG, NZA 1985, S. 702 = NJW 1985, S. 2968 = BAG AP Nr. 11 C.I.2.a. zu § 611 BGB (Beschäftigungspflicht).

428 BAG, NZA 1985, S. 702 = NJW 1985, S. 2968 = BAG AP Nr. 11 C.I.2.a. zu § 611 BGB (Beschäftigungspflicht).

429 BAG AP Nr. 14 zu § 611 BGB (Beschäftigungspflicht) = NZA 1985, S. 702 = NJW 1985, S. 2968.

streckbares Urteil (§62 Abs.1 ArbGG) die Weiterbeschäftigung des Arbeitnehmers erzwungen worden ist.[430]

b) Der Wiedereinstellungsanspruch nach Wegfall der Kündigungsgründe

Eine neuere Rechtsfortbildung stellt der Wiedereinstellungsanspruch gem. § 242 BGB bei nachträglichem Wegfall des Kündigungsgrundes dar.[431] Das BAG leitet diesen Anspruch aus dem im KSchG zum Ausdruck kommenden *Bestandschutzprinzip* und staatlichen Schutzpflichten gemäß Art 12 Abs. 1 GG ab. Der Wiedereinstellungsanspruch verlangt demnach eine Korrektur in Fällen, in denen sich die betriebsbedingte Kündigung im maßgeblichen Prüfungszeitpunkt ihres Ausspruchs zwar als wirksam erweist, sich die maßgeblichen Umstände jedoch während der Kündigungsfrist entgegen der ursprünglichen Prognose geändert haben.[432] Danach kann nur im Falle tatsächlicher Veränderungen während der Kündigungsfrist, die zum Wegfall des Kündigungsgrundes führen, ein Wiedereinstellungsanspruch entstehen, wenn der Arbeitgeber mit Rücksicht auf die Wirksamkeit der Kündigung noch keine Dispositionen getroffen hat, die ein unverändertes Fortsetzen des Arbeitsverhältnisses unzumutbar erscheinen lassen.

Dieser Rechtsprechung lag z.B. der Fall einer betriebsbedingten Kündigung zugrunde, bei der sich vor Ablauf der Kündigungsfrist die *Prognose* des Arbeitgebers als falsch erwies (z.B. weil es noch zu einem Betriebsübergang kam), daß er den Arbeitnehmer nicht mehr werde weiterbeschäftigen können (z.B. wegen angenommener Betriebsstillegung).[433] Liegen die Voraussetzungen des Wiedereinstellungsanspruchs vor und kommt es zur Wiedereinstellung eines größeren Teils der Arbeitnehmer, sind die Prinzipien der Sozialauswahl in gleichsam umgekehrter Form zu berücksichtigen.[434]

---

430 instruktiv: BAG v. 12.2.1992, NZA 1993, S. 177f (178); schon Schwerdtner, ZIP 1985, S. 1361ff.; Färber/Kappes, NZA 1986, S. 215ff. (219), zum Bereicherungsausgleich und Rückabwicklungsansprüchen je nach Wirksamkeit der Kündigung.

431 BAG v. 27.2.1997, EzA § 1 KSchG Wiedereinstellungsanspruch Nr. 1; BAG v. 28.06.2000, DB 2000, S. 2172; BAG v. 20.02.2002, DB 2002, S. 1448 (1449), Differenzierung: kein Wiedereinstellungsanspruch bei Befristungsende.

432 BAG v. 28.06.2000, DB 2000, S. 2172; BAG v. 20.02.2002, DB 2002, S. 1448 (1449).

433 BAG v. 27.2.1997, EzA § 1 KSchG Wiedereinstellungsanspruch Nr. 1.

434 BAG, DB 1998, S. 85.

6. *Die betriebsbedingte Massenkündigung und ihre betriebsverfassungsrechtlichen Folgen*

Die betriebsbedingte Kündigung zahlreicher Arbeitnehmer (Massenentlassung) mit ihren betriebsverfassungsrechtlichen Folgen bildet einen Schwerpunkt in der Diskussion um die ökonomische Bewertung des deutschen Kündigungsrechts.[435]

a) Anzeigepflichtige Massenentlassung (§§ 17-22 KSchG)

Der in §§ 17-22 KSchG geregelte Schutz will Massenentlassungen *arbeitsmarktpolitisch* insofern mildern, als der Arbeitgeber verpflichtet wird, seine Absicht, eine größere Zahl von Arbeitnehmern innerhalb kurzer Zeit zu entlassen[436], dem Arbeitsamt anzuzeigen. Die Arbeitsverwaltung soll hierdurch die Möglichkeit erhalten, rechtzeitig Maßnahmen zur Vermeidung oder Verzögerung unfangreicher (regionaler) Arbeitslosigkeit einzuleiten. Der betriebliche Geltungsbereich der Vorschriften ist eingeschränkt und umfaßt nicht Hoheitsverwaltungen oder Betriebe mit ideeller Zielsetzung[437], Schiffahrt, Luftfahrt, Saison- und Kampagnebetriebe.[438] Der persönliche Geltungsbereich erstreckt sich ohne Rücksicht auf die Dauer der Betriebszugehörigkeit auf alle Arbeitnehmer einschließlich der Auszubildenden (§ 17 Abs. 5 KSchG).

Unter anzeigepflichtiger Entlassung versteht das BAG nicht schon die Kündigung des Arbeitgebers, sondern erst die damit bestimmte Folge der tatsächlichen Beendigung des Arbeitsverhältnisses.[439] Wenngleich es auf den Kündigungsgrund nicht ankommt, so ist die ordentliche[440] betriebsbedingte Kündigung die hauptsächliche Kündigungsart der Massenentlassung.[441] Eigenkündigungen des Arbeitnehmers fallen nicht unter den Begriff der Entlassung.[442] Massenänderungskündigungen, deren Änderungsangebot nicht angenommen wird, sind anzeigepflichtig[443], wohingegen dies für vorbehaltlich angenommene Kündigungen nicht gilt.[444]

---

435 Vgl. Überblick und ökonomische Relevanz bei Schellhaaß, ZfA 1989, S. 167ff. (169f.).

436 Vgl. bestimmte Betriebsgröße und bestimmte Arbeitnehmerzahl innerhalb von 30 Kalendertagen: § 17 Abs. 1 KSchG.

437 dazu BAG , AP Nr. 11 zu § 15 KSchG = NJW 1970, S. 2045 = BB 1970, S. 1302.

438 etwa BAG, AP Nr. 1 zu § 620 BGB Saisonarbeit = NZA 1987, S. 627.

439 BAG, BB 1991, S. 2164 = NZA 1991, S. 891.

440 Nicht frislose Entlassung (§ 17 Abs. 4 S. 1 KSchG).

441 BAG, BB 1969, S. 1298.

442 BAG, BB 1987, S. 1608 = NZA 1987, S. 587.

443 BAG, BB 1963, S. 1424 = DB 1963, S. 1776.

444 BAG, NJW 1982, S. 2839 = DB 1982, S. 1520.

Liegen die Voraussetzungen der Massenentlassung mit Blick auf Betriebsgröße und Zahl der entlassenen Arbeitnehmer[445] vor, so tritt die Pflicht der in Form und Inhalt (§ 17 Abs. 2 und 3 KSchG) gebundenen Anzeige des Arbeitgebers und die vorherige Mitteilung an den Betriebsrat mit dessen Stellungnahme ein.[446] Die nach § 17 Abs. 2 und 3 KSchG erforderliche schriftliche Unterrichtung des Betriebsrats durch den Arbeitgeber, die Beratung von Arbeitgeber und Betriebsrat über Entlassungen und deren Folgen entbinden den Arbeitgeber nicht von seiner Verpflichtung gem. § 102 BetrVG, den Betriebsrat vor jeder einzelnen Kündigung anzuhören. Da die Rechtsprechung die Massenentlassung als erhebliche Personalreduzierung im Sinne einer Betriebsänderung eingestuft hat (§ 111 S. 2 Nr. 1 BetrVG), sind die hier noch näher zu beschreibenden Mitbestimmungsrechte zu beachten.[447]

Ein *Verstoß gegen die Anzeigepflicht* kann bei nicht form- und fristgerechter oder ohne Stellungnahme des Betriebsrats erstatteter Anzeige *alle* anzeigepflichtigen Entlassungen auch unterhalb der anzeigepflichtigen Zahlen unwirksam werden lassen.[448] Dies gilt allerdings nur dann, wenn sich der gekündigte Arbeitnehmer gegenüber dem Arbeitgeber auf den Gesetzesverstoß beruft und ggf. nachweist, daß der Arbeitgeber auch anzeigepflichtig war.[449]

Bei korrekter Entlassungsanzeige beginnt die *einmonatige Sperrfrist* gem. § 18 Abs. 1 KSchG, die Kündigungen sind zwar wirksam, ihre beendigende Wirkung wird jedoch bis zum Ende der Frist gehemmt. Kann bei einer Massenentlassung die Arbeitgeberkündigung wegen später ablaufender Sperrfrist nicht zu dem im Kündigungsschreiben genannten Kündigungstermin rechtswirksam werden, so wirkt die Kündigung erst zum nächstzulässigen Kündigungstermin.[450] Das Landesarbeitsamt (LAA) kann die Sperrfrist verkürzen oder im Einzelfall auch verlängern (§ 18 Abs. 1 bzw. § 18 Abs. 2 KSchG), darin besteht auch die Wirkung der LAA-Entscheidung und ausdrücklich nicht in einer Heilung unwirksamer Massenentlassungsanzeigen. Der Arbeitgeber, der also bei einer Massenentlassung nicht sämtliche Verfahrensvorschriften (nebst Stellungnahme des Betriebsrats) beachtet hat, verdient nach Auffassung der Rechtsprechung bei einer ihm günstigen Entscheidung der Arbeitsverwaltung keinerlei

---

445 Zu Betriebsbegriff und Ermittlung der regelmäßigen Beschäftigtenzahl: BAG, BB 1969, S. 997; BAG, BB 1984, S. 323; BAG, BB 1987, S. 1608 = NZA 1987, S. 587.

446 BAG, NJW 1970, S. 2045= BB 1970, S. 1302.

447 BAG, NJW 1984, S. 178 = BB 1984, S. 274.

448 BAG, NJW 1974, S. 1263 = DB 1974, S. 119; BAG, BB 1993, S. 1224 = NZA 1993, S. 840.

449 BAG, BB 1993, S. 1224 = NZA 1993, S. 840.

450 Etwa LAG Frankfurt, DB 1991, S. 658.

Vertrauensschutz.[451] Im übrigen nimmt auch die Zustimmung des LAA zur Entlassung dem gekündigten Arbeitnehmer nicht den gesetzlichen Kündigungsschutz.[452]

b) Betriebsänderung durch betriebsbedingte Entlassung (§§ 111-113 BetrVG)

§§ 111-113 BetrVG normieren für den mitbestimmten Betrieb die Mitwirkung des Betriebsrates bei einer *Betriebsänderung.* § 111 S. 1 BetrVG bestimmt die Pflicht des Unternehmers zur rechtzeitigen und umfassenden Unterrichtung des Betriebsrates und zur Beratung einer geplanten *Betriebsänderung, die wesentliche Nachteile für die Belegschaft oder erhebliche Teile der Belegschaft zur Folge haben könnte.* § 111 S. 2 BetrVG stellt einen Katalog derjenigen Maßnahmen auf, die als Betriebsänderung i.S.v. S. 1 zu verstehen sind. § 112 Abs. 1-5 BetrVG regeln den Interessenausgleich über geplante Betriebsänderungen sowie die Möglichkeit zur Einigung über den Ausgleich oder die Milderung der wirtschaftlichen Nachteile, die den Arbeitnehmern infolge der geplanten Betriebsänderung entstehen können (Sozialplan). Einen Sozialplan kann der Betriebsrat notfalls gegen den Willen des Arbeitgebers mit dem Spruch der Einigungsstelle erzwingen.

Zielsetzung und Begründung der Normen über die Erstellung eines Sozialplans (§ 112 BetrVG) waren Gegenstand eines umfassenden Theorienstreits.[453] Mit dem BAG[454] geht es bei dem im Sozialplan auszugleichenden Risiko um eine *solidarische Überbrückungshilfe des Unternehmens* für die Zeit der Arbeitslosigkeit. Die Leistungen aus dem Sozialplan schaffen einen Nachteilsausgleich, der sich nur auf *konkret* berechenbare Nachteile für den Arbeitnehmer beziehen soll.[455]

Die für den Anwendungsbereich der §§ 111ff. BetrVG wesentlichen Begriffe – *Betriebseinschränkung und Betriebsstillegung* – wurden mit Blick auf Umgehungstatbestände streng ausdefiniert: So versteht das BAG unter *Betriebsein-*

---

451 So etwa: LAG Hamm, DB 1993, S. 49.

452 Schon BAG, NJW 1958, S. 1156= BB 1958, S. 451.

453 Vgl. Beuthien, RdA 1976, S. 154ff.; Spinti, S. 37ff.; Träxler, S. 19ff.; bei Schellhaaß, ZfA 1989, S. 177, zur Darstellung der einzelnen Theorien zu Zweck und Funktion des Sozialplans vornehmlich vor der Novelle durch das BeschFG'85.

454 BAG v. 9.11.1994, AP Nr. 85 zu § 112BetrVG (Sozialplan); BAG v. 14. 8.2001, DB 2002, S. 153.

455 Vgl. Schellhaaß, ZfA 1989, S. 167ff.172f.), vom BeschFG'85 durch dessen Änderungen auch anerkannt.

schränkungen gem. § 111 S. 1 Nr. 1 BetrVG eine erhebliche, ungewöhnliche und nicht nur vorübergehende Herabsetzung der Leistungsfähigkeit des Betriebes.[456]

Der Begriff der *Betriebsstillegung* in § 111 S. 2 Nr. 1 BetrVG wurde vom BAG im Hinblick auf die Gefahr von *Scheinstillegungen weit gefaßt.* Danach liegt eine Stillegung erst bei nachweislicher Auflösung der zwischen Arbeitgeber und Arbeitnehmer bestehenden Betriebs- und Produktionsgemeinschaft vor.[457] Diese muß ihren sichtbaren Ausdruck und ihre ursächliche Veranlassung darin gefunden haben, daß der Unternehmer die bisherige wirtschaftliche Betätigung in der *ernstlichen* Absicht einstellt, die Weiterverfolgung des bisherigen Betriebszwecks *dauernd* oder für eine ihrer Dauer nach unbestimmte, wirtschaftlich nicht unerhebliche Zeit aufzugeben.[458]

Mit seiner Entscheidung aus dem Jahr 1979[459] hat das BAG eine vermeintliche Gesetzeslücke dadurch geschlossen, daß es den reinen Personalabbau ausdrücklich in den Begriff der Betriebsänderung miteinbezog. Dies allerdings mit der aus dem Sinn des § 111 S. 1 BetrVG abgeleiteten Einschränkung, daß es sich um einen für den Betrieb *ungewöhnlichen,* nicht nur vorübergehenden Grad an Personalabbau handeln müsse. Für die Frage, wann ein für § 111ff. BetrVG *relevanter Personalabbau* (betriebsbedingte Arbeitgeberkündigung, Aufhebungsvertrag sowie betriebsbedingte, vom Arbeitgeber veranlaßte Eigenkündigung des Arbeitnehmers)[460] vorliege, richtete sich das BAG an den Zahlenwerten des § 17 Abs. 2 KSchG aus.[461]

Aus Unternehmenssicht zeigte sich die einschneidende Wirkung dieser *schutzerweiternden* Rechtsprechung im Bereich des reinen Personalabbaus.[462]

---

456 BAG AP Nr. 3-8 zu § 111 BetrVG 1972.

457 BAG, DB 1983, S. 2635; BAG, BB 1985, S. 1333; BAG v. 12.2.1987 AP Nr. 67 zu § 613a BGB.

458 BAG, DB 1983, S. 2635; BAG, BB 1985, S. 1333; BAG v. 12.2.1987 AP Nr. 67 zu § 613a BGB.

459 BAG AP Nr. 3 zu § 111 BetrVG 1972.

460 BAG v. 23.8.1988, AP Nr. 17 zu § 113 BetrVG 1972 = DB 1988, 2413 und 2465.

461 reiner Personalabbau als Betriebsänderung gem. § 111 S. 2 Nr. 1 nach der Praxis der Rspr.:
- Entlassung von mehr als 5 AN bei einer Betriebsgröße zwischen 21 und 59 AN;
- Entlassung von 10% oder mehr als 25 AN bei einer Betriebsgröße zwischen 60 und 499 AN;
- Entlassung von mindestens 30 AN bei einer Betriebsgröße zwischen 500 und 600 AN;
- Entlassung von mehr als 5% der Arbeitnehmer bei einer Betriebsgröße von mehr als 600 AN.

462 BT-Drs. 10/2102, S. 17; KK-Seelmann, Rn. 351ff.; die Zahl der sozialplanpflichtigen Betriebsänderungen und ihr finanzieller Umfang hatte stark zugenommen.

Problematisiert wurden unberechenbar *hohe Sozialplankosten und verminderte Flexibilität personeller Veränderungen mit Folgen für das* Einstellungsverhalten der Arbeitgeber.[463] So schuf nach Auffassung des Gesetzgebers die beschäftigungshemmende Wirkung dieser Rechtsentwicklung rechtspolitischen Handlungsbedarf.[464] Mit dem im Rahmen des BschFG'85 eingeführten § 112a BetrVG erkannte der Gesetzgeber die bisherige Rechtsprechungspraxis zwar an, versuchte diese aber im Sinne einer *beschäftigungsförderlicheren* finanziellen Entlastung des Unternehmens zu modifizieren (§ 112a BetrVG).[465]

Die Sondervorschrift des § 112a BetrVG bezieht sich auf § 111 S. 2 Nr. 1 BetrVG und regelt die Voraussetzungen eines erzwingbaren Sozialplanes für den Fall, daß sich die geplante Betriebsänderung allein in der Entlassung einer bestimmten Anzahl von Arbeitnehmern darstellt. Mit diesen Ergänzungen konnten *neue* rechtliche und damit *betriebspraktische Problemfelder* dort entstehen, wo Sachverhalte zu Abgrenzungsschwierigkeiten von § 112a BetrVG zu § 111 BetrVG führen mußten.[466] Andererseits eröffnet § 112a Abs. 2 S. BetrVG in den ersten vier Jahren nach Neugründung eines Betriebes eine Befreiung von der Pflicht im Falle notwendiger Betriebsänderungen einen Sozialplan aufstellen zu müssen (Sozialplanprivileg).

In der Praxis wird die Abgrenzung einer *Betriebsneugründung* von der lediglich rechtlichen *Umstrukturierung* im Unternehmens –oder Konzernverbund relevant. Ein rein gesellschaftsrechtlicher Formenwechsel fällt nicht unter die Privilegierung. Im Übrigen sind die §§112 Abs. 1-3 in § 112a BetrVG nicht aufgenommen, so daß der Abschluß eines Interessenausgleichs erforderlich werden kann. Auch dürfte nicht zu verkennen sein, daß zwar mit Hinweis auf die Privilegierung gem. § 112a Abs. 1 BetrVG seitens der Betriebsleitung die Aufstellung eines Sozialplans verweigert werden kann. Da die Möglichkeit von Kündigungsschutzklagen entlassener Arbeitnehmer dadurch *jedoch nicht ausgeschlossen* ist, kann der Druck auf die Betriebsleitung zum Abschluss freiwilliger Sozialpläne steigen. Im Übrigen weist die Betriebspraxis besonders auf potentielle *Schwerfälligkeiten* in der Verfahrensgestaltung des Interessenausgleichs und der Sozialplanvereinbarung hin:[467]

---

463 Vgl. Hess/Schlochauer/Glaubitz, § 112a BetrVG, Rn. 1; KK-Seelmann, Rn. 351ff.

464 Vgl. Hess/Schlochauer/Glaubitz, § 112a BetrVG, Rn. 1; KK-Seelmann, Rn. 351ff.

465 Vgl. Träxler, S. 14.

466 BAG AP Nr. 26 zu § 111 BetrVG 1972 = DB 1989, S. 883; zum ganzen Träxler, S. 37ff.

467 Vgl. Willemsen/Tiesler, S. 29ff.

aa) Abriß des Verfahrensablaufs bei Interessenausgleich und Sozialplan

Will der Arbeitgeber eines mitbestimmten Betriebes Maßnahmen durchführen, die definitionsgemäß eine Betriebsänderung (§ 111ff. BetrVG) darstellen[468], so hat er im Planungsstadium[469] den Betriebsrat durch Vorlage der für die Betriebsänderung maßgeblichen Unterlagen zu beteiligen.[470] Unter den Maßgaben des § 112 Abs. 1 BetrVG kann es nach eingehenden Verhandlungen zu einer Einigung über den Ausgleich oder die Milderung wirtschaftlicher Nachteile der Arbeitnehmer in Form des Sozialplans[471] kommen.

Bereits in der erforderlichen Verhandlungsphase können Verzögerungen dadurch entstehen, daß der Betriebsrat versucht, über seinen Informationsanspruch hinaus die Neuerstellung von Planungsdaten durchzusetzen oder gem. §§ 76ff. (§ 80 Abs. 3) BetrVG externe Sachverständige mit langwierigen Gutachten zu beauftragen.[472] In größeren Unternehmen kann darüber hinaus für den Betriebsrat der Versuch naheliegen, das Verhandlungsmandat des verhandelnden Betriebsrates in einem Zuständigkeitsstreit (§ 50 BetrVG) anzuzweifeln.[473]

Gemäß § 112 Abs. 2 BetrVG kann der Präsident des Landesarbeitsamtes und schließlich die Einigungsstelle (§ 76 BetrVG) dann eingeschaltet werden, wenn die zuvor notwendigen freien Verhandlungen[474] zu keinem Ergebnis geführt haben. Die Entscheidungsfindung wird so *"externalisiert"*. Erst dann ist das Rechtsschutzinteresse nach § 98 ArbGG erreicht. Anhörung des Arbeitsgerichtes, Beschluß nach § 98 Abs. 2 ArbGG über die Bestellung eines Vorsitzenden der Einigungsstelle, gegebenenfalls Beschwerde gegen den Beschluß zum LAG mit der Folge aufschiebender Wirkung und Stillstand des Verfahrens vor der Einigungsstelle und gegebenenfalls mündliche Verhandlung des LAG mit

---

468 BAG v. 2.8.1983 AP Nr. 12 zu § 111 BetrVG, auch reiner Personalabbau.

469 BAG v. 14.9.1976 AP Nr. 2 zu § 113 BetrVG 1972 mit Anm. Richardi; näher aus betriebswirtschaftlicher Sicht unter dem Aspekt des Planens Linnekohl/Töpfer, BB 1986, S. 1301ff.

470 LAG Hamm v. 5.3.1986, BB 1986, S. 1291, Informationsrecht hinsichtlich allein die Planung stützender Unterlagen.

471 BAG v. 27.8.1975 AP Nr. 2 zu § 112 BetrVG; Definition Interessenausgleich und Sozialplan: BAG, DB 1999, S. 2652.

472 BAG v. 15. 1. 2002, DB 2002, S. 1564; zu den Strategien Willemsen/Tiesler, S. 30f.; Federlin, ZfA 1988, S. 99ff.

473 Vgl. Beispiel aus der Praxis Federlin, ZfA 1988, S. 99ff. (100).

474 Vgl. Willemsen/Tiesler, S. 30, in der Praxis wird es sich um mindestens zwei oder mehr Verhandlungstermine handeln; Federlin, ZfA 1988, S. 99ff. (101), Zeitraum von einem Monat bis zur Erklärung des Scheiterns.

Stattgabe oder Zurückweisung der Beschwerde sind die denkbar langwierigen Verfahrensfolgen.[475]

Ist die Einigungsstelle eingesetzt, so ist es ihr möglich, unabhängig von der Entscheidung des sie bestellenden Arbeitsgerichtes ihre Zuständigkeit sowie die materiellen Voraussetzungen der Betriebsänderung gem. § 111 BetrVG zu überprüfen; u.U. sind anfechtbare Zwischenbeschlüsse zu beachten.[476] Es folgen die Vorschläge und Einigungsversuche der Einigungsstelle gem. § 112 Abs. 3 BetrVG. Nach einer Entscheidung der Einigungsstelle, etwa durch Feststellung des Scheiterns eines Interessenausgleichs, kann der Arbeitgeber mit den notwendigen Personalmaßnahmen beginnen. Kommt nach Austausch der Sozialplanentwürfe eine Einigung über den Sozialplan doch nicht zustande, so entscheidet die Einigungsstelle in der Sache.[477]

bb) Folgen gemäß § 113 BetrVG und Ziele des ArbRBeschFG'96

Auf Klage der Arbeitnehmer kann der Arbeitgeber zur Zahlung von Abfindungen verpflichtet werden, wenn er entweder eine Betriebsänderung (§ 111 BetrVG) vorgenommen hat, ohne einen Interessenausgleich *versucht* zu haben (§ 113 Abs. 3 BetrVG), oder von dem Interessenausgleich abgewichen ist (§ 113 Abs. 1 BetrVG). Die Rechtsprechungspraxis hat die Länge des Verfahrensablaufs durch das Erkenntnis mitbestimmt, daß die Sanktion des § 113 Abs. 3 BetrVG nur zu vermeiden sei, wenn der Arbeitgeber das über den Interessenausgleich vorgesehene Verfahren *voll ausschöpfte.*[478] So ist, obgleich ein Scheitern der Vereinbarung über einen Interessenausgleich schon in einem frühen Stadium erkennbar sein kann, das Verfahren dennoch bis zum Ende durchzuführen.[479]

An diesem Punkt hatte das ArbRBeschFG'96[480] angesetzt, indem es *u.a. mit einer Ergänzung des* § 113 Abs. 3 BetrVG *zur Entlastung der Betriebe eine Straffung und Sicherung des Verfahrens anstrebte.*[481] Zur *Verkürzung des Verfahrens* und zugunsten einer verläßlich einschätzbaren Situation im Hinblick auf Sanktionsrisiken (§ 113 BetrVG) wurde nach Ablauf von zwei, höchstens drei

---

475 Vgl. Federlin, ZfA 1988, S. 99ff. (101); Willemsen/Tiesler, S. 33.

476 zur Anfechtbarkeit von Beschlüssen der Einigungsstelle: BAG v.22.11.2002, DB 2002, S.1839.

477 Vgl. Federlin, ZfA 1988, S. 99ff. (101f.), weitere Maßnahmen: Arbeitsniederlegungen, außerordentliche Betriebsversammlungen (§ 43 Abs. 3 BetrVG) etc.

478 BAG v. 18.4.1984 AP Nr. 11 zu § 113 BetrVG 1972.

479 Vgl. so Federlin, ZfA 1988, S. 99 (104); zur Problematik m.w.N. Willemsen/Tiesler, S. 34.

480 BGBl. 1996, Teil 1 Nr. 48, S. 1476ff.

481 zu neuen Problemgesichtspunkten Meinel, DB 1997, S. 170ff.; Fischermeier, NZA 1997, S. 1089ff. (1098).

Monaten das Durchlaufen des Verfahrens fingiert.[482] Diese verfahrensstraffenden Regelungen wurden 1998 ersatzlos mit der Begründung aufgehoben, *dem Betriebsrat* solle auch im Sinne eines Befriedungseffekts wieder ermöglicht werden, Alternativen zu geplanten Betriebsänderungen zu beraten.[483]

c) *Betriebsbedingte Kündigung und betriebsverfassungsrechtliche Folgen nach der Insolvenzordnung (InsO)*

Das *Insolvenzarbeitsrecht* der InsO ist für alle Verfahrensmodalitäten der Sanierung, *übertragenden Sanierung* und Liquidation entwickelt worden.[484] Kaum eine Insolvenz eines Unternehmens ist ohne Personalabbau durchzuführen. Andererseits kann eine gelungene Sanierung zu Unternehmenserhalt, Beschäftigungserhalt bzw. *Wiederaufbau von Beschäftigung* führen.

Dies im Blick, hat die InsO ein geschlossenes arbeitsrechtliches Regelwerk eingeführt. Es beruht zwar auf dem Prinzip, daß die Insolvenz zunächst die Rechtslage im Betrieb unberührt läßt. Dienstverhältnisse, die der Schuldner als Arbeitgeber abgeschlossen hat, bestehen fort (§ 108 InsO) und arbeitsrechtliche Schutzpositionen bleiben erhalten. Kündigungen werden jedoch vereinfacht und die Klärung ihrer Rechtfertigung über verkürzte Kündigungs- und Klagefristen verfahrensmäßig beschleunigt.[485]

Die Vorschrift § 125 InsO trägt dem Umstand Rechnung, daß Insolvenzverfahren in der Regel mit Betriebsänderungen einhergehen. Ein beiden Seiten gerechtwerdendes Verfahren soll zur schnellen gemeinschaftlichen Klärung der Wirksamkeit von im Zuge von Betriebsänderungen nach § 111 BetrVG ausgesprochenen Kündigungen führen.[486]

Einigen sich die Parteien auf einen Interessenausgleich, der die Kündigung *namentlich bezeichneter* Arbeitnehmer vorsieht, so können diese Arbeitnehmer zwar Kündigungsschutzklage erheben, es wird aber *vermutet*, daß die Kündigung auf dringenden betrieblichen Gründen beruht. Auch die *Sozialauswahl ist nur eingeschränkt auf grobe Fehlerhaftigkeit* bei Beachtung der Auswahlkriterien Betriebszugehörigkeit, Lebensalter und Unterhaltspflicht überprüfbar. Besonderheiten bestehen insofern, als die im Interessenausgleich geregelte Sozialauswahl auch dann nicht als grob fehlerhaft gilt, wenn eine ausgewogene Personalstruktur durch die Kündigung erst geschaffen werden soll. Kündigungen können damit *sogar* zur Verbesserung der Personalstruktur ausgesprochen werden.

---

482 zum ganzen Meinel, DB 1997, S. 170ff.
483 näher Däubler, NJW 1999, S. 601ff. (606).
484 Vgl. Bork, S. 80ff. (Rn. 176ff.); Fischermeier, NZA 1997, S. 1089ff. (1998f.).
485 Nerlich/Römermann-Hamacher, vor § 113 InsO, Rn. 31f.
486 Näher Löwisch, RdA 1997, S. 80ff.

Im übrigen gelten weitere Erleichterungen und Möglichkeiten finanzieller Entlastung im Bereich von Interessenausgleich und Sozialplan. Aus §§ 120ff. InsO ergibt sich, daß auch in der Insolvenz bei Umstrukturierungen, die zu einer für die Belegschaft nachteiligen Betriebsänderung i.S.v. § 111 Abs. 1 S. 2 BetrVG führen[487], diese in mitbestimmten Betrieben mit dem Betriebsrat beraten werden müssen (§ 111 Abs. 1 S. 1 BetrVG).

Damit der Insolvenzverwalter möglichst rasch darüber Klarheit erhält, ob und wie er die Betriebsänderung durchführen kann, soll nach § 121 InsO das Verfahren vor dem LAG nur in Betracht kommen, wenn beide Parteien darauf bestehen. Dem Interessenausgleich (§ 112 Abs. 1 S. 1 BetrVG) folgt der Sozialplan, der die wirtschaftlichen Nachteile der Arbeitnehmer ausgleichen soll (§ 112 Abs. 2 BetrVG). Kommt keine Einigung auf den Sozialplan zustande, so können die Parteien gem. § 112 Abs. 2 BetrVG ein Vermittlungsverfahren vor dem Präsidenten des LAG oder vor einer Einigungsstelle einleiten. Hierbei wurde eine *Straffung des Verfahrens* versucht. Nach § 122 InsO kann der Insolvenzverwalter auch ohne vorangehendes Einigungsstellenverfahren die Zustimmung zur Betriebsänderung beim Arbeitsgericht einholen, wenn nicht innerhalb von drei Wochen eine Einigung über den Interessenausgleich mit dem Betriebsrat zustande kommt.

Gemäß dem auf § 2 SozplKonkG[488] zurückgreifenden § 123 Abs. 1 InsO können im Sozialplan als *Dotierung* zweieinhalb Monatsverdienste als finanzielle Obergrenze vereinbart werden. Innerhalb einer relativen Grenze darf aber der Gesamtbetrag der Sozialplanforderungen, bei denen es sich um Masseverbindlichkeiten handelt, ein Drittel der Insolvenzmasse nicht überschreiten (§ 123 Abs. 2 InsO).

7. Betriebsübergang und Kündigungsschutz gemäß § 613a Abs. 4 BGB

Gemäß § 613a Abs. 1 S. 1 BGB tritt beim Übergang eines Betriebes oder Betriebsteiles der neue Inhaber in die Rechte und Pflichten aus den im Zeitpunkt des Überganges bestehenden Arbeitsbeziehungen ein. Wenn Betrieb/Betriebsteil mittels Rechtsgeschäft den Inhaber wechseln, ordnet § 613a BGB einen automatischen Vertragsübergang an. Gemäß § 613a Abs. 4 BGB ist *die Kündigung* des Arbeitsverhältnisses durch den bisherigen Arbeitgeber und durch den neuen Inhaber *wegen* des Betriebs- bzw. Betriebsteilüberganges *unwirksam*. Unberührt

---

487 Einschränkung, Stillegung oder Verlegung des ganzen Betriebes oder von Betriebsteilen; ein Zusammenschluß mit anderen Betrieben oder grundlegende Änderungen der Betriebsorganisation.

488 Vgl. Schellhaaß, ZfA 1989, S. 202f.

bleiben Kündigungen des Arbeitsverhältnisses aus anderen Gründen als der Betriebsübergang (§ 613a Abs. 4 S. 2 BGB).

Aus *kündigungsrechtlicher Sicht* verfolgt die Vorschrift das selbständige[489] Ziel, eine Lücke im *Schutz vor betriebsbedingten Kündigungen* zu schließen, die sich ergäbe, wenn dem Betriebsveräußerer im Falle einer Betriebsübertragung der Ausspruch von betriebsbedingten Kündigungen trotz unveränderten Arbeitsplatzbeständen ermöglicht würde. Im Rahmen eines weiteren Ausbaus des Arbeitnehmerschutzes[490] war die ab 1972 bestehende Fassung des § 613a BGB 1980 an die EG-Richtlinie 77/187 (geändert durch Richtlinie 98/50 v. 29.6.1998) harmonisiert und § 613a Abs. 4 BGB eingefügt worden.[491] Unter dem Aspekt europarechtskonformer Auslegung hat die EuGH-Rechtsprechung maßgebliche Bedeutung für die Anwendung der Vorschrift gewonnen.[492] Eine Umsetzung der EU-RiLi 2001/23/ EG (Art VI) und der Rechtsprechungsspraxis zum Widerspruchsrecht führten seit 1.4.2002 zur Etablierung des § 613a Abs. 5 BGB (Unterrichtungspflicht) und § 613a Abs. 6 BGB (Widerspruchsrecht). Insbesondere das Widerspruchsrecht des Arbeitnehmers kann Auswirkungen auf die betriebsbedingte Kündigung des Betriebsveräußerers zeitigen.

a) Wirtschaftliche und beschäftigungspolitische Bedeutung der Vorschrift

Im Kontext mit dem Beschäftigungsproblem geht es bei § 613a BGB in erster Linie um Aspekte *"ernstzunehmender Hindernisse bei Betriebsübernahmen"*[493] und die damit verbundenen negativen Auswirkungen auf Art und Geschwindigkeit der Um- und Restrukturierungen sowie Sanierungen von Unternehmen, mit nachteiligen Folgen für Wettbewerb, Wachstum und Beschäftigung.[494]

489 § 613a Abs.4 BGB als selbständiger Kündigungsschutz, BAG v. 31.1.1985, NZA 1985, S. 593.

490 Vgl. Begründung des Rates, BB 1975, S. 124ff.; zur Entwicklung des Schutzgedankens: Teil 1 A.III.2. oben.

491 BGBl I, S. 1308.

492 BAG, NZA 1999, S. 422ff; BAG v. 24.7.2001, DB 2002, S. 955; Begründung der Richtlinie 77/187 RdA 1975, S. 124ff.; Henssler, NZA 1994, S. 913ff. (913); allg. zum Verhältnis EuGH – nationale Arbeitsgerichte Zuleeg, RdA 1996, S. 71ff.; Heilmann, ArbuR 1996, S. 168ff.; Heither, RdA 1996, S. 96ff; Worzella, NZA 2002, S. 353ff.

493 Vgl. Ausschuß für Arbeit und Sozialordnung, Beschlußempfehlung, 1996, S. 23; "kontraproduktive Effekte des Bestandsschutzes": U. Preis, NJW 2000, S. 2304ff. (2308) in Auseinandersetzung mit Hanau; Beschlüsse des 63.DJT 2000, L 62; Loritz, RdA 1987, S. 65ff. (67).

494 Vgl. Ausschuß für Arbeit und Sozialordnung, Beschlußempfehlung,1996, S. 23; Beschlüsse des 63.DJT 2000, L 62.

Die betriebliche Problemstellung der Schutzvorschrift ist zunächst in den bei Transaktionen für den Übernehmer angeordneten *Rechtsfolgen der Norm* zu sehen. Diese liegen in der bestandfesten, wenn auch zeitlich begrenzten Fortgeltung von Konditionen der im Zeitpunkt des Übergangs bestehenden Arbeitsverträge und Kollektivvereinbarungen.[495] Im Rahmen der Anordnung von § 613a Abs. 1 S. 2 BGB (Transformationsanordnung) können z.T. noch nicht abschließend geklärte Kollisionsproblematiken auftreten.[496]

Die durch den Kündigungsschutz gem. § 613a Abs. 4 BGB gesicherten Übergangsfolgen der Vorschrift werden so bei Vorliegen der Voraussetzungen zum Gegenstand oft umfangreicher Übernahmeverhandlungen. Nicht selten kommt es dabei zu teuren „Vermeidungs-Strategien". So läßt sich beispielsweise mit Hilfe von Aufhebungsverträgen die besitzstandwahrende Kontinuität der Arbeitsverhältnisse unterbrechen.[497] Allerdings überprüft die Rechtsprechung solche offensichtlich darauf gerichteten Vereinbarungen nach den Maßstäben des § 134 BGB sehr genau.[498] Dies führt (auch instanzgerichtlich) zur Gefahr eines *unfruchtbaren Wettlaufs* zwischen vertraglichen "Vermeidungsstrategien" einerseits und ausgreifendem Umgehungsschutz andererseits.[499]

Schließlich belegt an sich auch die enorme Fülle an z.T. widerstreitender Kasuistik und kritischen Stellungnahmen[500] zu beinahe jeder einzelnen Facette dieser Vorschrift[501], daß hinsichtlich ihrer Voraussetzungen und praktischen Folgen ein nicht unerhebliches Maß an *Rechtsunsicherheit* den unternehmerischen Aktionsradius bestimmt. Wenngleich Harmonisierungsbestrebungen zwischen den Rechtsprechungsebenen des EuGH und des BAG das Problem der Rechtsunsicherheit etwas entschärft haben dürften, so liegen Problemaspekte aus Sicht der Unternehmen nach wie vor vorallem:

- *in der Bestimmung des Schutzbereichs der Vorschrift mit Blick auf betriebliche Strukturierungsmaßnahmen,*

---

495 BAG, NZA 2000, S. 175; BAG v. 24.7.2001, DB 2002, S.955; BAG v. 1.8.2001, DB 2002, S.48; BAG v. 14.8.2001, DB 2002, S. 380.

496 näher Henssler, NZA 1994, S. 913ff. (918).

497 Henssler, NZA 1994, S. 913ff. (917ff.); Weimar/Alfes, BB 1993, S. 783 (785); Falke/Höland, Vorstudie, 1997, S. 79f.

498 BAG, DB 1996, S. 229; instruktiv BAG, NZA 1999, S. 422ff. m.z.N.

499 Vgl. zu Folgen für die Vorbereitung von Betriebsübernahmen Henssler, NZA 1994, S. 913ff. (922); zur Vermeidung von Folgen des § 613a BGB Weimar/Alfes, NZA 1993, S. 155ff.

500 Vgl. Schaub, Handbuch des Arbeitsrechts, § 118 (Einzelrechtsnachfolge); Erfk-Preis, S. 1517ff.

501 Lipinski,NZA 2002, S.75.

- *in den Auswirkungen des Schutzbereichs auf betriebliche Anpassungsmaßnahmen vor und nach Betriebsübergängen im Zusammenhang mit betriebsbedingten Kündigungen*

sowie

- *in der Anwendung und Bestimmung des Schutzumfangs der Vorschrift bei Sanierungsmaßnahmen.*

Vor dem Hintergerund des mit der Untersuchung hier in Teil 1 B verfolgten Zieles, Verknüpfungen und Dichte des Schutzstandards im Recht der betriebsbedingten Kündigung aufzuzeigen, sollen nachstehend nur einige wesentliche Aspekte in diesem Kontext skizziert werden.

b) Aspekte zur Bestimmung des Schutzumfangs der Vorschrift

Die der EU-Richtlinie 77/187 zugrundeliegenden Vorstellungen von klassischen Transaktionen, die im Ergebnis vor allem auf *aktive* Zusammenschlüsse (z.B. Kauf) von Unternehmen bestimmter Größenordnung gerichtet waren, dürften sich mehr in Richtung *reaktiver* Transaktionen verschoben haben. Unter letztere fallen im Rahmen der Änderung von Organisationsstrukturen vor allem Betriebsausgliederungen, Verlagerungen und Fremdvergaben von Leistungen. Diese Maßnahmen dienen i.d.R. dem *Erhalt der Wettbewerbsfähigkeit* von Unternehmen oder Privatisierungsbestrebungen der öffentlichen Hand. Die Reichweite des Tatbestandes der (ergänzten) Richtlinie und damit auch des § 613a BGB erfaßt zahlreiche Konstellationen möglicher Betriebsübertragungen[502] und wurde vor allem hinsichtlich der Anwendung auf Formen der *Ausgliederung* bzw. des *"outsourcing"* diskutiert.[503]

aa) Übergang des Betriebs/Betriebsteils

Die Auslegung des § 613a BGB bestimmt die deutsche Rechtsprechungspraxis ausgehend von den Tatbestandsmerkmalen: *Übergang eines Betriebs oder Betriebsteils durch Rechtsgeschäft.*

---

502 Kritisch Loritz, RdA 1987, S. 88; Lipinski, NZA 2002, S. 75ff (78f).

503 Vgl. näher mit Beispielen auch zur Unternehmensaufspaltung Willemsen/Tiesler, S. 11f.

Abgeleitet von einer bereits in den 20er Jahren entwickelten Grunddefinition des Betriebes[504] hat das BAG den allgemeinen Betriebsbegriff in § 613a BGB zwar angewandt, jedoch zweckgerichtet modifiziert.[505] Es sah bis zur Änderung der Auslegung des Betriebsbegriffes ab 1997 die Weichenstellung bei einer Bestimmung des Betriebsüberganges in der Prüfung, welche für den Betrieb wesentlichen Betriebsmittel (betriebsspezifische Substrate) der Leitungs- und Organisationsmacht einem Nachfolger überantwortet worden sind, um den Betriebszweck weiterverfolgen zu können.[506] Davon unterschied die BAG-Rechtsprechung eine bloße Sachmittelveräußerung. Ob eine Übertragungsmaßnahme unter die Schutzvorschrift zu subsumieren ist, mithin vom Schutzbereich erfaßt wird, hat die Rechtsprechungspraxis betriebsspezifisch und unter Berücksichtigung der Eigenarten und Wertschöpfungsgrundlagen des jeweiligen Betriebes bestimmt:

Der Übergang eines *Produktionsbetriebes*[507] beispielsweise ist gekennzeichnet von der Übertragung der Produktionsanlagen, Büromöbel und sonstiger Gegenstände, die *zur Verfolgung des Betriebszweckes* der Produktion eines bestimmten Gutes *wesentlich (nicht nur Hilfsfunktion) notwendig* werden.[508] Hingegen können es auch immaterielle Betriebsmittel, wie Kundenbeziehungen (nachweislich verfestigt durch Kundenkarteien), Know-how und Good-will (Schutzrechte) sein, die das Substrat von *dienstleistungs- und handelsgewerblichen Unternehmen*[509] maßstäblich charakterisieren und deren Übernahme indiziell für einen Betriebsübergang sprechen.[510]

---

504 BAG in st.Rspr. AP Nr. 3 zu § 4 BetrVG 1972; BAG AP Nr. 76 zu § 613a BGB mit Anm. Joost; BAG v. 25.2.1981, 22.5.1985, 3.7.1986 mit Anm. Loritz, 30.10.1986, 26.2.1987, 16.10.1987, 21.1.1988, 28.4.1988, 29.9.1988 AP Nr. 24, 42, 53, 58, 63, 69, 72, 74, 76 zu § 613a BGB: Organisatorische Einheit, innerhalb derer ein Unternehmer allein oder in Gemeinschaft mit seinen Mitarbeitern mit Hilfe von sächlichen und immateriellen Mitteln bestimmte arbeitstechnische Zwecke fortgesetzt verfolgt.

505 Unter anderem BAG AP Nr. 14, 42, 53, 58, 63, 69, 72, 74, 76 zu § 613a BGB; v. Hoyningen-Huene/Windbichler, RdA 1977, S. 329ff. (332, 333); Haase, NZA Beil. 3/1988, S. 11.

506 Anders nunmehr BAG , NJW 1999, S. 2461 in Anpassung an die EuGH-Rechtsprechung; s. auch unten.

507 BAG v. 29.10.1975 AP Nr. 2, BAG v. 22.5.1985 AP Nr. 42, BAG v. 10.6.1988 AP Nr. 82 jeweils zu § 613a BGB; sowie Beispiele bei Willemsen/Tiesler, S. 11.

508 BAG AP Nr. 42 zu § 613a BGB (Übernahme von Büromöbeln und Maschinen); BAG AP Nr. 43 zu § 613a BGB (Möbelprofile), Abgrenzung zur Betriebsstillegung.

509 LAG Hamburg v. 21.1.1986; BAG v. 3.7.1986, AP Nr. 53 zu § 613a BGB mit a.A. LAG Berlin.

510 BAG AP Nr. 14 zu § 613a BGB.

Schon diese substratbezogene Auslegung hat wegen der Charakterisierung des Substrats eine schwer einschätzbare Ausdehnung erfahren. Beispielhaft dafür mag die BAG-Rechtsprechung stehen, wonach für die Übertragung der Betriebsfunktion des An- und Weiterverkaufs von Waren und eines fortgesetzten Erhalts des Kundenkreises schon allein die örtliche *Lage der* Geschäftsräume als maßgeblich anzusehen sei.[511]

Im Ergebnis führte die Rechtsprechung bis 1997 schon zu einer aus dem Schutzzweck der Norm abgeleiteten Entmaterialisierung des Betriebsbegriffes[512], ohne letzteren konsequenterweise aufzugeben.[513] Gesichert blieb freilich, daß die Übertragung einer reinen Tätigkeit bzw. einer Aufgabe *ohne* Übergang jeglichen betriebsspezifischen Substrates für die Erfüllung des Tatbestandes des § 613a BGB nicht ausreiche. Die sogenannte Funktionsübertragung (etwa Neuvergabe von Dienstleistungen) wurde aus dem Schutzbereich des § 613a BGB ausgenommen.[514]

Damit trat zunächst eine für erhebliche Rechtsunsicherheit[515] sorgende Konfliktlage mit dem *europäischen* Verständnishorizont vom Betriebsübergang auf. Denn nach ständiger EuGH-Rechtsprechung reicht es für das Vorliegen eines Betriebsüberganges aus, daß eine vom Übergang betroffene *wirtschaftliche Einheit* auch in den Händen eines neuen Inhabers ihre *Identität* bewahrt. Die Übertragung *sächlicher oder immaterieller* Betriebsmittel ist für den EuGH nicht Voraussetzung, sondern im Rahmen einer wertenden Gesamtbetrachtung mögliches Indiz für das Vorliegen eines Betriebsübergangs.[516]

Unter diesen Prämissen führte die Entscheidung *Christel Schmidt*[517], bei der die maßgebende EuGH-Rechtsprechung den Tatbestand der Richtlinie 77/187 auch auf sogenannte *Funktionsnachfolgen* bzw. Neuvergaben von Dienstleistungstätigkeiten (z.B. einer Reinigungskraft) anwandte, zum Vorwurf einer endgültig wirtschafts- und beschäftigungsfeindlichen Tendenz überzogenen So-

---

511 BAG AP Nr. 58 zu § 613a BGB; BAG AP Nr. 63 zu § 613a BGB; BAG, NZA 1994, S. 612= NJW 1995, S. 73.

512 Vgl. etwa Loritz, RdA 1987, S. 65ff. (69 u. 70).

513 Vgl. Joost, S. 29ff. und S. 384ff. Anm. zu BAG AP Nr. 76 zu § 613a BGB: Neue Begriffsbildung: unternehmerische Tätigkeit.

514 BAG, DB 1994, S. 1144f. (1144); BAG AP Nr. 42 zu § 613a BGB;.BAG AP Nr. 88 zu § 613a BGB.

515 ArbG Hamburg, DB 1994, S. 1424, EuGH folgend; dagegen: LAG Düsseldorf, DB 1995, S. 275f. (276) mit Anm. Schiefer.

516 EuGH, NJW 1994, S. 2343f.

517 Vgl. EuGH, Urteil v. 14.4.1994, NJW 1994, S. 2343f. (Neuerteilung eines Reinigungsauftrags).

zialschutzes.[518] Dabei konnte der EuGH durch seine eigene Rechtsbegriffsbildung zu einem Ergebnis wie in Christel Schmidt[519] durchaus gelangen:

Der EuGH verweist zum Begriff einer wertenden Gesamtschau beim Betriebsübergang auf den von der RiLi 77/187 umfassend zu gewährleistenden Arbeitnehmerschutz[520] und bezieht sich ausdrücklich auf *Entstehungsgeschichte* und Schutz*zweck* der Norm sowie auf den *vereinheitlichenden* und *integrierenden* Charakter der EG-Vorschriften (Art. 100 EWG-Vertrag z.Zt. der Entscheidungen bzw. Art. 94 EG-Vertrag). Besonders aus dem *EU-sozialpolitischen* Charakter der Richtlinien (Integrationsgedanke) und der sprachlich synthetisierten Begriffsbildung (*"wirtschaftlichen Einheit")* wird man eine *Auslegungsmethodik* des EuGH ableiten können[521], im Lichte derer ein gegenüber der deutschen Judikatur sehr viel *offenerer Wertungsspielraum* den Schutzbereich der Richtlinie zu definieren im Stande ist.

Das BAG hat seit Ende der 90ger Jahre (obwohl vom Wortlaut des § 613a Abs.1 BGB nur schwer getragen) mit dem EuGH seine Auffassung dahin harmonisiert, daß ein Betriebsübergang die Wahrung der Identität einer betreffenden *wirtschaftlichen Einheit* voraussetze. Der Übergang einer wirtschaftlichen Einheit stelle sich als organisierte Gesamtheit von Personen und Sachen zur auf Dauer angelegten Ausübung einer wirtschaftlichen Tätigkeit mit eigener Zielsetzung dar. Dies bezieht in einer *Gesamtschau* Merkmale und Indizien mit ein, die sich an Unternehmensspezifika orientieren, wobei unter einer "wirtschaftlichen Einheit" nicht nur eine bloße Tätigkeit verstanden werden kann.[522]

Dabei konnte das BAG an die Einschränkung des EuGH anknüpfen,[523] nach der unter einer *"wirtschaftlichen Einheit"* nicht schon die bloße Tätigkeit eines Arbeitnehmers verstanden werden dürfe, sondern sich deren Identität auch aus anderen Merkmalen wie z.B. Personal, Führungskräfte, Arbeitsorganisation, Betriebsmethoden und gegebenenfalls zur Verfügung stehenden *Betriebsmitteln* zu ergeben habe.[524]

---

518 Vgl. Junker, NJW 1994, S. 2527f.; dagegen Zuleeg, RdA 1996, S. 71ff. (71f.).

519 EuGH, Urteil v. 14.4.1994, NJW 1994, S. 2343f. .

520 Vgl. EuGH Slg. 1992, 5755 – Watson Rask u. Christiansen; EuGH, Slg. 1985, 519 Botzen; EuGH, Slg. 1986, 1119 – Spijkers; EuGH, Slg I 1992, 3189 – Redmond Stichting.

521 Vgl. Oppermann, S. 216; Schnorr, RdA 1981, S. 329ff.; Bleckmann, NJW 1982, S. 1177ff.; Zuleeg, RdA 1996, S. 71ff.; Heither, RdA 1996, S. 96ff.

522 Etwa BAG, NZA 1999, S. 310; BAG, NJW 1999, S. 2461; BAG NZA 2002, S. 265.

523 BAG § 613a BGB Nr. 141.

524 EuGH v. 11.3.1997, Rs. C-13/95 ("Ayse Züzen"), NZA 1997, S. 433 (Übertragung der Reinigungsaufgaben in Räumlichkeiten von einem Unternehmen auf das andere); auch Annuß, NZA 1998, S. 70ff.

Im übrigen hat das BAG eine weitere nicht unwesentliche Korrektur vorgenommen: So hatte es in ständiger Rechtsprechung für das *Merkmal des Übergangs* als Übertragung von Betriebsmitteln *zur Verfolgung des* alten *Betriebszweckes* schon allein die *Möglichkeit* einer Weiterführung des Betriebs mit den erworbenen Betriebsmitteln ausreichen lassen.[525] Wiederum einschränkend und unter Anpassung des Tatbestands an Vorgaben des EuGH[526] wird nunmehr darauf abgestellt, daß (der Übernehmer) den Betrieb mit den erworbenen Betriebsmitteln *tatsächlich* weiterführt.[527]

Am Beispiel der Auslegung des § 613 a Abs. 1 BGB, die letztlich das Spektrum der Reichweite dieser Vorschrift bestimmt hat, mag sich verdeutlichen, wie eine *ökonomische Analyse arbeitsrechtlicher Rechtsprechungspraxis* in Grenzen zu einer folgenorientierten Einschränkung schutzrechtlicher Ausdehnung führen kann.[528]

bb) Übertragung durch Rechtsgeschäft

Nach den gefestigten Grundsätzen von EuGH und BAG[529] ist der Begriff des Rechtsgeschäfts *weit* auszulegen, da § 613a BGB einen möglichst *lückenlosen Bestandsschutz* gewährleisten solle.[530] Unter Rechtsgeschäft in diesem Sinne fallen Gebrauchsüberlassungsverträge ebenso wie Vermächtnisse oder Nießbrauch. Das BAG hat schon früh darauf hingewiesen, daß der Begriff des Rechtsgeschäfts lediglich zum Ausdruck bringen solle, daß alle Fälle eines Betriebsübergangs außerhalb der Gesamtrechtsnachfolge erfaßt seien.[531] § 613a BGB setzt ferner keine unmittelbare rechtsgeschäftliche Beziehung zwischen altem und neuem Betriebsinhaber voraus. Die Zwischenschaltung weiterer Personen schadet nicht.[532] Auch eine Kette von Rechtsgeschäften kann im Ergebnis zur Erfüllung der Übertragungsvoraussetzungen führen.[533] Unterbre-

525 BAG AP Nr. 53 zu § 613a BGB (Bowlinganlage), subjektive Planungsübereinstimmung reicht aus.
526 EuGH, NZA 1999, S. 189 u. 235.
527 BAG, NJW 1999, S. 2461.
528 Noch unten Teil 2, „2.Abschnitt A. IV..
529 Vgl. "nur einverständliche Übertragung" BAG, AP Nr. 6 zu § 1 BetrAVG (Betriebsveräußerung); BAG, BB 1994, S. 1144f., Hoheitsakte und Rechtsnachfolge fallen nicht darunter, weil dort die Kontinuität der Arbeitsverhältnisse auf andere Weise gesichert ist.
530 BAG, BB 1994, S. 1145f.
531 BAG AP Nr. 24 zu § 613a BGB.
532 BAG, BB 1994, S. 1145.
533 BAG AP Nr. 43 zu § 613a BGB.

chungen des Übertragungsaktes in Form von Beendigung und Wechsel der Rechtsbeziehung lassen die *rechtsgeschäftliche Übertragung* nicht scheitern.[534]

c) Auswirkung auf Anpassungsmaßnahmen vor und nach dem Betriebsübergang, Konkurrenzverhältnisse im Kündigungsrecht

aa) Der Kündigungsschutz gemäß § 613a Abs. 4 BGB

Als eigenständiges Kündigungsverbot im Sinne von §§ 134 BGB, 13 Abs. 3 KSchG findet der Kündigungsschutz in § 613a Abs. 4 BGB auch außerhalb der Schwellenwertregelung nach §§ 1, 23 KSchG Anwendung. Er umfaßt sowohl ordentliche wie außerordentliche Beendigungs- und Änderungskündigungen sowie kündigungsersetzende Aufhebungsverträge. Die Regelung läßt jedoch Kündigungen aus *anderen Gründen* als denjenigen wegen Betriebsübergangs zu[535]. Die Bestimmung steht insbesondere etwaigen Kündigungen aus betrieblichen (§ 613a BGB) bzw. wirtschaftlichen, technischen oder organisatorischen (RiLi 77/187) Gründen nicht entgegen.

In der Betriebspraxis kommt allerdings wegen der tatsächlichen Reichweite des Kündigungsschutzes gem. § 613a Abs 4 BGB dem Umstand eines *Konkurrenzverhältnisses* zwischen Kündigungsschutzvorschriften gem. § 613a BGB und § 1 Abs. 1 KSchG erhebliche Bedeutung zu. Dies ist dann der Fall, wenn die Kündigungsmaßnahme des Unternehmensinhabers in einem *zeitlichen Zusammenhang* mit dem Betriebsübergang oder einer als Betriebsübergang interpretierbaren Transaktion steht[536]. Diese Konstellation kann aus Sicht des Arbeitnehmers *prozeßtaktische Bedeutung* erlangen. Gelingt es nämlich, eine betriebsbedingte Kündigung mit einem wenn auch fraglichen Betriebsübergang in Verbindung zu bringen, läßt sich diese schärfere Waffe des Kündigungsschutzes für Abfindungsverhandlungen einsetzen.[537]

Die BAG-Rechtsprechung[538] grenzt in Zweifelsfällen zunächst nach dem Beweggrund der Kündigung ab. Eine Kündigung erfolgt dann kausal *wegen* Betriebsübergangs, wenn dieser den *tragenden Grund*, nicht nur den äußeren Anlaß der Kündigung darstellt. § 613a BGB schützt damit nach Auffassung des BAG nicht vor Risiken, die sich jederzeit *unabhängig* vom Betriebsübergang aktualisieren, und soll insbesondere nicht zur Lähmung der als notwendig erachteten

---

534 in dieser Weite EuGH in "Daddys Dance Hall", Rs. 144/145/87 Slg. 1988, 2559; ähnlich: BAG, NJW 1999, S. 2461; BAG NZA 2002, S. 265.

535 vgl. Lipinski, NZA 2002, S. 75ff.

536 Lipinski, NZA 2002, S. 75ff (79).

537 Falke/Höland, Vorstudie, 1997, S. 79f. Abschlußdruck, Abschlußhöhe.

538 BAG v. 18.7.1996, DB 1996, S. 2288 m.z.N.

unternehmerischen Maßnahmen führen. Das Kündigungsverbot des § 613a Abs. 4 BGB ist dann nicht einschlägig, wenn es *neben* dem Betriebsübergang einen sachlichen Grund gibt, der aus sich heraus die Kündigung zu rechtfertigen vermag.[539] Auf die mittels objektiver Indizien seitens des Gerichts zu ermittelnde Motivlage der Vertragspartner bei Betriebsübertragung kann es ankommen.[540]

Diese mit Blick auf Sanierungsverkäufe von Betriebsteilen bemerkenswerte Rechtsprechung läßt allerdings nicht verkennen, daß betriebsbedingte Kündigungen aus Gründen der Betriebsstillegung *streng* auf Umgehungs*absichten* (*Scheinstillegungen*) des Unternehmers überprüft werden.[541] Abgrenzungsfragen des *Betriebsübergangs zur Betriebsstillegung* ergeben sich regelmäßig, wenn der alte Betriebsinhaber die betriebliche Tätigkeit für eine wirtschaftlich nicht unerhebliche Zeitspanne einstellt und ein neuer Betriebsinhaber diese wieder aufnimmt. Zur Beurteilung einer Scheinstillegung können substantielle und zeitliche Faktoren eine indizielle Rolle spielen. Werden Betriebsvermögen und Wirtschaftsgüter erworben und vom Betriebsgrundstück getrennt, und erlangt der Erwerber nach einer gewissen Dauer die Dispositionsbefugnis zu einem Einsatz an einem anderen Ort, so steht dies der Anwendung von § 613a BGB nicht entgegen. Nur wenn die *erhebliche* räumliche Verlegung eines Betriebes vorgenommen und die alte Betriebsgemeinschaft nachweislich aufgelöst ist, kommt § 613a BGB nicht zur Anwendung.[542]

Ferner hat § 613a BGB im Falle eines *zulässigen Widerspruchs* des von der Übertragung betroffenen Arbeitnehmers Einfluß auf die Durchführung betriebsbedingter Kündigungen der Veräußererseite.[543] Dem jetzt in §613 a Abs. 6 BGB geregelten Widerspruchsrecht liegt die vom EuGH bestätigte[544] Rechtsprechung des BAG zugrunde.[545] Im Falle des Widerspruchs bleibt das Arbeitsverhältnis mit dem Betriebsveräußerer erhalten, oft ohne ausreichende Möglichkeit der Weiterbeschäftigung; betriebsbedingte Kündigungen werden ausgelöst und werfen Folgeprobleme dort auf, wo widersprechende Arbeitnehmer in eine Restbelegschaft „zurückkehren".[546]

---

539 BAG v. 18.7.1996, DB 1996, S. 2288 m.z.N.

540 vgl. Motivlage des AG, Lipinski, NZA 2002, S. 75ff (77).

541 Vgl. u.a. allg. Hümmerich, NZA 1996, S. 1289ff. (1298); Loritz, RdA 1987, S. 65ff. (71f.); Henssler, NZA 1994, S. 913ff.

542 BAG AP 1987 AP Nr. 67 zu § 613a BGB.

543 vgl.Lipinski, DB 2002, S. 1214ff.

544 EuGH Rs. C-132/138 und 139/91.

545 BAG AP Nr. 1, 8, 10, 21, 37, 55, 81 zu § 613a BGB – Ableitung aus dem Persönlichkeitsrecht des Arbeitnehmers.

546 Meyer, NJW 2002, S. 1615ff; Lipinski, DB 2002, S. 1214 ff (1214).

Das BAG hat den persönlichen Umstand eines Widerspruchs im Falle von Kündigungen durch den alten Arbeitgeber *bei der Sozialauswahl* berücksichtigt.[547] Damit kann nicht schon die Ausübung des verfassungsrechtlich fundierten Widerspruchsrechts dem Arbeitnehmer dadurch zum Nachteil gereichen, daß er (mangels Vergleichbarkeit mit allen anderen Arbeitnehmern) von vornherein aus der Sozialauswahl ausscheidet.[548] Das BAG hat vielmehr, um Wertungsgegenläufigkeiten zu vermeiden, versucht, das Bestandschutzinteresse (KSchG) des Arbeitnehmers und den Widerspruch als Ausdruck vertraglicher Abschlußfreiheit in das Abwägungssystem der Sozialauswahl einzubinden. Vergleichbarkeit der Arbeitnehmer herrscht zumindest dann, wenn auch ohne Widerspruch des betroffenen Arbeitnehmers Bestand und Inhalt dessen Arbeitsverhältnisses gefährdet sind. Die Gründe für einen Widerspruch können jedoch umso gewichtiger werden, je geringer sich die Unterschiede in der sozialen Schutzwürdigkeit darstellen.[549]

Die Einordnung der Motivlage des widersprechenden Arbeitnehmers in einen als sachlich und objektiv anerkannten Widerspruchsgrund mag manche Schwierigkeit (z.B. zweifelhafte Solvenz des Erwerbers, fraglich: zu erwartende schlechte Arbeitsbedingungen und schlechtere Aufstiegschancen) aufwerfen,[550] so dass dieser Umstand und die im Zusammenhang mit Versäumnissen bei der *Unterrichtungspflicht (§ 613a Abs. 5 BGB)* gestatteten Rechte des Arbeitnehmers [551] die *kollektive Nutzung des* Widerspruchsrechts als Druckmittel für materielle Vergünstigungen nahe legen.[552]

bb) Anwendung des Kündigungsschutzes gemäß § 613a Abs. 4 BGB auf Sanierungsvorhaben

Die Sanierung eines Unternehmens, sei dies außerhalb oder im Zuge eines Insolvenzverfahrens, erfordert oft die Übertragung von Betriebsteilen und/oder gesellschaftsrechtliche Sanierungskonstruktionen.[553] Nicht selten kann durch das

---

547 BAG, DB 1993, S. 1877; BAG v. 18.3.1999, DB 1999, S. 1805; Lipinski, DB 2002, S. 1214 (1215).

548 zum Streitstand Lipinski, DB 2002, S. 1214ff (1214).

549 BAG v. 18.3.1999, DB 1999, S. 1805.

550 Vgl. Henssler, NZA 1994, S. 913ff. (922).

551 BAG AP Nr. 10 zu 613a BGB. mit Anm. Birk; BAP AP Nr. 37 zu § 613a BGB mit Anm. Herschel.

552 BAG AP Nr. 21 zu § 613a BGB; Konsequenz eines Personalabbaus i.S.d. § 112a: Henssler, NZA 1994, S. 913ff. (922).

553 Instruktiv: BAG NZA 1999, S. 422, Überführung der Arbeitnehmer des in die Insolvenz geratenen Unternehmens in eine Auffanggesellschaft mittels Aufhebungs-

Gelingen eines Sanierungsvorhabens die Wiedererlangung der Wettbewerbsfähigkeit des Unternehmens und ein Engagement von Investoren mit entsprechenden (regionalen) Beschäftigungseffekten erreicht werden.[554] Der *Bestandsschutz* gem. § 613a Abs. 4 BGB und ein mit Personalreduzierung einhergehendes *Sanierungsinteresse* treten in *Konflikt*.

Sanierende Betriebsübernahmen werfen wegen des mit ihnen verbundenen *zeitlich nahen Zusammenhangs* von Betriebs(teil)übernahmen und Personalreduzierungen *(übertragende Sanierung)* Abgrenzungsfragen zulässiger betriebsbedingter Kündigungen zu Kündigungen aus Anlaß eines Betriebsüberganges auf.[555]

Der Schutzbereich des § 613a Abs. 4 BGB ist dabei zunächst nicht tangiert, wenn im Rahmen der notwendigen Sanierung eine konkrete Übertragungsmöglichkeit des Betriebteils nicht vorgesehen ist. Anders gestaltet sich die Konfliktlage im Hinblick auf das Schutzinteresse des Arbeitnehmers aus § 613a BGB jedoch dann, wenn im Zeitpunkt der Kündigungen ein konkretes, einen Betriebsübergang vorbereitendes Sanierungskonzept vorliegt und Verhandlungen mit potentiellen Betriebserwerbern eingeleitet sind. Das BAG vertritt in *jüngerer Rechtsprechung* eine in der Tendenz *sanierungsfreundliche Auffassung*, indem es vorbereitende (betriebsbedingte Kündigungen) im Sanierungsinteresse zuläßt. Liegt ein konkretes Sanierungskonzept (meist Erweber- oder Gemeinschaftskonzept) vor, so bildet – unabhängig von einer späteren tatsächlichen Betriebsübernahme – die Sanierung ein eigenes betriebliches Erfordernis zu betriebsbedingten Kündigungen. Das BAG weist in diesem Zusammenhang zum einen auf Risiken hin, die sich jederzeit *unabhängig* vom Betriebsübergang verwirklichen können. Zum anderen *stärkt es das Sanierungsinteresse* mit der Erwägung, daß es nicht Sinn und Zweck der Vorschrift § 613a BGB sein könne, Sanierungsvorhaben *grundsätzlich zu lähmen*.[556]

Auch zu Sanierungsvorhaben im Rahmen von *Insolvenzverfahren* (ehedem Konkursverfahren) hat die Rechtsprechung tendenzielle Entlastungsansätze geschaffen, obwohl vom Ausgangspunkt her in diesem betriebswirtschaftlich kom-

---

und Überleitungsverträgen und beschränkter Einstellungsoption; Lipinski, NZA 2002, S. 75 ff (78).

554 Hinweis schon von LAG Hamm, NJW 1983, S. 242ff. m.w.N.; Bork, S. 163ff. (Rn. 355ff.); Willemsen, RdA 1991, S. 204ff. (206); Henssler, NZA 1994, S. 913ff.; Nerlich/Römermann-Hamacher, § 128 InsO, Rn. 2, jeweils mit zahlreichen Nachweisen.

555 Vgl. Weimar/Alfes, NZA 1993, S. 155ff.; in LAG Hamm, NJW 1983, S. 242ff. (244).

556 Im Zusammenhang mit Treuhandsanierungen, BAG v. 18.7.1996, DB 1996, S. 2288 m.z.N.

plexen und unter engen Zeitvorgaben stattfindenden Verfahren[557] § 613a BGB generelle Anwendung findet.

Die EU-Richtlinie 77/187 und der EuGH[558] machen hinsichtlich konkursspezifischer Übertragungssituationen keine Vorgaben zum sachlichen Anwendungsbereich der Vorschrift, sondern überlassen die Möglichkeit einer Anwendung den Mitgliedsstaaten. In seiner bekannten Rechtsprechung aus den 80er Jahren hat das BAG die Anwendung des § 613a BGB auf die Konkurssituation des Veräußerers anerkannt, allerdings wegen dieses erweiterten Bestandsschutzes eine haftungsrechtliche Lösung konkursspezifischer Folgen der Gesetzesanwendung vorgenommen.[559] Besonders das LAG Hamm hatte in einer umfangreichen und über rein rechtliche Aspekte hinausreichenden Analyse auf betriebs- und volkswirtschaftlich nachteilige Folgen der BAG-Rechtsprechungspraxis hingewiesen.[560] Nichtsdestotrotz blieb es nach den Vorgaben des BAG bei der Anwendung des § 613a BGB auf die Situation des Veräußererkonkurses, was erhebliche Sanierungshemmnisse bei der Restrukturierung ostdeutscher Betriebe schuf.[561]

Der Gesetzgeber der *neuen InsO*[562] hat sich mit der Klarstellung begnügt, daß insolvenzspezifische Abweichungen vom allgemeinen Arbeitsrecht auch im Fall der Betriebsveräußerung gelten sollen.[563] Der Entwurf einer InsO hatte sich zu einer eindeutigen Anwendung des § 613a BGB zunächst *nicht* durchringen können.[564] Wie sich nunmehr jedoch aus § 128 InsO ergibt, gelten die Regeln über den Betriebsübergang auch im Insolvenzverfahren. Trotz bestimmter prozessualer Erleichterungen im Falle (betriebsbedingter) Kündigungen wird nach wie vor in der Erwerberhaftung eine *sanierungsungünstige Wirkung* der Vorschrift zu sehen sein. Die anstelle von Sanierungen mangels Erwerberinteresse

---

557 Vgl. Risse, KTS 1994, S. 465ff. (469f.); Bork, S. 171f. (Rn. 374f.).

558 EuGH v. 7.2.1985, RS. 19/83, 135/83, 186/83 in Slg. 1985, S. 475, 469, 511, 519 = ZIP 1985, S. 828ff.; sowie EuGH v. 25.7.1991, Rs. 362/89.

559 teleologische Reduktion in der Anwendung der Vorschrift, BAG AP Nr. 34 zu § 613a BGB mit Anm. Grunsky m.w.N.

560 LAG Hamm, NJW 1980, S. 242ff. (243), und Grunsky, Anm. zu BAG v. 26.5.1983, AP Nr. 34.

561 Vgl. "Spaltungsgesetz" v. 5.4.1991 (§ 16 Abs. 2 SpTrUG), BGBl I, S. 854; aufschlußreich zum Aspekt des Sanierungs-, Restrukturierungs- und Privatisierungshindernisses: BT-Protokolle, 1991, S. 378ff. (390); hierzu Adomeit, in: Hanau/Adomeit, S. 10f.; Adomeit/Eiden/Schack, AuA 1991, S. 5ff.; die Entwicklung bestätigte die Erkenntnisse etwa von Keller-Stoltenhoff für die damalige Bundesrepublik.

562 Vgl. BT-Drs. 12/2443, S. 77, marktkonforme Insolvenzabwicklung.

563 Vgl. Bork, S. 82 (Rn. 181).

564 Vgl. Bork, S. 82 (Rn. 181); Schaub, ZIP 1989, S. 205ff. (212).

drohende Zerschlagung des in die Insolvenz geratenen Betriebs läßt entgegen sozialpolitischer Intentionen mehr Arbeitsplätze verloren gehen, als es betriebswirtschaftlich erforderlich wäre.

Ein positives Signal mag allerdings von der Judikatur zu gesellschaftsrechtlichen Sanierungslösungen insolventer Unternehmen ausgehen. In ihr wird versucht, den *Beschäftigungseffekt einer Sanierung mit dem Arbeitsplatzschutz des § 613a BGB mehr zum Ausgleich zu bringen.*[565] So läßt das BAG ohne Feststellung eines Umgehungstatbestandes Aufhebungsverträge zu, mit denen Arbeitnehmer aus dem in die Insolvenz geratenen Unternehmen ausscheiden und zugleich in eine Auffanggesellschaft überführt werden, um zumindest in Großteilen aus dieser sozialrechtlich begleiteten "Parkstellung" vom Erwerber wieder eingestellt zu werden.[566]

C. Zusammenfassung

Der Überblick in Teil 1 B. zum Recht der betriebsbedingten Kündigung (§§ 1 Abs. 2, 2 KSchG, 17f. KSchG), ihrer betriebsverfassungsrechtlichen Folgen (§§ 102,111ff. BetrVG) und der Kündigung wegen Betriebsübergang (§ 613a BGB) zeigt einen erheblichen Grad der durch die Rechtsprechungspraxis gestalteten Regelungsdichte.[567] Der Einfluß der Rechtsprechung auf den Kündigungsschutz erweist sich vorwiegend als *schutzverfestigend* und *ausdehnend.* Dies findet im Kern seinen Ausdruck:

- bei der betriebsbedingten Beendigungskündigung (§ 1 Abs. 2 KSchG) im Bereich der freien Unternehmerentscheidung und der Struktur betriebsbedingter Gründe, der Frage einer Weiterbeschäftigungsmöglichkeit sowie der Anforderungen an die Sozialauswahl und der Beweislastverteilung;
- bei der betriebsbedingten Änderungskündigung (§ 2 KSchG) im Bereich ihres Verhältnisses zu einzelnen Vertragsabsprachen (Flexibilitätsklauseln), ihres Verhältnisses zur Beendigungskündigung, ihrer Anforderungen an die Initiative des Arbeitgebers und im Bereich des an sie anzulegenden Prüfungsmaßstabes auf der Grundlage starken Inhaltsschutzes der Arbeitsbedingungen;
- bei der Anhörungspflicht des Arbeitgebers (§ 102 BetrVG) im Bereich einer initiativen Vortragslast des Arbeitgebers und im einzelnen hoher Anforde-

565 BAG v. 10.12.1998, NZA 1999, S. 422.
566 BAG v. 10.12.1998, NZA 1999, S. 422; Lipinski, NZA 2002, S. 75ff (79).
567 Vgl. Dichmann, S. 33.

rungen an die kündigungsrelevante vollständige Anhörung des Betriebsrats (z.B. Sozialauswahl);

- bei der Beschäftigungspflicht des Arbeitgebers (§ 611 BGB) im Bereich des übergesetzlichen Weiterbeschäftigungsanspruchs des Arbeitnehmers sowie eines Wiederbeschäftigungsanspruchs nach Wegfall des betriebsbedingten Kündigungsgrundes;
- bei der Massenentlassung im Bereich der verstärkten Durchsetzbarkeit (§ 113 BetrVG) eines ohnehin langen aufwendigen Verfahrensweges (§§ 111, 112, 113 BetrVG) durch den Betriebsrat; sowie
- der Rechtsfolgen einer nicht form- und fristgerechten Anzeige bei der Arbeitsbehörde (§ 17f. KSchG) im Zuge von Massenentlassungen;
- beim Betriebsübergang (§ 613a Abs. 1 und Abs. 4 BGB) im Bereich der Weite des Schutzumfangs und der Rückwirkung auf materielle Voraussetzungen betriebsbedingter Kündigungen, insbesondere im Bereich einer Anwendung der Vorschrift auf übertragende Sanierungsvorhaben.

Die für das deutsche Kündigungsrecht wesentlichen Prinzipien des *Bestandsschutzes*, der *Verhältnismäßigkeit*, der *Prognose* und *individuellen Interessenabwägung* leiten, vermittelt durch die Rechtsprechungspraxis, Stärke und Richtung des Schutzniveaus. Zudem sind in Entwicklungsphasen des Kündigungsrechts verfassungsrechtlich begründete und ideelle Motivationen erkennbar, mit denen Gesetzgeber und Rechtsprechung dem Kündigungsschutz das derzeitige Format verliehen[568], obwohl das ökonomische Gewicht des Kündigungsschutzes nicht verkannt werden konnte.[569]

Die Reflexion ökonomischer Folgewirkungen des Kündigungsschutzes mag zwar in manchen Gerichtsentscheidungen zur hier beispielhaft vorgestellten Kündigungsart anklingen. Das Bewußtsein über ökonomische Folgen mancher Rechtsfortschreibung kommt zwar in vereinzelten Entscheidungen zu § 102 BetrVG[570], zu § 112a BetrVG[571] und § 613a BGB[572] zur Sprache. Gleichwohl dringen bei der Rechtsgestaltung ökonomische gegenüber rechtlich-dogmatischen Gesichtspunkten nicht durch. Die rechtspolitische Diskussion über *kündigungsrechtliche Disproportionalitäten* mag (außerhalb des 1999 beendeten Reformansatzes des ArbRBeschFG'96) bestenfalls in jüngeren Judikaten zur

568 Vgl. Ausführungen unter Teil 1, A.
569 Vgl. Ausführungen unter Teil 1, A.
570 BAG AP Nr. 16 zu § 102 BetrVG 1972; BAG, BB 1984, S. 1426ff.
571 BAG Beschluß v. 6.12.1988, DB 1989, S. 883.
572 BAG AP Nr. 34 zu § 613a BGB; LAG Hamm, NJW 1983, S. 242ff.

Anwendung des § 613a BGB auf Sanierungsverfahren partielle Resonanz gefunden haben.[573]

Die bisherige Sichtweise des vorwiegend Normativen reicht indessen nicht aus, Fragen nach der möglichen Wirkung des Kündigungsschutzes auf das Beschäftigungswachstum genügend zu klären.[574] Deshalb soll in der folgenden *ökonomischen Analyse* des hier dargestellten Kündigungsschutzrechts versucht werden, den Bezug zwischen ausgeprägtem Bestandsschutz und Beschäftigungsentwicklung zu beleuchten.

---

573 Vgl. Teil 1 B.7.c., bb.

574 auch: Adomeit, Regelungen, 1996, S. 32f.; Rüthers, Beschäftigungskrise, S. 41f.; ders. NJW 2002, S. 1603ff (1603).

Teil 2

1. Abschnitt: Ökonomische Analyse

A. Einordnung des Kündigungsschutzes in seiner Wirkung auf den Beschäftigungsstand aus betrieblicher Sicht

Zunächst soll die auf der Unternehmensebene ansetzende Normenwirkung der in Teil 1 B beschriebenen Kündigungsregularien qualifiziert und diese dann in ein gesamtökonomisches Bild eingeordnet werden.

I. Ausgangspunkt: Rechtsnormwirkung auf die Unternehmensseite

Die ökonomische Analyse der oben beschriebenen Schutznormen macht eine Anmerkung zu der hier gewählten Darstellungsweise erforderlich.

1. Ansatz einer Analyse der ökonomischen Wirkung von Kündigungsschutz

Eine Untersuchung Stockerts[575] widmet sich speziell der ökonomischen Wirkung der in Teil 1 B. angeführten Kündigungsschutzvorschriften. Durch ihre analytische Umfassendheit in bezug auf Theorie und Empirik zu betrieblichen Steuerungsprozessen des Kündigungsschutzes sollen diese Ausführungen beispielhaft als Ausgangspunkt herangezogen werden:

Vom Ansatz her stellt sich die Studie auf das wissenschaftliche Fundament der *ökonomischen Analyse des Rechts* und nimmt eine *rationale Folgenbewertung der Kündigungsnormen* vor. Speziell wird unter dem ökonomischen Wertungsparadigma der Effizienz das Recht im Hinblick auf die Gestaltung einer optimalen ökonomischen Allokation der Ressourcen überprüft.[576] Der Ansatz an sich, vor allem aber die Anwendung seiner Paradigmen speziell auf das Arbeitsrecht ist nicht unumstritten, da sich nach Auffassung der Kritiker die bewußt so-

575 Stockert, Wirkungen, S. 4ff.
576 im Grundsatz: Sadowski, BeitrAB 2002, S.4f; Stockert, Wirkungen, S. 9f.; Schäfer/Ott, JZ 1986, S. 817f.

ziale Zielrichtung des Arbeitsrechts ökonomischen Kategorien wie Effizienz oder Marktmäßigkeit entziehe.[577]

Letztlich handelt es sich aber nur um *einen* von vielen wissenschaftlichen Blickwinkeln, der neben anderen Ansätzen der Ordnungsökonomie[578] zu Erkenntnissen über gesamtgesellschaftliche Wirkungsweisen staatlicher Ordnungssysteme führt. Als ein solcher *Teilaspekt* soll die ökonomische Bewertung des Kündigungsschutzes auch hier verstanden werden.

Aus dieser ökonomischen Sicht lassen sich arbeitsrechtliche Normen als ein ordnungspolitisches Lenkungsinstrument mit gezielter Wirkung auf *unternehmerische Handlungsspielräume* darstellen. Die von der Rechtsprechung mitgestalteten gesetzlichen Normen (KSchG, BetrVG, BGB) liegen im wesentlichen in einem *exogenen*, d.h. nicht vom Unternehmen/Betriebsparteien unmittelbar beeinflußbaren und daher dem Inhalt nach weitgehendst unflexiblen Bereich. Zur Feststellung ihrer ökonomischen Wirkungsbreite kann nicht lediglich vom Wortlaut der Vorschriften oder den abstrakten Rechtssätzen der Rechtsprechung ausgegangen werden. Demgemäß unterscheidet Stockert mit Blick auf personelle Anpassungsmaßnahmen zwischen den von der Norm bestimmten *normativen und faktischen Handlungsspielräumen* des Unternehmers, wobei letztere über die Rechtstatsachenforschung ermittelt werden.[579]

Der aus den geltenden Rechtsnormen resultierende normative Handlungsspielraum des Unternehmers bildet den äußeren rechtlich zulässigen (gesetzlich gewollten) Rahmen für unternehmerische Anpassungsentscheidungen. Schon diese normative Steuerungswirkung einer Regelung zeigt sich in einer mehr oder weniger starken Begrenzung unternehmerischer Handlungsalternativen, indem an bestimmte personelle Anpassungsmaßnahmen ökonomische Folgen geknüpft sind. Jene Folgen zeigen sich beispielsweise in zeitlichen Verzögerungen bei der Einführung geplanter Anpassungsmaßnahmen (Einschränkung der Anpassungsflexibilität)[580] und in unmittelbaren oder mittelbaren Kosten der einzelnen Entscheidungsprozesse.

Eine über das normative Maß *hinausgehende Wirkung* liegt in der faktischen Eingrenzung des unternehmerischen Handlungsspielraums.[581] Zwar ist es danach

---

577 Vgl. näher zum Ansatz Schäfer/Ott, JZ 1986, S. 817f.; Problematik für das Arbeitsrecht: Arbeitsrecht bildet gerade das Gegenwicht zu Marktmäßigkeit und Effizienz, Bellace, The Labor Lawyer 595 (1993), S. 603ff.

578 Vgl. Ordnungsökonomie/Ordnungspolitik, F. Hayek, Recht, Gesetzgebung, Freiheit, 1980.

579 Stockert, Wirkungen, S. 4ff.

580 Vgl. Brandes/Buttler/Dorndorf/Walwei, S. 111ff. (113); Dichmann, S. 24ff.; genauer zu Kosten des Bestandsschutzes Stockert, S. 4ff.

581 Stockert, S. 4ff.

möglich, daß das Unternehmen eine personelle Anpassungsmaßnahme (z.B. Änderungskündigung) vornehmen darf, weil dies die Norm generell erlaubt, gleichwohl kann das Unternehmen "faktisch" gezwungen sein, das Anpassungsinstrument nicht oder nur in geringerem Maße einzusetzen.

Die an der einzelnen Maßnahme ansetzenden ökonomischen Folgen reichen *faktisch* weiter. Die bei gegebener Anpassungsentscheidung normativ erlaubte und damit nach Ansicht des Gesetzgebers sinnvolle Ausschöpfung der Maßnahmenpalette wird unterlassen, um schwerwiegenderen ökonomische Nachteilen zu entgehen.[582] In diesem mittelbar veranlaßten Verhalten des Unternehmers liegt ein *Steuerungsdefizit des Gesetzgebers*.[583] Ein Indikator für diese faktische Wirkung und deren ökonomischen Folgen des in Teil 1 dargestellten Kündigungsrechts sind die mit dem Eingreifen der Schutznorm verbundenen *Kosten und Handlungsrestriktionen*.[584]

2. *Kündigungsschutznormen und ihre ökonomischen Folgen (in Form von Kosten- und Handlungsrestriktionen)*

Bei betriebsbedingten Kündigungen, insbesondere wenn sie mit den betriebsverfassungsrechtlichen Folgen der Interessenausgleich- und Sozialplanpflicht (§§ 111ff. BetrVG) verknüpft sind, lassen sich institutionell bedingte Anpassungskosten[585] näher charakterisieren:

(a) unmittelbar mit der Kündigung verbundene Kosten,
(b) "administrative" Kosten,
(c) Kosten durch das gerichtliche Verfahren und
(d) Kosten durch gerichtliche Praxis und Rechtsunsicherheit.

a) Unmittelbar mit der Kündigung verbundene Kosten

Entlassungskosten sind maßgeblich Kosten durch Abfindungsleistungen des Unternehmens, seien diese der gerichtlichen Abfindungspraxis oder gesetzlicher Anordnung (§§ 111ff BetrVG) geschuldet.

582 Vgl. Brandes/Buttler/Dorndorf/Walwei, S. 111ff. (113); Dichmann, S. 24ff.; genauer zu Kosten des Bestandsschutzes Stockert, S. 4ff.; auch Wagner/Jahn, Neue Arbeitsmarkttheorien, 1997, S. 193ff.

583 Stockert, S. 6 m.w.N.

584 zum Kostenargument: Sadowski, BeitrAB 2002, S. 14ff; Stockert, S. 6; Walwei, IAB topics 48 (2002), S. 7, Beitr.AB 2002, S. 80f.

585 Vgl. Franz, Arbeitsökonomik, S. 133ff.; Stockert, S. 31ff. m.w.N.

aa) Die betriebsbedingte Kündigung nach KSchG

Da das deutsche KSchG dem Bestandsschutzprinzip verpflichtet ist, gilt wie in Teil 1 B ausgeführt, mit Ausnahme des Auflösungsverfahrens nach §§ 9, 10 KSchG, im Prinzip der Bestand des Arbeitsverhältnisses vorrangig vor einem finanziellen Ausgleich der wirtschaftlich begründeten Entlassung. Dennoch bedient sich die Praxis bei der betriebsbedingten Kündigung einer "Abfindungslösung" in Form von Aufhebungs- bzw. Abwicklungsverträgen im Betrieb[586] und Prozeßvergleichen.[587] Der Anteil derartiger Abfindungslösungen in Kündigungsschutzverfahren dürfte zwischen 80% und 95% liegen.[588] Angemessenheit und Höhe der Abfindung als Ausgleich für den Verlust des Arbeitsplatzes[589] richten sich i.d.R.[590] an einer Analogie zum Auflösungsverfahren nach §§ 9, 10 KSchG aus.[591] Das Gericht soll die Besonderheiten des Einzelfalles beachten (Betriebszugehörigkeit, Alter, Familienstand, Unterhaltspflichten, Vermittlungsfähigkeit auf dem Arbeitsmarkt).[592]

Nach Ansicht des BAG ist es nicht ermessenswidrig, den Grad der Sozialwidrigkeit der Kündigung bei der Abfindungsfestsetzung einzubeziehen.[593] Die Höhe der Abfindung wird zwar nicht schematisiert, in gängiger Praxis gilt jedoch ein Anhalt, daß bei ausgewogenem Prozeßrisiko ein halbes Monatsgehalt pro Beschäftigungsjahr zu vereinbaren ist ("Regelabfindung") und im übrigen Abhängigkeit vom Prozeßrisiko der jeweiligen Partei besteht. Die Höhe der Abfindung hängt damit i.d.R. von der rechtlichen Fehleranfälligkeit der (betriebsbedingten) Kündigung ab.[594]

---

586 instruktiv: BVerfG v. 27.1.1998, NZA 1998, S. 470 (471); etwa Hümmerich, NZA 1994, S. 200ff. mit Gestaltungsbeispielen; Däubler, NJW 2002, S. 2292f; Falke/Höland,Vorstudie, 1997, S. 78f. mit unterschiedlichen Bewertungen.

587 Vgl. Bauer/Röder, BB 1997, S. 834ff.; Willemsen, NJW 2000, S. 2779ff.

588 Vgl. Bauer/Röder, BB 1997, S. 834ff. (840); schon Klees, BlStSoz 1978, S. 177ff.; Falke/Höland/Rhode/Zimmermann, S. 143ff.

589 BAG AP Nr. 14 zu § 61 KO = NZA 1985, S. 394 = DB 1985, S. 1349.

590 Zumeist als Hinweis in Vergleichstexten.

591 BAG AP Nr. 68 zu § 626 BGB = DB 1977, S. 544.

592 BAG AP Nr. 2 zu § 9 KSchG1969 = NJW 1973, S. 1902; BAG, NZA 1993, S. 601 = DB 1993, S. 1521.

593 BAG AP Nr. 10 zu § 9 KSchG1969 = DB 1984, S. 883; nicht aber die wirtschaftliche Lage von Arbeitgeber oder Arbeitnehmer BAG, NZA 1993, S. 601 = DB 1993, S. 1521.

594 Aus neuen Stellungnahmen hierzu Willemsen, NJW 2000, S. 2279 (2781) m.z.w.N.

bb) *Die betriebsbedingte Kündigung und ihre rechtlichen Folgen nach BetrVG*

Betriebswirtschaftlich sind die in Teil 1 B dargestellten Vorschriften §§ 111ff. BetrVG Ausdruck eines Spannungsverhältnisses zwischen Besitzstandswahrung der Arbeitnehmer und dem Ziel der Geschäftsführung, das Betriebsergebnis zu verbessern.[595] In ökonomischen Analysen wird der Sozialplan (§ 112 Abs. 5 BetrVG), dessen Kern die Gestaltung der Abfindungsleistungen darstellt, u.a. als Ausdruck eines Preismechanismus interpretiert, in dem der Preis der Kündigungsmaßnahme angegeben ist und darüber Steuerungswirkung auf Intensität und Struktur der Anpassungsstrategien (Minimierung der Anpassungskosten) der Unternehmensführung entfaltet.[596]

Den Bemessungsrahmen von Leistungen nach dem Sozialplan gibt § 112 Abs. 5 BetrVG an. Die Dotierung berücksichtigt Monatsverdienst, Alter und Betriebszugehörigkeit. Das BAG[597] hat einer Pauschalisierung der Abfindungsleistung nach Monatsverdienst, Alter und Betriebszugehörigkeit jedoch Grenzen gezogen.

Eine nach § 112 Abs. 5 BetrVG berufene Einigungsstelle müsse, um ihren Ermessensspielraum nicht zu überschreiten, den Ausgleich der durch Betriebsänderung entstehenden Nachteile für die Arbeitnehmer möglichst konkret vornehmen und dabei auch nach den Beschäftigungsaussichten der Arbeitnehmer auf dem Arbeitsmarkt differenzieren. Dies entspricht der herrschenden Auffassung zur Überbrückungsfunktion der Leistung nach Sozialplan.[598] Besonderheiten für Arbeitnehmer in den neuen Bundesländern wurden für zulässig erachtet.[599] Der Aufhebungsvertrag ist nach gängiger Rechtsprechungspraxis eine Beendigung auf Veranlassung des Arbeitgebers.[600] Die Betriebspartner können in einem Sozialplan vereinbaren, daß ein Arbeitnehmer, der im Zusammenhang mit einer Betriebsstillegung selbst vorzeitig kündigt, eine niedrigere Abfindung erhält. Dies trägt dem Umstand Rechnung, daß der selbst kündigende Arbeitnehmer sich eines neuen Arbeitsplatzes vergewissert haben wird.[601]

595 Schellhaaß, ZfA 1989, S. 167ff. (169f.).
596 Vgl. Schellhaaß, ZfA 1989, S. 167ff. (172ff.) m.w.N. zu einer Wirkungskette beim Sozialplan.
597 BAG, DB 1995, S. 430.
598 Zum ganzen Willemsen/Tiesler, S. 37ff.
599 BAG, DB 1994, S. 1935.
600 BAG, DB 1994, S. 1882 (Kündigung des Arbeitgebers, Aufhebungsvertrag, Kündigung des Arbeitnehmers auf Veranlassung des Arbeitgebers); BAG v. 29.8.2002, DB 2002, S. 2552 (Kein Verstoß gegen Gleichberechtigungs- grundsatz).
601 BAG, DB 1994, S. 102; BAG 1994, S. 1043.

Die Einigungsstelle ist gem. § 112 Abs. 5 BetrVG mit den Ermessensleitlinien Nr. 1 bis 3 BetrVG auf die wirtschaftliche Vertretbarkeit des Sozialplanes für das Unternehmen verpflichtet. Hierzu kann auch die Frage der Höchstbetragsfestlegung von Abfindungsleistungen gehören. Das BAG hat, obwohl dies in einer Entsprechung zu § 113 Abs. 1 i.V.m. § 10 KSchG nahegelegen hätte, eine Höchstbetragsgrenze nicht vorgegeben.[602]

Durch die Vielzahl der zu Entlassenden ist mit den Leistungen auf Grundlage des Sozialplans oft ein *erheblicher Eingriff in den Kapitalbestand des Unternehmens verbunden*[603]: Beispiele verdeutlichen, daß durch die durchschnittliche Abfindungssumme beim Vier- oder Sechsfachen eines monatlichen Bruttolohnes in mittelständischen Betrieben Fremdkapital zur Bewältigung der Sozialplanlasten in Anspruch genommen werden muß.[604]

Anschaulich zeigen auch einige Fälle des Personalabbaus in Großunternehmen, welchen Umfang Abfindungsleistungen bei sozialplanpflichtigen Kündigungen erreichen können. So sollte die Kostenlast durch Sozialpläne bei VW durch eine 20%ige Verminderung des Personals 2 Mrd. DM betragen.[605] Ford-Deutschland hielten 817 Mio. DM für den Abbau von 3.700 Beschäftigten und Shell 220 Mio. DM für den Abbau von 600 bis 700 Beschäftigten als Sozialplanrückstellungen bereit.[606]

Die für den einzelnen Arbeitnehmer ausweisbaren Abfindungskosten im Sozialplan können sich noch durch *anschließende Kündigungsschutzprozesse* erhöhen. Das ist meist dann der Fall, wenn – was prozessual nicht ausgeschlossen ist – Arbeitnehmer gegen ihre betriebsbedingte Kündigung klagen, obwohl die Kündigungsdaten (z.B. der Sozialauswahl) in der Vereinbarung mit dem Betriebsrat erörtert und schriftlich fixiert wurden. Oft haben diese Klagen in der üblichen Praxis lediglich den Sinn, im Rahmen eines ohnehin angestrebten Prozeßvergleichs die Abfindungssumme aufzustocken.

b) Administrative Kosten

Unter "administrativen Kosten" der Kündigung sollen hier Aufwendungen verstanden werden, die durch das Kündigungsverfahren im weiteren Sinne verursacht werden. Es handelt sich um Aufwendungen für notwendige *Meinungsbil-*

---

602 BAG, DB 1988, S. 558.

603 Vgl. Schellhaaß, ZfA 1989, S. 167ff.; Franz, Ökonomik, S. 133ff., bes. S. 135 mit Beispiel.

604 Vgl. Franz, Ökonomik, S. 135 für mittelständische Betriebe.

605 näher Bosch, WSI-Mitt. 1995, S. 422ff. (428); Neumann/Spies, WSI-Mitt. 1995, S. 431ff. (433).

606 Vgl. Neumann/Spies, WSI-Mitt. 1995, S. 431ff. (432).

dungsprozesse, d.h. vornehmlich für *Informationssuche* und *Kommunikation.*[607] Weiter sollen unter "administrativen" Kosten auch jene Aufwendungen verstanden werden, die durch *zeitliche Verzögerungspotentiale* innerhalb notwendiger Verfahrensgänge zur Kündigung entstehen, wenn die notwendige betriebliche (Anpassungs-)Maßnahme nicht oder nur *anders* als gewünscht realisiert werden kann. So lassen etwa die Anhörung des Betriebsrats gem. § 102 BetrVG (Anhörung), die Beteiligung nach § 99 BetrVG (Versetzung) oder die Einleitung des Verfahrens zum Interessenausgleich/Sozialplan Konflikt- und Verzögerungspotential entstehen.[608] Mit §§ 17ff. KSchG (Anzeige bei Massenentlassung) ist das Verfahren der Entlassung auf den *externen Entscheidungsträger* der Arbeitsverwaltung verlagert.

In den formalisierten Verfahrensprozessen birgt *der Interessenausgleich*, vor allem wenn es zur Beteiligung externer Entscheidungsorgane (Einigungsstelle und Gericht nach § 111 BetrVG[609]) kommen muß, hinsichtlich der Durchführung notwendiger Betriebsänderungen ein erhebliches *Verzögerungspotential.*[610] Kosten entstehen durch den für den Zeitraum der Konfliktbewältigung nicht änderbaren status quo.[611] Die Aufwendungen, die dieses *Verfahren* für das Unternehmen in Gang setzt, werden teilweise ihrem *ökonomischen Sinn nach* als gezieltes "Belastungspotential" veranschaulicht.[612] Durch Vorschaltung des Interessenausgleichs und die Erörterung voraussichtlicher Kosten des Sozialplans sollen Alternativüberlegungen zur Kündigung angeregt, eine Befriedung der Betriebsparteien erreicht, *Humankapital* bei Nachfrageschwankungen erhalten und Strategien für die Wiederherstellung der Rentabilität durch Umstellungen des Produktionsprogramms entwickelbar werden. Das Verfahrens *ist* allerdings unabhängig von der tatsächlichen Erreichbarkeit dieser genannten Ziele durchzuführen.[613]

Inhaltsänderungen der Arbeitsverhältnisse vor allem im Bereich des Lohnes und anderer Arbeitsbedingungen werden – je nach Reichweite tariflicher Änderungsklauseln – über Änderungskündigungen (Massenänderungskündigungen) durchgesetzt. Eine normativ unter hohen Voraussetzungen stehende Ände-

---

607 Stockert, S. 4ff. (Überblick); Franz, Ökonomik, S. 133ff., S. 135.

608 Stockert, S. 5f., 28ff.; Beispiel S. 91ff.

609 Beispiel bei BAG (1. Senat) v. 23.4.1985, SAE 1985, S. 327ff. mit Anm. Reuter, bei der auch Zeitmaße deutlich hervortreten; Federlin, ZfA 1988, S. 99ff.

610 Vgl. Federlin, ZfA 1988, S. 99ff. ; mit positiver Wertung: Däubler, NJW 1999, S. 601ff. (606) m.w.N.

611 Stockert, S. 5f., 28ff.; Beispiel S. 91ff.; Beispiel tatsächlichen Zeitlaufs von Federlin, ZfA 1988, S. 99ff.

612 Schellhaaß, ZfA 1989, S. 176.

613 Schellhaaß, ZfA 1989, S. 176

rungspraxis verzögert dabei Organisationsmaßnahmen und den *Abbau eines betriebswirtschaftlich oft nicht mehr vertretbaren Kostenstandes.*

Kostenträchtige Aufwendungen administrativer Art entstehen ferner dann, wenn nach längerer Verfahrensdauer Entscheidungsabläufe *wiederholt* werden müssen (z.B. neue Kündigung nach Rücknahme und neue Anhörung). Diese Art Aufwendung hängt bei der Kündigung ebenso davon ab, wie fehleranfällig das formelle und materielle Recht die Durchsetzung der Kündigung gestaltet und inwieweit eine Berichtigung von Fehlern noch zulässig ist (das Nachschieben von Kündigungsgründen, die Berichtigung einer falschen Sozialauswahl im Verfahren etc.).

c) Kosten durch das gerichtliche Verfahren

Kosten der in der Praxis fast immer gerichtlich versuchten Durchsetzung des Kündigungsschutzes (Abfindungsverlangen) fallen durch Gerichtskosten und Kosten der Prozeßvertretung an. Sie richten sich nach §§ 11ff. ArbGG und dürften für Unternehmer/Arbeitgeber wegen des besonderen Kostenrechts im Arbeitsgerichtsprozeß selbst bei Prozeßverlust nicht den Hauptteil der Kostenlast darstellen. Die Vergleichspraxis schafft hier i.d.R. sogar eine Verkürzung des Verfahrens auf die erste Instanz (Güteverhandlung, ggf. 2. Güteverhandlung/1. Kammertermin), ist aber mit Unwägbarkeiten belastet. Sie kann diesbezüglich zwar zur Prozeßkostenersparnis beitragen, sieht aber diesen Umstand auch als Kommerzialisierungs- und Druckfaktor.[614] Zu den Verfahrenskosten im weiteren Sinne gehören auch die Kosten des Interessenausgleichs. Diese sind nach der gesetzlichen Anordnung des § 76a BetrVG vom Arbeitgeber allein zu tragen.

d) Kosten durch gerichtliche Praxis und Rechtsunsicherheit

Angesprochen wird hier das Problem einer oftmals fehlenden Gewähr von *Rechtssicherheit* im Kündigungsschutzrecht.[615] Rechtssicherheit innerhalb eines Ordnungssystems läßt sich allgemein charakterisieren durch *Rechtsklarheit, Rechtsbestimmtheit, Rechtszugänglichkeit, Rechtsdurchsetzungsfähigkeit, Rechtskontinuität* und *Rechtskonzentration.*[616]

---

614 Vgl. Bauer/Röder, BB 1997, S. 834ff.; Willemsen, NJW 2000, S. 2779 (2782).

615 Vgl. Münch, NJW 1996, S. 3320ff., zur allg. Problematik der Rechtssicherheit als Standortfaktor, allerdings nicht direkt auf das Arbeitsrecht bezogen; eindringlich Hümmerich, NZA 1996, S. 1289ff. (1294); Rüthers, Beschäftigungskrise, S. 57; ders.NJW 2002, S. 1601ff (1606); Schiefer, NZA 2002, S.770ff.

616 Vgl. Münch, NJW 1996, S. 3320ff. (3321).

Unternehmerische Planung vertraut auf einen Bestand kalkulierbaren Rechts. Überraschende Änderungen mit *rückwirkender Kraft*[617] sind in der Lage, kostenaufwendige Dispositionen zu verwerfen.[618] Eine Kündigungsart, bei der trotz ihrer praktischen Bedeutung beinahe *jeder Prüfungsschritt umstritten* ist, führt dazu, daß Prozesse nur deswegen verloren werden, weil den Parteien zahlreiche diskutierte Rechtsfragen nicht geläufig sind.[619] Durch die Konzeption des KSchG, eine formal ordnungsgemäße, jedoch sozialwidrige Kündigung rückwirkend unwirksam werden zu lassen[620], drohen dem Arbeitgeber nach einem Instanzenzug bei festgestellter Unwirksamkeit der Kündigung beträchtliche Nachzahlungsansprüche unter dem Aspekt des Annahmeverzuges (§ 615 BGB).

Die Ungewißheit über eine auf ihn zukommende finanzielle Belastung und damit die Ungewißheit über seine zur Verfügung stehende Kreditgrundlage (vor allem bei Situationen der Betriebsänderung gem. §§ 111ff. BetrVG; § 613a BGB) kann aus Sicht des Unternehmers zu Verzögerungen oder zum Abbruch notwendiger Investitionsvorhaben führen.[621] Schafft Rechtsprechung beispielsweise ein Klima, dem ein mit komplizierten rechtlichen Hintergründen des Kündigungsrechts nicht vertrauter Unternehmer einseitige Rechtsfindung unterstellt, so wird er dies als einen im Zweifel potentiellen Prozeßverlust verbuchen. Rechtsfragen im Kündigungsschutz, die im Einzelfall offen und nicht zum Nachteil des Arbeitgebers entschieden zu werden bräuchten, werden vom Arbeitgeber dennoch als bereits gegen ihn entschieden rezipiert.

Unsicherheitsfaktoren in der Kündigungspraxis lassen zwar an sich das Interesse des Arbeitgebers an einer raschen Beendigung des Verfahrens steigen. Die Situation unsicherer Ergebnisse des Prozesses kann jedoch von Arbeitnehmerseite als Druckinstrument zum Abschluß höherer und damit kostensteigernder Vergleiche *kommerzialisiert* werden.[622]

---

617 zu Vertrauensschutz und Änderung der Rechtsprechung Löwisch, FS 100 Jahre DAV, S. 601ff.; Münch, NJW 1996, S. 3320ff.; diesen Aspekt besonders hervorhebend: Willemsen, NJW 2000, S. 2779ff. (2780).

618 BAG, DB 1978, 2367 und BAG 1984, 1990, die vom BAG selbst formulierten Prinzipien zur Frage der Rückwirkung und des Vertrauensschutzes bei sich wandelnder Rechtsprechung.

619 Vgl. Berkowsky, NJW 1983, S. 1297ff. (1297) zur betriebsbedingten Kündigung. Der stereotype Hinweis auf die Möglichkeit zur Bestellung von Rechtsbeiständen sollte nicht zur Rechtfertigung von Systemmängeln dienen!

620 Vgl. jedoch andere Rechtsordnungen, Willemsen, NJW 2000, S. 2779 (2781); Teil 3 unten.

621 LAG Hamm, NJW 1983, S. 242ff., zur Anwendung des § 613a BGB auf die Übertragungssanierung im Konkurs.

622 Vgl. Hümmerich, NZA 1996, S. 1289ff. (1293f., 1296), der diesen Vorgang als "individuelle Kommerzialisierung der Arbeitsrechtsprechung" bezeichnet; anderer-

3. *Einflußnahme der Rechtsprechungspraxis auf die Kosten der Kündigung (Beispiele)*

Durch Intensivierung und Ausdehnung von Kündigungsschutznormen nimmt die Rechtsprechungspraxis auf die unter *a) bis d)* geschilderten Aufwendungen und Anpassungskosten verstärkend Einfluß.[623]

- In diesem Lichte kommt der gefestigten Rechtsprechungspraxis zur Strukturierung *betriebsbedingter Gründe*, zur Frage einer *Weiterbeschäftigungsmöglichkeit,* zu den *Anforderungen* an die *Sozialauswahl* und der *Beweislastverteilung Bedeutung zu*:

Eine nicht immer klare Grenzziehung richterlicher Überprüfungskompetenz der *freien Unternehmerentscheidung*[624], hohe Anforderungen an Darlegung und Nachweis von Auswirkungen äußerer ökonomischer Umstände auf den konkreten Arbeitsplatz[625], eine durch die Rechtsprechung gesteigerte Initiativlast des Arbeitgebers[626] bei erforderlicher unternehmensweiter Suche nach einer *Weiterbeschäftigungsmöglichkeit* des Arbeitnehmers[627], eine bei der Sozialauswahl personalstrukturellen Vorstellungen des Unternehmers wenig entgegenkommende Gefahr von Abwägungsfehlern[628] steigern die *Fehleranfälligkeit* der Kündigung an diesen Prüfpunkten der Kündigung in erheblichem Maße.

Trotz gesteigerten Prozeßaufwandes realisiert sich dadurch nicht eine Beständigkeit des Beschäftigungsverhältnisses, sondern verteuert sich auf seiten des Unternehmens durch die Abfindungspraxis eine kommerzialisierbare Ungewißheit über Anwendung und Folgen des Rechts.[629] Auch ein durch das Recht

seits Däubler, NJW 1999, S. 601ff. (602); Willemsen, NJW 2000, S. 2779ff. (2780).

623 Vgl. mit Aussagen darüber Stockert, S. 5f., 13ff (aus ökonomischer Sicht); aus rechtlicher Sicht, Schiefer, NZA 2002, S.770ff (771f).

624 Vgl. Teil 1 B. II. 2.; BAG AP Nr. 6 zu § 1 KSchG 1969 (betriebsbedingte Kündigung) mit Anm. Reuter; dazu Buchner, DB 1984, S. 504ff. (506); BAG DB 1999, S. 1909, herzu Zepter, DB 2000, S. 474; BAG, DB 1997, S. 1776; hierzu Hümmerich/Spirolke, NZA 1998, S. 797ff.; Däubler, Das Arbeitsrecht 2, 1995, S. 521ff.

625 Vgl. Berkowsky, NJW 1983, S. 1292 (1293).

626 BAG, DB 1985, S. 1186; später BAG v. 19.5.1993 DB 1993, S. 1879, "Initiativlast" durch das Verdikt: "Änderungskündigung vor Beendigungskündigung", wobei die Änderungskündigung wiederum unter hohen Vorbehalten steht.

627 BAG, NZA 1995, S. 521ff. (525); Hümmerich, NZA 1996, S. 1289 (1291).

628 BAG AP Nr. 15 zu § 1 KSchG 1969 (soziale Auswahl) = DB 1987, S. 2158; BAG, DB 1986, S. 2547; BAG, BB 1995, S. 930.

629 Däubler, NJW 1999, S. 601ff. (602), zu Änderungen des ArbRBeschFG'96.

der Sozialauswahl tendenziell beförderter Einfluß auf Leistungs- und Qualifikationsniveau sowie Altersstruktur der Arbeitnehmer im Betrieb[630] bedingt in der Praxis einen verteuerten Freikauf vom Beschäftigungsverhältnis.

- Die Rechtsprechung zur betriebsbedingten *Änderungskündigung* im Bereich ihres Verhältnisses zu Änderungsvorbehalten (Flexibilitätsklauseln), ihres Verhältnisses zur Beendigungskündigung, ihren Anforderungen an die *Initiative* des Arbeitgebers und im Bereich des an sie anzulegenden Prüfungsmaßstabes erlangt im Zusammenhang mit Kosten des Kündigungsschutzes Gewicht:

Im Falle einer *betriebsbedingten Änderungskündigung* haben die von der Rechtsprechung über das *Verhältnismäßigkeitsprinzip* festgelegten *Verfahrensvorgaben* einer weiteren Intensität der Regelungen Vorschub geleistet. Der im administrativen Bereich relevant werdende *Korrekturaufwand* und die *Verfahrenszeit* bei Durchsetzung von Vertragsänderungen wegen Zweifeln an Richtigkeit und Bestand *(strenger Prüfungsmaßstab)* der Änderungsmaßnahme haben zugenommen.[631] Sofern inhaltliche Änderungen der Arbeitsbedingungen eine Versetzung darstellen oder im Zweifel von der Rechtsprechung als solche gewertet werden, kann im mitbestimmten Betrieb aus den Beteiligungsrechten nach § 99 BetrVG die personelle Disposition nur unter *Zeitverzug* durchgesetzt werden.[632]

- Die rechtsfortbildende Ausformung der Pflicht zur vollständigen *Anhörung*[633] des Betriebsrats gem. § 102 BetrVG mit einer *initiativen, wenn auch* subjektiv determinierten *Vortrags-und Beweislast* des Arbeitgebers (z.B. Sozialauswahl) ist von Relevanz:

---

630 Vgl. Buchner, DB 1984, S. 504f.; ders., DB 1993, S. 388ff.; Schröder, S. 45ff. m.w.N..

631 Teil 1, B. II. 3 b) u. c).

632 Vgl. Problem des Zuständigkeitsstreits der Einzelbetriebsräte: LAG Frankfurt, BB 1987, S. 2453; BAG AP Nr. 40 zu § 99 BetrVG1972 = DB 1987, S. 747; Stockert, S. 91ff.

633 BAG AP Nr. 4 zu § 102 BetrVG = DB 1975, S. 2184; BAG, DB 1978, S. 2367, und die Initiativlast ausweitend BAG, DB 1984, S. 1990; Hümmerich/Mauer, DB 1997, S. 165ff.; kritisch Berkowsky, NZA 1996, S. 1065ff.

Formale Voraussetzungen zur Wirksamkeit einer Kündigung lassen das Anhörungsverfahren in seiner *praktischen Tragweite*[634] aufwendig und in seinem Ergebnis oft bestreitbar, d.h. fehleranfälliger werden. Indiziert die Fehlerhaftigkeit einer Kündigung die Abfindungshöhe, so kann unter diesem Aspekt eine Kostensteigerung erreicht werden, weil es sich um einen formalen Unwirksamkeitsgrund handelt, der schnell greift und damit eine weitere Prüfung materieller Rechtfertigung der Kündigung überflüssig werden lässt.[635] Versteht man zudem unter administrativen Kosten die Kosten für Meinungsbildungsprozesse, Verzögerung und Verlängerung von Verfahrenswegen oder Verfahrenswiederholungen, so hat die Rechtsprechung hier durch die potentielle Initiativlast des Arbeitgebers ein entsprechendes Aufwandspotential verstärkt.[636]

Die Rechtsprechung hat bei Gestaltung der Judikatur zur Beschäftigungspflicht des Arbeitgebers im Bereich des *übergesetzlichen Weiterbeschäftigungsanspruchs* des Arbeitnehmers sowie der begrenzten Inaussichtnahme eines *Wieder*beschäftigungsanspruchs zumindest insofern Einfluß genommen, als sich der übergesetzliche *Weiterbeschäftigungsanspruch*[637] (der in der Regel nicht das Prozeßziel darstellt) mit entsprechendem Feststellungsantrag[638] druckverstärkend auf die Arbeitgeberseite auswirkt. Zwar kann durch eine durchsetzbare Weiterbeschäftigung Zahlung von Verzugslohn (§ 615 BGB) vermieden werden. Tatsächlich wird der (regelmäßig) gestellte Weiterbeschäftigungsantrag in der Praxis nur als taktisches Instrument zur Erzielung eines entsprechenden Vergleichsdrucks eingesetzt. Die Aussicht auf ein aufwendigeres *Wiedereinstellungsverfahren* vor Ende der Kündigungsfrist[639] dürfte diesen Effekt unterstützen.

- Auf den bei der Massenentlassung (§ 17 KSchG) im Bereich der verstärkten Durchsetzbarkeit (Interessenausgleich § 113 BetrVG) gegebenenfalls längerer Verfahrenswege erreichbaren *Sozialplan* wurde hingewiesen:

---

634 Vgl. Teil 1 B. II. 4.; BAG AP Nr. 16 zu § 102 BetrVG 1972 = DB 1978, S. 2367 und BAG, DB 1984, S. 1990; Hümmerich/Maurer, DB 1997, S. 165ff.; Berkowsky, NZA 1996, S. 1065ff.

635 zutreffend zur Praxis, Schiefer,NZA 2002, S.770ff (771).

636 Vgl. allgemein zu den Mitbestimmungsrechten Stockert, S. 81 (Änderungskündigung), S. 91 (Beispiel Versetzung), S. 109 (Beendigungskündigung); Dichmann, S. 33f.; die Mitbestimmungsrechte können damit im Hinblick auf unmittelbare und mittelbar administrative Kosten "doppel-aktiv" werden.

637 BAG GS v. 27.2.1985, DB 1985, S. 2197.

638 dazu z.B. LAG Berlin v. 8.1.1993, LAGE § 888 ZPO Nr. 27.

639 BAG v. 27.2.1997, EzA § 1 KSchG Wiedereinstellungsanspruch Nr. 1 z.B.: aus Betriebsstillegung wird ein Betriebsübergang.

Die Rechtsprechung gibt einer Verkürzung des Interessenausgleichsverfahrens auch bei dessen voraussichtlichem Scheitern keinen Raum.[640] Diese Intensität des Verfahrensweges fördert Ressourcen- und Zeitverluste.[641] Nach der Revision der durch das ArbRBeschFG'96 veranlaßten Änderungen[642] ist zudem wieder die Möglichkeit eingeräumt, durch eine Kündigungsschutzklage nach Erstellung des Sozialplans die Abfindungsleistung über Abfindungsvergleiche im Anschlußprozeß gezielt weiter zu erhöhen.[643] Im Verfahren der §§ 17ff. KSchG hat die Rechtsprechung im Ergebnis über die Sanktion der Unwirksamkeit einer Kündigung bei Verletzung auch nur einer Verfahrensregel eine strikte dispositionsverzögernde Verfahrensbindung vorgenommen.[644]

- Die den Kündigungsschutz nach § 613a Abs. 4 BGB betreffende Rechtsprechung zeigt im Bereich der *Schutzweite* und im Bereich einer Anwendung der Vorschrift auf *Sanierungsübertragungen* des Arbeitgeberunternehmens Lenkungswirkung:

Soweit betriebsbedingte Kündigungen in zeitlicher Nähe zu einer Betriebsteil-Übertragung liegen, hat die Vorschrift Personalanpassungsmaßnahmen in ihrem Bestand zusätzlich schwer einschätzbar gemacht.[645] Die in diesem Zusammenhang stehende Uneinigkeit zwischen EuGH und BAG bzw. den deutschen Instanzgerichten untereinander[646] ist zwar weitgehend harmonisiert. Gleichwohl reflektieren die ökonomischen Folgen der Norm auch auf an sich zulässige betriebsbedingte Kündigungen in Übertragungsnähe. Der Übertragende steht dazu unter dem Druck, die Veräußerung nicht an einer Überzahl übergehender Arbeitnehmer scheitern zu lassen und stattdessen zu teuren Vermeidungsstrategien zu greifen, die im Vorfeld zu *Aufhebungsverträgen* mit *Abfindungszahlungen führen.*[647]

---

640 BAG v. 18.4.1984 AP 1988, S. 99 (104).
641 Vgl. Federlin, ZfA 1988, S. 99ff., zu taktischen Zeitverzögerungen durch den Betriebsrat.
642 Vgl. Ausführungen Teil 1, B. II. 6 b) bb); U. Preis, NJW 1996, S. 3369 (3377).
643 Vgl. Teil 1, B. II. 6.; Willemsen/Tiesler, S. 46ff.; Schellhaaß, ZfA 1989, S. 167ff. (172).
644 Vgl. Teil 1 B. II.6 a).
645 Vgl. Teil 1, B. II. 7 c); die dortige Kasuistik.
646 Vgl. zur Frage der Funktionsverlagerung BAG AP Nr. 76, 88 zu § 613a BGB; anders EuGH, NJW 1994, S. 2343f. "Christel Schmidt"; EuGH-konform ArbG Hamburg, DB 1994, S. 1424; dagegen LAG Düsseldorf, DB 1995, S. 275 (276) mit Anm. Schiefer; harmonisiert, BAG, NJW 1999, S. 2461.
647 Instruktiv: BAG, DB 1996, S. 229 m.w.H.; BAG, NZA 1999, S. 422 m.w.N.; Falke/Höland, Vorstudie, 1997, S. 78f.

4. *Empirik zur faktischen Wirkung von Normen des Kündigungsschutzes auf die Unternehmensseite*

Die als Untersuchungsgrundlage beigezogene Studie Stockerts[648] hat – ausgerichtet an der betriebsbedingten Kündigung – versucht, die durch ökonomische Folgen des allgemeinen Kündigungsschutzes (KSchG, BetrVG) *determinierten tatsächlichen Handlungsspielräume* des Unternehmers empirisch zu erhellen.[649] In dem hier interessierenden Bereich begutachtet Stockert die *betriebsbedingte Änderungs-* (Abbau von Voll- auf Teilzeitarbeit, Versetzungen)[650] und *Beendigungskündigung.*[651] Dabei kommt er hinsichtlich der Änderungskündigung zu dem Ergebnis, daß in erster Linie wegen der vom Gesetz vorgesehenen Beteiligungen *exogener (außerbetrieblicher) Instanzen* an der Arbeitgeberentscheidung[652] *tatsächliche Handlungsspielräume* des Unternehmers erheblich enger gesteckt seien als von der Norm eigentlich vorgesehen (faktische Normwirkung). Dasselbe gelte für die betriebsbedingte Beendigungskündigung.[653] Damit kann der Arbeitgeber im Prinzip nur noch planen, Arbeitnehmer zu entlassen. Alle weiteren Entscheidungsbefugnisse gehen auf andere, neben dem Arbeitgeber am Entscheidungsprozeß beteiligte Institutionen (Betriebsrat, Integrationsämter) über. Hinsichtlich eines Personalabbaus wegen Betriebsänderungen gem. § 111 BetrVG führt die Analyse aus, daß die Realisationsphase der Entlassungen durch zu berücksichtigende soziale und wirtschaftliche Komponenten und eine große Anzahl der an der Kündigung mitwirkenden Stellen *langer Zeitstreckung* unterliege. Das Zeitmaß der einzelnen Entlassung betrage durchschnittlich etwa ein *Dreivierteljahr* mit entsprechenden (administrativen) Vorbereitungskosten.[654]

5. *Kompensationseffekte des Kündigungsschutzes in der Diskussion*

Geht man von der oben beschriebenen Normwirkung aus, so wäre an dieser Stelle aus *betriebswirtschaftlicher Sicht* zu verfolgen, ob Kündigungsschutz ko-

648 Vgl. Stockert, S. 8ff.
649 Hierzu näher C. II dieses Abschnitts.
650 Vgl. Stockert, S. 81ff., zur Versetzung S. 91f.
651 Vgl. Stockert, S. 109ff.
652 Stockert, S. 5ff., 109ff. nennt Inanspruchnahme des Arbeitsgerichts und dessen rückwirkenden Eingriff in die Personalentscheidung; überlange Realisierungszeiten der Maßnahme mit entsprechenden Kosten; Prozeßkosten.
653 Vgl. Stockert, S. 109ff.
654 Vgl. Stockert, S. 32ff., 81ff., zur Versetzung S. 91f. und Beendigungskündigung S. 109ff.

stenvermeidende bzw. kostenkompensierende Effekte zukommen kann. Diese Wirkung, die den institutionellen Kündigungsschutz in eine ausgeglichene Kostenbilanz einstellt, könnte aus *transaktionskostentheoretischer Sicht sowie Überlegungen zu Produktivitäts- und Stabilitätseffekten des allgemeinen Kündigungsschutzes abgeleitet werden.*

a) Transaktionskostentheoretisches Argument

Nach Ansichten in der wirtschaftswissenschaftlichen Literatur[655] wird durch allgemeinen Kündigungsschutz verhindert, daß synchron zu Konjunkturbewegungen übereilt entlassene Arbeitnehmer neu gesucht und angeworben sowie Arbeitsverträge neu gestaltet werden müssen. Zugunsten des Unternehmers werde damit Fluktuation verhindert, so daß dies zu einer Ersparnis von *Transaktionskosten (Kosten* durch neue Vertragsverhandlungen, Vertragsabschluß und der Vertragsdurchsetzung etc.) führe. Zudem führten die mit dem Kündigungsschutz ausgelösten Entlassungskosten dem Unternehmer/Arbeitgeber das erhebliche Kostenpotential der Entlassung normativ "vor Augen", um Anreize für kostensparende Alternativmaßnahmen zu schaffen. Das einer Vereinbarung über den Sozialplan obligatorisch vorstehende Verfahren des Interessenausgleichs erfährt in der Tat aus letzterem Aspekt eine *ökonomische und auch rechtspolitische* Rechtfertigung.[656]

b) Argument des Stabilisierungseffekts von Kündigungsschutz

Kündigungsschutz gleiche, so diese Argumentation, strukturelle *Machtasymmetrien* aus und verhindere damit *willkürliche* Entlassungen. [657] Ein durch Kündigungsschutz gesicherter Abbau gegenseitigen Mißtrauens, verknüpft mit Kooperationsbereitschaft, Vertrauensbildung und Motivation für die Erfüllung des Arbeitsvertrages seien Faktoren, die mit *Kostenersparnis und Rendite* des Unternehmens in Verbindung zu bringen seien. Dem durch Kündigungsschutz verur-

---

655 Vgl. Übersicht von Brandes/Buttler/Dorndorf/Walwei, S. 111ff. (115f.); Dichmann, S. 48ff.; bei Buttler/Walwei, MittAB 1990, S. 386ff. (393); Ott/Schäfer, JZ 1988, S. 213ff. (215); Walwei, Ansätze, S. 7ff.; ders. IAB-topics 48 (2002), S. 19, BeitrAB 2002, S. 94; dazu noch unten unter B. dieses Abschnitts;

656 Vgl. Bosch, WSI-Mitt. 1995, S. 422ff.; Neumann/Spies, WSI-Mitt. 1995, S. 431ff. (433); Däubler, NJW 1999, S. 601ff. (606).

657 Vgl. zu den ökonomischen Grundlagen, auf denen diese Annahmen beruhen, Schäfer/Ott, S. 314ff. nach Okun; Buttler/Walwei, MittAB 1990, S. 386ff. (393); Walwei, Ansätze, S. 7ff.; Brandes/Buttler/Dorndorf/Walwei, S. 111ff. (117f.); sowie noch die Ausführungen unter B. dieses Abschnitts.

sachten Kostenaufwand werden *Produktivitätsvorteile* gegenübergestellt. Diese seien Folge einer durch Kündigungsschutznormen gewährten Dauerhaftigkeit und Stabilität der Beschäftigungsbeziehung, die hauptsächlich auf einer leistungssteigernden *Antizipierung des Faktors soziale Sicherheit* auf Seiten des geschützten Arbeitnehmers beruhe.[658] Da der Arbeitgeber – so eine weitere Beurteilung – i.d.R. nicht unerheblich in das Arbeitsverhältnis investiert habe (Suche-, Einstellungs-, Einarbeitungs- und Ausbildungsaufwendungen; Humankapitalinvestitionen), werde ihm durch Kündigungsschutz die betriebliche Rendite seiner arbeitsspezifischen Investitionen dauerhaft gesichert.[659]

c) Diskussion der Argumente a) und b)

Auch wenn Kündigungsschutz *generell* transaktionskostentheoretischen Argumenten zugänglich sein mag und Stabilitätseffekte mit Leistungsanreizen nicht zu vernachlässigen sein dürften[660], so begegnen doch diese ökonomischen Interpretationsweisen angesichts der weitgehenden Nichtdispositivität und faktisch hohen Schutz*intensität* der hier vorgestellten Normen Bedenken:

aa) Sollte die durch Kündigungsschutz gewährte Stabilität des Beschäftigungsverhältnisses mit positiven Kosteneffekten (Kostenersparnis im Bereich der Transaktionskosten) verbunden sein, so wäre diese Position Teil einer unternehmerischen Kostenkalkulation, bei der unter dem Gesichtspunkt der Gewinnmaximierung die Gegenüberstellung von Grenzertrag und Grenzkosten der Arbeit erfolgt.[661] Bei dieser Kalkulation werden die hier skizzierten Kosten des Kündigungsschutzes als *quasi fix* [662] einzubringen sein. Nur ein *unmittelbarer* Ausgleich der an Kündigungen anknüpfenden nega-

---

658 Vgl. Überblick Brandes/Buttler/Dorndorf/Walwei, S. 111ff. (115f.); Dichmann, S. 40f.; Wagner/Jahn, Neue Arbeitsmarkttheorien, 1997, S. 195f.; Walwei, Ansätze, S. 20, dieser "psychologische" Effekt auf Arbeitnehmer und Arbeitgeberseite im Sinne eines Opportunitätsverhaltens.

659 Vgl. Überblick Brandes/Buttler/Dorndorf/Walwei, S. 111ff. (115), die Grundlagen zur entsprechenden Arbeitsmarkttheorie siehe unten unter B. dieses Abschnitts; Dichmann, S. 48ff.; Wagner/Jahn, Neue Arbeitsmarkttheorien, S. 195; Walwei, IAB-topics 48 (2002), S. 19f, BeitrAB 2002, S. 94f.

660 Vgl. Sachverständigenrat, RdA 1990, S. 288f.

661 Dem Grenznutzen des Arbeitnehmers steht das Grenzprodukt auf der Unternehmensseite gegenüber: monetärer Wert des jeweils zuletzt eingestellten Arbeitnehmers; die Begriffsbildung stammt aus der *Neo*klassik.

662 Vgl. Kommission für Zukunftsfragen der Freistaaten Bayern und Sachsen, 1997 Teil II, S. 128; Soltwedel, S. 135f.; indirekt Brandes/Buttler/Dorndorf/Walwei, S. 111ff. (112).

tiven Kosteneffekte könnte die Kostenwirkung des Kündigungsschutzes in einer prognostischen Kalkulation neutralisieren. Hingegen erscheint bei weitgehendst exogen veranlaßter Intensität des Bestandsschutzes der Ertrag positiver Kosteneffekte nicht steuerbar. Darüber hinaus sind mit dem Kündigungsschutz unternehmerische Aufwendungen etwa zur vertraglich zulässigen Alternativgestaltung (z.B. Durchsetzung von Änderungsvereinbarungen, Vergleiche) sowie Risiken durch Fehlentscheidungen und förmliche Handhabe der Kündigung verbunden, so daß auch damit ein *Transaktionskostenpotential einhergeht*, das positive Kosteneffekte überkompensiert. Geht man ferner unter Berücksichtigung der Rechtssprechungspraxis zu *Sozialplänen* davon aus, daß die Reduktion von Unternehmensmitteln (z.B. für Ersatzinvestitionen) die wirtschaftliche Unvertretbarkeit des Sozialplans nicht begründet[663] und das Volumen eines Sozialplans Einsparungen von einem Jahr übertreffen[664] sowie einschneidende Einwirkungen auf die Ertragskraft des Unternehmens durch den Sozialplan hinzunehmen sein sollen[665], so ist eine Kompensation der zu erwartenden Entlassungskosten letztlich nur durch ein von vornherein höher angesetztes Volumen des Personalabbaus darstellbar.
In transaktionskostentheoretischen Erwägungen sollte schließlich die Schutz*richtung des Kündigungsrechts* Berücksichtigung finden. Dabei gilt, daß von der gesetzlichen Konzeption Kündigungsschutz *allein zugunsten des Arbeitnehmers* gestaltet ist und somit dem *Arbeitgeber* das Arbeitsverhältnis im Falle der Arbeitnehmerkündigung nicht in gleicher Weise erhält. Transaktionskosten durch unternehmerische Such-, Verhandlungs- und Durchsetzungsaktivitäten entstehen dann unvermeidlich neu. Darüber hinaus dürfte aus dem ökonomischen Gesichtspunkt rationaler Verhaltensweisen der Marktakteure das Argument der Transaktionskostensenkung und damit eine Akzeptanz der bestehenden Regeln schwerlich verifizierbar sein. Denn der hier vorgestellte Bestandsschutz kann durch seine allgemeine (gesetzliche) Institutionalisierung mit Alternativregeln (z.B. individuelle Gestaltung des Kündigungsrechts) nicht in „Wettbewerb" treten.

bb) Die wegen Stabilitätseffekten des Kündigungsschutzes behauptete Steigerung von *Arbeitsmotivation, Effizienz und Produktivität* im Unternehmen sowie eine damit verbundene Begünstigung der Ertragsseite dürfte neben anderen Faktoren (z.B. Lohn) schwer meßbar, jedoch nicht ausgeschlossen

663 BAG, NJW 1980, S. 83 (86).
664 BAG, NZA 1988, S. 203 (206f.).
665 BAG, NZA 1990, S. 443 (445).

sein. Verfestigung und Verstetigung eines Schutzes von Arbeitsplatz und Arbeitsbedingungen könnte jedoch ebenso Grund für *eine negative Rezipierung des Faktors Sicherheit* dergestalt sein, daß der *Arbeitseinsatz* sinkt, weil Leistungsgesichtspunkte zumindest bei betriebsbedingter Kündigung weitgehend unberücksichtigt bleiben.
Auf seiten des Arbeitnehmers könnte dann nur dispositiver, d.h. in seinem Maß individuell vereinbarer Kündigungsschutz den Arbeitnehmer zu erhöhter Produktivität motivieren, weil Kündigungsschutz und Arbeitsplatzsicherheit beim Arbeitnehmer als Verdienst in Relation zu Leistung und Qualifikation gestellt werden müßten.
Fraglich erscheint zudem, ob der Produktivitätseffekt den meßbaren Kosteneffekt des Kündigungsschutzes auszugleichen im Stande ist. Stellt man darauf ab, daß durch die Stabilität des Arbeitsplatzes Anreize zu Qualifizierungsmaßnahmen und Bildung von Humankapital und damit zur Sicherung produktivitätsförderlicher Humankapitalinvestitionen geschaffen werden, so verhindert jedoch die Schutzrichtung der Kündigungsregelungen eine Abwanderung von Humankapital gerade nicht.
Schließlich ist die aus oben genannten Argumenten a) und b) tendenziell sprechende Grundannahme zweifelhaft, daß der Gesetzgeber Kostenfolgen und Restriktionen des Kündigungsschutzes auch "im wohlverstandenen Interesse des Unternehmers" vorgesehen haben könnte. Denn aus Sicht einer prinzipiell vom System der freien Marktwirtschaft und seinen Selbstbestimmungsrechten der Akteure ausgehenden staatlichen Ordnungspolitik erscheinen gesetzliche Handlungsbeschränkungen zum Selbstschutz des Arbeitgebers im Ansatz systemwidrig.

II. Wirkung des Kündigungsschutzes auf das unternehmerische Beschäftigungsverhalten?

Aus den bisher erörterten Gesichtspunkten der betrieblichen Normwirkung des Kündigungsschutzes können erste Überlegungen für das hier thematisierte Beschäftigungsproblem formuliert werden:

Unternehmerisches Handeln ist kein statischer Prozeß. Planung und Kalkulation des Personalbestandes im Unternehmen ziehen die mit dem konkreten Beschäftigungsverhältnis verbundenen potentiellen Belastungen antizipierend[666] ins unternehmerische Kalkül. Der Unternehmer wird in einem kalkulatorischen An-

666 Vgl. zum Prinzip Brandes/Buttler/Dorndorf/Walwei, S. 111ff. (116); Dichmann, S. 31f.; Soltwedel, S. 135; Insider/Outsider-Arbeitsmarkttheorie; Brandt, S. 19ff.

satz versuchen, den nominellen Kostenwert gegebenenfalls notwendig werdender Entlassungen oder Änderungen der Arbeitsbedingungen zu bestimmen und auf die Kosten des Arbeitsplatzes hochzurechnen.[667]

Die durch Kündigungsschutz veranlaßten *quasi-fixen Personalzusatzkosten*[668] entstehen neben Lohnkosten (Löhne und Gehälter) und Lohnneben- bzw. Personalzusatzkosten (arbeitgeberseitiger Sozialversicherungsbeitrag, Lohnfortzahlung im Krankheitsfall, Feiertage, Urlaubstage etc.).[669] Der Unternehmer wird bei gegebenem hohen Kündigungsschutzniveau nur unter Inkaufnahme größerer Verzögerungen den Personalbestand so variieren können, daß annähernde Gleichheit des Wertgrenzproduktes der Arbeit mit dem Lohnsatz erreicht werden kann. Je rascher und höher der Anpassungsdruck ist, desto mehr dürfte dies ins Gewicht fallen.[670]

Der geschilderte *Antizipierungsprozeß* wird auf längere Sicht zu einem *Rückschlageffekt* der erhöhten Arbeitskosten auf die Arbeitsnachfrage des Unternehmens führen;[671] ein erhöhtes Arbeitsvolumen wird nicht durch Einstellungen, sondern bestenfalls durch Überstunden ausgeglichen. Eine Nicht-Wieder- oder Nicht-Neubeschäftigung dürfte aus betrieblicher Sicht dabei vor allem jene treffen, deren Produktivität während der Beschäftigungszeit die antizipierten Entlassungskosten voraussichtlich nicht kompensieren, z.B. wegen ihrer geringeren Qualifikationen.[672]

Die mit der Kündigung unmittelbar oder mittelbar verbundenen Kosten führen aus betrieblicher Sicht zu einem Entlassungshemmnis. Wird ein beschäftigungsrelevanter Nachfrageschwund vom Unternehmen als *konjunktur*bedingt erkannt, so bremst der extensive Kündigungsschutz den Beschäftigungsabbau in der Abschwungphase.[673] Denn soweit eine Wiederaufschwungphase *erwartet* wird, kann das Unternehmen zur Kostenersparnis bis zu einem gewissen Grad Personalreserven bilden und nur wirklich dringend erforderliche Entlassungen vornehmen (Entlassungskosten liegen über den Vorhaltekosten).[674]

---

667 Vgl. Dichmann, S. 34.

668 Vgl. etwa Dichmann, S. 32f.; Soltwedel, S. 135f.; Brandes/Buttler/Dorndorf/Walwei, S. 111ff. (112); Kommission für Zukunftsfragen der Freistaaten Bayern und Sachsen, 1997 Teil II, S. 128.

669 zu den Personalzusatzkosten Eekhoff, Wirtschaftsdienst 1993, S. 404ff.; zum Vergütungsrecht Schaub, BB 1994, S. 2005ff.

670 Vgl. Dichmann, S. 32f.

671 Vgl. Soltwedel, S. 135f.; indirekt Brandes/Buttler/Dorndorf/Walwei, S. 11ff. (112).

672 Vgl. Soltwedel, S. 136; noch unter B.

673 Vgl. Soltwedel, S. 135f.

674 Vgl. Brandes/Weise, S. 13ff.; Brandes/Buttler/Dorndorf/Walwei, S. 111; Soltwedel, S. 135f.

Zeichnen sich jedoch anhaltend *strukturelle* Veränderungen (z.B. Technik, Produktionsprozeß) ab, so daß ein Nachfrageanstieg (Güter/Dienstleistungen) nicht mehr zu erwarten ist, wird sich die Kalkulationsbasis des Unternehmers ändern. Die Weiterbeschäftigungskosten liegen dann auf jeden Fall über den Entlassungskosten.[675] Das Unternehmen *muß* den Personalabbau durchsetzen und wird versuchen, ihn so günstig wie möglich zu gestalten (Beschleunigungseffekt). Starker Kündigungsschutz kann Entlassungen in diesem Fall nicht *hindern,* nur verteuern, wenn das Unternehmen versucht, Bestandsschutz in Abfindungen überzuleiten. Da durch ein allgemeinverbindliches Regelungssystem (KSchG, BetrVG, BGB) der betriebsbedingten Kündigung die Kosten (kalkulatorische Personalzusatzkosten)[676] der Entlassung *unflexibel* gehalten werden, zudem Anpassungsinstrumente zur Flexibilisierung der Beschäftigungsinhalte (Änderungskündigung)[677] erschwerte Durchsetzbarkeit zeigen, kann ein struktureller Wandel wirtschaftlicher Rahmenbedingungen die Kapitaldecke des Unternehmens bis zur Insolvenznähe bzw. Insolvenz belasten. Ein beschleunigtes Freisetzen von Arbeitnehmern in den Arbeitsmarkt bei gleichzeitiger und infolge von Regulierung restriktiv gearteter Arbeitsnachfrage läßt die persistente Arbeitslosigkeit steigen.

Dieser Umstand müßte sich auf dem Arbeitsmarkt darin äußern, daß ein Beschäftigungswachstum an konjunkturellen Aufschwungphasen nur noch in geringem Maße teilnimmt[678] und Arbeitslosigkeit auf höherem Niveau persistent bleibt. Von der Entwicklungsstruktur der Arbeitslosigkeit müßte zudem auf einer längeren Zeitachse konjunktureller und struktureller Veränderungen ein Anwachsen von alters- und qualifikationsdeterminierter Langzeitarbeitslosigkeit erkennbar werden. Die in der Einleitung dieser Arbeit herangezogene Statistik weist auf einen solchen Entwicklungsstand hin.

B. Einordnung des Kündigungsschutzes und seiner Wirkung auf den Beschäftigungsstand aus arbeitsmarktökonomischer Sicht

Im weiteren soll ergänzend zu vorstehenden Überlegungen versucht werden, sich der möglichen Beschäftigungswirkung des Kündigungsschutzes auf der Grundlage von *Arbeitsmarkttheorien* zu nähern.

---

675 Vgl. Brandes/Weise, S. 13ff.; bes. Soltwedel, S. 135f.
676 Vgl. Soltwedel, S. 135f.
677 Vgl. Löwisch, NZA 1988, S. 633f.
678 Vgl. Dichmann, S. 29ff., die Verknüpfung zu anderen Arbeitsmarktbedingungen.

I. Einordnung der Wirkung des Kündigungsschutzes auf den Arbeitsmarkt anhand von Arbeitsmarkttheorien

Arbeitsmarkttheorien[679] erklären in unterschiedlichen Ansätzen Funktionsabläufe auf dem Arbeitsmarkt sowie Ursachen der Entstehung von Arbeitslosigkeit. Soweit sich die Arbeitsmarkttheorien nicht schon ausdrücklich mit institutionellen Eingriffen des (Arbeits-)Rechts in den Arbeitsmarkt befassen, soll versucht werden, aus ihrem jeweiligen Ansatz Wirkungszusammenhänge zwischen institutionellem Kündigungsschutz[680] und Beschäftigungsstand abzuleiten und zu diskutieren.

1. Arbeitsmarkt und Formen der Arbeitslosigkeit

a) Der Arbeitsmarkt und seine Funktion

Dem Arbeitsmarkt kommt als wesentlicher Teilmarkt die zentrale Aufgabe einer Vermittlung von Arbeitsangebot und Arbeitsnachfrage (Ausgleichsfunktion) zu.[681] Die Arbeitsnachfrage der Unternehmen trifft mit dem Arbeitsangebot der Haushalte zusammen.[682] So werden Haushalte eine nutzenmaximale Kombination aus Arbeitszeit und Freizeit anstreben und von der Höhe des Reallohns (Einkommen) abhängig halten. Die Arbeitsnachfrage der Unternehmen als Gewinnmaximierer ist bei gegebenen Absatzerwartungen auch nur bei einem bestimmten Reallohn mit dem Arbeitsangebot kompatibel.[683] Darstellbar ist dies in einem Schaubild, in dem sich bei einem bestimmten Lohnsatz Arbeitsangebots- und Arbeitsnachfragefunktion schneiden. Der Schnittpunkt der Funktionen veranschaulicht das Marktgleichgewicht zwischen Arbeitsangebot und Arbeitsnachfrage. Man spricht von Vollbeschäftigung bei Gleichgewichtslohn.[684]

---

679 Vgl. Überblick m.w.N. Berthold/Fehn, WiSt 1995, S. 110ff; Keller, S. 303ff.; Sesselmeier/Blauermel; Wagner/Jahn, Neue Arbeitsmarkttheorien.

680 Zur Vereinfachung der Darstellung wird im folgenden von Kündigungsschutz bzw. Bestandsschutz gesprochen, wo es um die unter Teil 1 B. erörterten Normen geht.

681 Vgl. z.B. Keller, S. 303f., mit einem der Neoklassik kritisch gegenüberstehenden Ansatz; Heertje/Wenzel, S. 292ff.

682 Vgl. Cezanne, S. 347ff.; Brandt, S. 11f., mit jeweils graphischer Darstellung des Verlaufes von Angebots- und Nachfragefunktion.

683 Vgl. Cezanne, S. 347ff.; Brandt, S. 11f. mit graphischer Veranschaulichung.

684 Vgl. Cezanne, S. 347ff.; Vollbeschäftigung ist allerdings ein definitorischer Begriff, da es selbst bei einer Gleichgewichtskonstellation z.B. sog. freiwillige oder auch natürliche Arbeitslosigkeit geben kann.

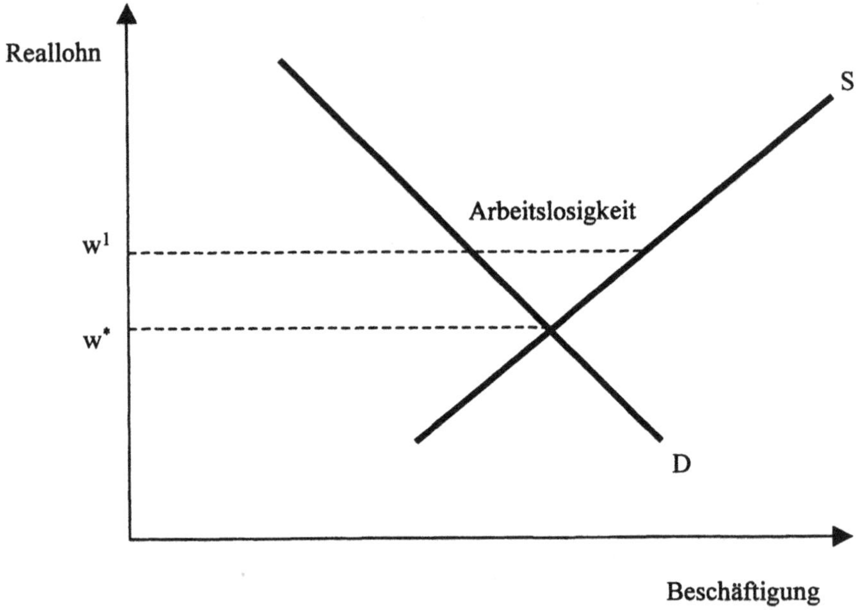

Das Schaubild zeigt in vereinfachter Form die Kurvenverläufe der Arbeitsangebot- und Nachfragefunktion, in deren Schnittpunkt Vollbeschäftigung herrscht. Das Schema folgt den neoklassischen Modellannahmen; zur Kurvendiskussion z.B. auch Brandt, S. 16ff.

Neben dieser Ausgleichsfunktion wird dem Arbeitsmarkt eine Verteilungsfunktion mit Blick auf gesellschaftliche und individuelle Chancen für Arbeitskräfte materieller und immaterieller Art zugeschrieben.[685]

b) Formen der Arbeitslosigkeit

Bei Entstehung von Arbeitslosigkeit handelt es sich – vereinfachend formuliert – um Störungen im Wirtschaftsablauf und auf dem Arbeitsmarkt, durch die Arbeitsangebot und Arbeitsnachfrage nicht mehr zueinanderfinden.[686] Die dadurch entstehende Arbeitslosigkeit ist nicht nur durch einen singulären Grund gekennzeichnet. Insofern werden – nach der Entstehungsart geordnet – im wesentlichen

685 Keller, S. 303, Arbeitsmarkt kein reiner Warenmarkt; dazu auch sozialpolitische Bewertung.

686 Vgl. Cezanne, S. 346ff.; Barro/Grilli, S. 419ff. vertiefend und differenzierend mit internationalen Marktvergleichen; Eichhorst, Benschmarking Deutschland, 2001, S. 83ff.

vier Formen von Arbeitslosigkeit unterschieden: die friktionelle, saisonale, konjunkturelle und strukturelle Arbeitslosigkeit.[687]

Die beiden ersten Formen bezeichnen Arten der Arbeitslosigkeit, bei der entweder eine relativ kurze, zwischen alter und neuer Tätigkeit (friktionell), oder eine länger anhaltende, jahreszeiten- und sektorenabhängige (z.B. saisonale) Zeitspanne einen bestimmten Stand an Beschäftigungslosen bildet. Diese Art Arbeitslosigkeit schließt nicht aus, daß dennoch von Vollbeschäftigung gesprochen werden kann.[688] Von größerer Bedeutung für das hier gestellte Thema sind hingegen *konjunkturell und strukturell bedingte Arbeitslosigkeit.* Dabei wird unter ersterer[689] typischerweise ein mit Konjunkturschwankungen einhergehender Beschäftigungsstand verstanden. Im Verhältnis zu den vorhandenen Produktionsmöglichkeiten ist die Gesamtnachfrage nach Gütern unzureichend.[690] Der Konjunkturzyklus bestimmt die Dauer dieser Form von Arbeitslosigkeit.

Strukturell bedingte Arbeitslosigkeit hingegen ist eigentlich ein Sammelbegriff für Typologien der Arbeitslosigkeit im Zusammenhang mit *Strukturänderungen auf dem Markt.*[691] Sie bezeichnet Arbeitslosigkeit, die etwa infolge von Wandlungen der Nachfragestruktur entsteht. Beispiele hierfür sind Änderungen von Produktionsprozessen in den Unternehmen (Technologie), Expansion oder Schrumpfung von Branchen. Es kann sich um qualitative Beschäftigungsungleichgewichte auf regionaler oder sektoraler Ebene[692] oder um demographische Änderungen (Bevölkerungswachstum oder -verschiebung) handeln. Eine *dauerhafte Änderung* von Unternehmensstrukturen betrifft die räumlich-qualitative Mobilität der Arbeitnehmer, deren Fehlen zu einem negativen Beschäftigungsverlauf in der Region führen kann. Auch *institutionelle Einflußfaktoren,* denen negative Effekte für den Arbeitsmarkt zugewiesen werden, zählen im Kanon mit anderen Bedingungen zu strukturellen Merkmalen der Arbeitslosigkeit. Dauer und Umfang der Arbeitslosigkeit werden je nach Änderungszeitraum für die Beseitigung der strukturellen Hemmnisse bemessen. Relativ spät wurde dabei bedacht[693], daß Konjunkturbewegungen gleichsam von Strukturänderungen unter-

687 Vgl. Sesselmeier/Blauermel, S. 15ff.; Cezanne, S. 347ff., teilweise mit weiteren Differenzierungen.
688 Vgl. Sesselmeier/Blauermel, S. 15ff.; Cezanne, S. 348.
689 Cezanne, S. 348.
690 Sesselmeier/Blauermel, S.16; Cezanne, S. 348f. unterscheidet die Nachfragemängel- (keynesianische), Mindestlohn- (klassische) und Kapitalmangel-Arbeitslosigkeit; näher auch Brandt, S. 16ff.; näher unten.
691 Vgl. Sesselmeier/Blauermel, S.16f.; Cezanne, S. 348.
692 Vgl. z.B. Bosch/Gabriel/Seifert/Welsch, S. 3ff., mit Beispielen.
693 Vgl. Niess, Geschichte der Arbeitslosigkeit, 1979, S. 64ff.

lagert werden[694] und damit *beide Arten von Arbeitslosigkeit kumulativ* vorliegen können.

Übertragen auf die Situation des deutschen Arbeitsmarktes wie sie eingangs dieser Arbeit charakterisiert wurde[695], scheinen hier strukturell bedingte Beschäftigungsfriktionen vorzuliegen. Hinweise darauf gibt ein hoher Stand an Arbeitslosigkeit, der auch im Falle eines Konjunkturanstiegs nicht mehr unter einen konstanten Sockelsatz fällt und mit jedem Konjunkturtief anwächst.[696]

2. *Erklärungsansätze zu Ursachen der Arbeitslosigkeit nach den Arbeitsmarkttheorien und mögliche Ableitungen für die Wirkung institutionellen Bestandsschutzes*

An dem oben skizzierten *Grundschema* des Arbeitsmarktes orientieren sich die *Arbeitsmarkttheorien.*[697] In einer Gesamtschau der Erklärungsmodelle zu Ursachen *persistenter Arbeitslosigkeit* wird jeder Ansatz für sich als *Teilerklärung* komplexer Zusammenhänge des Beschäftigungsproblems zu werten und in die Arbeitsmarktpolitik aufzunehmen sein.[698] Die Wirkung *institutionellen Bestandsschutzes auf den Arbeitsmarkt* könnte sich in den Aussagegehalt der jeweiligen Theorie in folgender Weise einfügen lassen.[699]

a) Der klassisch-neoklassische Ansatz

aa) Erklärungsmodell

Die (neo-)klassische Wirtschaftstheorie geht in ihrer Grundform von der Modellvorstellung autonomer Marktakteure aus. Diese bestehen aus güterproduzierenden, investierenden und arbeitskraftnachfragenden Unternehmen einerseits sowie konsumierenden, sparenden und arbeitskraftanbietenden Haushalten ande-

---

694 Franz, ZfA 1994, S. 439ff.; zum ganzen Niess, Geschichte der Arbeitslosigkeit, S. 64.

695 Vgl. Einleitung dieser Arbeit.

696 Vgl. hierzu schon Monopolkommission, 1994, S. 360.

697 Vgl. Berthold/Fehn, WiSt, 1995, S. 110f.; Brandt, S. 16ff.; Übersicht bei Keller, S. 303ff.; Franz, Ökonomik, S. 304ff.; zur Unterscheidung von Beschäftigungstheorien Sesselmeier/Blauermel, S. 5ff.; Diskussion in: Monopolkommission, S. 360ff. (bes. 373ff.); Wagner/Jahn, Neue Arbeitsmarkttheorien, 1997, S.31ff.

698 Vgl. Sesselmeier/Blauermel (Konsensmodell), S. 257f.; zum politikwissenschaftlichen Ansatz: Keller, S.342f.

699 zur Einbindung: Brandes/Buttler/Dorndorf/Walwei, S. 116f.; Soltwedel, S. 115f.; Dörsam, IAW-Mitt. 1995, S. 13ff. (16) m.w.N.; Sesselmeier/Blauermel, S. 35ff.; Monopolkommission, S. 360ff. (bes. 373f.).

rerseits.[700] Die Akteure operieren auf den vier nebeneinanderliegenden Güter-, Arbeits-, Kapital- und Geldmärkten.

Der *Arbeitsmarkt* wird hierbei als Markt wie *jeder andere* begriffen, in dem statt des Güterpreises (Markt-Preismechanismus) dem Lohnsatz eine allgemeine Indikations- und Lenkungsfunktion zukommt und dieser eine optimale Allokation des Produktionsfaktors Arbeit gewährleistet.[701] Die vier zu unterscheidenden Märkte bilden ein System, in dem in simultaner Weise jeweils Angebot und Nachfrage zu einem *Gleichgewicht* tendieren.[702] Noch im klassischen Ansatz sollten *auch für* den Arbeitsmarkt die Prämissen *vollständiger Markttransparenz und Informationsmöglichkeit der ökonomisch rational handelnden Marktteilnehmer, vollständige Konkurrenz- bzw. Chancengleichheit* der Akteure sowie vollständige Freiheit von institutionellen Einschränkungen[703] gelten.

Die (Neo-)Klassik geht davon aus, daß sich jedes Angebot seine eigene Nachfrage im notwendigen Umfang schafft. Das rational planende Unternehmen nimmt unter der Annahme bestimmter Einkommensentstehung bei den Haushalten seine Planung hinsichtlich der möglichen Nachfrage vor (Sayisches Theorem).[704] Da der Planungsvorgang des Anbieters auch die mögliche Nachfrage miteinschließt, kann es zu einer Überproduktion, bedingt durch einen nicht kalkulierten Nachfrageeinbruch, außer bei "unvernünftigen" Fehleinschätzungen seitens des Produzenten nicht kommen.

Da der *Arbeitsmarkt als Sachmittelmarkt wie jeder andere* verstanden wird, treten unter den genannten Prämissen die Unternehmensseite als Gewinnmaximierer und die Haushalte (Arbeitsuchende) als Nutzenmaximierer auf. Letztere richten die Wahl ihres Arbeitsangebotes an den Vorteilen der Einkommenserzielung durch Aufwendung von Arbeitszeit[705] und den Nachteilen des Verzichts auf Freizeit (Präferenzen) aus.[706]

---

700 Vgl. Fischer/Heier, S. 19ff.; Keller, S. 303f.; Sesselmeier/Blauermel, S. 26ff.

701 Vgl. Fischer/Heier, S. 50f.

702 Vgl. Felderer/Homburg, S. 51; Fischer/Heier, S. 23; Lachmann, S. 138; Sesselmeier/Blauermel, S. 45.

703 Unter institutionellen Regelungen wurden ursprünglich Regelungen des Lohnes (Mindestlöhne) durch Tarifverträge und/oder Gesetz verstanden.

704 Vgl. Felderer/Homburg, S. 51ff.; Fischer/Heier, S. 54ff. (57); Keller, S. 306; Lachmann, S. 138ff.; Sesselmeier/Blauermel, S. 48.

705 Vgl. Fischer/Heier, S. 44.

706 Vgl. hierzu Felderer/Homburg, S. 71; Fischer/Heier, S. 44f.; Sesselmeier/Blauermel, S. 44f., es geht hierbei um die Annahme eines psychologisch zu erklärenden Sättigungseffekts, bei dem angenommen wird, daß bei steter Zuführung einer bestimmten Menge eines Gutes der Genußgewinn des Konsumenten geringer wird. Nach der *neo*klassischen Theorie ist damit der Nutzen eine prinzipiell quantitativ meßbare Größe (Grenznutzentheorem). Der Grenznutzen gibt – in Analogie zum

Die Arbeitsnachfrage richtet sich nach dem vom Unternehmer beobachteten, technisch möglichen Produktionsverlauf. Die Entscheidung des Unternehmens zur Nachfrage eines zusätzlichen Arbeitnehmers[707] ist von der Überlegung bestimmt, ob dadurch seine Einnahmen stärker, gleich stark oder weniger ansteigen als die Ausgaben in Form von Lohnkosten (Gewinnmaximierungskalkül).

Wird der als *uneingeschränkt flexibel* angenommene Nominallohn bei gegebenem Gütermarktpreisniveau erhöht, so erhöht sich damit auch der Reallohn. Dies stimuliert ein erhöhtes Arbeitsangebot bis zum Angebotsüberhang und führt zu Arbeitslosigkeit, wenn nicht – was wegen *Transparenz* der Lohnentwicklung sowie der Annahme der *Abwesenheit institutioneller Hemmnisse* möglich ist – arbeitslose Arbeitsanbieter den herrschenden Nominallohn *unterbieten.* Kommen die Menge der Arbeitsnachfrage und die Menge des Arbeitsangebots auf dem Arbeitsmarkt (wieder) zur Übereinstimmung, ist unter dem Gleichgewichtsreallohn Vollbeschäftigung erreichbar.

Die (neo-)klassische Theorie leugnet Krisen auf dem Arbeitsmarkt nicht. Sie vertraut jedoch auf die *Gravitationskräfte des Marktes.* Erklärbar ist damit in erster Linie *freiwillige* Arbeitslosigkeit, deren Länge vom Verhalten des Arbeitsplatzsuchenden selbst abhängt (Lohnflexibilität). Dauerhaft unfreiwillige Arbeitslosigkeit kann nicht existieren, weil jeder Arbeit findet, der zu dem bestehenden Lohnsatz arbeiten will bzw. einen zu hohen Lohnsatz unterbieten kann.[708] Eine auftretende konjunkturelle (unfreiwillige) Arbeitslosigkeit, z.B. wegen Nachfragelücken am Gütermarkt, könnte im Ergebnis nur *gleichgewichtsstörende Regulierungen* bewirken, soweit sie die *Flexibilität des Lohnes* oder andere Arbeitsbedingungen beeinträchtigen.

Die überkommene reine Klassik bezog sich bei der Frage, wodurch Verwerfungen auf dem Arbeitsmarkt entstehen können, auf Lohnregulierungen durch das Institut des *Tarifvertrags* oder staatlich festgesetzte Mindestlöhne.[709] Für die (neo-)klassische Grundauffassung und Theorien, die sich *von ihr ableiten,* ist mit Blick auf die Entwicklung des Arbeitsmarktes eine *generell* kritische Einstellung gegenüber *allgemeinverbindlichen*, nicht flexiblen und nicht von den Marktakteuren autonom beeinflußbaren Regelungen der Arbeitsbedingungen charakteri-

---

Grenzerlös – den durch den Verbrauch einer letzten Gütereinheit gestifteten Nutzen an.

707 Dem Grenznutzen des Arbeitnehmers steht das Grenzprodukt auf der Unternehmensseite gegenüber: monetärer Wert des jeweils zuletzt eingestellten Arbeitnehmers.

708 Vgl. Keller, S. 306f.; Sesselmeier/Blauermel, S. 51f.

709 Vgl. Cezanne, S. 349.

stisch. Dies gilt gleichsam für Marktmechanismen begrenzende soziale Schutzrechte.[710]

bb) Wirkung institutionellen Bestandsschutzes

Legt man die in der neoklassischen Modellwelt verankerten Paradigmen zu Grunde, so sind Verhaltensregeln der Akteure auf dem *Arbeitsmarkt* durch den Gedanken der Nutzenmaximierung, durch Bewertungen markterzeugender Preise und Zeitrestriktionen bestimmt.[711] Vom neoklassischen Ansatz ausgehend, können ordnungs- bzw. sozialpolitisch motivierte Eingriffe in das Marktgeschehen die Stabilität des Arbeitsmarktes behindern.[712]

Ausdruck marktkonformer Privatautonomie der Marktakteure ist die *Vertragsfreiheit* unter einer vom neoklassischen Ansatz angenommenen *Verhandlungsparität von Arbeitgeber und Arbeitnehmer.* Kündigungsschutz begrenzt diese Vertragsfreiheit, indem wirtschaftlich notwendige Beendigungen oder Inhaltsänderungen von Arbeitsverhältnissen verhindert oder zumindest verzögert werden. Zudem wird die marktbestimmende Wettbewerbsfreiheit sowohl auf seiten des Arbeitsangebots wie auf seiten der Arbeitsnachfrage infolge starken *Beschäftigtenschutzes* beschränkt.

Aus diesem Blickwinkel wären staatlich geregelte *Mindestgarantien* des Kündigungsschutzes (z. B. Reduktion auf Willkürschutz) gleichwohl akzeptabel, wenn sie *ökonomisch begründbar* bleiben. Eine solche Begründung ließe sich aus dem Argument gewinnen, daß allgemeiner Kündigungsschutz betriebswirtschaftliche und gesamtwirtschaftliche Transaktionskosten vermeiden hilft und dadurch einen Gewinn an ökonomischer Effizienz[713] liefert.

In der Tendenz wird insofern eine neoklassisch ausgerichtete Argumentation für den Ausgleich ökonomisch nachteiliger Machtdisparitäten zwischen den Vertragspartnern des Arbeitsverhältnisses einen allgemeinen Schutz des Arbeitnehmers vor willkürlicher Entlassung genügen lassen.

---

710 Vgl. Cezanne, S. 368.

711 Vgl. Brandes/Buttler/Dorndorf/Walwei, S. 111ff. (124f.).

712 zur angebotsorientierten Beschäftigungspolitik Cezanne, S. 360 u. 367f.; zur Sozialpolitik der Bundesrepublik unter angebotsorientierter Konzeption Frerich/Frey, Hdb. Bd. 3, S. 159ff. (163); Keller, S. 304f u. 308.; Beispiel des Ansatzes Soltwedel, S. 215ff; mit Hinweis auf die Grundlagen: Walwei, IAB topics, Nr. 48 (2002), S. 3ff, BeitrAB 2002, S. 76ff.

713 Vgl. zur Unterscheidung Hinweis auf die ökonomische Literatur: Brandes/Buttler/Dorndorf/Walwei, S. 111ff. (126), Transaktionskosten = Vertragsverhandlungen, Vertragsabschlüsse, Informationsgewinn etc.; oben Teil 2, 1. Abschnitt A. I.

Diesem Ansatz folgt etwa die Entwicklung des Kündigungsrechts im vorwiegend von neoklassischen Grundsätzen geprägten *angloamerikanischen Wirtschaftsraum.* Aus dessen Warte ist Kündigungsschutz dann begründbar[714], wenn Elemente größerer Disponibilität über das Niveau des Kündigungsschutzes, Flexibilität als Stärkung des (Leistungs-)Wettbewerbs zwischen Arbeitnehmern (erleichterte Änderungsmaßnahmen), eine tendenziell vereinfachende Schematisierung von Verfahrensabläufen und ein Gewinn von Wettbewerbsfähigkeit über gesetzlich definierte Abfindungsrechte ("Freikauf des Unternehmens") gesichert sind[715].

Hingegen machen die allgemeinverbindlichen Regelungen des deutschen Kündigungsschutzes arbeitgeberseitige, eigenverantwortliche Abstimmung möglicher Transaktionskosten mit den Kosten des Kündigungsschutzes kaum gestaltbar. Inner- und außerbetrieblicher Wettbewerb der Arbeitnehmer ist eingeschränkt. Mit Blick auf das Argument eines Produktivitätsgewinns durch Schaffung von Arbeitsplatzsicherheit[716] dürfte aus neoklassischer Blickrichtung auch zweifelhaft sein, ob ein einheitliches staatliches Regelwerk in der Lage ist, das Niveau des Kündigungsschutzes für die Grenzbestimmung zwischen Leistungsanreiz und Leistungsabbau abstrakt einschätzen und ausgewogen festlegen zu können. Da im Schutzstandard des (deutschen) Kündigungsrechts nach Gesetz und Rechtsprechungspraxis die Kündigungsfreiheit des *Arbeitgebers erheblich über den ursprünglich bezweckten Willkürschutz*[717] hinaus *eingeschränkt ist,* dürfte die neoklassische Auffassung das derzeitige Beschäftigungsproblem hauptsächlich auf den *Umfang dieses Schutzstandards* im Kündigungsrecht zurückführen.

b) Der keynesianische Ansatz einer Beschäftigungstheorie

aa) Erklärungsmodell

Von ihrem Grundgedanken her geht das keynesianische Erklärungsmodell[718] davon aus, daß nicht das Angebot die Nachfrage, sondern die *effektive Nachfrage*

---

714 Vgl. Teil 3 der Arbeit.

715 vgl. Teil 3 der Arbeit.

716 Vgl. Keller, S. 306; Brandes/Buttler/Dorndorf/Walwei, S. 111ff. (124f.).

717 ausdrücklich: Wiedemann, RdA 1961, S. 1ff. m.w.N.; z.B. Bindungsrecht durch Rückzahlungsklauseln, BAG v. 9.6.1993, EzA, § 1 Gratifikation Prämie, vor Kündigungsfristengesetz.

718 Vgl. Berthold/Fehn, WiSt 1995, S. 110f.; Felderer/Homburg, S. 98ff.; Fischer/Heier, S. 70ff.; Keller, S. 338ff. Bestandteile der effektiven Nachfrage in Abhägigkeit von technischen, psychologischen und demographischen Parametern als Gesamtfunktion.

das Angebot von Produktions- und Dienstleistungsunternehmen bestimmt. Die Nachfrage auf dem Arbeitsmarkt wird von der Gesamtnachfrage auf dem Gütermarkt (Konsumgüter, Investitionsgüternachfrage) abgeleitet.[719] Das Konsumverhalten der Haushalte hängt in erster Linie, aber nicht allein, von deren laufenden Realeinkommen ab, wobei durch Sparverhalten das Einkommen nicht vollständig nachfragewirksam wird.[720] Hinsichtlich der Investitionsnachfrage als zweiter Komponente der Gesamtnachfrage werden Unsicherheitsfaktoren in der Investitionsplanung des nachfragenden Unternehmens angenommen, die sich vor allem in Form von Erwartungen zukünftigen Kapitalertrags darstellt.[721] Sinkt die Gesamtnachfrage an Waren und Dienstleistungen, wird die Produktion eingeschränkt und die Nachfrage nach Arbeit gedrosselt. Wird die Gesamtnachfrage größer, können mehr Investitions- und Konsumgüter abgesetzt werden. Das Einkommen daraus fließt zum Teil wieder in den Konsum, so daß eine "Kettenreaktion" vorliegt. Die durch die Nachfrage bestimmte Produktion schafft den Bedarf an Arbeitskräften und bestimmt den Beschäftigungsstand. Ein Charakteristikum der keynesianischen Sicht des Arbeitsmarktes ist, im Gegensatz zu den Prämissen der (Neo-)Klassik, die Annahme nicht flexibler Löhne. Diese bleiben aufgrund institutioneller Einflüsse (Tarifverträge) starr.[722]

Der keynesianische Ansatz erklärt *Arbeitslosigkeit* aus Störungen auf dem Gütermarkt (Gesamtnachfrage) und dem daraus folgenden Anpassungsverhalten der Unternehmen. Muß das Produktionsniveau eingeschränkt werden und paßt es sich damit der Nachfrage (Gleichgewicht auf dem Gütermarkt) an, führt dies konsequenterweise zur Rationierung der Arbeitsmenge durch Entlassungen bzw. Sinken der Nachfrage nach Arbeitskräften.[723] Es entsteht ein Gleichgewicht (Gütermarkt) bei Unterbeschäftigung (Arbeitsmarkt).

Insofern ist Hauptgegenstand der keynesianisch orientierten Analysen zumeist die Nachfrageentwicklung im In- und Ausland.[724] Unter keynesianischer Betrachtungsweise ist der Lohn Maß der Kaufkraft bzw. der Nachfrage-Effektivität. Nach der Prämisse institutionell fixierter Löhne erscheint eine Nominallohnsenkung ohne erheblichen Widerstand der Arbeitnehmerschaft nicht möglich.[725]

---

719 Vgl. Lachmann, S. 144ff.; Felderer/Homburg, S. 102f.; Keller, S. 339.

720 Zur graphischen Darstellung dieser Zusammenhänge Felderer/Homburg, S. 103ff. (105); Keller, S. 338.

721 Vgl. Felderer/Homburg, S. 103ff. (105); Fischer/Heier, S. 76; Keller, S. 339.

722 Vgl. Fischer/Heier, S. 77; Keller, S. 339f.

723 Bei Brandt, S. 16ff.; Cezanne, S. 376ff.; Keller, S. 338.

724 Vgl. z.B. WSI-Projektgruppe Prognose, WSI-Mitt. 1995, S. 277ff. (286); WSI-Mitt. 1996, S. 281ff. (282); auch Zöllner, 52. DJT, D32ff.

725 Vgl. Fischer/Heier, S. 85f.

Im keynesianischen Grundmodell wird *dem Staat* die Aufgabe zugewiesen, gesamtwirtschaftliche Nachfragedefizite durch Ausgabenerhöhungen zu kompensieren, um Aktivitätsschwankungen der Wirtschaft auszugleichen (nachfrageorientierte Konjunktur- und Beschäftigungspolitik). Der Staat hat damit, anders als im (neo-)klassischen Sinne, nicht nur äußere Ordnungsfunktion, sondern greift durch Ausgabenpolitik in das Marktgeschehen ein.[726] Dies allerdings *nur solange*, bis der entsprechende Beschäftigungsimpuls greift. Aus dieser Befürwortung eines begrenzten staatlichen Eingreifens wird eine generell *positive Einstellung zu staatlichen Regelungsaktivitäten* auch mit Blick auf ökonomisch wirksame Kündigungsrestriktionen angenommen.[727]

bb) Wirkung institutionellen Bestandsschutzes

Aus diesem Blickwinkel dürfte der durch die Regelungen des Kündigungsschutzes erzeugte *Stabilitätseffekt* zum *Erhalt nachfragewirksamen Einkommens* stärkere Betonung finden[728]:

Ungeschützte, instabile Arbeitsverhältnisse, raschere (Konjunkturzyklen folgende) Entlassungsmöglichkeiten und damit ein schnellerer Arbeitsplatzverlust führen zum Wegfall von Einkommen z.B. durch Bezug von geminderten Lohnersatzleistungen. Dies kann eine Eindämmung der Konsumbereitschaft Beschäftigungsloser zur Folge haben. So könnte staatlich unkontrollierte Massenfreisetzung von Arbeitnehmern zu "Kettenreaktionen" entsprechenden Nachfragerückgangs auf dem Gütermarkt mit Produktionsdrosselung und weiterem Beschäftigungsabbau beitragen. Konsumeinschränkend wirkte sich gegebenenfalls auch ein Sparverhalten der Arbeitnehmer aus, mit dem sie versuchen, existentielle Unsicherheiten wegen potentiell instabiler Arbeitsverhältnisse finanziell abzusichern.

Freilich ist beachtlich, daß eine keynesianische Sichtweise dem Staat zwar mehr Vertrauen im Hinblick auf dessen Einsichtsfähigkeit ökonomischer Entscheidungen und Regelungsaktivitäten entgegenbringt, jedoch auch beinhaltet, daß eine Intervention des Staates in das Marktgeschehen nach Eintritt von Beschäftigungsimpulsen zurückgeführt werden sollte.

Übertragen auf die Regelungen des Kündigungsschutzes könnte diese *tendenzielle Zielrichtung* als ein Vertrauensmoment gegenüber Gesetzgebung und

726 Vgl. Keller, S. 340f. mit Rückschau auf keynesianische Ansätze in der Wirtschaftspolitik der Bundesrepublik.

727 Vgl. Dörsam, IAW-Mitt. 1995, S. 13ff. (16).

728 zu diesem Effekt gesetzlichen Kündigungsschutzes, allerdings nicht mit Bezug auf eine speziell keynesianische Auffassung, Brandes/Buttler/Dorndorf/Walwei, S. 111ff. (115ff.).

Gerichten interpretiert werden, das *ökonomisch vertretbare Maße an Regelungsintensität* einschätzen und weitgehende Regelungseingriffe gegebenenfalls wieder zurückführen zu können. Gerade *dieses Maß an Bestandsschutz richtig eingeschätzt* zu haben, wird aber mit Blick auf das unter Teil 1 B der Untersuchung dargestellte Niveau des deutschen Kündigungsschutzes und mit Blick auf den derzeitigen Beschäftigungsstand auch aus keynesianischer Sicht in Zweifel zu ziehen sein.[729]

c) Von der (Neo-)Klassik abgeleitete Ansätze[730]

Unter dem Eindruck gesellschaftlicher Wandlungsprozesse in den Arbeitsbeziehungen wurden die *Paradigmen der Klassik* früh angezweifelt[731], denn die "Ware Arbeit" kann nicht vom Menschen und seinem Handeln getrennt werden.[732] Insofern haben sich auch in der Ökonomie neue Theorien entwickelt, die dem (neo-)klassischen Gedankengut zwar noch verpflichtet sind, jedoch versuchen, besonders *in bezug auf die Besonderheiten der Arbeitsbeziehungen* ihre Modellannahmen *realitätsnäher* zu gestalten und mit empirischen Befunden zu untermauern.[733] Die neuere Analyse von Institutionen im Arbeitsmarkt hat auch dem Kündigungsschutz besondere Aufmerksamkeit gewidmet.[734]

Nachstehend sollen aus dem neueren Erklärungsspektrum im wesentlichen die *Humankapital-, Kontrakt-, Such- und Effizienzlohn- sowie insider/outsider Theorien angeführt* werden.[735]

---

729 näher dazu Dörsam, IAW-Mitt. 1995, S. 13ff. (16).

730 Vgl. Berthold/Fehn, WiSt 1995, S. 110ff (115f.); Brandt, S. 23ff.; Franz, Ökonomik, S. 306ff.; Keller, S. 309ff.; Sesselmeier/Blauermel, S. 61ff.; angesprochen in: Monopolkommission, S. 373ff.

731 Vgl. Keller, S. 308f.

732 Vgl. Franz, Ökonomik, S. 307.

733 Vgl. Sesselmeier/Blauermel, S. 61ff.

734 Vgl. Wagner/Jahn, Neue Arbeitsmarkttheorien, S. 193ff.

735 vertiefend zu weiteren Untertheorien Keller, S. 315ff.; Sesselmeyer/Blauermel, S. 97ff., 153ff.

aa) Humankapitaltheorien

(a) Erklärungsmodell

Humankapitaltheorien[736] versuchen, persistente Arbeitslosigkeit u.a. mit Selektionsprozessen auf dem Arbeitsmarkt zu erklären. Nach den Humankapitaltheorien wird die Heterogenität des Faktors Arbeit bezweifelt, denn die Produktivität der einzelnen Individuen ist unterschiedlich. An dieser Prämisse richtet sich die Bestimmung des Lohnes aus, so daß schon deshalb generelle Aussagen zu einer uneingeschränkten Lohnflexibilität (klassischer Ansatz) nicht möglich sind.

Die arbeitsuchenden Marktteilnehmer einerseits investieren in unterschiedlichster Weise in die Qualität ihrer Arbeitskraft und versuchen, ökonomisch rational handelnd, eine Kompensation der Investitionskosten (z.B. Ausbildungskosten) durch Maximierung des Lebenseinkommens zu erreichen. Mit entsprechenden Einkommensvorstellungen treten sie an die Arbeitgeber heran.[737] Da unterschiedliche Qualifikationsgrade und realisierbare Lohnvorstellungen herrschen, kommt es zur Bildung von *Teilarbeitsmärkten,* zwischen denen zu wechseln für den Arbeitsuchenden zunehmend schwieriger wird (Abschirmungseffekt).[738] Arbeitslosigkeit führt zum Verlust (berufs- bzw. betriebsspezifischen) Humankapitals, wobei auf seiten des Arbeitnehmers Gewöhnungseffekte an die Situation des durch Sozialleistungen aufgefangenen Lebensstandards eine weitere Investition in sein Humankapital verhindern können.[739]

Andererseits ist zu berücksichtigen, daß etwa durch Ausbildungsmaßnahmen des Unternehmens (Arbeitgebers) selbst ("training on the job-Programme") auch von dort, je nach Investitionsleistung, ein reges Interesse an der Erhaltung bestimmter Teilarbeitsmärkte besteht.[740] Die Bindung des betriebsspezifisch investierten Humankapitals (gegen Arbeitnehmerkündigungen) erfolgt über die Lohnhöhe. Längere Arbeitslosigkeit eines Arbeitnachfragers wird als Indiz für geringere Qualifikation gewertet, so daß Eintrittschancen in den Markt zu einem markträumenden Lohnniveau nicht gewährleistet sind.

Als Folge dieser angenommenen Zusammenhänge läßt sich die Selektivität des Einstellungs- und Entlassungsverhaltens der Unternehmer sowie das Kündi-

736 Vgl. Berthold/Fehn, WiSt 1995, S. 116; Keller, S.309 ff. ausführlich und ausdifferenzierend zur Entstehung und Bewertung des Humankapitals m.w.N.; Sesselmeier/Blauermel, S. 65ff.

737 Vgl. Keller, S. 310 m.w.N.

738 Vgl. Keller, S. 310f. m.w.N.

739 Vgl. Berthold/Fehn, WiSt 1995, S. 116.

740 Vgl. Keller, S. 311. m.w.N.

gungsverhalten der Arbeitnehmer ableiten.[741] Zu Entwicklung und Wertung des Humankapitals auf dem Arbeitsmarkt und mit Bezug darauf des Versagens klassischer Gleichgewichtskräfte (Hemmnis an Unterbietungswettbewerb) leisten die Humankapitaltheorien einen wichtigen Beitrag. Offen bleibt allerdings die Frage, warum bei Relevanz des Humankapitals für die Lohnbildung geringer qualifizierte Arbeitnehmer keine Lohnunterbietung vornehmen (können).[742] Die Theorien erklären zudem in erster Linie den Grund freiwilliger Arbeitslosigkeit, da durch die als alleine beschäftigungsrelevant bewertete Qualifikation des Arbeitsanbieters der Arbeitslosigkeit mit Qualifikationsmaßnahmen entgegengetreten werden könnte.[743]

(b) Wirkung institutionellen Bestandsschutzes

Der Humankapitalansatz legt eine Verbindung von Bildung, Erhaltung und Einsatz des Humankapitals mit institutionellem Kündigungsschutz nahe. Kündigungsschutz, so ließe sich argumentieren, trägt arbeitgeberseitig dazu bei, firmenspezifische Humankapitalinvestitionen im Beschäftigungsverhältnis zu erhalten und zu entwickeln.[744] Arbeitnehmerseitig könnte die Aussicht auf Arbeitsplatzstabilität als *Anreiz zur Qualifikation* bzw. Annahme firmeneigener *Qualifikationsofferten* verstanden werden. Die Aussicht auf effektiven Schutz gegen sofortige Entlassung bei wirtschaftlichen Engpässen baut die Furcht des Arbeitnehmers ab, unter Umständen "fehlinvestiv" tätig geworden zu sein. Kündigungsschutz und Qualifikationswille stünden gleichsam in Wechselwirkung.

Andererseits erscheint die Annahme einer Kausalität zwischen hohem Arbeitsplatzschutz und Anreizen auf die Arbeitgeberseite zum Erhalt und Ausbau von Humankapitalinvestitionen eher zweifelhaft, zumindest aber wird es einer differenzierten Betrachtungsweise bedürfen. So wird sich im betrieblichen Beschäftigungssegment hoch qualifizierter Arbeitnehmer die Bedeutung von Kündigungsschutz als eher neutral darstellen. Im Segment gering qualifizierter und/oder älterer (und damit als leistungsschwächer geltender) Arbeitnehmer kann Kündigungsschutz für den Beschäftigungszugang dagegen als einflußnehmender Faktor verstanden werden:

Im Bereich hoher und gehobener Qualifikationen (Ausbildungsqualifikation und Berufserfahrung) ist die Beschäftigung bei Anreizlöhnen oberhalb des Wertgrenzproduktes nachvollziehbar.[745] Der durch den Anreizlohnsatz zum

741 kritisch Keller, S. 311f.
742 Vgl. Berthold/Fehn, WiSt 1995, S. 116.
743 Vgl. Keller, S. 311f m.w.N.
744 Vgl. Ansatz bei Brandes/Buttler/Dorndorf/Walwei, S. 111ff. (116) m.w.N.
745 Vgl. Ochel, Ifo-Schnelldienst, S. 13.

Ausdruck kommende Bindungswille des Arbeitgebers verdeutlicht zugleich, daß die rechtlich angeordnete Bindung des Bestandsschutzes wegen des *ohnehin vom Unternehmer gewünschten Zustandes einer Bindung* des Humankapitals in seiner (negativen) Bedeutung zurücktritt.

Problematischer gestaltet sich die Wirkung des Kündigungsschutzes jedoch dort, wo bei geringerer Qualifikation Humankapital mit dem Lohnsatz beim Wertgrenzprodukt der Arbeit liegt, durch Kündigungsschutz keine Steigerung des Humankapitals befördert werden kann und Kündigungsschutz als quasi fixer Kostenfaktor[746] die erwartete Produktivität des Arbeitnehmers gegebenenfalls übersteigt. Sind die Kosten des Kündigungsschutzes neben anderen Kosten *unflexibel* hoch, so werden Substitutiveffekte (z.B. Einsatz von Maschinen) vor Humankapitalinvestitionen befördert. Dies führt bei ausgeschiedenen, (vor allem qualifikationsschwachen) Arbeitnehmern zu einer Verlängerung der in Arbeitslosigkeit zurückgelegten Zeit und damit weiter zu einem Humankapitalverfall und noch geringeren Beschäftigungschancen.[747]

Kündigungsschutz erhielte nach dem Humankapitalansatz unter dem Gesichtspunkt des *Beschäftigungsanreizes* Relevanz, wenn er weitgehend *dispositiv,* d.h. neben dem Lohnsatz als variabler Beschäftigungsinhalt verhandelbar wäre. Kündigungsschutz könnte unmittelbar als "Gegenleistung" des Unternehmens für Arbeitnehmerqualifikation gewährt werden.[748] Anders gewendet: könnte dagegen zurückgenommener Kündigungsschutz bei geringfügigerer Qualifikation die Einstellungschancen des Arbeitnehmers erhöhen.

Ein im wesentlichen inhaltlich nicht zur Disposition der Vertragsparteien stehendes Niveau des Kündigungsschutzes spräche damit für eine Verstärkung von Zugangssperren in letztgenanntem Beschäftigungssegment der geringer Qualifizierten.

Hinzu kommt eine im hier vorgestellten Kündigungsschutzrecht (Teil 1 B.) angelegte Benachteiligung des Leistungsprinzips. Dabei dürften sowohl die Maßstäbe der Änderungskündigung mit einer gegebenenfalls nachteiligen Arbeitsplatzveränderung breiter qualifizierter Arbeitnehmer[749], wie auch die Restriktion eines Erhalts von Sonderqualifikations- oder Leistungsmerkmalen bei Beendigungskündigungen (Sozialauswahl) auf Erhalt und Entwicklung von Humankapital im Unternehmen nachteilig wirken. Vor diesem Hintergrund hatte denn auch das ArbRBeschFG'96 einen Beschäftigungsanreiz über die stärkere

746 Teil 2 A. II.
747 Vgl. Soltwedel et al 1990, S. 150f.; ältere Arbeitnehmer sind besonders betroffen.
748 näher bei Brandes/Buttler/Dorndorf/Walwei, S. 111ff. (116) m.w.N.
749 Teil 1, B.II.3.c); Schwerdtner, NJW 1987, S. 1607f.

Betonung des Qualifikationsgedankens (Leistungsfähigkeits- und Qualifikationsmerkmale als Ausnahme von der Sozialauswahl[750]) angestrebt.

bb) Kontrakttheorien

(a) Erklärungsmodell

Auf Besonderheiten des Arbeitskontraktes gehen die Kontrakttheorien ein.[751] Hiernach ist der Arbeitsvertrag ein *unvollständiger Vertrag*. Längerfristige Arbeitslosigkeit wird im wesentlichen auf Störungen des beschäftigungsrelevanten Gleichgewichtsmechanismus infolge *vertraglicher Spezifika* zurückgeführt.

Durch *Transparenzdefizite* auf dem Arbeitsmarkt und Informationsmängel entstehen bei den Akteuren Risiken in der Einschätzung zukünftiger Ereignisse etwa hinsichtlich der Entwicklung von Löhnen und Güterpreisen. Arbeitnehmer streben nach größerer Arbeitsplatzsicherheit gegen Inkaufnahme zwar niedrigerer, aber sich stetig entwickelnder Löhne. Mit Blick auf Marktrisiken kommt diese Einstellung Unternehmen (Arbeitgebern) entgegen. Risiken dieser Art werden unausgesprochen, gleichsam als eine nicht justitiable Geschäftsgrundlage neben ausdrücklichen Inhalten in den Arbeitsvertrag aufgenommen. Es handelt sich damit um die angenommene stille Vereinbarung eines *risk sharing*. Der Lohn wird gegen Arbeitsplatzsicherheit unterhalb des Wertgrenzproduktes der Arbeit vereinbart. Damit ist die Lohnentwicklung den klassischen Gleichgewichtsmechanismen entzogen.

Die Kontrakttheorie erklärt, daß bei Angebotsüberhängen auf dem Gütermarkt eher mit Kurzarbeit statt mit drastischer Lohnsenkung reagiert wird und die Unternehmen eher dazu neigen, Entlassung zu vermeiden oder zumindest zu verzögern. Die Besonderheit der "stillen Lohnvereinbarung" liegt in einer Art unausgesprochenen Versicherungsprinzip, das keine Garantie des Entlassungsschutzes bietet, wohl aber Entlassungsrisiken über den Lohn mindert.[752] Das Unternehmen hat Interesse an diesen Vereinbarungen, da die Arbeitnehmer eine Art Prämie in Form niedriger Löhne akzeptieren. Hinzu kommen die Bindung von Humankapital und die Ersparnis von Transaktionskosten. Die Entlassungsri-

---

750 Vgl. Teil 1, B.II.2.f.)aa); str. U. Preis, NZA 1997, S. 1075ff. (1082f.).

751 Vgl. auch Theorie von den impliziten Kontrakten, u.a. Brandes/Buttler/Dorndorf/Walwei, S. 115f.; Franz, Ökonomik, S. 308f.; Keller, S. 318f.; Sesselmeier/Blauermel, S. 145ff. Walwei, IAB-topics Nr. 48 (2002), S. 19f, BeitrAB 2002, S. 95.

752 zu allem Brandes/Buttler/Dorndorf/Walwei, S. 115f.; Franz, Ökonomik, S. 308f.; Keller, S. 318f. m.w.N.; Sesselmeier/Blauermel, S. 146.

siken sind selektiv, d.h. bei denjenigen am höchsten, die geringer qualifiziert sind. Ihr "Versicherungsschutz" ist i.d.R. gering.[753]

Die Kontrakttheorie erklärt sicherlich zutreffend, warum Reallöhne eine Zeitlang über dem Wertgrenzprodukt der Arbeit liegen können. An der Kontrakttheorie ist allerdings bemängelt worden, daß sie in der Annahme einer "stillen Vereinbarung" ein stark spekulatives Element in sich trage, das theoretisch denkbar, empirisch jedoch schwer zu veranschaulichen sei.[754]

(b) Wirkung institutionellen Bestandsschutzes

Wäre Kündigungsschutz disponibel, so ergäbe sich die verstärkte Möglichkeit einer "Versicherungsabsprache". Der Umfang des Kündigungsschutzes wäre mit dem Lohnsatz verrechenbar. Geringerer Lohn könnte mit höherer Arbeitsplatzsicherheit bzw. mit einer Absenkung von Einstellungsbarrieren im Segment der weniger qualifizierten Arbeitnehmer einhergehen.

Der Umstand gleichmäßig institutionell durch Gesetz und Rechtsprechung garantierten Kündigungsschutzes läßt hingegen eine verhandelbare Individualisierung von risk sharing-Verträgen zumindest mit Blick auf den Bestandsschutz kaum[755] zu. Indessen erscheinen die im Ansatz der Kontrakttheorie als unvollkommen angenommenen Arbeitsverträge und selektiven stillen Übereinkommen gerade durch allgemeinverbindliche Bestimmung des Kündigungsrechts weiter verringert. Damit spricht institutioneller Bestandsschutz einerseits für eine Verminderung von Transparenzdefiziten im Vertragsrecht. Andererseits wird aber auch ersichtlich, daß einem risk sharing in Form bewußter Risikoverteilung mit den Faktoren Lohn und Beschäftigungssicherung positive Funktion für die Einstellungsbereitschaft des Unternehmens zugewiesen werden könnte. Zumindest im Hinblick auf letztgenannten Aspekt zeitigt in wesentlichen Teilen *nicht individualisierbarer Kündigungsschutz* marktzugangshemmende Wirkung mit einer Begünstigung von Teilarbeitsmärkten.

753 Vgl. Keller, S. 318.

754 Vgl. Kritik von Keller, S. 318f; Franz, Ökonomik, S. 306ff. m.w.N.

755 In Grenzen ist die Vereinbarung befristeter Arbeitsverhältnisse nach BeschFG als "risk sharing" interpretierbar.

cc) *Such- und Effizienzlohntheorien*

(a) *Erklärungsmodelle*

Such- und *Effizienzlohntheorien*[756] stellen ebenfalls die Prämissenbildung klassischer (Arbeits-)Marktvollkommenheit und damit den Gleichgewichtsmechanismus infrage. Bei der *Suchtheorie* stehen hierbei die *Umstände des Arbeitsplatzwechsels* im Mittelpunkt der Betrachtung:

Arbeitsanbieter orientieren sich risikoneutral und ohne Zeitpräferenz ausschließlich an Lohnsätzen.[757] Sie akzeptieren einen Arbeitsplatz dann, wenn der Anspruchslohn angemessen erscheint. Die Suchzeit eines Arbeitsplatzes hängt hierbei in erster Linie auch von den Suchkosten (z.B. Aufwendungen zur Informationsbeschaffung) ab. Durch dieses opportunistische Verhalten kann es zur Beendigung eines Arbeitsverhältnisses kommen, wenn dieses den genannten Ansprüchen nicht mehr entspricht. Die Beendigung des Arbeitsverhältnisses wird in erster Linie als freiwillig arbeitnehmerbedingt angesehen, mit der Folge *freiwilliger* Beschäftigungslosigkeit. Zwar herrschen Mangel an Transparenz und Information über Arbeitsangebot, über notwendige Berufsqualifikation, sektorale oder regionale Gegebenheiten[758], doch kann dieser Mangel überwunden werden bzw. impliziert eine Nichtüberwindung der Informationsmängel selbstverschuldete Arbeitslosigkeit.[759]

Die *Effizienzlohntheorien*[760] gehen von der Unvollkommenheit klarer Leistungsbestimmungen im *Arbeitsvertrag* aus, die den Lohnunterbietungsmechanismus hemmen mit der Folge, daß der neoklassische Ansatz zum Beschäftigungsgleichgewicht nicht greift.

---

756 Vgl. Berthold/Fehn, WiSt, 1995, S. 112; Fischer/Heier, S. 109f.; Franz, Ökonomik, S. 311f.; Keller, S. 320ff., mit vier weiteren Varianten der Effizienztheorie, die gemeinsam von der Annahme ausgehen, daß es für Unternehmen rational sein kann, über dem marktnormalen Niveau liegende Löhne zu zahlen; Sesselmeier/Blauermel, S. 80ff.

757 Vgl. Keller, S. 320; Sesselmeier/Blauermel, S. 80f.

758 Diese Form wird auch als mismatch-Arbeitslosigkeit bezeichnet; zu friktioneller und struktureller Arbeitslosigkeit auch Sengenberger, WSI-Mitt. 1977, S. 213ff.; Brandt, S. 16ff.; Lachmann, S. 207ff.

759 Vgl. im einzelnen Schäfer/Ott, S. 308ff.; Buttler/Walwei, MittAB 1990, S. 386ff. (389), Hinweis auf Ableitungen aus der "Spieltheorie" und dem dort beschriebenen Phänomen des "Gefangenen-Dilemmas".

760 Vgl. Berthold/Fehn, WiSt, 1995, S. 112; Brandt, S. 21ff., mit der Darstellung verschiedener Ansätze dieser Theorie; Franz, Ökonomik, S. 320ff.; Keller, S. 321ff.; Sesselmeier/Blauermel, S. 153ff.; Monopolkommission, S. 373f. mit Bewertung.

Hochlohnarbeitslosigkeit tritt vornehmlich als *Interessenkonflikt zwischen Arbeitgebern und Arbeitslosen* auf.[761] Da wegen natürlicher Informationsmängel Arbeitsleistungen nicht vollständig kontrolliert werden können, bleibt diese Leistung (Produktivität) oftmals hinter dem Lohn zurück. Das Unternehmen versucht nun *seinerseits,* beispielsweise durch entsprechend gestaltete Lohnsätze, Leistungsanreize zu schaffen, um die Arbeitsproduktivität durch Lohnerhöhung zu steigern. Bindungs- und Disziplinierungszwecke der Lohngestaltung sind diesem Unterfangen eigen.[762]

Auch können Fluktuationsminimierungen oder eine Auslese Grund dafür sein, daß Löhne – entgegen ökonomisch rationaler Begründbarkeit –, auch wenn es wirtschaftlich angezeigt wäre, nicht gesenkt werden und stattdessen die Beschäftigungsmenge verringert wird.[763]

Arbeitslose dringen auch mit marktunterbietenden Löhnen nicht mehr zur Beschäftigung durch.[764] Damit wird der produktivitätsrelevante Aspekt des Lohnsatzes erklärt, aber nicht vollständig dessen dauerhafte Abweichung vom Gleichgewichtsprozeß. Im übrigen bleibt wohl bei den Effizienzlohntheorien eine ökonomische Erklärung der Institution Gewerkschaft offen.[765]

(b) Wirkung institutionellen Bestandsschutzes

Man könnte nach vorstehender Modellvorstellung die ökonomische Interpretation des Kündigungsschutzes in deren Überlegungen einbinden[766], indem Kündigungsschutz als Form zusätzlicher Entlohnung aufgefaßt wird. Mit Blick auf den Effizienzgedanken stellt sich die Frage nach *Effizienzgewinn durch* exogen geregelten allgemeinen Kündigungsschutz.

Hierbei dürften die angeführten tranksaktionskostentheoretischen Argumente sowie die dem allgemeinen Bestandsschutz unterstellten Stabilisierungseffekte in den Vordergrund zu stellen sein.[767]

Bezug genommen wird u.a. auf den ökonomischen Gesichtspunkt, daß gesetzlicher Kündigungsschutz stetige Neuverhandlungen über einzelne Kündigungsbedingungen überflüssig mache und *Kooperationsbereitschaft bzw.* -

---

761 Vgl. Berthold/Fehn, WiSt 1995, S. 112.
762 Vgl. weitere Einzelheiten verschiedener Ansätze bei Brandt, S. 21f.
763 Vgl. Franz, Ökonomik, S. 311f.; Keller, S. 226.
764 Vgl. zur Abgrenzung Brandt, S. 19ff.; Keller, S. 36 u. 236.; Franz, Ökonomik, S. 302ff.; Wagner/Jahn, S. 164ff.
765 Vgl. Berthold/Fehn, WiSt 1995, S. 112.
766 Vgl. Brandes/Buttler/Dorndorf/Walwei, S. 111ff. (114, 126f.) m.w.N.
767 Vgl. Brandes/Buttler/Dorndorf/Walwei, S. 111ff. (114, 126f.) m.w.N. zu einzelnen Autoren.

fähigkeit im Beschäftigungsverhältnis stärke. Ferner führten, bei einem angenommenen Mangel an Information über Qualifikationsstand und Leistungsbereitschaft des Arbeitnehmers, klar geregelte Grunddaten des Kündigungsschutzes arbeitgeberseitig nicht zur Gefahr, mit aufwendigen Kündigungsschutzvereinbarungen eine kostenträchtige Fehlinvestition vorzunehmen.[768]

Auch scheint – mit Blick auf Regelungsmotivationen anderer Länder und Rechtskreise – das Argument vom betriebswirtschaftlichen und gesamtwirtschaftlichen Effizienzgewinn bis zu einem gewissen Ausgestaltungsgrad des Kündigungsschutzes Tragfähigkeit zu besitzen. So haben beispielsweise die angloamerikanischen Staaten transaktionskosten- und effizienztheoretische Argumente durchaus zur Grundlage der Etablierung allgemeinen Kündigungsschutzes gemacht.[769] Das Verfahren über den Interessenausgleich und beschäftigungserhaltende Sozialpläne erfährt nach deutschem Recht gerade aus diesem Blickwinkel eine ökonomische Rechtfertigung.[770]

Gleichwohl wird erkennbar, daß es für die Beurteilung des Effizienzarguments im Zusammenhang mit dem Kündigungsschutz davon abhängt, welches *Maß* an Bestandsschutz diesen positiven Effekt aufrechterhält, ohne zugleich negative Kosteneffekte überkompensierend zu begünstigen. Dabei wird unter Berücksichtigung der unter Teil 1 dargestellten Schutzintensität ein gegenläufig entstehendes Transaktionskostenpotential abzuleiten sein.

Mit Blick auf Restriktionen durch das Recht der betriebsbedingten Änderungskündigung wird eine Anpassung gewährten Effizienzlohns tendenziell verlangsamt oder sogar verhindert. Selbst wenn der Unternehmer unter dem Gesichtspunkt des Beschäftigungszugangs eine Anpassung des Lohnsatzes vornehmen wollte (Gleichgewichtslohnsatz), stehen dem institutionelle Schranken entgegen.

---

768 Vgl. im einzelnen Brandes/Buttler/Dorndorf/Walwei, S. 126f. m.w.N.

769 Vgl. Teil 3; z.B. Abbau von Streiks, zeitraubende Verhandlungstaktiken und Koordinationsabläufe etc.

770 Bosch, WSI-Mitt. 1995, S. 422ff.; Neumann/Spies, WSI-Mitt. 1995, S. 431ff. (433); Kraushaar, BB 2000, S. 1622ff.

dd) Insider/Outsider-Theorien (IOT)

(a) Erklärungsmodelle

Abzugrenzen von den vorstehenden Effizienzlohntheorien sind die *Insider/Outsider-Ansätze* (IOT).[771] Nach den IOT liegen die Ursachen persistenter Arbeitslosigkeit begründet im *Interessenkonflikt zwischen beschäftigten (insidern) und nicht beschäftigten (outsidern) Arbeitnehmern.*[772] *Dieser Interessenkonflikt wird befördert* durch *institutionellen* Schutz der Insider. Von der Ordnungsquelle her stehen hierbei die durch die Institution der Gewerkschaft verbindlich gehaltenen Regelungen des Tarifvertrages (Sicherung durch TVG) sowie sonstige institutionelle Regelwerke im Vordergrund.[773]

Die Theorie in ihrem hier vereinfachten Grundmodell unterscheidet Insider (beschäftigte Personen), Entrants (Personen, die gerade eingearbeitet werden) und Outsider (nicht beschäftigte Personen).[774] Zu Arbeitslosigkeit kommt es dann, wenn Entlassungen im Unternehmen stattfinden und zunächst für einen gewissen Zeitraum eine Situation entsteht, in der die im Unternehmen verbleibenden Beschäftigten den Nichtbeschäftigten mit unterschiedlichen Präferenzen gegenüberstehen. Während insider mehr auf Lohn als auf Beschäftigungswachstum setzen, verhält es sich bei outsidern i.d.R. umgekehrt.[775]

Institutionelle Regelungen, wie etwa (tariflich ergänzte) Vorschriften zur Beendigung von Arbeitsverhältnissen, sind in ihrer Handhabung für das Unternehmen grundsätzlich mit Kosten verbunden (Teil 2, 1. Abschnitt A.), die im Bereich der Entlassung, Neueinstellung und Einarbeitung entstehen (*vermeidbare Ressourcekosten*).[776] Sie sollen aus der Sicht des Unternehmens so gering wie möglich gehalten werden, indem z.B. Entlassungen vermieden oder verzögert werden. Dadurch entsteht aber auch eine stärkere *Bindung* der *beschäftigten* verbleibenden Mitarbeiter an das Unternehmen.[777] Die IOT geht davon aus, daß sich insider jener mit ihrer Person verbundenen Kostenwirkung auf das Unternehmen bewußt sind und diesen Umstand bei der Ausübung einer entsprechen-

771 zur Stellung der IOT im Rahmen der Arbeitsmarkt-, besonders der Effizienzlohntheorien, Brandt, S. 21f.; Wagner/Jahn, Neue Arbeitsmarkttheorien, S. 164f.

772 zu integrierten Gedanken der Effizienzlohntheorien Brandt, S. 21f.; Berthold/Fehn, WiSt 1995, S. 113; Franz, Ökonomik, S. 302ff.; Keller, S. 334; Sesselmeier/Blauermel, S. 175ff.

773 Vgl. Wagner/Jahn, S. 148ff.: zu Bedingungen einer Monopolgewerkschaft und Verhandlungsmodellen, zu denen auch die IOT gehört.

774 Keller, S. 334ff.; Sesselmeier/Blauermel, S. 175 ff.

775 Vgl. Wagner/Jahn, Neue Arbeitsmarkttheorien, S. 165; Franz, Ökonomik, S. 302.

776 Vgl. Brandt, S. 23f. m.w.N.

777 Vgl. Brandt, S. 21f.

den Verhandlungsmacht (etwa über Gewerkschaften) in *individuellen* oder *kollektiven*[778] Lohnverhandlungen nutzen.

Die Interessen der Berufseinsteiger (Entrants), die einer kostenaufwendigen Einarbeitungszeit bedürften[779], sowie die Belange der outsider, also bereits ausgebildeter Arbeitsloser, nehmen hingegen auf den beschriebenen Prozeß der Lohngestaltung keinen wesentlichen Einfluß mehr.[780] Die durch die insider bereits geschaffene Lohnhöhe kann von den outsidern nicht mehr unterboten werden. Hierzu tragen zum einen Allgemeinverbindlichkeitserklärungen der Tarifabschlüsse, aber auch psychologische Effekte bei, bei denen aus Sicht des Unternehmens die Humankapitalentwertung bzw. die Produktivität zu allgemeinen Lohn/-Lohnnebenkosten von Arbeitslosen ins Gewicht fällt. Schließlich mag aus Sicht des Unternehmens die Inaussichtnahme eines (u.a. durch gesetzlichen Bestandsschutz unterstützten) starken Insiderstatus an sich schon gegen die Gewähr des Beschäftigungs-Eintritts sprechen.[781]

Der herrschende *Marktzugangskonflikt zwischen Arbeitnehmern und Arbeitslosen* wird also im Ergebnis von institutionellen *Entlassungsschranken mittelbar* verursacht oder zumindest befördert. Darin liegt ein Dilemma[782] institutioneller Garantien als Tore (gates) zur und aus der Beschäftigung. Die Geschwindigkeit, in der sie sich öffnen und schließen, hängt u.a. von der inhaltlichen Verfestigung der Bindungsgarantien zugunsten der Insider ab.[783]

(b) Wirkung institutionellen Bestandsschutzes

Eine Integration des Kündigungsschutzes in das Modell der Insider/Outsider-Theorie begründet sich dergestalt, daß institutionell gesicherter insider- Bestandsschutz den IOT-Effekt zumindest *mittelbar verstärkt:*

Unflexibel starker Kündigungsschutz käme hiernach als *ein* institutioneller Grund für das Fehlen marktbezogener Außenseiterkonkurrenz in Betracht, mit

---

778 Vgl. Brandt, S. 27f.; Franz, Ökonomik, S. 304. Die IOT betont vor allem diese "Kartellisierung" über die Gewerkschaften.

779 Vgl. Brandt, S. 21, Fn. 12.

780 Vgl. Wagner/Jahn, S. 165, hierbei spielt allerdings auch eine Rolle, ob der Verlust des Arbeitsplatzes im Einzelfall die Kündigung der Mitgliedschaft des Arbeitnehmers in der Gewerkschaft mit sich bringt und ob die Arbeitsnachfrage des Unternehmens in Abhängigkeit vom Reallohn Gewerkschaftsmitglieder erfaßt hat und übersteigt (Mitgliedereffekt).

781 Wagner/Jahn, S. 166.

782 Vgl. etwa Buttler/Walwei, MittAB 1990, S. 386ff. (393); Brandt, S. 19.

783 In diesem Zusammenhang zur ökonomischen Theorie der Gewerkschaft Sesselmeier/Blauermel, S. 97f.

entsprechenden Folgen für den Beschäftigungszugang.[784] Kündigungsschutz ist mit Entlassungskosten verbunden, die das Unternehmen zu vermeiden sucht.[785] Entlassungen verlangsamen sich dadurch oder unterbleiben. Das Recht der *Änderungskündigung* verlagert zudem die Möglichkeit des Abbaus von Kosten durch Änderung von Kernarbeitsbedingungen zurück, mit der Folge eines Kostenaufbaus.

Für die nach Entlassungen im Unternehmen verbliebenen Arbeitnehmer wird ein u.a. über Gewerkschaften durchsetzbarer Zuwachs an Verhandlungsmacht geschaffen, der sich letztlich in der Höhe des Reallohns niederschlägt. Das Erreichen eines niedrigeren Gleichgewichtslohnes als Voraussetzung für Beschäftigungszuwachs ist damit schwer zu realisieren.[786] Zwar konzentriert die IOT ihre Beobachtung institutioneller Schranken auf das Institut des Tarifvertrages (TVG Allgemeinverbindlichkeitserklärung, Mindestlohn). Aber auch in *nicht organisierten* oder von der Allgemeinverbindlichkeit erfaßten Unternehmen können institutionalisierter Beendigungs- und Inhaltsschutz der Arbeitsbedingungen den insider/outsider-Effekt stärken.

Geht man davon aus, daß die Produktivität von outsidern für das Unternehmen nicht ohne Aufwand erreichbar ist, so werden Unternehmen keine Einstellungen mehr vornehmen, wenn effektive Lohnkosten (und Zusatzkosten) über denen der insider liegen. Die vom nicht flexiblen Kündigungsschutz ausgehende Kostendarstellung (Teil 2. 1.Abschnitt A.) unterstützt letztgenannten Effekt. Einen Beschäftigungserfolg der outsider mag auch der vom Unternehmen erwartete Insiderstatus an sich verhindern, wenn zu diesem Status ein umfassender Schutz von Besitzständen zählt.[787]

Tarifentwicklungen der letzten Jahre[788] führten zur Kritik am Realitätsbezug der IOT, da die so genannten Beschäftigungspakte gerade auf Möglichkeiten einer *Insideröffnung* hinwiesen.[789] Hierzu ist freilich auszuführen, dass zwar im Rahmen moderner Tarif- und Betriebsvereinbarungen durchaus Gestaltungen von *Bestandsschutz*, Arbeitszeiten und Lohnsteigerungen im Sinne verbesserter Beschäftigungszugangsvoraussetzungen für Outsider vorgenommen wurden. Dennoch besitzen jene Vereinbarungen eher Modellcharakter.[790] Sie sind nicht

---

784 Vgl. zur Diskussion näher Brandes/Buttler/Dorndorf/Walwei, S. 126f. m.w.N.; Brandt, S. 24; im Ansatz bei Walwei, IAB topics Nr. 48 (2002), S. 7 m.w.N., BeitrAB 2002, S. 81.

785 Vgl. Brandt, S. 24; Teil 2, 1. Abschnitt A.

786 Vgl. näher Monopolkommission, S. 374.

787 Vgl. Wagner/Jahn, S. 166.

788 Vgl. oben Teil 1, B.I.3..

789 im Prinzip: Keller, S. 337.

790 Vgl. oben Teil 1, B.I.3..

so breitflächig etabliert und wirksam, dass den IOT-Argumenten grundsätzlich die Basis für ihre Annahmen entzogen werden könnte. Dadurch daß ein konsequenter Beschäftigungstarif oft über äußere politische Einwirkung in das Bewußtsein der Beschäftigten transportiert werden mußte[791], mag sich sogar im Umkehrschluss eine Bestätigung der IOT-Annahmen ergeben. Hinsichtlich vorliegenden Problems institutionell verfestigten Kündigungsschutzes ist zudem dessen Dispositionsfähigkeit (z.B. unfassender Verzicht) im Kern gesetzlich beschränkt, so dass eine „Sperrwirkung" im Arbeitsmarkt auch über Öffnungsvereinbarungen nicht aufhebbar erscheint.

d) Segmentationstheorien

aa) Erklärungsmodell

Im Mittelpunkt der in den USA entwickelten und bisher vor allem an Großunternehmen orientierten Segmentationstheorien steht die Frage nach den Determinanten der *Arbeitsmarktstruktur*.[792] Untersuchungszweck der Theorie ist die Frage, *wer* von Arbeitslosigkeit betroffen wird und *warum*. Die Bedeutung der Segmentationstheorien liegt in einer *Verbindung herkömmlicher Arbeitsmarktbetrachtungen mit den Besonderheiten modern gestalteter Arbeitsverhältnisse und Arbeitsorganisation.*[793]

Generell gesprochen, geht die Segmentationstheorie im wesentlichen von der Erkenntnis aus, daß es nicht einen nach einheitlichen Regeln für alle Arbeitsanbieter funktionierenden Arbeitsmarkt als Globalgröße[794] gibt, sondern eine Anzahl *abgrenzbarer Teilarbeitsmärkte*, die Arbeitsmarktsegmente. Das im hierarchisch gegliederten Produktmarkt[795] Nutzengewinn aus der Arbeitskraft anstrebende Unternehmen fragt nach der Möglichkeit des Einsatzes *teurer oder billi-*

791 Beispiele: Peters/Schitzer/Volkert/Widuckel-Mathias, WSI-Mitt. 1994, S. 165ff.; Bosch, WSI-Mitt. 1995, S. 422ff.; Neumann/Spies, WSI-Mitt. 1995, S. 431ff.; Zwickel, FAZ v. 2.11.1995, S. 1f.; Betriebsvereinbarungen v. Porsche AG, Handelsblatt v. 8.2.1996, S. 11; Handelsblatt v. 21.08.2000, NJW 2000, S. LXVIII; bei Adomeit: Regelungen, S. 58ff.

792 Vgl. Fischer/Heier, S. 177ff. m.w.N., Bezug vor allem zum US-Arbeitsmarkt; im Überblick auch Keller, S. 325ff. m.w.N.; grundlegend: Köhler/Sengenberger, S. 381ff.; Sengenberger, Struktur, S. 29; ders., bei: Lutz/Sengenberger, WSI-Mitt. 1980, S. 294; Sesselmeyer/Blauermel, S. 190ff.

793 Vgl. Sengenberger, Struktur, S. 22f.

794 Vgl. Fischer/Heier, S. 177 m.w.N.

795 Vgl. Sengenberger, Struktur, S. 25, etwa durch Beherrschungsmechanismen und Abwälzungen konjunktureller Belastungen von einem Unternehmen auf andere.

ger Arbeitskräfte; es fragt nach neuen Anforderungsprofilen, nach Umstellungen auf neue Arbeitsmarktsituationen usw.[796]

Ein Teilarbeitsmarkt wird damit verstanden als:

> *"jeweils eine durch bestimmte Merkmale von Arbeitskräften und Arbeitsplätzen abgegrenzte Struktureinheit des Gesamtarbeitsmarktes, innerhalb derer die Allokation, Gratifizierung und Qualifizierung der Arbeitskräfte einer besonderen und mehr oder weniger stark institutionalisierten Regelung unterliegt."*[797]

Für Deutschland[798] kann eine Teilung des Arbeitsmarktes nach einem berufsfachlich orientierten Segment (z.B. Handwerk) und einem in größeren Unternehmen anzutreffenden betriebsinternen sowie betriebsexternen, unspezifischen (Jedermann-)Teilarbeitsmarkt vorgenommen werden. So unterhalten größere Unternehmen typischerweise einen Stamm gut ausgebildeter, humankapitalintensiver, mit relativ hohen Löhnen und besseren Arbeitsbedingungen bedachter Beschäftigte. Diese werden vorwiegend nach unternehmensinternen Regeln beruflich gefördert und vermehrt an Entscheidungsprozessen beteiligt. Mit dieser Privilegierung werden klassische *Marktmechanismen durch ein administratives Entscheidskonzept ersetzt.* Anpassungsvorgänge von Arbeitsangebot und Arbeitsnachfrage erfolgen in erster Linie unternehmens- bzw. betriebsintern und nur unter bestimmten Voraussetzungen mit Rückgriff auf den externen Arbeitsmarkt.[799] Als *Hauptsegmentierungskriterium* kann besonders die *Qualifikation* eines Arbeitnehmers gelten.[800]

Der Bindung bestimmter Arbeitnehmer im Innenbereich (Innenmarktsegment) steht die Existenz eines "labilen" unstrukturierten, unspezifischen Teilarbeitsmarktes gegenüber. Auf diesem herrscht regere Fluktuation zumeist schlecht ausgebildeter, leicht substituierbarer und gering bezahlter Arbeitnehmer. Der labile Teilarbeitsmarkt ist demzufolge für Beschäftigungskrisen besonders anfällig.[801]

---

796 mit weiteren Beispielen Sengenberger, Struktur, S. 23f.

797 Vgl. Sengenberger, Struktur, S. 29; ders., bei: Lutz/Sengenberger, WSI-Mitt. 1980, S. 294.

798 Vgl. Fischer/Heier, S. 178f. mit Hinweis auf Sengenberger; Anwendbarkeit der Theorien auf deutsche Verhältnisse, hierzu die Folgerungen von Däubler, Arbeitsrecht 2, 1995, S. 891ff. (Stichwort: Schutz der Randbelegschaft).

799 Vgl. Sengenberger, Struktur, S. 26.

800 Vgl. Fischer/Heier, S. 181ff.; Keller, S. 328, Bezüge zu Humankapital und Kontrakttheorien.

801 hierzu Fischer/Heier, S. 190.

Der *Abbau von Personal* wirkt sich mithin weniger auf die Stammbelegschaft (betriebsinterner Markt) aus, da sich das investierte Humankapital noch nicht amortisiert hat und Ersatzkräfte zu hohe Kosten verursachen würden.

Durch selektives Verhalten der Unternehmen infolge hoher Ausbildungskosten der Stammarbeitsplätze können allerdings auch dort Einstellungsmodalitäten entstehen, die Arbeitsanbieter mit wenig Widerstandspotential (Jugendliche, Hausfrauen, Ausländer, Behinderte) benachteiligt; ihnen werden rationalisierungsanfällige Arbeitsplätze zugewiesen.[802]

Im Ergebnis läßt damit die Segmentationstheorie die überzeugende Erklärung zu, daß Impulse des Gütermarktes wegen Segmentbarrieren nicht ohne weiteres mehr zu nachhaltigem Beschäftigungswachstum zu führen brauchen.[803]

b) Wirkung institutionellen Bestandsschutzes

Anhand der *integrativ* ausgerichteten Segmentationstheorie könnten Wirkungen sozial motivierter Regulierungs- und Steuerungsprozesse auf die *Struktur der Arbeitslosigkeit* näher erklärbar werden.[804] Es wäre zu erörtern, ob *Schutznormen des Kündigungsrechts die Segmentbildung auf dem Arbeitsmarkt verstärken, schwächen oder neutral zu ihnen stehen.*[805]

Denkbar wäre eine Interpretation, nach der allgemein garantierter Kündigungsschutz der Entstehung eines Fluktuationsmarktes entgegenwirkt[806], da eine (gesetzliche) Bindung an das Unternehmen auch für minderqualifizierte Arbeitnehmer begründet wird. Durch längerfristige Beschäftigungsbindung erhalten diese Arbeitnehmer sogar die Möglichkeit, Qualifikation im Unternehmen zu erwerben und dadurch *Segmentgrenzen zu überwinden.*

Dem steht indessen entgegen, daß Kündigungsschutz den hier beschriebenen zusätzlichen Handlungs- und Kostendruck erzeugt.[807] Aus Unternehmenssicht mangelt es bei geringer qualifizierten Arbeitnehmern an ausgleichender Produk-

---

802 Vgl. Fischer/Heier, S. 200f.

803 Vgl. Fischer/Heier, S. 192f., zur Segmentierungstheorie in der besonderen Form der Entkoppelungsthese; Keller, S. 331f.

804 Vgl. Sengenberger, Struktur, S. 18ff. und beispielhaft S. 276ff.; Köhler/Sengenberger, S. 385ff.; zu den zahlreichen abgeleiteten Ansätzen mit der Frage, welche Determinanten zur Segmentierung führen können: Sesselmeier/Blauermel, S. 251.

805 Vgl. bei Dörsam, IAW-Mitt. 1995, S. 12ff. (15), Argument (3); bei Walwei, IAB topics Nr. 48 (2002), S. 7 m.w.N., BeitrAB 2002, S. 80f.

806 Dies würde als ökonomisches Argument das vornehmlich sozialpolitische Argument der besonderen Schutzwürdigkeit einer Randbelegschaft gegen einen hire and fire-Markt ergänzen, zu dem Däubler, Arbeitsrecht 2, 1995, S. 849f., Stellung nimmt.

807 Vgl. oben 1. Abschnitt A. dieses Teils; zum ganzen Sesselmeier/Blauermel, S. 251f.

tivität angesichts erhöhter Beschäftigungsfixkosten. Durch die *antizipierbar* hohen Kosten der Entlassung wird das Unternehmen für aufwendige Qualifikationsmaßnahmen keinen Investitionsanreiz sehen. Es bleibt bei einem schrumpfenden Kern hochqualifizierter und höher- bzw. hochdotierter Arbeitsplätze im Gegensatz zu einer Vermehrung externer Arbeitsanbieter ohne Besitz eines Arbeitsmarktzertifikats[808], ohne Einfluß auf Qualifikation und Arbeitsbedingungen sowie ohne Einfluß auf die tarifliche Festlegung von Mindest- und Höchststandards der Arbeit.[809]

Nimmt man an, daß kostenverursachende Regelungen unternehmerisch *negativ antizipiert* werden[810], ließe sich erklären, warum für typischerweise benachteiligte Arbeitnehmergruppen (Ältere, Behinderte), die besonderen Kündigungsschutz genießen, sekundäre Arbeitsmärkte und langfristige Beschäftigungslosigkeit[811] entstehen:

Zwar sind diese Arbeitnehmer schwer zu entlassen, werden aber umso weniger die Chance erhalten, in Segmentbereiche vorzudringen, in denen hohe Leistungsfähigkeit und Flexibilität gefordert werden. Im übrigen sinkt auf längere Sicht die Einstellungsbereitschaft ihnen gegenüber – etwa nach konjunkturbedingten Entlassungen – da ihre Substitution rechtlich kaum ermöglicht wird.

Zeichnet sich aber dieser Effekt bei quasi unkündbaren Arbeitnehmern nachhaltig ab, so ließe er sich, bei allgemein *rigidem* Kündigungsschutz, auch auf die Situation leistungsschwächerer Arbeitnehmer übertragen. Die Segmentvertiefungen auf dem Arbeitsmarkt müßten sich dann empirisch in einem höheren Stand der Langzeitarbeitslosigkeit bei älteren und schlechter qualifizierten Arbeitnehmern nachweisen lassen.

II. Zusammenfassung und Wertung

Die ökonomische Analyse des Bestandsschutzrechts in Form institutionellen Kündigungsschutzes spricht *überwiegend* für eine negative Einflußnahme hohen Kündigungsschutzniveaus auf den Beschäftigungsstand. Eine aus einem ökonomischen Blickwinkel geführte Argumentation sollte dabei versuchen, die im vorangegangenen Abschnitt diskutierten positiven wie negativen *Effekte* des Kündigungsschutzes bilanziell in eine Gesamtwertung einzustellen:

---

808 Vgl. Schellhaaß, in: Büchtemann/Neumann (Hrsg.), S. 87ff.; Brandes/Weise, S. 37.

809 Vgl. Überblick bei Dörsam, IAW-Mitt. 1995, S. 15.

810 Vgl.oben Teil 2 1.Abschnitt A.II.

811 Vgl. bei Sesselmeier/Blauermel, S. 246ff; Einführung zu dieser Arbeit mit Hinweis auf die Struktur der Arbeitslosigkeit.

1. Argumente für positive Beschäftigungseffekte des Bestandsschutzes

Von hier nicht weiter zu vertiefenden marktradikalen Anschauungen abgesehen, dürfte Übereinstimmung der vorgestellten Arbeitsmarkttheorien darüber herrschen, daß nicht *jede* Einschränkung der Vertragsfreiheit (hier Kündigungsfreiheit des Arbeitgebers) als Verlust von Effizienz bzw. Mangel an Verteilungsgerechtigkeit auf dem Markt zu interpretieren ist.[812]

Ausgehend von begründbaren Machtasymmetrien innerhalb des Arbeitsverhältnisses, fördert ein *gleichmäßig garantierter Kündigungsschutz* notwendige *Kooperationsmechanismen* (u.a. durch Transparenz inhaltlicher Bedingungen) und trägt so dazu bei, daß die durch Asymmetrien entstehenden kostenbehafteten Fehlleistungen innerhalb der Kooperation ausgeglichen werden. Wäre dies nicht der Fall, käme es infolge kostenintensiver Funktionsstörungen bei (Arbeits-)Vertragsabwicklungen zur Entstehung von Transaktionskosten.[813]

Die durch Kündigungsschutzregelungen erwirkten Bindungen im Arbeitsverhältnis können sicherlich Kooperationsbereitschaft und Motivation durch *Antizipierung des Faktors Sicherheit* beim Arbeitnehmer unterstützen und leistungssteigernde Wirkung erzielen.[814] Mit anderen arbeitsrechtlichen Garantien wird auf Betriebsebene sozialer Friede gewährleistet, der als ökonomischer Faktor als Beitrag zu *höherer Effizienz* des Arbeitseinsatzes interpretiert erden kann.[815] Kündigungsschutz kann danach betriebs- wie volkswirtschaftlich als Ausgleichsfaktor kostenintensiver Disparitäten mit beschäftigungserhaltender und -fördernder Intention begriffen werden.[816] Eine durch Bestandsschutzgarantien erzielbare Kooperationsbereitschaft der Arbeitnehmer mit der Unternehmensleitung kann ebenso auf die Einführung neuer Innovationen und Akzeptanz technologischen Wandels bezogen werden. Durch diese günstige Voraussetzung einerseits und die aus Arbeitgebersicht ungünstige Alternative rascher Personalanpassung andererseits wird eine interne (arbeitsplatzerhaltende) Qualifizierung und eine funktionelle statt einer numerischen Flexibilität angeregt.[817] Ausgehend von diesen Effekten, liegt der Schluß auf eine Begünstigung oder

---

812 Vgl. Walwei, Ansätze, S. 15ff.; ders., bei: Buttler/Walwei, MittAB 1990, S. 386ff.; zu ökonomischer Analyse des Rechts und Verteilungsgerechtigkeit: Ott/Schäfer, JZ 1988, S. 213ff. (215), und oben.

813 Vgl. Buttler/Walwei, MittAB 1990, S. 388ff.; Walwei, Ansätze, S. 9ff; Walwei, IAB topics Nr. 48 (2002), S. 7 m.w.N., BeitrAB 2002, S. 81.

814 Vgl. auch Sachverständigenrat, RdA 1990, S. 288ff.

815 Vgl. Franz, ZfA 1994, S. 440; Diskussionsverlauf zum ArbRBeschFG'96, BT-Drs. 13/5107, S. 22ff.

816 Vgl. Walwei, Ansätze, S. 20.

817 Vgl. bei Dörsam, IAW-Mitt. 1995, S. 13ff. (15); Kommission für Zukunftsfragen, Bericht, 1997, S.128.

zumindest Neutralität des Kündigungsschutzes in Bezug auf das Beschäftigungswachstum nahe.

Bezogen auf eine Gesamtwirkung des Kündigungsschutzes auf den Arbeitsmarkt verhindert im Übrigen die durch Kündigungsschutznormen und ihre betriebswirtschaftlichen Folgen (Anpassungskosten) verlangsamte Freisetzungsmöglichkeit von Personal ein unmittelbares Anpassen der Beschäftigung an Schwankungen des Konjunkturverlaufs. Es entsteht gewissermaßen eine durch institutionelle Restriktionen initiierte antizyklische Bewegung des Beschäftigungsvolumens. Insofern könnte dem Beschäftigungserhalt bzw. dem nicht überschnellen und unkontrollierten Beschäftigungsabbau ein Beitrag zur Stabilisierung von Arbeitseinkommen im Konjunkturzyklus (keynesianischer Ansatz) zugemessen werden, der das weitere Nachfrageverhalten mit einem gesamtwirtschaftlich langfristig positiven Beschäftigungseffekt steuert.

2. Argumente für negative Beschäftigungseffekte des Bestandsschutzes

Indessen scheint sich die differenzierte Betrachtungsweise des Kündigungsschutzes mit Blick auf *dessen Struktur* (Teil 1 B) unter Berücksichtigung der ausgeführten *Arbeitsmarkttheorien eher* als eine persistente Arbeitslosigkeit unterstützende Größe darzustellen. Die Argumente aus den kritischen Ansätzen zur Bewertung des deutschen Kündigungsschutzes weisen auf eine *Überlagerung positiver durch negative Beschäftigungseffekte* hin.

Der argumentative Akzent liegt hierbei auf der Verursachung eines generell verlangsamten Beschäftigungszuwachses wegen einer durch die Rigidität des Kündigungsschutzes *verursachten Vertiefung von Marktzugangssperren* bzw. Einstellungshemmnissen, die sich in der Gesamtbewegung der Beschäftigung niederschlagen.[818] Da nicht *jede* Einschränkung der Vertragsfreiheit mit Effizienzverlusten und Mangel an Verteilungsgerechtigkeit einhergeht, ist der deutsche Kündigungsschutz in Gestalt der durch die rechtsschöpfende Arbeitsgerichtsbarkeit[819] erreichten Schutzintensität[820] wesentliches Element institutioneller Schrankenbildung. Zum einen werden diese durch erhöhte Arbeitskosten

818 Vgl. Schellhaaß, Beschäftigungshemmnis, S. 91; Soltwedel, S. 134ff.; auch Zöllner, 52. DJT, D51.

819 Teil 1 B; in diesem Zusammenhang zur Stellung der Rechtsprechung: Adomeit, Regelungen, S. 34; ders., NJW 1989, S. 155f.; Brandt, S. 168ff.; Buttler/Walwei, MittAB, 1990, S. 386ff.; Hector, S. 95ff.; Franz, ZfA 1994, S. 443; Hümmerich, NZA 1996, S. 1289ff.; Rüthers, Beschäftigungskrise, S. 51ff.; Sachverständigenrat, RdA 1990, S. 288ff.; Schellhaaß, in: Büchtemann/Neumann, S. 87ff.; Walwei, Ansätze, S. 7ff.

820 Teil 1 A. u. B.

(quasi fixe Personalzusatzkosten) gebildet, zum anderen ist es das institutionelle Gepräge der Unflexibilität der Schutznormen, die in qualitativer und quantitativer Hinsicht Anpassungsmaßnahmen erschwert und damit Voraussetzungen für eine erhöhte Beschäftigungsdynamik schmälert.[821]

Zwar wirkt der an die Schutznormen geknüpfte hohe Aufwand der Anpassungskosten in einer Abschwungphase als mögliche Bremse des Beschäftigungsabbaus, kann aber u.U. den Personalabbau noch beschleunigen, wenn der maßgeblich konjunkturell begründete Nachfrageschwund sich zu einem strukturellen wandelt[822]. Dann ist ein Wiederanstieg der Nachfrage (Gütermarkt) nicht mehr zu erwarten, und eine Kostenkompensation (für Nichtanpassung der Beschäftigung) kann aus Sicht des Unternehmens nicht mehr erfolgen. Somit liegen die Weiterbeschäftigungskosten über den Entlassungskosten, so daß Unternehmen zur Änderung ihrer Kalkulationsbasis gezwungen werden. Aus dieser kann die Notwendigkeit erwachsen, alles zu versuchen, den notwendigen Beschäftigungsabbau so günstig wie möglich zu gestalten, so daß hoher Entlassungsschutz letztlich beschleunigten Entlassungsdruck herbeiführt.

Unter Berücksichtigung der Arbeitsmarktheorien, die dem Arbeitsverhältnis und dessen Regelung durch institutionelle Regime besonderes Gewicht beimessen, kann nach den *insider/outsider-Ansätzen* der durch institutionellen Kündigungsschutz vermittelte Effekt hoher Anpassungskosten (insider-Macht) die Schranken für einen Beschäftigungszugang stärken und spricht für eine Förderung persistenter Arbeitslosigkeit.[823]

Auch aus dem Hinweis auf *kontraktseitige* Dispositionen mit denen sich Beschäftigungszugang „erkaufen“ ließe, ergibt sich keine Änderung des Befunds struktureller Zugangsschranken durch starken Kündigungsschutz. Ein „Einkauf von Beschäftigungszugang“ wäre allenfalls über die Akzeptanz befristeter Arbeitsverträge durch den Arbeitssuchenden möglich. Dieser Wahl steht das Arbeitsrecht nicht per se entgegen, schafft jedoch mit dem TzBfrG erhebliche Einschränkungen in der marktaktiven Berufsgruppe jüngerer Arbeitnehmer und Arbeitnehmern mittleren Alters, so dass hier, ökonomisch betrachtet, zwar ein Ansatz des Beschäftigungszugangs erkennbar wäre, der aber für die geeignete Wirksamkeit noch zu starken Restriktionen unterliegt.[824]

Durch hohe Anpassungskosten wird zudem, folgt man *segmentationstheoretischen Erwägungen*, eine Entwicklung gefördert, nach der die Beschäftigtenzahl zunehmend auf einen Kern hochqualifizierter und -dotierter Arbeitsplätze

821 Vgl. Brandes/Weise, S. 13ff.
822 Vgl. Soltwedel, S. 133f. (134); Teil 2, 1. Abschnitt A.II..
823 Vgl. Brandt, S. 133, S. 168ff., und die Ausführungen oben.
824 Vgl. Teil 1, A.III.2., sowie Kontraktheorien: Teil 2,1. Abschnitt, B.I.2.c) bb); Walwei., IAB topics Nr. 48 (2002), S. 19 m.w.N., BeitrAB 2002, S. 95.

schrumpft, während Arbeitsanbieter ohne Besitz eines Arbeitsmarktzertifikats, ohne Einfluß auf Qualifikation und Arbeitsbedingungen sowie ohne Einfluß auf die tarifliche Festlegung von Mindest- und Höchststandards in Außensegmente verwiesen werden.[825] Unternehmen weichen infolge hoher Anpassungskosten auf ungeschützte, atypische Anstellungsformen minderer Qualität aus[826] oder substituieren vor allem niedrig produktive, weitgehend standardisierbare Erwerbsarbeit durch Maschinen.[827]

Hinsichtlich des additiven Moments einer geringeren Qualifikation wäre an die *Segmentations- in Verbindung mit der Humankapitaltheorie* anzuknüpfen. Der *negative Antizipierungseffekt* kann im Rahmen ökonomisch rationaler Entscheidungspräferenzen für einen gelockerten Kündigungsschutz nicht durchgesetzt werden. Dagegen tritt der Negativeffekt bei zu erwartendem hohen Humankapital zurück. Der Anstieg von Beschäftigungslosigkeit trifft *vorwiegend äußere Beschäftigtensegmente*. Für die letztgenannte Beschäftigtengruppe dürfte damit der Beschäftigungsstand besonders gering sein (Langzeitarbeitslosigkeit).

Auch unter dem Aspekt einer das Bestandsschutzprinzip quasi durchbrechenden Vergleichspraxis ergibt sich zwar eine erhöhte Anpassungsflexibilität durch privatautonome Handlungsformen verhandelbarer Abfindung.[828] Gleichwohl werden, soweit es zu Vergleichen kommt, die Voraussetzungen des Bestandsschutzes in die Vergleichsverhandlungen implementiert, spiegeln sich in den Konditionen wider und verursachen nichtsdestotrotz den Effekt negativer Antizipierung umfassenden Kündigungsschutzes.

C. Empirik zur Wirkungsrichtung des Kündigungsschutzes

Mußte noch Zöllner in seinem Gutachten zum 52. Deutschen Juristentag[829] erklären: "Einschränkend muß aber gesagt werden, daß eine einigermaßen sichere Aussage über die Wirkungen solcher Regelungen[830] nicht möglich ist, wo sich diese in einem Bereich halten, der unternehmerischen Bedürfnissen ausreichend

825 Vgl. Überblick und Stellungnahme Dörsam, IAW-Mitt. 1995, S. 15.
826 Geringfügige Beschäftigung, nur befristete Beschäftigungsverhältnisse, "neue Selbständigkeit", Schwarzarbeit, Bellinger/Cornetz/Pfau-Effinger, in: Semlinger, S. 177ff.
827 Kommission für Zukunftsfragen, Bericht Teil II, 1997, S.128.
828 oben Teil 2 1.Abschnitt, A. I. 2a); Abfindung i.d.R. in Abhängigkeit vom Grad der Rechtswidrigkeit.
829 Zöllner, 52. DJT, D51.
830 Rechtliche Regelungen über Begründung und *Beendigung* von Arbeitsverhältnissen.

Raum läßt", so liegen mittlerweile eine Reihe empirische Untersuchungen zur Normen- und Beschäftigungswirkung des deutschen Kündigungsschutzs vor.[831]

Neben wirtschaftswissenschaftlichen Darstellungen hat die Rechtstatsachenforschung empirische Beiträge geliefert. Eine im Zuge des ArbRBeschFG'96 für die Bundesrepublik geforderte empirische Gesamtanalyse der Beschäftigungswirksamkeit von Kündigungsschutz ist zwar bisher ausgeblieben.[832] Dennoch liegt seit 1999 eine umfassende, Deutschland einbeziehende Studie der OECD zum Thema vor[833], die auch zum Argumentationsgegenstand auf dem 63. Deutschen Juristentag gemacht wurde.[834]

I. Problem einer empirischen Untersuchung des Kündigungsschutzes auf seine Beschäftigungsrelevanz

Ein augenfälliges Problem empirischer Untersuchungen zum gestellten Thema besteht in der Feststellung *zuverlässiger Indikatoren*, anhand derer *die Kausalität* zwischen einem bestimmten Niveau des Kündigungsschutzes und der Beschäftigungsentwicklung (eines Landes) nachgewiesen werden kann.[835]

Auch wenn Untersuchungen zur *rechtstatsächlichen Wirkung einzelner Normen Indizien* für (betriebswirtschaftliche) Effekte des Kündigungsschutzes liefern, so reichen sie wegen ihrer *oft zeitlichen und gegenständlichen (auf bestimmte Normen) Begrenztheit und* ihrer geringen Differenzierung zwischen beschäftigungsrelevanten Determinanten für stichhaltige Gesamtaussagen *alleine* nicht aus.[836] Empirische Studien zum Beschäftigungsproblem im vorliegenden Kontext sollten deshalb folgende *Indikatoren* berücksichtigen[837]:

---

831 Vgl. aus ökonomischer Sicht Stockert; Soltwedel, S. 136ff.; aus rechtssoziologischer Sicht Falke/Höland/Rhode/Zimmermann; Berkowsky, NJW 1983, S. 1292ff. (1292); Keller-Stoltenhoff; Graf Pückler/Wienke, ebenfalls zu einer rechtstatsächlichen Untersuchung zur Wirkung des § 613a BGB; sowie Einzelberichte, Federlin, ZfA 1988, S. 99f.; OECD, Employment Outlook 1999.

832 BT-Drs. 13/5107, zum ArbRBeschFG v. 25.9.1996, S. 16, 23, 27; zur Problematik Kommission für Zukunftsfragen, Bericht, Teil II, 1997, S. 127.

833 OECD, Employment Outlook 1999; hierzu u.a. Walwei, IAB topics Nr.48 (2002), S. 9ff, Beitr AB 2002, S. 83ff.

834 Hanau, Gutachten 63.DJT 2000, C 1ff; dazu: U. Preis, NJW 2000, S. 2304ff.

835 OECD, Employment Outlook, 1999, S. 68ff.

836 Zum ganzen methodisch: OECD, Employment Outlook, 1999, S. 70.

837 OECD, Employment Outlook, 1999, S. 70.

- *Stärke des Schutzniveaus*, festgestellt anhand bestimmter repräsentativer Kündigungsschutznormen und deren Durchsetzung in der Rechtspraxis.[838]
- *Zeitachse* von wenigstens mehreren Jahren (ca. einem Jahrzehnt) zur Beobachtung von Konjunkturzyklen und Beschäftigungsentwicklung sowie der Entwicklung des Kündigungsschutzrechts.
- Indikatoren wie etwa die *Beschäftigungsdynamik* (labour turnover).
- *Struktur des Arbeitsmarktes und der Arbeitslosigkeit*, Abgrenzung der die Beschäftigung beeinflussenden Determinanten gegeneinander.
- *Internationaler Vergleich* mehr oder weniger regulierter Arbeitsmärkte.[839]

Vor diesem Hintergrund sollen unterschiedliche empirische Befunde vorgestellt und bewertet werden:

II. Empirische Befunde zur Beschäftigungswirkung von Kündigungsschutz

1. Empirische Evidenz zur Wirkung von (Einzel-)Normen des Kündigungsschutzes auf die Unternehmensseite

a) Geht man von der hier beschriebenen Normwirkung des deutschen Kündigungsschutzes aus, so ließe sich zunächst für die Frage, ob Kündigungsschutz negative Wirkungstendenzen beim betrieblichen Beschäftigungsverhalten zeigt, nochmals an die ökonomische Analyse Stockerts[840] anknüpfen.

Abgeleitet aus Annahmen der Industrie- und Betriebssoziologie[841], widmet sich Stockert den über den normativen Willen (des Gesetzgebers) hinausgehenden *faktischen* Folgen konkreter Schutznormen in der Unternehmenspraxis.[842] Wie bereits an anderer Stelle ausgeführt[843], untersucht Stockert den hier interessierenden Bereich der *betriebsbedingten Änderungs- (Abbau von Voll- auf Teilzeitarbeit, Versetzungen)*[844] und Beendigungskündigung[845] mit dem Resultat, daß Entscheidungsbefugnisse der Personalanpassung weitestgehend externali-

838 Teil 1 dieser Arbeit.
839 auch Teil 3 dieser Arbeit.
840 Vgl. Stockert.
841 Vgl. Stockert, S. 4ff., Befragungen repräsentativer Unternehmen u.a. zu Zeitachsen und institutionellen Regelungseinflüssen auf Entscheidungen des Arbeitgebers.
842 Vgl. Stockert, S. 5f.
843 Vgl. Teil 2,1. Abschnitt A. I.
844 Vgl. Stockert, S. 81ff., zur Versetzung S. 91f.
845 Vgl. Stockert, S. 109ff.

siert sind.[846] Soweit es Massenentlassungen wegen Betriebsänderung (§§ 17ff. KSchG; §§ 111f. BetrVG) betrifft, unterliegt gemäß den Ergebnissen der Studie die *Realisationsphase* der Entlassungen durch zu berücksichtigende soziale und wirtschaftliche Komponenten und eine große Anzahl der an der Kündigung mitwirkenden Stellen *langer Zeitstreckung* (ca. *Dreivierteljahr*)[847]. Den stärksten zeitlichen Einschnitt verursache, so das Ergebnis, die Einschaltung *des Arbeitsgerichts,* da es in den meisten Fällen die endgültige Entscheidung über die personelle Anpassungsmaßnahme treffe.[848]

Stockert wertet die Feststellung faktisch weitreichender Steuerungsmechanismen der Schutznormen auf Unternehmensdispositionen *nicht ausdrücklich* mit Blick auf das *Beschäftigungsverhalten des Arbeitgebers.* Dennoch zeigt das Ergebnis der Studie eine durch exogene Entscheidungsträger offensichtlich *über das normgewollte Maß des bestehenden Kündigungsschutzes hinausgehende Handlungsbeschränkung des Unternehmers.* In Ergänzung zu den Ausführungen unter Teil 2 1. Abschnitt A. liegt damit der Rückschluß auf ein negatives Antizipierungsverhalten als Beschäftigungshemmnis nahe.

Die dokumentierte *Anwenderpraxis* des Kündigungsschutzes und seiner betriebsverfassungsrechtlichen Folgen unterstützt auch das Argument faktisch starker Handlungsrestriktionen. Wenngleich derartige Berichte nicht eigentlich als empirische Darstellungen gelten können und Einzelfallcharakter besitzen, vermitteln sie doch einen Ausschnitt des durch die Normen tatsächlich gewährten Handlungsspielraums des Unternehmens.

So beschreibt beispielsweise Federlin[849] im Rahmen einer Falldarstellung zur *krisenbedingten Betriebsänderung* einen Vorgang personeller Anpassungsmaßnahmen (§§ 112, 113 Abs. 1 und Abs. 3 BetrVG) mit erheblichen *Verzögerungspotentialen.* Dabei wird der Weg von der Planung der betrieblichen Anpassungsmaßnahme und ersten Informationen des Betriebsrates bis hin zu ihrer endgültigen Umsetzung (Sozialplan) mit mehr als *einem Jahr* Dauer als extrem langwierig gekennzeichnet. Die vom BAG[850] geforderte volle Ausschöpfung des Verfahrens über einen Interessenausgleich habe, so der Bericht, bei dem ohnehin stark formalisierten Weg der Entscheidungsfindung die Anpassungsflexibilität des Unternehmens gelähmt.[851] Die Darstellung Federlins vermittelt eine *Ergän-*

---

846 Vgl. Stockert, S. 32ff., 81ff., zur Versetzung S. 91f. und Einzelbeendigungskündigung, S. 109ff.

847 Auch Hinweis: Kommission für Zukunftsfragen, Teil II, 1997, S. 127.

848 Vgl. Stockert, S. 32ff., 81ff., zur Versetzung S. 91f. und Einzelbeendigungskündigung, S. 109ff.

849 Vgl. Beispiel von Federlin, ZfA 1988, S. 99ff.

850 BAG AP Nr. 11 zu § 113 BetrVG 1972.

851 Vgl. Federlin, ZfA 1988, 99ff. (103f.).

zung der Studie Stockerts zu unflexiblen Handlungsrestriktionen, Externalisierung und Belastung durch Kündigungsschutz und seine Verfahrensfolgen. Federlin[852] zieht den Schluß eines negativ auf das Beschäftigungsverhalten wirkenden Kündigungsrechts, das durch partielle Eingriffe der Rechtsprechung noch vertieft werde.

b) Weitere Untersuchungen zur *rechtstatsächlichen Wirkung* einzelner Kündigungsschutznormen liegen hinsichtlich des hier beispielhaft behandelten § 613a BGB vor. In Teil 1 vorliegender Arbeit wurde der Wirkungskreis dieser Vorschrift im Rahmen von Restrukturierungs- und Sanierungsmaßnahmen (für die die Schutzvorschrift besondere Relevanz erhält) dargestellt. Demgemäß konzentrieren sich die Untersuchungen im wesentlichen auch auf diesen Aspekt. Dabei scheint sich zu bestätigen, daß die Vorschrift Übertragungsaktivitäten oder Sanierungsmaßnahmen beeinflußt, um als *Anpassungshindernis* unternehmerisches Beschäftigungsverhalten zu determinieren.[853]

Eine Befragung des BdA von 630 Unternehmen (450 Industrie, 173 Dienstleistungsbereich) aller Größenordnungen zu Auswirkungen der Vorschrift bei Übertragungsvorgängen in einem Zeitraum von 1991 bis 1995[854] ergab überwiegend Probleme infolge von *Unsicherheiten bei der Planung* von Erwerb oder Verkauf eines Betriebes[855]:

Als ein Hemmnisfaktor für Transaktionen der Betriebsverkäufe bzw. -käufe wurden etwa *Produktivitätsverluste* durch Unruhe und Unsicherheiten bei den Mitarbeitern des Veräußerers und Erwerbers angegeben.[856] Unternehmen gaben an, daß die ins Auge gefaßten Maßnahmen unter der Maßgabe des § 613a BGB nur in abgewandelter Form hätten durchgeführt werden können. Insgesamt 65% von 120 Unternehmen berichteten von Erschwernissen bei den Verhandlungen, wobei sich für den *Veräußerer* das Problem grundsätzlicher Verweigerungshaltung der Belegschaft, längerer Auseinandersetzungen über das Schicksal von Betriebsvereinbarungen, Zusatzforderungen wie besonderer Kündigungsschutz oder Rückkehrzusagen ergab. Ferner wurde ein oft umstrittener Schwerpunkt der Belastung im *Umfang der Sozialplanleistungen*, der Zahlung von Versorgungsansprüchen und individuellen Abfindungen gesehen. Das Widerspruchsrecht des Arbeitnehmers wurde für den *Veräußerer* insofern als Beschwerung gewertet,

---

852 Vgl. Federlin, ZfA 1988, S. 99ff.

853 Vgl. Diskussion zum neuen ArbRBeschFG'96 in BT-Drs. 13/5107, 1996, S. 25.

854 Vgl. Graf Pückler/Wienke, Der Arbeitgeber 1996, S. 465ff., mit tabellarischen Übersichten.

855 Vgl. Graf Pückler/Wienke, Der Arbeitgeber 1996, S. 465ff. (466), Vorschrift zu kompliziert und undurchsichtig in ihrer Anwendung.

856 Vgl. Graf Pückler/Wienke, Der Arbeitgeber 1996, S. 465ff. (466).

als es zu *innerbetrieblichen Auseinandersetzungen* führe (z.B. Sozialauswahl). *Erwerber* von Betrieben führten an, Probleme mit der Übernahmepflicht beruhten hauptsächlich darauf, daß die übernommenen Arbeitnehmer durch unterschiedliche Einzel- oder Tarifverträge oder Betriebsvereinbarungen anderen Arbeitsbedingungen (Arbeitszeiten, Eingruppierungs- und Entlohnungsgrundsätze, soziale Nebenkosten) unterfielen als die Stammbelegschaft.[857] Zu Schwierigkeiten des Eingliederungsprozesses trat noch Konfliktstoff mit Betriebsrat und Gewerkschaften wegen deren Forderung nach besitzstandswahrenden Arbeitsbedingungen.[858]

Darüber hinaus konnten Erkenntnisse *Keller-Stoltenhoffs*[859] zur *rechtstatsächlichen Wirkung* des § 613a BGB in der Insolvenzsituation Aufschluß darüber geben, daß die *Bestandsschutzfunktion* der Vorschrift anscheinend als Haupthemmnis bei Sanierungen betrachtet wird.[860] Nach diesem Befund scheiterten von 676 Verfahren, die nach Angaben der Beteiligten durch § 613a BGB wesentlich behindert wurden, 44,4%. Bezogen auf 1.777 von den Konkurspraktikern in der Befragung angegebene Verfahren scheiterten 25% an § 613a BGB. Praktische Lösungsansätze zur Überwindung der Schwierigkeiten durch § 613a BGB suchen Praktiker offensichtlich in einer Festsetzung des Kaufpreises, im Abschluß von *Aufhebungsverträgen bzw. Abfindungsvereinbarungen* sowie in einer möglichen Freistellung von den Verpflichtungen des § 613a BGB im Innenverhältnis des Übertragenden und Übernehmers. Fristlose Kündigungen des Arbeitsverhältnisses seitens des Arbeitgebers waren, so die Stellungnahmen, oft die letzten Notlösungen.[861] Im Ergebnis scheiterten nach der Untersuchung ein nicht unerheblicher Teil von 25% aller Betriebsveräußerungen im Konkurs/Insolvenz trotz möglicher Lösungsversuche.[862]

Knüpft man an die *unter a) und b)* umrissenen empirischen *Einzelnormanalysen* negative Beschäftigungsimpulse[863], so wären Indizien für einen generell negativen Einfluß des hier vorgestellten Kündigungsschutzes auf den Beschäftigungsstand belegbar. Sie stützten die Annahme eines negativen Antizipierungsprozesses durch nicht kompensierbare Transaktionskosten und Anpassungshemmnisse des Beschäftigungsvolumens. Im Falle des § 613a BGB weisen Einzelnormanalysen auf ein häufiges Scheitern von Re-und Umstrukturierungsmaßnahmen hin. Die Probleme werden offenbar von wirtschaftlichen Risiken der

857 Vgl. Graf Pückler/Wienke, Der Arbeitgeber 1996, S. 465ff. (468).
858 Vgl. Graf Pückler/Wienke, Der Arbeitgeber 1996, S. 465 (469).
859 Vgl. Keller-Stoltenhoff, S. 70.
860 Vgl. Keller-Stoltenhoff, S. 53 mit entsprechender Tabelle 19 S. 55.
861 Vgl. Keller-Stoltenhoff, S. 62.
862 Vgl. Keller-Stoltenhoff, S. 64 mit Hinweis zu Tabellen.
863 Zusammenhänge: Teil 2, 1. Abschnitt A.

Vorschrift ausgelöst. Dies spräche für den Teilaspekt eines beschäftigungswirksamen Wachstumshemmnisses durch Kündigungsschutz bei Konzentrationsprozessen im Markt.

Indessen sind mit Blick auf die eingangs genannten Indikatoren vorstehende Einzelnormbefunde ergänzungsbedürftig. Etwas breiter auf die Beschäftigungsrelevanz allgemeinen Kündigungsschutzes angelegt war daher die Untersuchung von *Falke/Höland/Rhode/Zimmermann*[864]*:*

c) In der letztgenannten Untersuchung ging es u.a. um die unmittelbare Frage an eine Auswahl von Unternehmen, ob sich das Kündigungsschutzrecht auf ihre *Auswahl bei Neueinstellungen auswirke.*[865] Im Ergebnis *bejahten* von einer repräsentativen Anzahl der Unternehmen (100%) 60% der 562 antwortenden Unternehmen diese Frage. Wenngleich davon die meisten Unternehmen (80%) im Kündigungsschutz keine wesentlichen Beschränkungen in der *Lösung* von Arbeitsverhältnissen sahen, gaben sie jedoch eine *prohibitive* Wirkung des Kündigungsschutzes auf ihre Personal- bzw. Einstellungspolitik an. Die Art der Auswirkung konnte näher auf bestimmte Arbeitnehmergruppen spezifiziert werden.

Insofern führte für 40% der Unternehmen der starke Kündigungsschutz von Schwerbehinderten dahin, keine Schwerbehinderten mehr einzustellen bzw. stattdessen Ausgleichszahlungen zu leisten. Weitere 34,2% der Befragten kamen dazu, *allgemein* weniger Einstellungen vorzunehmen. 31,2% führten an, verstärkt auf Alternativen zur Bewältigung des Arbeitsanfalls wie etwa Aushilfsarbeitskräfte bzw. Leiharbeiter zurückzugreifen. Weiterhin kam die Untersuchung in einer Hochrechnung[866] zu dem Ergebnis, daß bei krisenhaften Entwicklungen in kleineren Betrieben erheblich häufiger gekündigt werde als in Großbetrieben. Dem mag zumindest die Notwendigkeit primär kleiner Unternehmen (bis 20 Mitarbeiter) zu entnehmen sein, eher auf das Instrument der Entlassung als Anpassung der Beschäftigungskosten zurückgreifen zu müssen, so daß starke Anpassungshemmnisse durch Kündigungsschutz auf dieser Ebene Wirkung zeitigen können.

Im übrigen ergab sich aus der vorstehenden Unternehmensbefragung eine Abnahme der Kündigungsbereitschaft der Arbeitgeber gegenüber qualifizierten Arbeitskräften, was veranschaulichen mag, daß in Unternehmen bestimmte Beschäftigtengruppen bei wirtschaftlichen Engpässen eher an das Unternehmen gebunden werden. Die arbeitsrechtlich geschütztesten Arbeitnehmer (z.B. Schwer-

---

864 Vgl. Falke/Höland/Rhode/Zimmermann, S. 156ff. und S. 266f.

865 Vgl. Falke/Höland/Rhode/Zimmermann, S. 156ff.

866 Vgl. Falke/Höland/Rhode/Zimmermann, S. 74.; auch bei Hanau, Gutachten DJT, E 31f.

behinderte, Frauen und ältere Arbeitnehmer) werden nach rezessiven Phasen zögerlicher oder gar nicht mehr wiedereingestellt. Weniger qualifizierte Arbeitnehmer nur dann, wenn für sie Bedarf besteht[867], was im Ergebnis Hinweise auf eine Unterstützung selektiver *Segmentierung* des Arbeitsmarktes bzw. der Arbeitslosigkeit bedingt durch Kündigungsschutz liefert.

Den Weg direkter Befragung von Kleinunternehmen nach ihrem Einstellungsverhalten bei vergünstigenden Schwellenwertänderungen im KSchG hat vor dem Hintergrund jüngster Debatten um eine Arbeitsmarktreform auch die Bundesregierung beschritten. Das BMWA ließ eine Forsa-Umfrage durchführen, nach der von 1,45 Mio. Betrieben mit bis zu fünf Beschäftigten 42 % der Inhaber dieser Unternehmen sich vorstellen könnten, ein bis zwei Beschäftigte zusätzlich einzustellen, wenn dies nicht den Kündigungsschutz auslöse. Eine zurückhaltende Hochrechnung des BMWA selbst käme unter diesen Voraussetzungen zu einem Beschäftigungseffekt von ca. 100.000 Zusatzeinstellungen.[868] Eine solche kurzfristige und politisch spontan motivierte Umfrage kann eingehende Beschäftigungsanalysen in Bezug auf die Wirkung von Arbeitsmarktregularien sicherlich nicht ersetzen, gibt aber ein nicht zu unterschätzendes Stimmungsbild des Arbeitsmarktes wieder.

d) In einer jüngeren, nach Inkrafttreten des ArbRBeschFG'96 entstandenen *Vorstudie aus dem Jahr 1997*[869] weisen *Falke/Höland* darauf hin, daß die Verstärkung qualitativer Besonderheiten der Arbeitsverhältnisse in Kleinbetrieben und deren betriebspraktische und prozessuale Auswirkungen, die geänderte Konzeption der Sozialauswahl sowie die neuen Selbstregulierungsbefugnisse der Betriebsparteien durch das ArbRBeschFG'96 eine grundlegende Neuuntersuchung der Normwirkung gerechtfertigt haben würde. Eine solche Untersuchung ist seinerzeit nicht konzipiert worden. Umsomehr ist jedoch trotz Aufhebung der Änderungen des ArbRBeschFG'96 weiterhin von einem Forschungsbedarf zur anwendungsbezogenen Rechtswirklichkeit des Kündigungsschutzes auszugehen.[870]

Während von den rechtstatsächlichen Einzelnormbetrachtungen *indizielle, wenngleich nur ausschnitthafte Aussagen* zu Wirkungen starken Kündigungsschutzes getroffen werden können, bemühen sich neuere Gesamtanalysen um ein *weitergefaßtes Spektrum an Indikatoren.*

---

867 Vgl. schon Sengenberger, WSI-Mitt. 1977, S. 216; im Anschluß Wolter, S. 116ff.
868 Vgl. Darstellung BM Clements im Bundestag (14.3.2003), BT-Protokolle 2003, S. 2534f.
869 Vgl. Falke-Höland, Vorstudie, 1997.
870 Falke-Höland, Vorstudie 1997, S. 78ff.

2. *Empirische Evidenz zur Wirkung von Kündigungsschutz auf den Beschäftigungsstand aus Sicht von Gesamtanalysen*

a) In Gesamtanalysen kommen etwa *Büchtemann u.a.* unter Berücksichtigung des *BeschFG'85* Anfang der 90er Jahre zu dem Ergebnis, daß eine negative Auswirkung von Kündigungsschutzregelungen auf den Beschäftigungsstand *überschätzt werde.*[871] Dabei wird das Phänomen größerer Einstellungsvorsicht bei starkem Kündigungsschutz der Arbeitnehmer zwar nicht von der Hand gewiesen, jedoch eine *Kausalitätsverknüpfung* der unternehmerischen Einstellungspolitik mit kollektivvertraglichem und gesetzlichem Kündigungsschutz relativiert. Offenbar, so die Analyse, seien es auch andere als institutionelle Gründe, die Neueinstellungen hinderten. Als Beispiele werden etwa erhöhter Kapitalbedarf der Unternehmen für Investitionen in betriebsinterne Qualifikationsprogramme oder erhöhte Kapitalkosten pro Arbeitsplatz genannt. Diese zwängen zu restriktiverer Einstellungspolitik.[872] Nicht ohne Ungenauigkeiten der Untersuchungen einzuräumen[873], wird bei beschäftigungsbezogenen Wirkungsanalysen des Kündigungsschutzes zwischen *direkter und indirekter* empirischen Evidenz unterschieden[874]:

Zunächst wird mit Blick auf *direkte Evidenzen* festgestellt, daß auch die Summe stark kündigungshemmender Regelungen wirklich notwendige Kündigungen offenbar nicht verhindern könne.[875] Aus *Befragungsergebnissen* wird ferner abgeleitet, daß das Bewegungsvolumen auf dem Arbeitsmarkt, d.h. eine Anpassung an neue wirtschaftliche Rahmenbedingungen, recht zügig erfolge. Hohe Personalfluktuation sei danach nur bei einer Minderheit bestimmter "Hire and Fire-Betriebe" zu beobachten. Kündigungsschutz scheine diese Fluktuation nicht zu hindern und könne hier anscheinend die Personalpolitik nicht wesentlich beeinflussen. Es könne demzufolge auch nicht mehr von einem universellen, d.h. für *alle* Betriebe im geltenden Regelungsbereich des KSchG bestehenden Anpassungshemmnis und zurückhaltender Einstellungspolitik gesprochen werden.

---

871 zusammenfassend: Büchtemann, MittAB 1990, S. 394ff.

872 Vgl. Büchtemann mit Verweis auf die von ihm und anderen Autoren wie Höland vorgenommenen Untersuchungen, MittAB 1990, S. 394ff. (406).

873 Vgl. bei Dörsam, IAW-Mitt. 1995, S. 13ff. (16), ein exakter Zusammenhang zwischen Kosten der Entlassung (z.B. Abfindungszahlungen) und Beschäftigungsquote ist kaum zu ermitteln.

874 Vgl. Dörsam, IAW-Mitt. 1995, S. 12ff. (17); Büchtemann, MittAB 1990, S. 394ff. (401).

875 Vgl. Büchtemann unter Bezug auf die bereits angeführte BM-Studie 1981, MittAB 1990, S. 394ff. (399); Büchtemann/Höland, S. 32ff., 211f., 281f.; Klees, BlStSoz 1978, S. 177ff.

Mit Blick auf einen *direkten Bezug* von Kündigungsschutz zum Einstellungsverhalten von Unternehmen werten Büchtemann u.a. Befragungsstudien aus, nach denen zwar ein nicht unerheblicher Teil (69%) der befragten Personalleiter gestiegene Einstellungszurückhaltung angaben, die Mehrheit aber (76%) erklärten, der Kündigungsschutz beeinflusse das Einstellungsverhalten *nicht negativ*.[876] Relativ große Einstellungshemmnisse ergaben sich allerdings für ältere und behinderte Menschen mit Wunsch nach unbefristeter Beschäftigung. Dies sollte, folgt man dem Tenor der Studie, an deren besonders starken Kündigungsschutz liegen, wenngleich auch darauf hingewiesen wird, dass fast dreiviertel der arbeitslosen Schwerbehinderten 45 Jahre und älter gewesen seien und damit offensichtlich mehrere Vermittlungshemmnisse zusammenkamen. [877]

Eine *indirekte empirische Evidenz* dafür, daß Kündigungsschutz *nicht* Grund für Einstellungshemmnisse sein könne, leitet die Untersuchung aus tatsächlichen Auswirkungen *des damals noch relativ neuen BeschFG'85 ab*.[878] Hierbei sollte die Häufigkeit, mit der Unternehmen die durch das BeschFG'85 erleichterte Befristungsmöglichkeit von Arbeitsverträgen annahmen, ein Indiz für die Einstellungs- bzw. Beschäftigungsmotivation der Arbeitgeber angeben.[879] Die Untersuchung kommt an dieser Stelle zum Ergebnis, daß nur ein geringerer Teil (26%) befragter Unternehmen nach einer gewissen Anlaufphase konkret die Möglichkeiten des BeschFG'85 als Anreiz nutzten. Das BeschFG'85, dessen Zweck es war, Zeitbeschäftigung möglichst in Vollzeitbeschäftigung zu wandeln, schien danach in der Realität mehr als Möglichkeit zur Personalselektion (gestreckte Probezeit), denn zu echten Beschäftigungszwecken genutzt worden zu sein.[880]

Aus einer geringen Nutzung der Möglichkeiten einer Befristung durch die Unternehmen schloß die Untersuchung, daß eine *Lockerung des Bestandsschutzes* durch den Gesetzgeber anscheinend nicht in der Weise als Beschäftigungsanreiz aufgefaßt wurde, wie es notwendig gewesen wäre, um nachzuweisen, daß bestehender Kündigungsschutz ein gravierendes Einstellungshemmnis birgt und damit Gesamtbeschäftigungshemmnisse indiziert sind.[881]

b) Nach Inkrafttreten der Gesetzesänderungen des Kündigungsschutzgesetzes durch das ArbRBeschFG'96 haben sich ökonomische Analysen mit Folgen

---

876 Vgl. bei Dörsam, IAW-Mitt. 1995, S. 12ff. (17).
877 Vgl. bei Dörsam, IAW-Mitt. 1995, S. 12ff. (18).
878 Vgl. Büchtemann/Höland, MittAB 1990, S. 394ff. (404f.); Büchtemann/Höland, vor allem S. 281ff.; bei Keller, S. 389ff. m.w.N.
879 Vgl. Büchtemann/Höland, vor allem S. 281ff.
880 Vgl. Büchtemann/Höland, S. 281f.
881 Vgl. Büchtemann/Höland, S. 281f. (282).

der Rechtsänderungen für den Beschäftigungsstand auseinandergesetzt. Beispielhaft sei eine Kurzanalyse von *Walwei-Zika*[882] genannt. Die vorläufigen Ergebnisse dieser Untersuchung beziehen neben den Änderungen im deutschen Kündigungsschutzrecht auch *einen Vergleich* kündigungsrechtlicher Entwicklungen in anderen europäischen Ländern (Spanien mit hoch reguliertem, Großbritannien mit relativ dereguliertem Kündigungsschutz) mit ein.

Dabei wird zugrunde gelegt, daß das KSchG in seiner Geltung vor dem 01.10.1996 durch den (nach 1998 wieder) geltenden personellen Schwellenwert (fünf Arbeitnehmer) auf gut 30% aller Betriebe im Bundesgebiet sowie rund drei Viertel aller sozialversicherungspflichtigen Beschäftigten anzuwenden war. Die Neuregelungen ab 1996 hingegen (Schwellenwert zehn Beschäftigte) hatten diesen Wert auf 17 bis 20% herabgesenkt. Wichtig ist die Einschränkung, daß das ArbRBeschFG'96 durch die Regelung einer Übergangsfrist von drei Jahren (Vertrauensschutz) für diejenigen Beschäftigten Anwendung finden sollte, die am 30.09.1996 in den aus dem Geltungsbereich des Kündigungsschutzes herausfallenden Betrieben beschäftigt waren. Bis zum 30.09.1999 bezogen sich die Änderungen somit nur auf *neu* eingestellte Arbeitnehmer. *Damit war das Wirkungsspektrum der Rechtsänderung von 1996 bis 1999 stark reduziert.*[883]

Gleichzeitig betont der Ansatz von *Walwei-Zika* den beschäftigungsökonomischen *Nettoeffekt* von Kündigungsschutzregelungen. In diesem wird ausgedrückt, daß durch den Ausschluß des Kündigungsschutzes für bestimmte Kleinbetriebe und sonstige Begünstigungen (etwa bei der Sozialauswahl) betriebliche Interessen zwar eine Einstellungsbereitschaft betroffener Unternehmen erhöhen könnten, andererseits damit jedoch bei wirtschaftlichen Schwierigkeiten mit Rückgang des benötigten Arbeitsvolumens im stärkeren Umfang eine (leichtere) Freisetzung von Arbeitnehmern verbunden sei. Kündigungsschutzbeschränkungen, die auf eine Verhinderung allein *willkürlicher Entlassung* zielten, stünden im Ergebnis weder notwendigem Strukturwandel noch wirtschaftlich erforderlichen Entlassungen im Wege.[884]

Die Untersuchung kommt auf dieser Grundlage hinsichtlich der Beschäftigungswirkung deutschen Kündigungsschutzniveaus noch zu *keinem eindeutigen Ergebnis*. Die Effekte der Änderungen des Kündigungsschutzgesetzes werden als *unsicher bezeichnet*. Die Frage, ob Betriebe von einem gegebenen Flexibilisierungsspielraum Gebrauch machen, sei offen. Wohl aber sei es so, daß das

---

882 Vgl. Walwei-Zika, IRS 1997, S. 7ff.; Emmerich/Walwei-Zika in: Keller-Seifert, Deregulierung, Eine empirische Zwischenbilanz, S. 171ff.

883 Vgl. Emmerich/Walwei-Zika in: Keller-Seifert, Deregulierung, Eine Empirische Zwischenbilanz, S. 171.

884 Vgl. Emmerich/Walwei-Zika in: Keller-Seifert, Deregulierung, Eine empirische Zwischenbilanz, S. 175.

Problem, nach einem Arbeitsplatzverlust möglichst reibungslos eine alternative Beschäftigung zu finden, eine für die Beschäftigungspolitik größere Rolle spiele.[885]

Die Untersuchung macht ferner darauf aufmerksam, daß sich Kündigungsschutzregelungen *negativ* auf die Einstellungsbereitschaft, insbesondere *kleinerer Unternehmen*, dadurch auswirken könnten, daß die zu erwartenden *Kündigungsschutzkosten* antizipiert würden und eine *Kompensation* durch geringere Löhne oder eine höhere Produktivität dieses erhöhten Preises für den Faktor Arbeit *nicht stattfinde*.[886] Die Studie weist auf das Anwachsen von sogenannten Entlassungsentschädigungen im verarbeitenden Gewerbe im Zeitraum von 1972 bis 1992 hin[887] und belegt unter Hindeutung auf *kündigungsersetzende Aufhebungs- und Abwicklungsverträge* den erhöhten Kostenfaktor des Kündigungsschutzes.

c) Andere Untersuchungen u.a. von Soltwedel et al. waren hingegen unter Beobachtung der unter I. vorgestellten Indikatoren zu einer *eindeutig negativen Bewertung* des Kündigungsschutzes für das Beschäftigungsproblem gekommen. Die Untersuchungen bemühen sich um schlüssige Indikatoren zur empirischen Überprüfung der These, nach der strikter Kündigungsschutz eine Verminderung der Einstellungsbereitschaft von Unternehmen zur Folge haben solle.[888] Eine negative Wirkung starker Anpassungshemmnisse auf unternehmerisches Beschäftigungsverhalten ergäbe sich danach, wenn nachgewiesen sei, daß:

(aa) über einen bestimmten Zeitraum die zunehmende Arbeitslosigkeit mit abnehmenden Einstellungsquoten nachweislich verbunden ist;
(bb) die Dauer der Arbeitslosigkeit zunimmt;
(cc) schwer vermittelbare Arbeitslose unter der Mehrzahl jener Arbeitslosen zu finden sind und schließlich
(dd) eine Zunahme der Arbeitsnachfrage vorwiegend durch Überstunden statt durch Neueinstellungen aufgefangen wird.

Nach diesen Vorgaben kommt die Untersuchung unter Betrachtung der Kurvenverläufe von Arbeitskontraktauflösungen und Einstellungen über einen Zeitraum von 1960 bis 1985 zu dem Ergebnis, daß das Risiko des Arbeitsplatzverlu-

---

885 Vgl. Emmerich/Walwei-Zika in: Keller-Seifert, Deregulierung, Eine empirische Zwischenbilanz, S. 174ff.
886 Vgl. im Ergebnis der theoretischen Überlegungen oben Teil 2 1. Abschnitt A. II.
887 Vgl. Emmerich/Walwei-Zika in: Keller-Seifert, Deregulierung, Eine empirische Zwischenbilanz, S. 172ff.
888 Vgl. Soltwedel, S. 135ff. (136f.); ders., ZfA 1984, S. 157f.

stes im gesamtwirtschaftlichen Durchschnitt konstant blieb, während die Chance auf eine Neueinstellung abnahm (aa); die durchschnittliche Dauer der Arbeitslosigkeit zunahm (bb) und das Niveau der Langzeitarbeitslosigkeit (bis zu einem Jahr und länger) ähnlich wie bei der Arbeitslosigkeit insgesamt nicht mehr auf den Ausgangswert von vor der Rezession (1966/67) zurückfiel, sondern auf einem erheblich höheren Niveau verharrte (cc) (persistente Arbeitslosigkeit).

Wiewohl dieser Untersuchungsansatz *Zeit und Entwicklungsaspekte* von Rechts- und Arbeitsmarktbewegungen zugleich berücksichtigt, machten die ökonomischen und ordnungspolitischen Entwicklungen der letzten Dekade neue Untersuchungsinitiativen in ähnlicher Form notwendig. Dies ist mit einer seit 1999 vorliegenden *umfassendsten Analyse* der OECD[889] geschehen.

d) Durch die Einbindung von Ergebnissen zahlreicher theoretischer wie auch empirischer Untersuchungen bildet die OECD-Studie eine *anschauliche Zusammenfassung* der in vorliegender Arbeit angeführten Argumente und Befunde. Sie versucht *Indikatoren* herauszuarbeiten, die einigermaßen zuverlässig eine bestimmte Beschäftigungsentwicklung auf das Niveau des Kündigungsschutzes eines OECD-Staates zurückführen lassen.

Vereinfacht ausgedrückt, nimmt die Untersuchung zunächst in einer Vorstellung des Kündigungsrechts der einzelnen OECD-Staaten eine Rechtsvergleichung nach der Stärke (strictness) des Schutzniveaus vor. Wenngleich die für die Bestimmung des Schutzniveaus wichtigen Einzelaspekte schutzerweiternder Rechtsprechungspraxis nicht berücksichtigt werden, findet Veranschaulichung, daß Deutschland *nach* den südeuropäischen (Italien, Spanien, Portugal), jedoch *weit vor* den angloamerikanischen Staaten im vorderen Feld starker Kündigungsschutzregulierung positioniert ist.[890]

Ferner werden der *Beschäftigungsverlauf* und die *Entwicklung des Bestandsschutzes* der zum Vergleich stehenden Länder über einen längeren Zeitraum (mehr als 20 Jahre) geprüft und zueinander in Relation gesetzt. Berücksichtigung gefunden haben dabei die Rechtsänderungen im Zuge europäischer Deregulierungsmaßnahmen (Großbritannien, Deutschland jeweils 1996). Dadurch kann in der Studie ebenso wie bei Walwei-Zika ein *Nettoeffekt der Wirkung* von Kündigungsschutzregelungen auf den Beschäftigungsstand genauer abgebildet werden.

Die Studie kommt unter diesen Prämissen zu dem Ergebnis, daß eine *Evidenz* dafür spreche, daß Kündigungsschutz zum einen den Umfang *des Beschäftigungsumschlags (labour turnover)* beeinflusse. Das heißt in Ländern mit star-

889 OECD, Employment Outlook, 1999, S. 49ff; u.a. Walwei, IAB topics Nr. 48 (2002), S. 15ff, BeitrAB 2002, S. 89f.

890 OECD, Employment Outlook 1999, S. 72 (Schaubild).

kem Kündigungsschutz würden zwar weniger Beschäftigte arbeitslos, jedoch einmal arbeitslos geworden, müßten sie ein höheres Risiko tragen, für eine längere Periode arbeitslos zu bleiben. Zum anderen zeichne sich in Ländern mit starkem Kündigungsschutz eine auffällig hohe Rate selbständiger Beschäftigung ab.[891]

Die Studie stellt fest, daß in verschiedenen OECD-Staaten (u.a. Deutschland) das hohe Niveau des Kündigungsschutzes *relativ konstant* geblieben sei. In unterschiedlichen Zeitrahmen und in unterschiedlicher Intensität seien Regulierungsmaßnahmen (Deutschland: 1985, 1996) durchgeführt worden. Für die meisten Länder habe sich hinsichtlich des Beschäftigungsstands trotz der Regelungsmodifikationen keine wesentliche Änderung ergeben. Als auffällig wird bezeichnet, daß Kündigungsschutz offensichtlich die *demographische Zusammensetzung* der Beschäftigungslosen beeinflussen könne. Arbeitnehmer mittleren Alters seien in Ländern mit starkem Schutzniveau weniger von Arbeitslosigkeit betroffen als andere Gruppen, beispielsweise junge Arbeitnehmer. Dies könne Folge des stärkeren Altersschutzes im Kündigungsrecht sein.

Die Folge des Kündigungsschutzes, im konjunkturellen Abschwung die Entlassung von Arbeitnehmern zu verhindern, in gewissem Maße aber dann Wiedereinstellungsmaßnahmen zu verlangsamen, neige wohl, so die Erkenntnis, zu einem *ausgleichenden Nettoeffekt des Kündigungsschutzes auf die Beschäftigungsentwicklung*. Andererseits sei, so die Studie, eine Vermehrung von selbständiger Arbeit in Ländern starken Kündigungsschutzes zu beobachten.

Die Studie sieht im übrigen keine eindeutige Verbindung zwischen starkem Kündigungsschutz und der Vermehrung befristeter Beschäftigungsverhältnisse (vermehrter Umgehung von Kündigungsschutz). Dort allerdings, wo die Möglichkeit befristeter Beschäftigungsverhältnisse vor *noch nicht allzulanger Zeit erweitert* wurden (u.a. Deutschland über BeschFG'85 und ArbRBeschFG'96), erkennt die Untersuchung, daß die Annahme dieses Instruments für Beschäftigungsverhältnisse in seiner Breitenwirkung noch *nicht abschließend beurteilt werden könne.*

Im Fazit belegt die Untersuchung einen (wenn auch nicht alleinigen) Einfluß institutionellen, nicht dispositiven Kündigungsschutzes auf die Beschäftigungsentwicklung. Die Stabilität von Beschäftigungsverhältnissen ist in Ländern starken Kündigungsschutzes zwar höher, Beschäftigung dauert insgesamt länger. Hingegen verlängert sich der Zeitraum für die Entlassenen, vom Arbeitsmarkt wieder aufgenommen zu werden. Starker Kündigungsschutz hat damit *dämpfenden Einfluß auf den Beschäftigungsumschlag* bzw. die Beschäftigungsdynamik.

891 OECD, Employment Outlook 1999, S. 86ff.

Die Befunde der Studie legen nahe, daß Struktur und Länge der Arbeitslosigkeit, d.h. Segmentvertiefungen, durch Kündigungsschutz initiiert werden. Im übrigen scheint selbständige Beschäftigung in Ländern starken Kündigungsschutzes befördert zu werden; ein Umstand, der auf die Begünstigung von Scheinselbständigkeit und freie Mitarbeit als vermehrte Arbeitsformen zur Umgehung sozialrechtlicher, aber auch arbeitsrechtlicher Bindungsfolgen (Kündigungsschutz) hindeuten könnte.

D. Ergebnis

In Teil 2, 1. Abschnitt vorliegender Arbeit wurden am Beispiel ausgewählter Kündigungsschutznormen Wirkungszusammenhänge zwischen (deutschem) Bestandsschutzniveau und dem aktuellen Beschäftigungsproblem ökonomisch analysiert. Dabei erschloß sich aus einer zunächst unternehmensbezogenen Betrachtung betriebswirtschaftlich über Kosten definierter *faktischer Steuerungsprozesse* durch Kündigungsschutznormen ein überwiegend die Beschäftigung hindernder Beitrag rechtlicher Kündigungsbedingungen.

Darüber hinaus läßt sich das Beschäftigungsproblem in dem hier thematisierten Zusammenhang mit Hilfe von Arbeitsmarkttheorien diskutieren. Nach Abwägung der aus diesen Erklärungsansätzen für den Kündigungsschutz ableitbaren Argumente ergibt sich bilanziell eine das Beschäftigungswachstum dämpfende und die Segmentierung des Arbeitsmarktes vertiefende Wirkung des hier dargestellten Kündigungsschutzrechts.

Aus Sicht der angeführten empirischen Evidenz ist schließlich dieses theoretische Ergebnis nachvollziehbar. Die Empirik stimmt überwiegend darin überein, daß zumindest strikter Kündigungsschutz als unflexible Marktinstitution die Beschäftigungsdynamik (labour turnover) besonders in Segmenten wenig qualifizierter Arbeitnehmer dämpft (Langzeitarbeitslosigkeit).

Das Ergebnis negativer ökonomischer Folgen starken Kündigungsschutzes für das Beschäftigungswachstum soll nun im 2. Abschnitt unter juristischen bzw. rechtspolitischen Gesichtspunkten geprüft werden. Dieser Ansatz folgt der mittlerweile anerkannten ökonomisch-juristischen Verzahnung des Themas.[892]

Die juristische Analyse des Problems beginnt bei der verfassungsrechtlichen Bewertung einer durch Bestandsschutznormen offenkundig beeinträchtigten Verteilungsgerechtigkeit von Arbeit. Hebt man zudem die unter Teil 1 dargestellte Gestaltungsdominanz der Rechtsprechung hervor, so leistet die arbeitsge-

892 U. Preis, NJW 2000, S. 2304ff. (2304).

richtliche Praxis in besonderem Maße ihren Anteil an der Setzung ökonomischer Determinanten und ist deshalb in diese Prüfung mit einzubeziehen.[893]

2. Abschnitt: Juristische Analyse

A. Beschäftigungsförderung und kündigungsrechtlicher Bestandsschutz als verfassungsrechtliches Problem

Die Regelung des Kündigungsschutzes, dessen Verfestigung und Ausbau gilt als eine der Kernaufgaben *sozialstaatlicher* Gesetzgebung und Rechtsprechung.[894] Gleichzeitig ist das *Erfordernis der Beschäftigungsförderung* Anliegen eines mit der Verwirklichung *sozialer Grundrechte*[895] befaßten Handlungsauftrags des Staates. Eine Konkretisierung der *Konfliktlage* widerstreitender Ergebnisse sozialstaatlicher Zielstellungen im Spannungsfeld zwischen institutionellem Bestandsschutz und Beschäftigungsförderung sollte zunächst von deren verfassungsleitenden Wertmaximen ausgehen.

I. Leitende Wertmaximen für Inhalt und Gestalt des Bestandsschutzes

1. Soziale Grundrechte und Sozialstaatprinzip als Wertmaximen für die Gestalt des deutschen Bestandsschutzes

Die wirtschaftliche Betätigungsfreiheit des Arbeitgebers garantieren Art. 2, 12 und 14 GG. Aus ihnen leitet sich die Freiheit zur Gründung und Führung von Unternehmungen sowie die allgemeine wirtschaftliche Entfaltungsfreiheit und Vertragsautonomie ab. Das gesetzlich garantierte Mitbestimmungsrecht (BetrVG) und der materielle Kündigungsschutz konkretisieren den verhältnismäßigen Eingriff in die Unternehmerfreiheit.[896]

---

893 Vgl. Adomeit, NZA 1993, S. 433ff. (435); andeutend Berkowsky, NJW 1983, S. 1292ff. (1292); Begründung des ArbRBeschFG v. 25.9.1996, BT-Drs. 13/5107, S. 20ff.; Hümmerich, NZA 1996, S. 1289ff.; Runggaldier, DRdA 1996, S. 101ff.; Rüthers, Beschäftigungskrise, S. 48ff.; Sachverständigenrat, RdA 1990, S. 288ff. (289); Sachverständigenrat, RdA 1990, S. 288ff.; Zöllner, 52. DJT, D51.

894 Vgl. Degenhart, Staatsrecht 2002, S. 167f.(Rdnr. 472f); Benda, Herrschaft, S. 52 (zu Nipperdey, RdA 1949, S. 214ff.) sowie S. 101.

895 Grundlegend Böckenförde, NJW 1974, S. 1530ff (1535f.).

896 BVerfG v. 27.1.1998, NZA 1998, S. 470; U. Preis, Prinzipien, S. 254ff.; G. v. Hoyningen-Huene, NZA 1994, S. 1009ff. (1010).

Ebenso streitet für den Arbeitnehmer das Grundrecht der Berufsfreiheit Art. 12 Abs. 1 GG mit Art. 2 GG und Art. 1 Abs. 1 GG.[897] Durch die Wertentscheidung der Art. 2 Abs. 1, Art. 1 Abs. 1 GG sind mit dem Arbeitsverhältnis Persönlichkeitsrechte des Arbeitnehmers wie Selbstbestimmung und Selbstverwirklichung unter wirtschaftlicher Freiheit verknüpft. So entspricht das Arbeitsverhältnis nach Anschauung einer sozial gestalteten Marktordnung nicht dem Warenaustauschverhältnis des Gütermarktes.[898] Aus Art. 12 Abs. 1 GG läßt sich nach h.M. grundsätzlich eine staatlich garantierte Schutzpflicht des Arbeitsverhältnisses, ein Kernbestand an Arbeitsplatzschutz, wohl aber nicht dessen genaue Stärke und Gestalt ableiten.[899] Nach h.M. ist andererseits gewiß, daß zumindest ein Eigentumsrecht am Arbeitsplatz grundrechtlich (Art. 14 Abs. 1 GG) nicht verbürgt wird.[900]

Von Bedeutung geworden für eine Bestimmung der Stärke des deutschen Kündigungsschutzes in diesen Grenzen ist die Verankerung des Sozialstaatprinzips (Art. 20 Abs. 1, 28 Abs. 1 GG).[901] Aus der Staatszielbestimmung des sozialen Staates heraus hat die Wirtschaftsverfassung[902] der freien Entfaltung wirtschaftlicher Macht und dem Wettbewerbsprinzip mit der Wertungskategorie des "Sozialen" nicht nur programmatisch[903] verfassungsfeste Schranken gesetzt. Das Sozialstaatprinzip in seiner verfassungsganzen Wirkungseinheit (Art. 2, 3, 12, 14, 20, 28, Art. 72 Abs. 2, Art. 74 Ziff. 12 und Ziff. 16 GG)[904] verleiht den grundrechtlich geschützten Arbeitnehmerinteressen ein besonderes soziales Gewicht[905], das im Kündigungsrecht seine Verwirklichung gefunden hat. Demge-

---

897 Vgl. Oetker, RdA 1997, S. 9ff. (10f.); Lakies, DB 1997, S. 1078ff.

898 darauf basierend BAG AP Nr. 14 zu § 611 BGB (Beschäftigungspflicht) = NZA 1985, S. 702 = NJW 1985, S. 2968; zur Entwicklung vornehmlich in der Weimarer Sozialpolitik: oben Teil 1 A. I.

899 Vgl. GK-Etzel zu § 1KSchG, Rn. 13ff.; BVerfG v. 1.3.1979, AP Nr. 1 zu § 1 MitBestG = NJW 1979, S. 539ff.; Oetker, RdA 1997, S. 9ff.; Lakies, DB 1997, S. 1078ff. m.w.N.

900 Aus dem Arbeitsverhältnis lassen sich jedoch eigentumsähnliche Rechte ableiten, vgl. BVerfGE 72, S. 9ff. (19ff.); BVerfGE 76, S. 220ff. (235ff.); BVerfGE 58, S. 109ff.

901 Vgl. näher Lakies, DB 1997, S. 1078ff. (1080).

902 Vgl. zur Begrifflichkeit BVerfG 4, S. 7 (17f.); 50, S. 290 (336f.).

903 Vgl. anders die Rechtspraxis zu Art. 151ff. WRV, Huber, S. 150ff.; Art. 151 bis 165 WRV regelten ausführlich "das Wirtschaftsleben" im Staat. Hervorzuheben ist Art. 157 WRV; zur Weimarer Lehre Abendroth, S. 179ff.; MD-Herzog, zu Art. 20, Rn. 6; Benda, Herrschaft, S. 50.

904 Vgl. Benda, Herrschaft, S. 69.; BVerfGE 1, S. 13ff. (32) und BVerfGE 2, S. 380ff. (403).

905 Vgl. zum Einfluß des Sozialstaatgedankens auf die Grundrechtsinterpretation Böckenförde, NJW 1974, S. 1529ff. (1535); Benda, Herrschaft, S. 52 (zu Nipperdey,

genüber besteht zwar kein korrespondierendes Prinzip der Marktmäßigkeit [906], gleichwohl ergibt sich eine markt- und wettbewerbsorientierte Wirtschaftsordnung aus den wirtschaftlich relevanten Grundrechten wie Art. 2, 12, 14 GG.[907]

Aus ökonomischer Sicht hat der ordnungspolitische Rahmen des Arbeitsmarktes in Teilgestalt des Kündigungsschutzrechts eine *soziale Determination* erfahren. Diese wurde in erster Linie von der arbeits- und sozialrechtlichen Rechtsprechungspraxis getragen und durchgesetzt. Darin unterscheidet sich gerade dieser Ordnungsrahmen von Ordnungsgebilden in freien Marktsystemen anderer Staaten.[908] Kritiker sehen speziell in jener "einseitigen" Entwicklung sozialer Determination eine kontraproduktive Verstärkung des strukturell bedingten Beschäftigungsproblems und die Ursachen des Zielkonflikts grundrechtlich gesicherter Schutzrichtungen.[909]

2. Einseitiges Verständnis des Bestandsschutzes in der Rechtsprechungspraxis?

Ein Blick auf *Beispiele* aus der Rechtsprechungspraxis zur betriebsbedingten Kündigung könnte diese Auffassung stützen:

Bereits in den 50er Jahren weist Müller[910] darauf hin, daß sich das Sozialstaatprinzip in Auslegungspraxis und Rechtsfortbildung der arbeitsgerichtlichen Rechtsprechung zu einer Art *unechtem Grundrecht* entwickelt habe.[911] Die erst in den 80er Jahren aufgegebene unmittelbare Anwendung der Grundrechte[912] auf das Arbeitsverhältnis als Schutz und Abwehrrechte des Arbeitnehmers gegen den Arbeitgeber kennzeichnet richtungsweisend eine dem Verhältnis Bürger –

RdA 49, S. 214ff.) und S. 101; Alexy, Theorie der Grundrechte, 1986 (stw), S. 454ff.; Jarass/Pieroth-Jarass, zu Art. 20, Rn. 79.; Mückenberger, Kritische Justiz 1996, S. 343ff. (346); Zöllner/Loritz, S. 10f.

906 BVerfGE 4, 8; 7, 377 (400); 50, 290, (339); Zöllner/Loritz, S. 10f.

907 Tettinger, in: Sachs, Grundgesetz, Art. 12 Rn. 14a.

908 Teil 3 der Abhandlung.

909 Das "Einbahnstraßen-Denken" der Rechtsprechungspraxis zugunsten der Arbeitsplatzbesitzer und ihrer Besitzstände zum Nachteil der Beschäftigungslosen, vgl. Adomeit, SAE 1988, S. 71ff. (74); ders., Schwierigkeiten, S. 1ff. (2); Kraft, ZfA 1994, S. 463ff. (465f.); ders., ZfA 1995, S. 419ff. (423); Rüthers, Beschäftigungskrise, S. 37ff.; ders. NJW 2002, S. 1601ff; Weiler, BB 1985, S. 934ff. (937); Eich, DB 1987, S. 1785 (1788); Zöllner, ZfA 1988, S. 265ff. (269 m.w.N.); ders., Gutachten 52. DJT 1978, D114f.; U. Preis, NJW 2000, S. 2304ff. (2307); Zöllner/Loritz, S. 11.

910 Vgl. Müller, DB 1956, S. 524ff. (524).

911 Müller, DB 1956, S. 524ff. (524f.).

912 BAG v. 10.5.1957 AP Nr. 1 zu Art. 6 Abs. 1 GG; zuvor BAG v. 3.12.1954 AP Nr. 12 zu § 13 KSchG, erst nach BVerfGE 7, 198ff. (Lüth) aufgegeben in BAG v. 20.12.1984, AP Nr. 27 zu § 611 BGB Direktionsrecht = DB 1985, S. 2689.

Staat analoge Über-Unterordnungsthese (Übermachtthese) des BAG[913] und läßt das Arbeitsgericht die Funktion einer *Arbeitnehmerschutzinstanz* [914] einnehmen.

Unter Berufung auf das Sozialstaatgebot führen Rechtsfortbildungen zur gesetzesgleichen Institutionalisierung von Arbeitskonditionen[915] und zur kontinuierlichen Ausweitung des Schutzstandards im Kündigungsrecht. So rechtfertigt das BAG die rechtsfortbildende Einschränkung befristeter Beschäftigungsverhältnisse (§ 620 BGB) mit der "*meist sozial und wirtschaftlich schwächeren Position des Arbeitnehmers*"[916] und läßt eine typisierte *Grundskepsis* gegenüber der Markt- und Verhandlungsmacht des Arbeitgebers anklingen. Dies gilt selbst dort, wo eine Befristung des Beschäftigungsverhältnisses gerade von sozialen Motiven der Beschäftigungsförderung geleitet wird.[917] Die Verfestigung des Arbeitsverhältnisses gegenüber Änderungs- oder Beendigungsmaßnahmen des Arbeitgebers führt zu einer *Quasi-Verbeamtung* des Beschäftigten.[918]

Unmittelbar aus dem Sozialstaatprinzip schöpft die Rechtsprechung etwa bei der Leitentscheidung zur Ausdehnung der Anhörungspflicht auf eine vollständige Auskunftspflicht des Arbeitgebers gem. § 102 BetrVG.[919] Ebenso beruht der *allgemeine (übergesetzliche) Weiterbeschäftigungsanspruch* auf einer Auslegung des Arbeitsvertragsrechts (§ 611 BGB) im Sinne sozialer Grundrechte.[920] Rechtsfortbildungen wie die Einführung des Vorrangs von Sozialplanansprüchen

---

913 Vgl. Wank, Arbeitnehmer, S. 46ff.

914 Müller, DB 1956, S. 524ff.und 548ff. (551); kritisch Erdmann, DB 1985, S. 41ff. (41).

915 Vgl. Müller, DB 1956, S. 524ff. (524) mit dem Überblick der bis dahin mit ausdrücklichem Bezug zur Sozialstaatklausel ergangenen Rechtsprechung des BAG; beispielhaft BAG, DB 1955, S. 668.

916 BAGE 1, 134 und 138; BAG AP Nr. 16 zu § 620 BGB (befristeter Arbeitsvertrag) = DB 1961, S. 419 und die Einführung des "sachlichen Grundes" in § 620 BGB im Zuge einer "Umgehungsrechtsprechung" mit Blick auf das KSchG; BAG v. 26.4.1985 DB 1985, S. 2151 = AP Nr. 91 zu § 620 BGB (befristeter Arbeitsvertrag).

917 BAG v. 26.4.1985, DB 1985, S. 2566 = EzA § 620 BGB Nr. 74; bereits auch BAG v. 3.10.1984, EzA § 620 BGB Nr. 73 = DB 1985, S. 2151; weiterhin BAG v. 12.12.1985, AP Nr. 96 zu § 620 BGB (befristeter Arbeitsvertrag) = EzA § 620 BGB Nr. 77 = DB 1986, S. 1926.

918 Vgl. Schober, S. 375, der in dieser Richtung der "Fürsorge" eine Entemanzipation des Arbeitnehmers sieht.

919 BAG v. 13.7.1978, AP Nr. 16 zu § 102 BetrVG 1972; dagegen BAG v. 29.3.1984, BB 1984, S. 1426ff. (1427); Teil 1, B.II.4..

920 Teil 1, B. II.5.; Ausgangspunkt BAG v. 10.11.1955 AP Nr. 2 zu § 611 BGB (Beschäftigungspflicht); schließlich BAG AP Nr. 14 zu § 611 BGB (Beschäftigungspflicht) = NZA 1985, S. 702 = NJW 1985, S. 2968.

gekündigter Arbeitnehmer in die ehemalige Konkursordnung[921] oder die zunächst vom Gesetz nicht vorgesehene Anwendung des § 613a BGB Konkurs, die sich auch für das neue Insolvenzrecht erhalten hat (§ 128 InsO), geschahen unmittelbar aus sozialstaatlichen Erwägungen.[922]

Auch in jüngeren Erkenntnissen zur betriebsbedingten Kündigung gelangt die Rechtsprechung etwa über eine verfassungskonforme Interpretation des § 315 BGB (billiges Ermessen) dazu, außerhalb des Schutzbereichs des KSchG die Grundsätze der Sozialauswahl *entsprechend* anwenden zu wollen.[923] Nicht zu vernachlässigen ist schließlich die Judikatur zur Vereinbarung von (Kündigung ersetzenden) Aufhebungsverträgen. Der Beschluß des BVerfG vom 19.10.1993[924] zur Störung des Paritätsverhältnisses bei einem Bürgschaftsvertrag legt gemäß instanzgerichtlicher Praxis eine analoge Anwendung auf Aufhebungsverträge nahe.[925] Die Rechtfertigung einer derart weitgehenden Praxis beziehen Literatur[926] und Rechtsprechung[927] u.a. aus der Wertentscheidung des *Sozialstaatprinzips* und erheben damit eine *Ausnahme*rechtsprechung des BVerfG zum Schutz Minderjähriger im Bürgschaftsrecht zur *Regel*rechtsprechung im Arbeitsrecht.

Wenngleich vorgenannte Beispiele aus der Rechtsprechungspraxis nicht abschließend sein können, geben sie doch eine anhaltende *Tendenz* in der unmittelbar gestaltenden Wirkung des Sozialstaatprinzips im Kündigungsschutzrecht wieder.

II. Bestandsschutz und Beschäftigungswachstum als Zielkonflikt verfassungsrechtlicher Schutzrichtungen und deren Ausgleich

Die Errichtung von *Marktzugangsbarrieren* als *ökonomische Erscheinung* einseitig wirkender Schutzrechte kann juristisch aus dem Blickwinkel des Art. 12

---

921 BAG GrS v. 13.12.1977, AP Nr. 6 zu § 112 BetrVG; BVerfG, Beschluß v. 19.10.1983, AP Nr. 22 zu § 112 BetrVG; dann: SozplKonkG v.20.3.1985,BGBl. I 369.

922 BAG v. 26.5.1983 AP Nr. 34 zu § 613a BGB mit Anm. Grunsky; LAG Hamm, NJW 1983, S. 242ff.; Betriebsübergang nunmehr ausdrücklich unter § 128 InsO. 922§§ 123ff. InsO.

923 BVerfG v. 27.1.1998, NZA 1998, S. 470 (472); BAG v. 15.12.1994, BB 1995, S. 930 (933); BAG v. 28.3.1999, DB 1999, S. 1805; dazu Berkowsky, NJW 1996, S. 291ff. (295); kritisch Löwisch, BB 1997, S. 782ff. (788).

924 BVerfG v. 19.10.1993, DB 1993, S. 2580f.

925 ArbG Hamburg, AuR 1995, S. 29.

926 Vgl. Zwanziger, DB 1994, S. 982ff. (982) m.w.N.

927 ArbG Hamburg, AuR 1995, S. 29.

GG als Eingriff in die Berufsfreiheit Beschäftigungssuchender diskutiert werden. Auch wenn Art. 12 Abs. 1 GG als anerkanntes Teilhaberecht ein justitiables Recht auf Arbeit nicht begründet[928], so liegt in der Verantwortung des Staates doch die Sorge um einen möglichst hohen Beschäftigungsstand und damit um die Verringerung etwaiger Hemmnisse des Beschäftigungszugangs für Teilnehmer am Arbeitsmarkt.[929] Andere Ansichten sehen im Konfliktfeld übersteigerten Individualschutzes zum Nachteil der Beschäftigungsentwicklung ein Problem der Chancengleichheit (Art. 3 GG) und Verteilungsgerechtigkeit[930] nichtbeschäftigter gegenüber beschäftigten Arbeitnehmern.[931] Das Problem verminderter Möglichkeiten des Beschäftigungszugangs Arbeitsloser (oder auch bestimmter Gruppen Arbeitsloser) wird letztlich im Lichte einer Einheit des Sozialstaatprinzips mit den Grundrechten, namentlich Art. 3 und 12 GG, zu sehen sein.

Im Zeichen dessen erscheint die im Kündigungsrecht tendenziell zum Ausdruck kommende Sichtweise, den Sozialstaat mit sozialer Gerechtigkeit und die Verwirklichung sozialer Gerechtigkeit *stets* mit maximaler Schutzwürdigkeit einer bestimmten gesellschaftlichen Gruppe (Beschäftigte) gleichzusetzen, zweifelhaft.[932] Was i.S.d. Gemeinwohls[933] "sozial" ist, unterliegt hauptsächlich ethischen Wertvorstellungen der Gesellschaft.[934] Diese Wertung geht primär nicht

---

928 etwa BAG, NJW 1964, S. 1921ff.

929 Vgl. vor allem Reuter, RdA 1973, S. 345ff.; ders., BAG FS 1979, S. 405ff., ders., Ordo Bd. 33 (1982), S. 165ff.; im Zusammenhang mit befristeten Beschäftigungsverhältnissen Weiler, BB 1985, S. 934ff. (937); Darstellung bei Oetker, RdA 1997, S. 9ff. (15 u. 20); sog. passive Beschäftigungspolitik, im Gegensatz zur aktiven Beschäftigungspolitik gem. SGB III.

930 Vgl. Sachs, in: Sachs, Grundgesetz, zu Art. 3, Rn. 66 und 90ff., objektiv-rechtliche Schutzfunktion des Gleichheitssatzes.

931 etwa Moll, Kollektivvertragsrecht, S. 134.

932 Vgl. Wank, Arbeitnehmer, S. 53; bei Badura, DÖV 1989, S. 491ff. (492), Sozialstaatprinzip und Maß sozialen Schutzes; Oetker, RdA 1997, S. 9ff. (15f.); Zöllner, ZfA 1988, S. 269 ("keine Einbahnstraße").

933 Vgl. Benda, Herrschaft, S. 120, der soziale Rechtsstaat ist auf das Gemeinwohl orientiert.

934 zum Begriff des Sozialen: Bernsdorf/Knospe, S. 984ff.; Bellebaum, S. 18ff.; Benda, Herrschaft, S. 89ff.: Die *philosophisch-anthropologische* Sichtweise beschäftigt sich mit der Eigenschaft des Menschen als ein auf die Gesellschaft angewiesenes Individuum. Die *sozialwissenschaftliche* Sicht setzt die Gesellschaft in den Gegensatz zum Einzelwesen. Sozial bedeutet hier: die Gesellschaft betreffend. In der *Sozialethik* geht es um das Wohl der Mitmenschen und der Gesellschaft als Ganzes im Gegensatz zu egoistischen oder gruppenegoistischen Interessen. Oft werden auch Eigenschaften und Verhaltensweisen mit "sozial" beschrieben, die eine Gruppe im Sinne ihrer Wertvorstellungen und Verhaltensnormen als "positiv" bewertet. In diese Richtung der "Wertbegrifflichkeit" zählt auch die langläufige Auffassung des "Sozialen" als das Gute, Gerechte und Humane.

davon aus, was *ist*, sondern was sein *soll*.[935] Da die Wertung des Sozialen von der Gesellschaft getragen wird, sich aus ihr entwickelt und laufender Überprüfung unterliegt, ist der *Wertinhalt* notwendigerweise dynamischen *Wandlungen* unterworfen.[936] Diese *Ungeschlossenheit* des unter Einfluß des Sozialstaatprinzips stehenden Wertesystems hat bereits das BVerfG[937] festgestellt, wenn es ausführt, daß das Sozialstaatprinzip nur das Ziel, das *Was*, nicht aber das genaue *Wie* einer gerechten Sozialordnung bestimme.

Übertragen auf die Arbeitsbeziehungen ergibt sich damit für das *Institut des Bestandsschutzes*, *daß* der Arbeitnehmer zwar nicht durch möglicherweise im Arbeitsverhältnis angelegte Machtdisparitäten zum Objekt willkürlicher Fremdbestimmung werden darf[938]; ein völlig analog dem Gütermarkt eingeführter *uneingeschränkter* Leistungswettbewerb unter den Arbeitnehmern mit gesteigertem Leistungs- und Konkurrenzdruck[939] wäre im Sinne des Gemeinwohls sicherlich nicht tragfähig.[940] Womit dann eine ordnungspolitische Begrenzung von vertraglichen Freiräumen des Arbeitgebers[941] gerechtfertigt erscheint und wenigstens der Schutz vor *willkürlicher Entlassung* zum verpflichtenden Regelungsauftrag wird.[942]

Eine Bestimmung des *Schutzumfangs jedoch, des Wie,* bedarf in Anbetracht jener *Ungeschlossenheit* des Wertesystems sozialer Grundrechte[943] einer Überprüfung, wobei der *bereits erreichte Schutzstandard* selbst sowie die Realität *sozio-ökonomischer Wandlungsprozesse* maßstäblich eingebunden werden müssen. Das Wertesystem verlangt eine Anpassung von Handlungsbedingungen der Marktakteure dort, wo der soziale Auftrag zur Sorge für diejenigen verpflichtet, die keinen Arbeitsplatz haben und einen suchen.[944] Im Hinblick auf Art. 3 Abs. 1 GG[945] und das Sozialstaatprinzip verlangt die Grundordnung vom Gesetzgeber zwar nicht die justitiable Optimierung der zweckmäßigsten und ge-

---

935 Vgl. Benda, Herrschaft, S. 57f.
936 Vgl. Badura, DÖV 1989, S. 491ff. (494); Benda, Herrschaft, S. 57.
937 BVerfG v. 18.7.1967, AP Nr. 5 zu Art. 20 GG.
938 Vgl. u.a. Degenhart, Staatsrecht, S. 170 (Rdnr.436); Schaub, Handbuch, § 2 I, Rdnr.1.
939 Vgl. anders schon Reuter, RdA 1973, S. 345ff.; dazu aber v. Hoyningen-Huene/Linck, KSchG, Einl. Rn. 11.
940 Vgl. Fezer mit seiner Kritik an der ökonomischen Analyse des Rechts, JZ 1988, S. 223ff.
941 Vgl. Benda, in: Benda/Maihöfer/Vogel, Rdnr.157.
942 a.A. zumindest allein zur Wirkung des Sozialstaatprinzips Lakies, DB 1997, S. 1078ff. (1080).
943 BVerfG v. 18.7.1967, AP Nr. 5 zu Art. 20 GG.
944 BVerfGE 59, S. 231ff. (266).
945 Vgl. etwa Moll, Kollektivvertragsrecht, S. 134.

rechtesten Lösung auf dem Gebiet der Arbeitsmarkt-, Sozial- und Wirtschaftsordnung.[946] Dennoch besteht im Falle evident gegenläufig erscheinender Verfassungsgehalte Harmonisierungsbedarf im Rahmen einer praktischen Konkordanz [947] der Grundrechte und Wertentscheidungen der Verfassung. Aus diesem Blickwinkel schafft gerade die soziale Grundordnung nicht nur die Möglichkeit, sondern *verpflichtet* gegebenenfalls zu einer *Reform und Rücknahme* sozialer Besitzstände.[948]

Das Beschäftigungsproblem kann somit eine Rückführung von Individualinteressen (Bestandsschutz) zugunsten von Gemeinschaftsinteressen (Beschäftigungsteilhabe)[949] gerade dort gebieten, wo sich ergibt, daß der ökonomische Nutzen des individuellen Bestandsschutzes zur Beschäftigungsentwicklung invers verläuft.[950]

III. Verantwortlichkeit und Handlungsrahmen staatlicher Institutionen für einen Ausgleich des Zielkonfliktes sozialer Schutzrichtungen

1. Verantwortung von Rechtspolitik und Gesetzgebung

Zum Ausgleich der sozialen Interessen ist primär der *Gesetzgeber* berufen, denn, wie bereits das BVerfG erklärt, kann *"das wesentliche zur Verwirklichung des Sozialstaatprinzips nur der Gesetzgeber tun."*[951] Der Gesetzgeber, mit den parlamentarischen Möglichkeiten eines umfassenden Erkenntnisgewinns über ökonomische Regelungsfolgen, ist zu deren Abschätzung aufgerufen und in der Lage. Die Diskussion um die Rolle des Parlaments im *Prozeß der Gesetzesfolgenabschätzung* hat u.a. auch wegen des marktbeengenden Überregulierungsgrades in der deutschen Wirtschafts- und Sozialordnung neuen Schub erhalten.[952]

Angesichts des hier gefundenen Ergebnisses aus der ökonomischen Analyse[953] des Kündigungsschutzrechts ergibt sich damit die Erforderlichkeit einer Revision sozialstaatlichen Regelwerks, um den Marktkräften *mehr* Freiraum zu

---

946 Sachs, in: Sachs, Grundgesetz, zu Art. 3, Rn. 95f. m.w.N.
947 Hesse, Grundzüge, S. 142.
948 Vgl. Degenhart, Staatsrecht I, S. 168 (Rdnr.430); aber Maunz/Zipelius, S.103.
949 BVerfG 5, 206; 22, 180; 35, 202, 235f.; 69, 272; Zöllner, DJT, D62ff.
950 Vgl. Hinrichs, S. 589ff.; U. Preis, NJW 1996, S. 3369ff.; auch Hümmerich, NZA 1996, S. 1289ff.
951 BVerfGE 1, 105.
952 Zur Gesetzesfolgenabschätzung mit diesem Bezug: Grimm/Brocker, ZG 1999, S. 58ff. (59).
953 Teil 2, 1. Abschnitt.

verschaffen und damit das Beschäftigungswachstum zu fördern. Gerade dies war in Deutschland Ziel des Deregulierungs- und Flexibilisierungskonzepts der 80er und 90er Jahre.[954] Mit Blick auf einen sachgerechten Ausgleich sozialer Interessen können die Gesetzesinitiativen des BeschFG'85 und des aus der wirtschaftlichen Entwicklung der 90er Jahre[955] hervorgegangenen ArbRBeschFG'96[956] damit als *verfassungskonforme* Modifikation des Kündigungsschutzes betrachtet werden. [957]

Wenngleich die Änderungen des KSchG und BetrVG von 1996 im wesentlichen wieder aufgehoben wurden, so konnte nach dem oben Ausgeführten die Aufhebung des ArbRBeschFG'96 nicht – wie teilweise geschehen – mit einem Verstoß gegen sozialstaatliche Grundsätze begründet werden.[958] Die ebenfalls das Korrekturgesetz von 1998[959] tragende Rechtfertigung einer Nichterzielung von Beschäftigungseffekten durch das ArbRBeschFG'96 greift darüber hinaus und nach hier vertretener Ansicht bereits aus ökonomischer Sicht nicht. Denn der Geltungszeitraum des Gesetzes war für einen nachhaltigen Beschäftigungserfolg zu kurz.[960] Angesichts der hier gefundenen Ergebnisse zum Beschäftigungsproblem besteht nach wie vor Handlungsbedarf des Gesetzgebers, der auch Lösungsansätze anderer Rechtssysteme einbinden sollte.[961]

2. Verantwortung der arbeitsgerichtlichen Rechtsprechung

Durch den Hinweis des BVerfG[962] sollte nicht übersehen werden, daß zum Ausgleich sozialer Interessen im oben beschriebenen Sinne zwar vornehmlich der

---

954 Vgl. Einleitung u. Teil 1, A.und B. III. 2; Cezanne, S. 108ff. und S. 362ff.; auch Fischer/Heier, S. 89f.; Frerich/Frey, Hdb. Bd. 3, S. 159ff.; Keller, S. 345ff., 389f.; Neumann, in: Büchtemann/Neumann, S. 105.

955 Vgl. Adomeit, Regelung von Arbeitsbedingungen und ökonomische Notwendigkeiten, 1996, S. 11ff. (37ff.); die damit verbundenen Probleme behandelt Brandt, S. 130ff., 166ff. m.w.N.; Cezanne, S. 108ff.; zum ganzen Frerich/Frey, Hdb. Bd. 3, S. 593f.; etwa Sachverständigenrat, Jahres-Gutachten 1995/96, S. 178ff. (269f.); Walwei, Ansätze; Wlotzke/Lorenz, BB 1990, Beil. 35 zu H. 28, S. 5; zu Lohnflexibilität und Beschäftigung in der Bundesrepublik Kraft, in: Jahrbuch für Nationalökonomie und Staat, 1991, S. 239ff.; Beispiel: der VW-Tarifvertrag mit IG Metall, AuR 1994, S. 230.

956 Vgl. Beratung zum ArbRBeschFG'96, BT-Drs. v. 26.6.1996 13/5107; oben Teil 1 A.III.2..

957 für Teilbereiche, BVerfG v. 27.1.1998, NZA 1998, S. 470.

958 Vgl. dagegen Hinrichs, S. 589ff.; Mückenberger, Kritische Justiz 1996, S. 343ff.

959 BT-Drs. 14/45.

960 Siehe oben Teil 2, 2. Abschnitt, C. (zu den Indikatoren).

961 unten Ausblick nach Teil 2 und Teil 3.

962 BVerfGE 1, 105.

Gesetzgeber verpflichtet ist, sich jedoch die Frage stellt, ob und in welcher Form es nicht ebenso Aufgabe der Rechtsprechung sein sollte, der Beschäftigungsproblematik im Einklang mit der Verfassung aktiv zu begegnen.

Durch die rechtspolitische Einschätzungsprärogative des Gesetzgebers[963] und die Gesetzesbindung der Rechtsprechung im Rahmen des Rechtsstaatprinzips (Art. 20 Abs. 3, 28 Abs. 1 GG) erscheint die Zuweisung eines eigenen Handlungsspielraums der Rechtsprechung nur aus deren Stellung und ökonomischen Wirkungsradius begründbar und bedarf näherer Konkretisierung.

a) Verantwortung für die ökonomischen Folgen des Kündigungsrechts aus Stellung und Wirkung der arbeitsgerichtlichen Rechtsprechung

In der arbeitsrechtlichen Praxis nimmt die Rechtsprechung bekanntermaßen eine ranghohe Stellung ein.[964] Gamillscheg prägte hierzu den bezeichnenden Satz von der "eigentlichen Herrschaft des Arbeitsrichters im Arbeitsrecht".[965] Die geäußerte Ansicht, der Rechtsprechung komme die Qualität einer arbeitsrechtlichen Rechtsquelle zu[966], deutet auf ein dem Gesetzgeber angenähertes, wenn nicht sogar schon faktisch gleiches[967] Rollenverständnis hin.

Die arbeitsgerichtliche Rechtsprechung hat von Anfang an den Auftrag zur Rechtsgestaltung gemäß § 45 Abs. 4 ArbGG selbstbewußt angenommen[968] und wurde darin vielfach vom Gesetzgeber autorisiert.[969] Sie hat aus ihrer Stellung im Arbeitsrecht zuallererst eine hohe *soziale Verantwortung* abgeleitet, die vor allem dem Kündigungsschutz in der unter Teil 1 dargestellten Weise seine Prägung gab und weiterhin gibt.[970] Zudem hat die Stellung des Arbeitsrichters, zu-

---

963 Vgl. Picker, JZ 1988, S. 71; Grimm/Brocker, ZG 1999, S. 58ff.

964 Vgl. wiederholt Adomeit, Rechtsquellenfragen, S. 37ff.; ders., Wen schützt..., S. 61ff.; ders., Regelungen von Arbeitsbedingungen und ökonomische Notwendigkeiten 1996, S. 34f.; Adomeit/Spinti, Anm. zu BVerfG Beschluß v. 23.4.1986, JZ 1987, S. 873ff. (876f.); G. v. Hoyningen-Huene, BB 1986, S. 2133; Müller, JuS 1980, S. 627ff.; Reuter, RdA 1985, S. 321ff.

965 Gamillscheg, AcP Bd. 164 (1964), S. 388 (445).

966 Vgl. schon Jacobi, S. 145; hierzu näher Adomeit, Rechtsquellenfragen, S. 37ff.; allgemein Larenz/Canaris, S. 55f.

967 Vgl. ausführlich Picker, JZ 1988, S. 1ff.; Scholz, S. 511ff. (512).

968 BAG 23, 292ff. (319).

969 Vgl. G. v. Hoyningen-Huene, BB 1986, S. 2136; Larenz/Canaris, S. 191ff.

970 Vgl. für die allgemeine Rechtsprechung u.a. Ausbau des Bestandsschutzrechts als Konkretisierung des Sozialstaatprinzips, Buchner, DB 1984, S. 504ff.; Jobs, DB 1986, S. 538ff.; G. v. Hoyningen-Huene, NZA 1994, S. 1009ff.; Hromatka, NZA 1996, S. 1ff.; Müller, DB 1956, S. 524ff.; ders., JuS 1980, S. 627ff.; für das Kündigungsschutzrecht, bes. betriebsbedingte Kündigung und Änderungskündigung in

mal in einer zur größeren Wertungsjurisprudenz[971] neigenden Rechtsprechung, dessen Aufgabenbereich mehr in das *soziale Spielfeld der Kräfte* verlagert.[972] Im Zusammenhang mit einer den Arbeitnehmerschutz akzentuierenden Rechtsprechung wird darüber hinaus die arbeitsrechtliche Judikatur zwar nicht mit einer (klassenbezogenen) *Ideologie*[973], wohl aber mit einem *sozialen Ideal* [974] unterlegt.

Während die Rechtsprechung aus ihrem Auftrag zur Rechtsfortbildung *sozioökonomische Größen* zur Begründung *schutzverstärkender Rechtsfortbildung* herangezogen und damit die Struktur des Kündigungsschutzes wesentlich bestimmt hat[975], scheint *umgekehrt* die durch die Judikate erfolgte Setzung ökonomischer *Determinanten für den Arbeitsmarkt* wenig Berücksichtigung gefunden zu haben.

Im Anschluß an die Ausführungen zur Zielrichtung des Sozialstaatprinzips[976] und der sozialen Grundrechte stellt sich somit die Frage nach einer der *sozialen Verantwortung* der Rechtsprechung korrespondierenden *Verantwortung* für die ökonomischen Folgen eigener Judikatur. Leitet man diese prinzipielle Verantwortung aus der dominanten rechtsgestaltenden Stellung der Rechtsprechungspraxis im Arbeitsrecht ab, so stellt sich das weitere Problem einer *konkreten Umsetzung* der ökonomischen Verantwortung in die Spruchpraxis.

b) Möglichkeiten und Grenzen der Umsetzung ökonomischer Verantwortung in die Rechtsprechungspraxis?

Problematisch erscheint zum einen, daß das Rechtsstaatprinzip (Gewaltenteilung, Gesetzesbindung, Art. 20 Abs. 2 und 3 GG) sowie die Orientierung der Rechtsprechung vornehmlich an *rechtlichen Paradigmen* eine Umsetzung der "Verantwortung gegenüber der Ökonomie" in die Spruchpraxis nur in dem Maße

---

der augenblicklichen Form, umfassend Schwerdtner, ZIP 1984, S. 10ff.; Wank, RdA 1987, S. 129ff.

971 Vgl. Habscheid/Pötter, S. 10ff. (11).

972 Vgl. Baur, JZ 1957, S. 192ff. (193).

973 Feststellung von Meilicke, Das Bundesarbeitsgericht 1982, S.106ff.; hierzu allg. Söllner, Heitmann und Rüthers zu Ideologie und Arbeitsgerichtsbarkeit, alle in: FS 100 Jahre DAV, S. 1ff., 31ff., 39ff.

974 Vgl. zum sozialen Ideal des RAG Kahn-Freund, Das soziale Ideal des Reichsarbeitsgerichts, 1931; zum BAG etwa Schober; Rüthers, Beschäftigungskrise, S. 51f. (Bindungsgemeinschaft zwischen Arbeitnehmer und Arbeitgeber).

975 ausdrücklich Jobs, AuR 1981, S. 16ff.

976 Vgl. Teil 2, 2. Abschnitt A. oben; Notwendigkeit eines Ausgleichs sozialer Schutzrichtungen.

zuläßt, wie der Rechtsprechung *eigene Spielräume* zur Gestaltung rechtlicher Strukturen überlassen sind.

Zum anderen zeigten die Ausführungen in Teil 2, 1. Abschnitt dieser Arbeit, daß eine ökonomische Analyse des Kündigungsschutzes mit der Perspektive ökonomischer Kategorien wie Rationalität, Effizienz oder Marktmäßigkeit verbunden ist. Wird von einer *vornehmlich am Einzelfall* ausgerichteten Rechtsprechung eine größere Berücksichtigung ökonomischer Folgen eigener Judikatur gefordert[977], so sollte versucht werden, für diese ökonomische Folgenanalyse *Möglichkeiten* und *Grenzen* zu definieren:

Zur Lösung des Problems könnten *methodologische Anknüpfungspunkte* beitragen, die psychologische[978] und soziologische[979] Erkenntnisse in den Rechtsfindungsprozeß integrieren.[980] Diese neueren Rechtsfindungsmethoden betonen die Einbindung des Rechts und der Rechtsprechung in ein gesamtgesellschaftliches Gefüge und knüpfen daran die Frage nach dem gesellschaftlichen (d.h. auch ökonomisch einflußreichen) Wirken des Richters.[981]

So beschreibt die Lehre vom hermeneutischen Vorverständnis Wertungsvorgänge im richterlichen Denken aus dem *Vorfeld der Normanwendung*.[982] Sie geht von einem „mitdenkenden" Erkenntnis- und Verstehenswillen des Richters als psychologisch erfaßbaren Prozeß der Rechtsfindung aus; einer Sinnerwartung von der Norm angesichts des Sachverhalts.[983] Sie kann erklären, wie und warum

---

977 Vgl. u.a. Sachverständigenrat, RdA 1990, S. 288; im übrigen aus der Vielzahl der Beiträge und Ansichten nur: Adomeit, Schwierigkeiten, S. 1ff. (15); ders., Wen schützt..., S. 61ff.; ders., Anm. zu BAG v. 13.7.1987, SAE 1988, S. 71ff. (74); ders., Regelungen, S. 34; Erdmann, DB 1985, S. 41ff.; Hümmerich, NZA 1996, S. 1289ff; Reuter, RdA 1985, S. 321ff. (327); Rüthers, Beschäftigungskrise, S. 57ff.; G. v. Hoyningen-Huene, BB 1986, S. 2133ff. (2134); Sachverständigenrat, RdA 1990, S. 288 (289f.); Zöllner, NJW 1990, S. 1ff. (4); Kraft, ZfA 1994, S. 463ff.; ders., ZfA 1995, S. 419ff. (430); Runggaldier, DRdA 1996, S. 101ff..

978 Vgl. Weimar, Strukturen, S. 69f.

979 Vgl. Jost, S. 18; zum ganzen Picker, JZ 1988, S. 1ff.

980 Vgl. Rehbinder, S. 19f.(Rdnr.19); Wulfsdorf, ZfS 1996, S. 135ff.; Darstellung und kritische Würdigung von Smid, S. 25ff. (29) m.w.N.

981 Vgl. Wulfsdorf, ZfS 1996, S. 135ff. (142).

982 zur Darstellung der Lehre Essers und die kritische Stellungnahme von Larenz/Canaris, S. 36f.; Lüderssen, S. 85ff.; Wank, Grenzen, S. 19ff.; kritisch Picker, JZ 1988, S. 1ff. (bes. 3ff.) m.w.N.; zur Übertragung auf die arbeitsgerichtliche Rechtsprechungspraxis und Methode Reuter, RdA 1985, S. 321ff. (327f.).

983 das bekannte Wort Engischs vom "Hin- und Herwandern des Blickes" zwischen Tatbestand der Norm und Sachverhalt, S. 15; Larenz/Canaris, S. 63f.; Weimar, Strukturen, S. 69ff.

historisches und fachspezifisches Wissen und Erfahrungen des Richters[984] sowie subjektive Wertungen[985] bei Auslegung und Anwendung einer Norm zum Tragen kommen.[986]

Wenn man die Lehre vom hermeneutischen Vorverständnis als empirische Beschreibung eines Judizierens[987] anerkennt, nach dem richterliche Eindrücke aus der sozio-ökonomischen Sphäre in den Rechtsfindungsprozeß Eingang finden, so ließe sich damit die Aufforderung an den Richter formulieren, seine Judikate zu einzelnen Kündigungsschutznormen auf ihre ökonomische (beschäftigungsbezogene) Wirkung zu analysieren und im Einzelfall konsequente Richtungsänderungen der Gesetzesinterpretation vorzunehmen.[988] Einer solchen Forderung steht allerdings entgegen, daß dieser vornehmlich *deskriptiv* angelegte Ansatz für eine methodische Integration der ökonomische Analyse des Arbeitsrechts in die richterliche Ausurteilung des Einzelfalls wohl überfordert wäre.

Für eine Methodik – entsprechend ökonomischen Erfordernissen – komplementäre, neutrale oder alternative Wirkungen der eigenen richterlichen Entscheidung zu berücksichtigen, könnte daher eher die *Lehre von der Folgenorientierung richterlicher Entscheidungsprozesse* eine Grundlage bieten.[989] Diese versteht das Recht als einen Faktor, der sich nicht mehr nur abstrakt als Planungs- und Steuerungsorgan von gesellschaftlichen Prozessen abhebt, sondern deren Subsystem ist. Die Beschreibung einer gesellschaftsorientierten Richterrolle[990] stellt danach die *Forderung* nach einer planvollen, alle greifbare Formen der Information einbeziehenden Vorgehensweise des Richters bei der Aufarbeitung der Rechtsmaterie und zweckmäßigen Lösung sozialer Konflikte in den Vordergrund.[991]

Obwohl dieser Ansatz eine zutreffende Einordnung der Rechtsprechung in das gesamtgesellschaftliche Geschehen vornimmt und daran eine größerer Fol-

984 Vgl. etwa Rehbinder, S. 10, jene zweite Kategorie spielt auf der Ebene richterlicher Erfahrungssätze bei der Sachverhaltsermittlung, der Beweiserhebung und Beweiswürdigung eine Rolle. Die Rechtssoziologie spricht von Alltagstheorien.

985 Vgl. zu den Beispielen Wank, Grenzen, S. 21.

986 Wank, Grenzen, S. 30f. Vorverständnis und Alltagstheorie werden auf der untersten Ebene (z.B. Güteverhandlung) anders ausgeprägt sein als auf der Stufe des LAG oder BAG.

987 kritisch hierzu Picker, JZ 1988, S. 1ff. (3ff.).

988 allgemein zum "Rückbau" gefestigter Rechtsprechung im Arbeitsrecht: Kraft, ZfA 1995, S. 419ff. (430); Runggaldier, DRdA 1996, S. 101ff. (103).

989 Vgl. Coles, S. 4f.; kritisch: Jost, S. 29ff.; kritisch Pawlowski, Methodenlehre, S. 303f (Rdnr. 688).

990 Vgl. mit dem Problem als Thematik: Coles; Jost, S. 14ff.; Adomeit, ZfR 1970, S. 176ff. (179).

991 Vgl. Coles, S. 252.

genorientierung der Rechtsprechung knüpft, birgt die *rein* folgenorientierte Ausrichtung von Urteilen durch eine Auflösung unparteiischer Strukturen die Gefahr, rechtsstaatliche Verfahren zumindest nach der deutschen Grundordnung[992] nur noch auf *Abwägungen* zu reduzieren.[993]

Eine freie Abwägung zwischen ökonomischen Folgen und Individualinteressen innerhalb kündigungsrechtlicher Entscheidungen stieße zudem auf praktische Schwierigkeiten. Der zur Entscheidung berufene Richter könnte, je nach ökonomischer Bewertung der Ordnungsvorschriften, über das ohnehin bestehende Maß hinaus ökonomische Determinanten setzen, für die er die politische Verantwortung nicht zu tragen hat.[994]

Wenn im europäisch kontinentalen Rechtssystem *Folgewertungen* einer Entscheidung durch das Gericht selbst zugelassen werden, so doch nur im Rahmen der gesetzgeberischen Zielrichtungen und überlassener Wertungsspielräume.[995] Dies hindert folgenorientiertes Judizieren jedoch nicht. Wenngleich nicht im Sinne einer definierten Methodenlehre oder bewußten Systematisierung, sind doch in der arbeitsgerichtlichen Rechtsprechungspraxis bei näherer Hinsicht durchaus *folgenorientierte, ökonomische Aspekte einbeziehende* Rechtsgestaltungen angelegt.

So führt beispielsweise das BAG bereits in einer frühen Entscheidung[996] aus, daß es zu rechtsändernden Auslegungen dann befugt sei, wenn Gesetzesbestimmungen, deren bisherige Anwendung und Auslegung auf später überholten Rechtsanschauungen beruhten, mit neuen Rechtsgrundsätzen im Interesse von Rechtssicherheit und Rechtsgleichheit nicht mehr vereinbar seien und zu nicht mehr zu rechtfertigenden Ergebnissen führten. Als Vorbedingung für eine solche selbständig abändernde Auslegung nennt das BAG *objektive Grundlagen für die Wandlung der Rechtsanschauung und des Rechts, die über vereinzelte Äußerungen in Schrifttum oder in bestimmten Kreisen oder soziale Forderungen oder das persönliche Rechtsgefühl des Richters hinausgehen.*[997]

Nach dieser eigenen Grenzbestimmung des BAG gibt es in der arbeitsgerichtlichen Rechtsprechung zum *Kündigungsschutz* durchaus Ansätze, nach denen ökonomische *Folgen* jeweiliger Lösungsalternativen in die Erwägungen zur Fallentscheidung eingebunden werden.

---

992 der Ansatz läßt sich auf das angloamarikanische Rechtssystem besser übertragen.
993 Vgl. Smid, S. 39, Abhängigkeit vom Rechtssystem; Pawlowski, Methodenlehre, S. 304 (Rdnr.688).
994 Vgl. Eidenmüller, S. 404ff.
995 im einzelnen Smid, S. 38.
996 BAG v. 27.4.1955, NJW 1955, S. 807.
997 BAG v. 27.4.1955, NJW 1955, S. 807.

c) *Beispiele ökonomischer Folgebewertungen aus der Rechtsprechungspraxis zum Kündigungsschutz*[998]

In Anwendung eines noch wenig strukturierten § 1 KSchG bezog das BAG[999] *äußere Bedingungen des Arbeitsmarktes* und des wirtschaftlichen Umfeldes relativ frei in seine konkrete Interessenabwägung mit ein. Diese Rechtsprechung fortentwickelnd[1000], hat das BAG dann – ebenfalls folgenorientiert – die Grenzen eines Eingriffs in die unternehmerische Entscheidungsfreiheit nach dem Schutzgehalt des KSchG[1001] definiert. Die Rechtsprechung hat dabei mit der Gewähr organisatorischer Unternehmerfreiheit bis in die jüngste Zeit Veränderungen zur Regelungstiefe des Kündigungsschutzes vornehmen können.[1002]

Die Rechtsprechung zur Prüfung einer Weiterbeschäftigungsmöglichkeit bei betriebsbedingter Kündigung wurde maßgeblich aus einer Novellierung des KSchG (§§ 1 Abs. 2 Nr. 1b KSchG) und BetrVG (§ 102 Abs. 3 Nr. 3 BetrVG) abgeleitet.[1003] Die allgemeine Übertragung der Gesetzeswertung des § 102 Abs. 3 BetrVG auf nicht mitbestimmte Betriebe geht unter Rückgriff auf die von der Rechtsprechung selbst entwickelten Prinzipien der Verhältnismäßigkeit und Gleichbehandlung über den Wortlaut hinaus. Sie erkennt hierbei *betriebswirtschaftlich nachteilige Folgen*, stellt diese jedoch hinter die rechtlichen Gründe der Schutzerweiterung zurück.

Das Urteil des BAG zur Sozialauswahl bei betriebsbedingter Änderungskündigung orientiert sich in seinem Ergebnis an *betriebswirtschaftlich praktischen Folgen der Sozialauswahl.*[1004] Es befindet eine Einschränkung dieser Folgen für dringlich und angemessen. In der Entscheidung aus dem Jahre 1984[1005] zu § 102 BetrVG revidiert das BAG seine restriktive Auslegung von 1978.[1006] Und setzt sich – *folgenorientiert* – u.a. mit der Frage auseinander, inwieweit es der Rechtsprechung verfassungsrechtlich überlassen sei, betrieblich-praktische Erwägungen als Argumentation zur rechtsfortbildenden Auslegung aufzunehmen.

In einer Entscheidung aus dem Jahr 1994[1007] zur *betriebsübergreifenden Sozialauswahl* werden innerhalb der Wertungsfragen zu einer Analogie des § 1

998 Bezug genommen wird auf den in Teil 1 B. erläuterten Kündigungsschutz.
999 BAG v. 25.6.1964, BAGE 16, S. 134ff.
1000 BAG v. 7.12.1978 AP Nr. 8 zu § 1 KSchG 1969 (betriebsbedingte Kündigung).
1001 etwa. BAG, DB 1986, S. 2236.
1002 BAG, NZA 1997, S. 1047 = NJW 1998, S. 179 = 1997, S. 1776; aber: ArbG Köln, DB 1998, S. 626; Hümmerich/Spirolke, NZA 1998, S. 797f.
1003 BAG, DB 1985, S. 1190 (1191).
1004 BAG v. 18.10.1984, DB 1985, S. 1083 m.w.N.
1005 BAG v. 29.3.1984, BB 1984, S. 1426ff.
1006 BAG v. 6.7.1978, BB 1979, S. 322.
1007 BAG, BB 1995, S. 930 (933).

Abs. 3 KSchG die *möglichen betriebswirtschaftlichen Folgen* einer solchen Analogie für den Arbeitgeber (organisatorische Sperrigkeiten in der betrieblichen Praxis) erörtert. Ihnen wird jedoch gegenüber den rein rechtlichen Erwägungen keine durchgreifende Bedeutung beigemessen.

Der rechtspolitisch umgesetzte Beschäftigungsgedanke des BeschFG'85 wird – wenn auch zurückhaltend – durch eine Entscheidung des BAG vom 13.6.1989[1008] vermittelt. Dort nahm das BAG zu der Frage Stellung, ob ein neugegründetes Unternehmen gem. § 112a BetrVG auch dann von einer Sozialplanpflicht zu befreien sei, wenn es innerhalb der vier Jahre seit seiner Gründung von einem Betrieb übernommen wird, der selbst schon länger als vier Jahre besteht. Mit Verweis auf die *Ziele des BeschFG'85*, durch Entlastung neuer Unternehmen Beschäftigungsanreize zu schaffen, faßt (erweiternd) das BAG, trotz seiner rechtsdogmatischen Bedenken hinsichtlich einer Umgehung des § 613a BGB, diesen Fall unter § 112a BetrVG. Hingegen unterstreicht die Rechtsprechung an anderer Stelle zivilrechtliche Ordnungsvorstellungen von der *Funktion des Kündigungsschutzes*, wenn sie sogenannte *Austauschkündigungen* nebenbeschäftigter Arbeitnehmer zugunsten Arbeitsloser – trotz der Leitgedanken des BeschFG'85 – *gerade* nicht als Instrument *aktiver* Beschäftigungspolitik akzeptiert.[1009]

Einer außergewöhnlich umfassenden Analyse möglicher *ökonomischer Folgen eigener Rechtserkenntnisse* im Kündigungsrecht widmeten sich BAG[1010] und Instanzgericht[1011] bei der rechtsfortbildenden Integrierung des § 613a BGB ins Konkursrecht. BAG und LAG nehmen angesichts der wirtschaftlichen Bedeutsamkeit der Entscheidung (Anwendung bzw. Nichtanwendung des § 613a BGB) eine umfassende *Rechtsfolgenanalyse* eigener Rechtsetzung in ökonomischer, d.h. auch beschäftigungspolitischer Hinsicht vor. Die ökonomischen Erwägungen werden zum *Zusatzargument*, um eine aus der bestehenden Gesetzesnorm abgeleitete Argumentation zu bestätigen oder zu verwerfen.

Vor diesem Hintergrund mag auch die neuere Judikatur zu vorbereitenden (betriebsbedingten) Kündigungen und gesellschaftsrechtlichen Sanierungskonstruktionen[1012] zu sehen sein, die im Lichte offensichtlich ökonomischer Folgeerwägungen zum Abbau von Sanierungshemmnissen steht.

1008 BAG v. 13.6.1989, NZA 1989, S. 974f.

1009 a.A. Adomeit, Anm. zu BAG v. 13.3.1987, SAE 1988, S. 71ff. (74), der allerdings mit Hahn, DB 1988, S. 1015ff.; U. Preis, NZA 1997, S. 1075ff. (1079).

1010 BAG v. 26.5.1983, AP Nr. 34 zu § 613a BGB.

1011 LAG Hamm, NJW 1983, S. 242ff.

1012 BAG, NZA 1999, S. 422; Teil 1 B.

3. Zwischenergebnis

Im Ergebnis läßt sich erkennen, daß die Rechtsprechungspraxis in *engen Grenzen* ökonomische Folgen ihrer Entscheidungsergebnisse reflektiert. Diese ökonomische Folgenanalyse tritt, soweit ersichtlich, im methodologischen Sinne nicht selbständig *neben* andere Instrumente (Auslegung nach Wortlaut, Gesetzeszweck und Gesetzesentstehung) der Norminterpretation und Urteilsgewinnung. Sind betriebswirtschaftliche Erwägungen mit der Überprüfung einer betriebsbedingten Kündigung verbunden und kommen in den hier beispielhaft genannten Entscheidungen zur Erörterung, so finden jedoch volkswirtschaftliche bzw. beschäftigungsökonomische Folgebetrachtungen in die Entscheidungsgründe der Judikatur nur ausnahmsweise Eingang.

Wie sich an den Ausführungen des LAG Hamm[1013] zur erweiterten Anwendung des § 613a BGB beispielhaft zeigt, kann sich die Überprüfung einer weitreichenden Entscheidung an ihrem ökonomischen Erfolg in den Entscheidungsgründen widerspiegeln, ohne damit aus dem vom Gesetzgeber zugewiesenen Interpretationsspielraum auszubrechen.

Rechtssicherheit als Teilgrundsatz der Rechtsstaatlichkeit und das Gebot der Gewaltenteilung (Art. 20 GG) [1014] legen äußere verfassungsrechtliche Grenzen fest, deren Wahrung von ökonomischem Belang ist.[1015] Rechtsprechung kann den Rahmen vorgegebener Gesetzesstrukturen zwar nicht verändern, dies schließt jedoch – wie die obigen Rechtsprechungsbeispiele zeigen – eine konsequentere *Einbeziehung* ökonomischer Erwägungen in die Urteilsfindung nicht aus. Der *"Versuch, die Notwendigkeiten und die Wirksamkeit einer Regelung und die Folgen, die über die eigentliche Wirksamkeit hinausgehen, mit Hilfe eines interdisziplinären Forschungsansatzes multidimensional zu erfassen und zu bewerten"*[1016], ist nicht allein Sache des Gesetzgebers, soweit die Rechtsprechung Recht wesentlich gestaltet und Normen tatsächlich auch selbst setzt.

Dabei geht es um die weitreichende *Institutionalisierung* eines *Folgebewußtseins* über die ökonomische Anreizfunktion, die die Rechtsprechung innerhalb der ihr gewährten Wertungsspielräume durch ihre Judikate ausübt. Von der Eingangs- über Berufungs- zur Revisionsinstanz[1017] sind der Rechtsprechung

1013 LAG Hamm, NJW 1983, S. 242ff.

1014 Vgl.Habscheid/Pötter, S. 14f.

1015 Vgl. Soltwedel, S. 135ff. (136); Dörsam, IAW-Mitt. 1995, S. 12ff. (21).

1016 Diese Definition der Gesetzesfolgenabschätzung bei Grimm/Brocker, ZG 1999, S. 58ff. (58).

1017 Vgl. zu rein empirischen Aussagen ansatzweise bei Falke/Höland/Rhode/Zimmermann, S. 151ff. (155, 156, 158) und 424ff. zur Befragung von Arbeitgeber und Arsomit Möglichkeiten gegeben, Wertungen auf *bessere Einsichten*[1018] zu überprüfen und Vorverständnisse dort zu revidieren, wo sie zum Vorurteil und Störfaktor ökonomischer Abläufe zu werden drohen.[1019] Ein genereller Vorteil dieser wirtschaftsnäheren Sichtweise liegt sicherlich auch im Interesse eines Gesetzgebers, der von der Rechtsprechung rechtspolitische Impulse mit einer noch weiter gefaßten Erkenntnisbasis erhielte.

Entsprechend gestaltete Urteile als Anheimfall an den *"Zeitgeist eines unbedingten Vorrangs der Ökonomie"* zu kritisieren[1020], erscheint unzutreffend. Eine solche Auffassung verkennt, daß sozio-ökonomische Veränderungen nicht von einem Zeitgeist abhängen, sondern Folge einer Wechselwirkung zwischen institutionellen Ordnungseingriffen (an denen die Rechtsprechung Teil hat) sind, deren ökonomische Langzeitfolgen wiederum den sozialen Standard einer Gesellschaft prägen.

Wenn ferner gegen eine ökonomische Folgenanalyse des Rechts (hier als Folgenanalyse der Beschäftigungswirkung des Kündigungsschutzes) im Richterspruch eingewandt wird, daß dem Richter notwendige Kompetenz und Legitimation fehlten[1021], so schließt dies in den genannten Grenzen den ökonomischen Ansatz nicht aus. Der Einwand mag aber Anlaß dafür sein, die Deutungsweise von Recht mittels ökonomischem Sachverstands z.B. in die Juristenausbildung systematischer zu integrieren.

Bezogen auf die ökonomische Analyse des von der Rechtsprechung maßgeblich mitgestalteten Kündigungsschutzes könnte deshalb der hier beleuchteten Einflußnahme auf den Arbeitsmarkt mit nachfolgenden *Leitsätzen* Rechnung getragen werden.[1022]

IV. Ökonomische Anreize durch arbeitsgerichtliche Rechtsprechung im Kündigungsschutz

1. Rechtssicherheit und Wertungsoffenheit

Auf das unternehmerische Planungs- und Handlungskonzept übt die Verläßlichkeit und Berechenbarkeit sowie die Transparenz der Rechtsprechung *positiven*

---

beitnehmer zu ihrem Eindruck von der Einstellung und Voreingenommenheit des Gerichts.

1018 Picker, JZ 1988, S. 73.

1019 Vgl. Wank, Grenzen, S. 22.

1020 B. Preis, DB 2000, S. 1122ff. (1126).

1021 hierzu Eidenmüller, S. 404ff.

1022 ähnlich Hümmerich, NZA 1996, S. 1289ff. (1302ff.).

Anreiz aus.[1023] Dies insofern, als sich betriebswirtschaftliche Dispositionen, denen ein zeit- und kostenintensiver Planungsgang vorgeschaltet ist, an verläßlichen Rahmendaten orientieren. Wenn sich die Rahmendaten überraschend verschieben, bricht die Planung ein. Im Kündigungsschutz hat sich der Gesetzgeber seit dem KSchG prinzipiell für die *rückwirkende Unwirksamkeit* bei einer rechtsfehlerhaften Kündigung entschieden. Der Gesetzgeber hat diese Rechtsfolge bereits im Bereich formaler Mängel einer Kündigung (Kündigung ohne Anhörung des Betriebsrates, § 102 Abs. 1 BetrVG) angeordnet. In diese gesetzliche Anordnung kann die Rechtsprechung zwar nicht grundsätzlich ändernd eingreifen. Sie kann jedoch die Rechtsfolge und mit ihr eine ökonomische Folge der Norm ausdrücklich in Augenschein nehmen und diskutieren, bevor sie *schutzerweiternde formelle Anforderungen* (z.B. *vollständige* Anhörung des Betriebsrats bei umfassender Vortrags-und Beweislast des Arbeitgebers gem. § 102 Abs.1 BetrVG) in das Kündigungsrecht einführt.[1024]

Die Verfolgung und Herstellung von Rechtssicherheit muß Zielvorstellung der arbeitsgerichtlichen Rechtsprechung sein.[1025] Dieser positive Effekt sollte andererseits formale Strukturen nicht zum Selbstzweck werden lassen. Er sollte sich nicht gegen praktische Bedürfnisse dort durchsetzen, wo das Gesetz praktischen Bedürfnissen Rechnung tragen kann.[1026]

2. Keine Machterweiterung, die einseitig verstanden werden könnte

Negative Anreize und ein Verlust des Vertrauens in das Recht entwickeln sich dort, wo Rechtsprechung eine nicht mehr vom Gesetzgeber übertragene Machtentfaltung ausübt. Der in betriebswirtschaftlichen Kategorien denkende Unternehmer wird eine Praxis übergesetzlicher Weiterentwicklung des Rechts als spürbar starke Beschränkung von Handlungsspielräumen erfahren.[1027] Allein dieser Umstand kann den Eindruck verdichten, die Rechtsprechung greife *sogar* über das Gesetz hinaus, um eigene, "im Zweifel" einseitige[1028] ausgerichtete soziale Vorstellungen durchzusetzen. Für diesen Gesichtspunkt werden die wirtschaftlichen Folgen für die Parteiinteressen soweit als möglich mit Sensibilität abzuwägen sein.

1023 Vgl. Teil 2, 1. Abschnitt.

1024 BAG v. 29.3.1984, BB 1984, S. 1426ff.; § 102 Abs. 1 BetrVG.

1025 Vgl. G. v. Hoyningen-Huene, BB 1986, S. 2133ff. (2133).

1026 Teil 1 B. II.6.; zur Frage, ob ein Interessenausgleich bis zum Ende zeitaufwendig durchgeführt werden muß, wenn es um den allein interessierenden Abschluß eines Sozialplans geht.

1027 Vgl. Teil 2 1. Abschnitt, A.

1028 Vgl. Runggaldier, DRdA 1996, S. 101ff. (103).

3. *Einstellung zum Grundverhältnis von Arbeitnehmer und Arbeitgeber (Paritätsverhältnis)*

Maßgeblich sind ebenso offenbar werdende Auffassungen der Rechtsprechung zum *Grundverhältnis* von Arbeitnehmer und Arbeitgeber. Sie stellen in maßgeblichen Entscheidungen die Basis arbeitsrechtlicher Einzelbetrachtungen im Kündigungsrecht dar. Im Sinne eines Vertrauensgewinns der Betriebsparteien sollten Wertungsaussagen zu sozialen Leitbildern von der Rechtsprechung auf ihre tatsächliche Gültigkeit hin überprüft werden. Dies gilt um so mehr, als eine *Machtungleichgewichtsthese* (These von der strukturellen Machtasymmetrie zwischen Arbeitnehmer und Arbeitgeber) nicht gleichförmig aufrechterhalten werden und Argumentationsleitlinie für die Rechtsgestaltung sein kann, während *zugleich* in allen Bereichen des Arbeitsrechts ein hohes Ausgleichsniveau dieses Machtgefälles entstanden ist.

Die Sichtweise eines *grundsätzlich* gestörten Paritätsverhältnisses zwischen den Arbeitsvertragsparteien beträfe nicht nur den in der betrieblichen Praxis wichtigen Aufhebungsvertrag, sondern strahlt ebenso auf alle Individualvereinbarungen aus. Für den Beschäftigungserhalt wichtige Flexibilitätsinstrumentarien erfahren damit immer stärkere Einschränkung. Eine Rechtsprechung hält Augenmaß und verursacht nicht den Eindruck, auf starren sozialen Thesen[1029] zu beharren, wenn sie bei Anwendung allgemein zivilrechtlicher Öffnungsklauseln (z.B. §§ 123, 138, 315 BGB) zweifelhaft gewordene Paritätsdogmen und Analogien[1030] revidiert.

4. *Überprüfung der "Umgehungsrechtsprechung" beim Kündigungsschutz*

Eine ausufernde "*Umgehungsrechtsprechung*" tendiert zur Eigendynamik[1031], wenn sie Gefahr läuft, nicht nur einer zivilrechtlich notwendigen Kontrolle des Rechtsmißbrauchs bestimmter Schutznormen Rechnung zu tragen, sondern auch ein Element steten *Mißtrauens* aufnimmt. Hier kann es zu einem wenig fruchtbaren, unternehmerische Freiräume einschränkenden *Wettlauf* zwischen Umgehungsrechtsprechung und privatautonomer Gestaltungskreativität kommen. So hatte dies schon den Anschein bei der ergänzenden Regelung des § 620

1029 Vgl. die Kritik an Übermacht- und Abhängigkeitsthesen mit Blick auf die ökonomischen Entwicklungen und sozialen Standards in Deutschland, Monopolkommission, S. 370ff.

1030 BVerfG, NJW 1994, S. 36, und DB 1993, S. 2580.

1031 ArbG Köln, DB 1998, S. 626 – zit. bei Hümmerich/Spirolke, NZA 1998, S. 797ff. (798), diese sprechen von "Urangst der Rechtsprechung".

BGB.[1032] Auch die Gestaltung des Schutzbereichs von § 613a BGB konnte zuweilen diesen Eindruck erwecken.[1033] Neuere Rechtsprechungstendenzen zur Gewähr unternehmerischer Freiheit im Fall des konzeptionellen Stellenabbaus sowie zur Zulässigkeit von sanierungsvorbereitenden betriebsbedingten Kündigungen deuten hingegen auf ein ökonomischen Bedürfnissen mehr entgegenkommendes Verständnis der Rechtsprechung hin.[1034]

5. Zuweisung von (wirtschaftlichen) Risikosphären

Augenmaß sollte ferner bei der Zuweisung von *wirtschaftlichen Risiko- und Verantwortungssphären* gelten. So liegen die Ursachen einer betriebsbedingten im Unterschied zur personen- und verhaltensbedingten Kündigung zwar im Verantwortungsbereich des Arbeitgebers, woraus sich Ableitungen für die Darlegungs- und Beweislast des Arbeitgebers gewinnen lassen.[1035] Dies sollte aber nicht zur Grundeinstellung der Rechtsprechung führen, der Arbeitgeber trage *grundsätzlich* alle wirtschaftlichen bzw. betrieblichen Risiken. Eine solche Überbetonung der Zuweisung wirtschaftlicher Risiken könnte im Kündigungsrecht zur Auferlegung eines im Zweifel immer höheren Maßes an Legitimationspflichten für den Arbeitgeber und Kontraproduktivität des Kündigungsschutzes führen. Als Einfallstor erwies sich hier bereits das *Verhältnismäßigkeitsprinzip*.[1036]

Eine Pauschalzuweisung wirtschaftlicher Risiken vermittelt den Eindruck als müsse der Unternehmer nicht mehr nur seine konkrete Kündigungsentscheidung rechtfertigen, sondern sein Unternehmertum schlechthin.[1037] Rechtsprechung, die einen solchen Eindruck unterhält, kann negative Folgen für die in einer Marktwirtschaft unerläßlichen Übernahme unternehmerischer Risikobereitschaft auslösen.

Ferner schafft eine Rechtsprechung Anreize zur Anpassung der Arbeitsbedingungen statt Auflösung des Arbeitsverhältnisses, die wirtschaftlich notwendige Flexibilität berücksichtigt und es zuläßt, daß auch dem Arbeitnehmer wirt-

---

1032 Vgl. Teil 1, A.III.2.

1033 Vgl. Loritz, RdA 1987, S. 65ff. (67); Henssler, NZA 1994, S. 913ff., Teil 1, B.II.7., besonders EuGH, nunmehr allerdings revidiert.

1034 BAG, DB 1999, S. 1909 = NJW 2000, S. 378, vielfach besprochen, u.a. von Zepter, DB 2000, S. 474ff.

1035 Vgl. Berkowsky, NZA 1983, S. 1292ff. (1292).

1036 Vgl. Teil 1, B. II. (dringendes betriebliches Erfordernis) und (Weiterbeschäftigung des Arbeitnehmers); (Änderungskündigung und ihre Voraussetzungen).

1037 Vgl. mit dieser Tendenz aber: Däubler, Arbeitsrecht 2, 1995, S. 499 (bes. 519ff.); Klees, BlStSoz 1978, S. 177ff.

schaftliche Risiken zugunsten des Betriebes und schließlich des Beschäftigungserhaltes auferlegt werden. Die Rechtsprechung des BAG scheint diesen Gedanken einer notwendigen *Gesamtbetrachtung* von *Beendigungskündigung und Änderungskündigung* teilweise aufgegriffen zu haben.[1038] Rechtsprechung vergewissert sich schließlich ihrer Nähe zu betrieblichen Bedürfnissen, wenn sie, soweit es das Gesetzesrecht zuläßt, Toleranz gegenüber autonomen Entscheidungen der Betriebsparteien übt.[1039] Rechtsprechung, die Betriebsparteien pauschal wirtschaftlichen Sachverstand, verantwortliches Handeln in eigener Sache und die Kompetenz, Problemfelder der Arbeitsplatzsicherung individuell zu lösen, abspricht, wird zum Selbstzweck[1040].

B. Zusammenfassung, Reformansätze, Ausblick

Aus ökonomischer Sicht sprechen *überwiegende* Argumente für Zusammenhänge zwischen der auf hohem Niveau stehenden Kündigungsschutzregulierung Deutschlands (charakterisierbar durch das Recht der betriebsbedingten Kündigung) und einem strukturell bedingten negativen Beschäftigungsstand. Begründet ist diese Einflußnahme des institutionellen Kündigungsschutzes hauptsächlich durch Effekte, die *Marktzugangsschranken* für Beschäftigungslose verstärken.

Der nach empirischen Befunden ermittelte *Nettobeschäftigungseffekt* allgemein starken, nicht individuell abdingbaren Kündigungsschutzes weist für den deutschen Arbeitsmarkt auf einen geringeren Beschäftigungsumschlag *(labour turnover)* als Ausdruck einer Verlangsamung des Beschäftigungsanstiegs und der Beschäftigungsdynamik hin (Wiederbeschäftigungsarbeitslosigkeit). Ferner spricht ein auffällig hohes Niveau der Langzeitarbeitslosigkeit junger, aber vorallem älterer und/oder weniger qualifizierter Arbeitnehmer für eine Mitursache des Kündigungsschutzes an der Strukturierung der Arbeitslosigkeit im Bereich besonders geschützter Arbeitnehmer.

1038 Vgl. Teil 1, B. 3. zu den Voraussetzungen der Änderungskündigung, BAG v. 19.5.1993 AP Nr. 34 zu § 2 KSchG 1969 mit Anm. Waas; die BAG Rechtsprechungspraxis scheint die Bedeutung dieses Arguments in der Sache nicht zu verkennen.

1039 Vgl. Hümmerich, NZA 1996, S. 1289ff. (1301).

1040 Vgl. "Viessmann-Entscheidungen" des ArbG Marburg zum Problem des § 77 Abs. 3 S. 1 BetrVG (Regelungssperre), NZA 1996, S. 1331 und 1337, dazu Buchner, NZA 1996, S. 1306ff.; aber auch letztlich ArbG Bonn v. 5.2.1997, EzA § 1 KSchG-Interessenausgleich Nr. 1.

Unflexible Teile des Kündigungsschutzrechts, deren Ausbildung auf Grundsätzen wie dem Bestandsschutz- und Verhältnismäßigkeitsprinzip beruhen, vermindern – in dem hier beleuchteten Bereich der betriebsbedingten Kündigung – die Flexibilität des Faktors Arbeit. Unmittelbare und mittelbare Kosteneffekte, die zu einer *faktischen Übersteuerung* des Kündigungsrechts führen, verlangsamen damit zwar den Beschäftigungsabbau in der Krise, tragen aber über die dargestellten insider/outsider-Effekte zu einer Verfestigung (Persistenz) von Arbeitslosigkeit bei. Umfassende Bestandsschutzregelungen – und hier wurde der Schutz des § 613a BGB beispielhaft hervorgehoben – wirken insgesamt dämpfend auf die Geschwindigkeit struktureller Wandlungsprozesse und damit auch dämpfend auf das beschäftigungsrelevante wirtschaftliche Wachstum.

Das aus der ökonomischen Analyse institutionellen Bestandsschutzes ersichtliche *Spannungsfeld zwischen Kündigungsschutzregulierung und Beschäftigungswachstum* läßt sich aus *juristischer Perspektive* als Zielkonflikt verfassungsrechtlicher Schutzprinzipien formulieren. Die für den Ausbau des Kündigungsschutzes von Gesetzgebung und Rechtsprechung maßgeblichen sozialen Grundrechte bzw. das Sozialstaatprinzip lassen durch ihre Wertungsoffenheit eine Konservierung sozialer Leitbilder (strukturelle Machtasymmetrie zwischen den Arbeitsvertragsparteien) mit einer laufenden Verstärkung des sozialen Schutzes zugunsten der Beschäftigten jedoch nicht zu.

Da die Wirtschaftsverfassung auch angesichts des Sozialstaatprinzips und der Wertungsoffenheit sozialer Grundrechte eine Überprüfung sozialer Besitzstände zuläßt, erscheint eine Revision des Kündigungsschutzniveaus und dessen Strukturen möglich und angesichts der negativen Beschäftigungslage geboten.

Hinsichtlich einer *gesetzlich gestalteten Reform des Kündigungsschutzrechts* zielten die bisherigen Ansätze etwa des ArbRBeschFG'96 vom Grundsatz in die richtige Richtung. In – nach hier vertretener Auffassung – verfassungskonformer Weise wurde versucht, an ökonomisch indizierte Flexibilisierungs-, Dezentralisierungs-, Entlastungs- und Effizienzgesichtspunkte anzuknüpfen.

Damit konnte auch entsprechend dem hier gefundenen Ergebnis zur ökonomischen Analyse des Kündigungsschutzes den betrieblichen Belangen der Rechtssicherheit, des größeren Erhalts der Leistungsträgerschaft im Unternehmen, der Verfahrensverkürzungen und einer gewissen Absicherung gegenüber exogenen Rechtsänderungen (Überprüfungsbefugnisse der Gerichte) Rechnung getragen werden.[1041]

1041 Teil 1 B. II.1. (Schwellenwert), 2.f. (Sozialauswahl); 6.b. (Interessenausgleich).

Politik, Wirtschafts-und Rechtswissenschaft haben neuerdings Gesichtspunkte der Reform von 1996 zumindest den Inhalten nach wieder belebt.[1042] Sie würden mit der Umsetzung notwendiger Reformschritte auch einem mittlerweile klar formulierten Handlungsappell europäischer Beschäftigungspolitik folgen.[1043]

Im Wesentlichen geht es bei den neuen (alten) Überlegungen um Änderungen zu Schwellenwert, Sozialauswahl und Interessenausgleich im Recht der betriebsbedingten Kündigung. Nicht immer eindeutig erkennbar, jedoch zu fordern ist dabei ein gesamtheitlicher Ansatz, da, wie dargestellt, zahlreiche ineinander greifende Vorschriften des Kündigungsschutzes als dichtes Ordnungsprogramm den Arbeitsmarkt regulieren.

- Die Reformdiskussion setzt nach wie vor an der sachlich-personellen Schwellenwertregelung des KSchG (§§ 1, 23 KSchG) an. Fallen bisher Betriebe mit über 5 Beschäftigten und Arbeitnehmer ab einer Beschäftigungsdauer von einem halben Jahr unter den gesetzlichen Kündigungsschutz, so gehen manche Vorschläge zu Schwellenwertänderungen erheblich darüber hinaus. Um kleine und mittelständische Betriebe (KMU) zu entlasten, schwanken die Vorstellungen des Schwellenwerts bei einer Betriebsgröße von 10, 20 bis zu 80 Mitarbeitern sowie einer längeren Beschäftigungsdauer analog der Befristungsmöglichkeit von Arbeitsverhältnissen auf 2 Jahre nach dem TzBfG.[1044]
  Eine Schwellenwerterhöhung ist zu befürworten, wenn die Festlegung einer Betriebsgröße nach der Beschäftigtenzahl nicht willkürlich erscheint. So ist mit der Rechtsprechung des BVerfG zur „Kleinbetriebsklausel“ die Anhebung des Schwellenwerts auf Betriebe mit über 10 Beschäftigten verfassungsrechtlich abgesichert.[1045] Die Freistellung von Kleinbetrieben ist zudem vom historischen Ausgangspunkt des KSchG her begründbar. Die engen per-

1042 aus den zahlreichen Beiträgen zu Reformansätzen: Clement in “Die Welt” v. 8.3.03; „Süddeutsche Zeitung“ v. 8.3.03; Gesetzentwurf der BundesReg: E-Gesetz zu Reformen am Arbeitsmarkt, BR-Drs. 421/03; Bauer, NZA 2002, S. 529ff; ders.NZA 2002, S. 1001f; Meinel, DB 2003, S.1438f.; Rüthers, NJW 2002, S. 1601ff (1608).

1043 Vorschlag der EU-KOM für einen Beschluß des Rates über Leitlinien für beschäftigungspolitische Maßnahmen, 2003, B.Ziff.3..

1044 Teil 1 B.II.1. sowie Entwurf des Freistaates Sachsen zu einem Gesetz zum Abbau von Hemmnissen auf dem Arbeitsmarkt (AHA-G) BR-Drs. 158/03; Entwurf Bayerns zu einem Gesetz zur Flexibilisierung des Arbeitsrechts (FlexG, BR-Drs. 863/02); jetzt gemeinsamer Entwurf BY/SN: Gesetz zur Modernisierung des Arbeitsrechts (ArbModG, BR-Drs. 464/03).

1045 BVerfG v.27.1.1998, NZA 1998, S. 470 = NJW 1998, S. 1475ff.

sönlichen Beziehungen in Kleinunternehmen und begrenzte finanzielle Ressourcen machen die Ausnahmeregelung plausibel.
Geht man von der statistischen Erhebungspraxis aus, so knüpft diese oftmals den Kleinbetriebsbegriff an eine Betriebsgröße von bis zu 20 Mitarbeitern. Dies könnte für eine Schwellenwertfestlegung Anhalt bieten. Schwierig erscheint hingegen der Anknüpfungspunkt an das KMU-Kriterium schlechthin. Die Maßstäbe hinsichtlich der Betriebsgröße sind dort weitgreifend und Definitionen eher in anderen Rechtsgebieten zu finden. So verbindet das Beihilferecht[1046] das KMU-Kriterium mit einer Beschäftigtenzahl von bis zu 250 Mitarbeitern. Eine Freistellung des Mittelstandes vom Kündigungsschutz nach einem undifferenzierten KMU-Kriterium würde in diesem Falle zehntausende von Unternehmen erreichen. Dieses Ergebnis mag ökonomisch erwägenswert sein, läßt aber eine sozialpolitische Kompromißfähigkeit kaum erwarten. Der Maßstab von 10 bis max. 20 (Kleinbetrieb) Beschäftigten als Schwellenwertkriterium erscheint hingegen für einen rechtspolitischen Ansatz gesicherter.
Für einen Ansatz zurückgelegter Beschäftigungszeit von zwei Jahren für das Eingreifen des KSchG liegt die Parallele zum TzBfG nahe. Allerdings hat das BAG einmal mehr darauf hingewiesen[1047], dass sich bereits von seiner Schutzwürdigkeit her befristete und nicht befristete Beschäftigung im Grundsatz unterscheidet. Das befristete Beschäftigungsverhältnis soll zumindest nach dieser Auffassung kein *Regel*arbeitsverhältnis sein. Dies spräche gegen eine Analogie und zweijährige Beschäftigungszeit als Schutzhorizont für Arbeitnehmer eines unbefristeten Arbeitsverhältnisses. Beachtlich erscheint ferner, dass außerhalb des Wirkungsbereiches des KSchG die allgemeinen Vorschriften des BGB (§ 242 BGB) nach den Maßgaben, die die Rechtsprechung dafür entwickelt hat[1048] kündigungsrechtliche Kerninteressen des Arbeitnehmers schützen. Eine sehr weit gefaßte Regelungsfreistellung vom KSchG könnte daher zu einer noch intensiveren Ausgestaltung „freien“ Kündigungsschutzes führen. Das Kündigungsrecht wäre in größerem Umfange (wieder) in die Hände der Rechtsprechung gelegt, mit der Folge zunehmender Rechtsunsicherheit durch Abgrenzungsschwierigkeiten bei der Schutzintensität von § 242 BGB und KSchG.

1046 Vgl. Gemeinschaftsrahmen für staatliche Beihilfen an kleine und mittlere Unternehmen, ABl. Nr. C 213 v.23.7. 1996, S.5; Empfehlung der KOM v. 6.5.2003, Abl. Nr. L 124/36 v. 20.5.2003.

1047 BAG DB 2002, S. 1448ff (1450).

1048 BVerfG v.27.1.1998, NZA 1998, S. 470 = NJW 1998, S. 1475ff.

- Wie im Kontext mit rigidem Kündigungsschutz ausgeführt, liegt in den absoluten Folgen der Rechtsunwirksamkeit von Kündigungen bei bereits geringen Verfahrensfehlern im Anhörungsverfahren gem. §102 BetrVG ein betriebliches Problem. Bei weiterhin bestehender Anhörungs*pflicht* würde der Vorschrift durch Einführung einer Sanktionslosigkeit von Anhörungsmängeln diese Schärfe einerseits genommen.[1049] Andererseits fehlte dann aber auch ein Mittel zur Durchsetzbarkeit korrekter Anhörungen. Rechtspolitisch vertretbar erscheint zumindest eine Rückführung der hohen Anforderungen an die Betriebsratsanhörung unter Berücksichtigung der Vortrags-und Beweislast bzw. begrenzter Nachforderungsrechte des Betriebsrats.[1050] So könnte eine Anhörung als erfolgt gelten, wenn sie (im Ursprungssinn und Wortlaut der Vorschrift) an sich vorgenommen wurde und der Betriebsrat innerhalb einer bestimmten Frist konkrete Informationen nicht weiter eingefordert hat. Im übrigen wäre, entsprechend reformierter Regelungen im materiellen Kündigungsrecht, der Bestandschutz dahin aufzulockern, dass bei Verfahrensmängeln nicht per se ein Weiterbeschäftigungsanspruch vorgesehen ist, sondern eine begrenzte Abfindung zur Wahl steht.

- Darüber hinaus hatten Ökonomen auf der Grundlage der in Teil 2 dargestellten Zusammenhänge Deregulierungsvorschläge unterbreitet, die noch erheblich über die Reformen des ArbRBeschFG'96 hinausreichten. So sollten etwa die Kriterien der Sozialauswahl neben der Betriebszugehörigkeit stärker an der Eignung des Arbeitnehmers ausgerichtet sein.[1051] Mit Blick auf den Gleichheitsgrundsatz Art. 3 GG war zudem vorgeschlagen worden, den obligatorischen Sozialplan über eine Freistellung nach § 112a BetrVG hinaus gänzlich abzuschaffen, um Arbeitnehmer bei Einzel- und Massenentlassungen nicht mehr unterschiedlich zu behandeln und zugleich die starken finanziellen Lasten des zwingenden Sozialplanes zu beseitigen.[1052]
  Ob allerdings die generelle Abschaffung der Sozialplanpflichtigkeit bei Massenentlassungen sinnvoll erscheint, bleibt zweifelhaft, denn es verbliebe die Möglichkeit freiwilliger Sozialpläne in mitbestimmten Betrieben.[1053] Ein Betriebsrat würde versuchen, bei Vorliegen der Voraussetzungen Sozialpläne durchzusetzen, woraus sich nach wie vor eine Benachteiligung der Arbeitnehmer nicht mitbestimmter Betriebe ergäbe. Die Vergleichung von Kündigungsschutzsystemen anderer Rechtsordnungen verdeutlicht, daß der Ent-

1049 etwa Bauer, NZA 2002, S. 529ff (531).
1050 Etwa Schiefer, NZA 2002, S. 770ff (772).
1051 Vgl. Soltwedel, S. 214f.
1052 Vgl. Soltwedel, S. 216f.
1053 So ausdrücklich Soltwedel, S. 217.

schädigungsgedanke durch Abfindung für den Verlust des Arbeitsplatzes auch in anderen Marktwirtschaften etabliert worden ist.[1054] Wie zudem in Teil 1 A. angemerkt wurde, kannte bereits das Betriebsrätegesetz von 1920 in §84 ff. BRG eine *Entschädigungslösung* bei Ablehnung der Weiterbeschäftigung.[1055] Schließlich scheint die gängige Vergleichspraxis vor den Arbeitsgerichten für ein Bedürfnis nach Abfindungsregelungen zu sprechen.
Damit ist im Rahmen einer notwendigen Entjuridizierung des Kündigungsschutzes[1056] eine erneute Besinnung auf die Frage eines *geregelten* Abfindungsrechts *neben* der Möglichkeit des Bestandsschutzes als *Wahlrecht* des Arbeitnehmers zwischen Kündigungsschutz- oder Abfindungsklage (als individuelle Verzichtbarkeit des Bestandschutzes) bedenkenswert.[1057] Außer der Vermeidung von Ungleichbehandlungen und einem Nachgeben offensichtlich praktischer Bedürfnisse, könnte ein geändertes Verfahren zur Kalkulierbarkeit der Anpassungskosten beitragen. Der Berechnungsmodus der Abfindung wäre rechtssicherer gestaltbar und könnte wie in anderen Ländern über den Weg der Verordnung an laufende Lohn- und Gehaltstrukturen ausgerichtet werden. Zeitlich gestrafft, wäre von einer Entscheidungsinstanz, die nicht unbedingt das Arbeitsgericht zu sein braucht, die Abfindung zu fixieren. Regelungen, ähnlich § 112 Abs. 5 BetrVG, an die die Schiedsstelle gebunden wäre, zwängen zur Rücksichtnahme auf die wirtschaftliche Situation des Unternehmens. Ein gewählter Bestandsschutz würde dem Arbeitnehmer auf diesem Wege nicht verweigert.[1058]

- Erhöhte Aufmerksamkeit sollte ebenso das Recht der *betriebsbedingten Änderungskündigung* erfahren. Dieses prinzipiell beschäftigungserhaltende Instrument rechtfertigt seine momentan etablierte Schutzintensität nicht. Eine besondere Regelung der betriebsbedingten Änderungskündigung sollte klarstellen, daß die Schutzintensität von Beschäftigungs*inhalten* nicht dieselbe sein kann, wie jene des Beschäftigungs*bestandes* selbst.[1059] Die Voraussetzungen der Änderungskündigung sollten von jenen der betriebsbedingten Beendigungskündigung (dringender Änderungsgrund) entkoppelt werden.

1054 Vgl.Willemsen, NJW 2000, S. 2779 (2781): Frankreich, Dänemark, Spanien, Schweiz, Belgien; zu Großbritannien und den USA Teil 3.
1055 Vgl. Teil 1 A. I.
1056 Vgl. schon 52. DJT 1978, Bd. 2 Beschlüsse, M 236ff.
1057 Vgl. Gamillscheg, zit. bei Soltwedel, S. 217.
1058 Auch Willemsen, NJW 2000, S. 2779ff. (2783).
1059 z.B. Ansatz in § 114 Entwurf ArbVG, Sachsen, BR-Drs. 293/95.

- Im Rahmen der von der EU-Richtlinie 77/187 zugelassenen Freiheiten sollten im Hinblick auf die Bestandsschutzvorschrift § 613a BGB, im Anschluß an Hanau und Preis[1060], kollektiv- und individualvertragliche Gestaltungsmöglichkeiten zur Sanierungs- und Beschäftigungsförderung genutzt werden. Rechtsprechung, Literatur und letztlich auch Gedanken und Motive des Spaltungsgesetzes von 1991 könnten Impulse hierzu liefern.[1061] Die über den EU-rechtlichen Rahmen hinausreichende Neuregelung des § 613a Abs. 5 und 6 BGB läßt die beschriebenen Unsicherheitsfaktoren bei der Sozialauswahl widersprechender Arbeitnehmer in Konkurrenz mit anderen Arbeitnehmern entstehen.
  Der Rechtsprechung wird durch das garantierte Widerspruchsrecht freilich kaum eine andere Wahl gelassen, als einen Ausgleich der mit dem Widerspruchsrecht verbundenen Interessenlagen innnerhalb der betroffenen Arbeitnehmer vorzunehmen. Allerdings erscheint Spielraum bei der Begrenzung der Widerspruchsfrist auch im Falle von Rechtsfehlern des Arbeitgebers.

- Einer rechtsgestaltenden Stellung der *arbeitsgerichtlichen Rechtsprechung*, die diese Gestaltungsmacht auch aus ihrer *sozialen Verantwortung* rechtfertigt, sollte eine größere Verantwortung gegenüber *ökonomischen Folgen der Spruchpraxis* korrespondieren. Der eigenständigen *Umsetzung* einer auch ökonomisch orientierten Folgenanalyse in die Rechtsprechungspraxis werden zwar verfassungsrechtlich systembedingte Grenzen gesetzt. Rechtsprechung kann allerdings, wenn nicht über Strukturänderungen eines momentan gesetzlich bestehenden Kündigungsschutzrechts, so doch über eine Überprüfung von Grundwertungen innerhalb überlassener Wertungsfreiräume ökonomische Belange in die Rechtsprechung integrieren.[1062]

- Einiges spricht in diesem Kontext für eine *gesetzliche Formulierung* des Auftrages an die *arbeitsgerichtliche* Rechtsprechung, eigene Verantwortung für das Beschäftigungsproblem auch bei der Anwendung individueller Schutzgesetze wie dem Kündigungsschutz zu übernehmen. Adomeit[1063] hat hierzu vorgeschlagen, die im KSchG verankerte Interessenabwägung unter die Verpflichtung der Beschäftigungsförderlichkeit zu stellen *("Bei Abwä-*

1060 U. Preis, NJW 2000, S. 2304ff. (2308).
1061 Teil 1 B. 7. c)bb).
1062 Vgl. die Ausführungen hierzu oben Teil 2, 2. Abschnitt A.III.
1063 Adomeit, Regelungen, S. 36.

gungen im Kündigungsrechtsstreit ist der Gedanke der Beschäftigungsförderung zu berücksichtigen").[1064]

- Im Vergleich zu den Grundsätzen der aktiven Beschäftigungsförderung nach SGB III kann allerdings das KSchG wegen seines vertragsgebundenen Individualschutzes nicht zu einem Instrument aktiver Beschäftigungspolitik „umgewidmet“ werden. Es schiene daher noch naheliegender, in den grundsätzlichen Verfahrensvorschriften des ArbGG, namentlich § 9 (Allgemeine Verfahrensvorschriften), § 54 (Güteverfahren) oder § 45 Abs. 4 ArbGG (Rechtsfortbildung), einen in Anlehnung an § 2 Abs. 1 SGB III formulierten Grundsatz zu etablieren, wonach Arbeitsgerichte in ihren Entscheidungen *verantwortungsvoll deren Auswirkung auf die Beschäftigung der Arbeitnehmer und Arbeitslosen zu berücksichtigen haben.* Dies schlösse die hier auch für die Rechtsprechungspraxis geforderte *Rechtsfolgenabschätzung* mit ein.

- Schließlich dürfte im Hinblick auf eine verfahrensrechtliche Flankierung beschäftigungsförderlicheren Arbeitsrechts das neue Arbeitsgerichtsbeschleunigungsgesetz[1065] mit einer prozeßverkürzenden und den Schlichtungsgedanken vertiefenden Änderung des ArbGG (Erweiterung des Güteverfahrens)[1066] zur effizienteren Konfliktlösung und Vermeidung von Hemmnispotentialen im Kündigungsrecht beitragen.[1067]

Auf *weitere Sicht* sind bereits jetzt *Änderungen innerer Unternehmenskulturen* erkennbar, die voraussichtlich auf die Struktur der *Arbeitnehmer-Arbeitgeberbeziehung* und damit auch auf das Institut des Kündigungsschutzes Einfluß nehmen könnten.[1068] Neue Entwicklungsphasen in der Unternehmenspolitik versuchen Motivation, Leistungsbereitschaft, Effizienz und damit *Wettbewerbsfähigkeit* dadurch zu steigern, daß *hemmende hierarchische Arbeitsformen in kooperative überführt werden.*[1069] Dadurch findet zwar eine Betonung des *Gemeinsamen* von Arbeitgeber und Beschäftigten statt; allerdings

1064 Adomeit, Regelungen, S. 36.
1065 BT-Drs. 14/626.
1066 Im einzelnen Trittin/Backmeister, DB 2000, S. 618ff.
1067 Teil 3; durch die bisherige "unechte Abfindungslösung" der Vergleichspraxis nicht unbedingt gegeben.
1068 Vgl. Ehmann, RdA 1990, S. 77ff. m.w.N.
1069 Vgl. näher Beyer, S. 5ff.; Briam, S. 11ff.; Ehmann, RdA 1990, S. 77ff.; Schack, S. 1ff.; Adomeit in: Hanau/Adomeit, S. 168 (Rdnr.603.

ohne Postulierung eines ungreifbaren *sozialen Ideals der Betriebsgemeinschaft.*[1070]

Anregungen zu Kooperative bzw. Arbeitnehmerbeteiligung im Unternehmen ("Democracy and Economic Power")[1071] führten bisher zur Thematisierung einer neuen Struktur des Arbeitsverhältnisses[1072] etwa unter gesellschaftsrechtlichen Aspekten.

Der Einfluß von Formen echter *Teilhabe der Arbeitnehmer*[1073] *auf den Kündigungsschutz* kann im einzelnen nicht abgeschätzt werden, da der Gedanke partnerschaftlicher Unternehmensführung in Deutschland zum Großteil noch Modellcharakter besitzt.[1074] Nicht zuletzt wird aber auch *das Kündigungsrecht* vor dem dargelegten (ökonomischen) Hintergrund Teil einer Vergrößerung individueller Freiräume werden müssen, um soziale Verantwortung, wie sie für Arbeitgeber und Arbeitnehmer gesetzlich formuliert worden ist (§ 2 Abs. 1 SGB III), mehr als bisher in die Hände der Marktakteure bzw. Sozialparteien zu verlagern.[1075]

1070 Vgl. Reuter, RdA 1973, S. 345ff.; ders., Grundlagen, S. 405ff.; ders., RdA 1985, S. 321ff. zu der u.a. daraus abgeleiteten Rigidität des deutschen Kündigungsrechts.

1071 Vgl. Schack, S. 1ff., 30f.

1072 Vgl. hierzu noch besonders Adomeit, in: Hanau/Adomeit (11.Aufl.), S. 157; ders., 90er Jahre, S. 1ff.; ders., mit Thau, ZRP 1992, S. 350ff.; Schack, S. 25ff.; Ehmann, RdA 1990, S. 77ff.; instruktiv: ArbG Wuppertal Urteil v. 30.11.1960, BB 1961, S. 254.

1073 Vgl. Schack, S. 38ff.; Beyer, S. 11ff., zu markt- und mitarbeiterorientierter Unternehmensführung.

1074 Vgl. Beyer, S. 46ff.

1075 aus Sicht der Ökonomie und Arbeitspolitik: Keller, S. 329ff. (353f.); Wulsdorf, ZfR 1996, S. 135ff. (143).

Teil 3

Berichte über ein weitgehend stabiles Beschäftigungswachstum in *Großbritannien*[1076] *und den Vereinigten Staaten*[1077] bei einem gegenüber Deutschland arbeitsrechtlich weniger regulierten Arbeitsmarkt legen einen Blick auf die Kündigungsschutzsysteme dieser Länder nahe. Geht man zudem vom Ansatz der in Teil 2 dieser Arbeit vorgestellten OECD-Studie aus, läßt ein Vergleich von Beschäftigungsständen und Kündigungsschutzniveau der OECD-Staaten allgemeine Rückschlüsse auf die Beschäftigungswirkung von Kündigungsschutz zu.[1078] Unter Hinweis auf die Notwendigkeit regelmäßiger Überprüfung der Sozialstandards in den Ländern hat auch die internationale Beschäftigungspolitik das Anliegen formuliert, das Augenmerk der Sozialpolitik weniger auf strikte *Arbeitsplatzsicherheit,* als vielmehr auf die Sicherheit *kontinuierlicher Beschäftigung* (employability security) zu richten.[1079]

Mit folgender Darstellung von *Aspekten* englischen und US-amerikanischen Kündigungsschutzrechts sollen die Betrachtungen in Teil 1 und 2 der Arbeit argumentativ *ergänzt werden.*[1080]

1076 Vgl. FAZ v. 25.8.1997, S. 14, Daten seit 1998 (beachte Indikatoren): eurostat 1998, S. 12f.; eurostat, Pressemitteilung Nr. 53/2000 (Mai): Arbeitslosenquote 6,0%; eurostat, Pressemitteilung Nr. 39/ 2003: saisonbereinigte Arbeitslosenquote 5,1 (für 2002), lag damit deutlich unter Werten in Deutschland und Eurozone.

1077 Vgl. Schettkatt, WSI-Mitt. 1994, S. 363ff. (363); Teil 3, 2. Abschnitt A..

1078 Vgl. Die Mitbestimmung, 7+8 (Juli/August) 1996, S. 14ff. mit zahlreichen Beiträgen zum Vergleich mit den USA; bereits Köhler/Sengenberger; OECD, Employment Outlook 1999, S. 47ff.; eurostat Pressemitteiluung Nr. 53/2000: Arbeitslosenquote 4,0%; eurostadt, Mitteilung Nr. 39/2003; auch Kommission für Zukunftsfragen, Teil I, S. 128ff.

1079 Vgl. 151 LRR v. 8.4.1996, S. 435ff. (435): "...the world's fast changing economy has made job security a thing of the past. For that reason, the Clinton administration is focusing on policies to provide people with *employability security*"; Chirac zum "dritten Weg", 151 LRR v. 8.4.1996, S. 435ff. (436).

1080 zu diesem Ansatz Dörsam, IAW-Mitt. 1995, S. 13ff. (16); Köhler/Sengenberger.

1. Abschnitt: Kündigungsschutz bei betriebsbedingten Entlassungen und Entlassungen wegen Betriebsübergangs in Großbritannien und mögliche Wirkungen auf den Beschäftigungsstand

A. Deregulierung und Beschäftigungsstand in Großbritannien

Schon 1968 weist ein Bericht der Royal Commission on Trade Unions and Employer's Associations[1081] darauf hin, daß *strukturelle Wachstums- und Beschäftigungshemmnisse* jener Zeit in England u.a. auf uneinheitliche arbeitsrechtliche Rahmenbedingungen zurückzuführen seien. Eine hohe Anzahl spontaner Streiks[1082] durch vom Recht begünstigte (closed shop)[1083] starke Gewerkschaften[1084] führte zu einem Klima in den Arbeitsbeziehungen, welches von wirtschaftlich schädlichem Rechtsunfrieden geprägt war.[1085] Erst der *Industrial Relations Act vom 25.3.1971* regelte die Arbeitsbeziehungen (u.a. das Kündigungsrecht) einheitlich und umfassender. Das Regelungsmonopol einer Vielzahl von Arbeitsbedingungen ging damit auf den Staat über.

Um Effizienz- und Wettbewerbsfähigkeit betroffener Unternehmen[1086] zu gewährleisten, wurden in den 80er Jahren Rationalisierungsprozesse in der Industrie u.a. durch eine einschneidende Deregulierungspolitik unterstützt.[1087] Diese verwirklichte sich nicht nur in einer erheblichen Schwächung der Gewerkschaften[1088], sondern zunächst im Abbau eines im Vergleich zu anderen europäischen Ländern ohnehin schwächeren Kündigungsschutzes der Arbeitnehmer.[1089]

1081 zur Darstellung und Kommentierung dieses Berichts Kahn-Freund, RdA 1969, S. 336ff.

1082 zur Entwicklung der Streikmöglichkeiten auch bei Kündigungen und Einschränkung bis in die 50er Jahre: Kahn-Freund, RdA 1952, S. 361ff. (405ff.).

1083 Vgl. Kahn-Freund, RdA 1969, S. 336ff. (338); Docksey, RIW 1991, S. 722ff.; "closed shop" bedeutet die Aufrechterhaltung einer Anstellung, wenn der Arbeitnehmer Mitglied einer bestimmten Gewerkschaft ist, wird oder bleibt. Das Institut der negativen Koalitionsfreiheit war zu dieser Zeit in Großbritannien nicht etabliert. Auch wenn in bestimmten Industrien das closed shop-Verhältnis Voraussetzung für ein funktionierendes Gewerkschafts- und Tarifwesen war, so erhielt die Gewerkschaft doch eine erhebliche Macht über das wirtschaftliche Schicksal des Individuums.

1084 Vgl. zur Entwicklung der Gewerkschaft in Großbritannien und ihrer systembedingt starken Stellung Kahn-Freund, RdA 1952, S. 361ff..

1085 Vgl. Ell-Suppl. 134 (1992), GB S. 30ff.; Däubler, Arbeitsrecht 2, 1995, S. 493, läßt diese wirtschaftliche Folge bei der von ihm präferierten Betrachtung außer Betracht.

1086 Vgl. Robson, S. 53, vor allem zur Privatisierung.

1087 Vgl. Ell-Suppl 134 (1992), GB S. 30ff.

1088 Vgl. Docksey, RIW 1991, S. 722ff. (724), der European Court of Human Rights hielt in der Entscheidung Young, James and Webster v United Kingdom (1981), IRLR 408 "closed shop" für nicht vereinbar mit der negativen Koalitionsfreiheit; es

Nach einem zunächst durch Umstrukturierungs- und Rationalisierungsprozesse bedingten Anwachsen der Arbeitslosigkeit zeichnet sich in England im Vergleich zu Deutschland seit Mitte der 90er Jahre[1090] ein höheres *Beschäftigungswachstum* und eine geringere Arbeitslosigkeit[1091] bei einem zwar einheitlich geregelten, vergleichsweise modernen, jedoch vom Schutzniveau her zurückhaltenderen und flexibleren Kündigungsrecht ab. Die Studie der OECD von 1999 weist insgesamt eine *höhere Beschäftigungsdynamik* auf dem englischen Arbeitsmarkt nach. Dieser Umstand könnte – im Umkehrschluß zu deutschen Verhältnissen– als weiteres Indiz für den überwiegend negativen Einfluß starken Kündigungsschutzes auf Beschäftigungsströme gewertet werden.[1092]

B. Materieller Kündigungsschutz und Kündigungsschutzverfahren in Großbritannien

I. Der materielle Kündigungsschutz

Großbritannien hat im Vergleich zu Deutschland erst relativ spät begonnen, die Regelungsautonomie der Tarifpartner durch ein allgemeinverbindliches Regelsystem zu ersetzen.[1093] Nimmt im angloamerikanischen Rechtssystem vorwiegend die Rechtsprechung eine rechtsgestaltende Rolle ein, so hat sich die Rollenverteilung zwischen Gesetz (statute law) und Rechtsprechung (case law)[1094] im Arbeitsrecht Großbritanniens umgekehrt. Es besteht mittlerweile ein mehrfach er-

---

kam zu Einschränkungen des Immunitätsrechts bei Streik sowie politischen Streiks etc.; auch Worswick, WSI-Mitt. 1994, S. 341ff. (342).

1089 Vgl. Überblick bei Hector, S. 126ff.; Zachert, AuR 1993, S. 195ff. (198); die empirischen Studien von Dickens/ Hart/Jones/Weeks, S. 145ff. und Rhode, S. 173ff.; Dickens/Hart/Jones/Weeks, S. 148ff.; Döse-Digenopoulos, S. 36.

1090 Bis 1994: Kommission für Zukunftsfragen, S. 138ff.

1091 Argumente von Soskice/Frank, Die Mitbestimmung 1996, H. 7+8, S. 18ff.; Walwei, MittAB 2/98, S. 334ff (338); eurostat 2000, S. 12: EUROSTAT: Abnahmetendenz der Arbeitslosenquote im Zeitraum von zehn Jahren von ca. 10% über 8% (1996), 7% (1997), 6% (2000); 5% (2001); 5,1 % (2002/2003).

1092 Vgl.Überblick: OECD, Employment Outlook 1999, S. 60f; Vergleich relativierend durch die Sondersituation Deutschlands, Walwei, Mitt AB 2/ 98, S. 334 (338).

1093 Vgl. Ell-Suppl. (1992), S. 134; v. Bernsdorff, S. 232f.

1094 Vgl. Will, in: Neumayer, S. 475, das englische Recht ist aus den Verfahrensarten des Common Law hervorgegangen und ist deshalb seiner Natur nach Fallrecht (case law).

gänztes Gesetzeswerk (statutes), eine Art Arbeitsgesetzbuch als Anwendungsgrundlage der Rechtsprechungspraxis.

Die hier beispielhaft thematisierte *Entlassung aus betrieblichen Gründen* stand in England ab 1965 im Vordergrund arbeitsrechtlicher Regelungsbedürfnisse. Der *Redundancy Payments Act 1965* sah noch keinen Kündigungsschutz im eigentlichen Sinne vor, sondern knüpfte die wirtschaftlich begründete Entlassung allein an eine nach Beschäftigungszeit und Alter *bemessene Abfindung.*[1095] Mit einem "goldenen Handschlag" sollte dem freigesetzten Arbeitnehmer die Verschlankung der Belegschaft und eine damit einhergehende Möglichkeit der *Wiedererlangung unternehmerischer Wettbewerbsfähigkeit* vergolten werden.[1096] Eine gerichtliche Überprüfung von (betriebsbedingten) Kündigungen (unfair dismissal) wurde erst mit dem allgemeinen Kündigungsschutz des *Industrial Relations Act 1971* eingeführt und mit dem traditionellen *Abfindungsrecht* verbunden.[1097] Der *Employment Protection Act 1975* brachte dann erweiternde Novellierungen bisherigen Kündigungsschutzes.

Die neoliberale Wirtschaftspolitik der 80er Jahre versuchte angesichts erheblicher Arbeitslosigkeit infolge von Massenentlassungen das zu schnelle Freisetzen von Arbeitnehmern (redundancy) einzudämmen[1098], um auch Anreize für Teilzeitbeschäftigung und Kurzzeitarbeit zu schaffen. Der Gesetzgeber nahm das entstandene Regulierungsmonopol für die Arbeitsbeziehungen aber auch dahingehend wahr, Schutzrechte im neuen Kündigungsrecht unabhängig von den Tarifparteien wieder zu verkürzen.[1099]

Die Entwicklung der 80er und 90er Jahre war wie in Deutschland geprägt von der Umsetzung EU-rechtlicher Schutzstandards in das englische Arbeitsrecht. Einige der Bestimmungen wurden in den *Trade Union and Labour Relations (Consolidation) Act 1992* übernommen und weitere Novellierungen durch den *Trade Union Reform and Employment Rights Act 1993* eingeführt. Umgesetzt wurden die EG-Richtlinien zu Schutzrechten bei Betriebsübergang[1100] und

---

1095 Harvey, Issue 123, E/103f., Ziff. 12f.

1096 Nähere Ausführungen zur Entwicklung: Hidle v Percival Boats Ltd. (1969) 1 ALL ER 836; Mairs (Inspectors of Taxes) v Haughey (1993) 3 ALL ER 801.

1097 Vgl. Ell-Suppl. 63 (1986), GB S. 19.

1098 Zum Beispiel wurde ein per Gesetz zunächst eingerichteter Ausgleichsfond für Abfindungsleistungen der Arbeitgeber wieder abgeschafft.

1099 Vgl. Harvey, Issue 123, E/105, Ziff. 25f.; Löw, S. 14ff.; Waas, ZIAS 1989, S. 313ff.; Freedland, ZIAS 1991, S. 440ff.; dazu auch noch die Ausführungen unten.

1100 Vgl. Transfer of undertaking Regulations (TU(C)E) i.V.m. EP(C)A 1978; dazu Löw, S. 20ff.

Massenentlassungen.[1101] Mit dem europäischen Recht wurden letztgenannte Regelungen zum Betriebsübergang durch Ergänzungen des Collective Redundancies and Transfer of Undertakings (Protection of Employment) (Amendment) Regulations (TUPE)1995 und 1999 weiter geführt. Wie eine britische Regierungserklärung mitteilt, sollen die in Deutschland schon wirksamen Änderungen der RiLi 77/187/EG durch RiLi 2001/23/EG ab Sommer 2003 in das TUPE-Regelungsprogramm aufgenommen werden.[1102]

Schließlich kam es 1996 zu einer wichtigen Gesetzesnovellierung des materiellen Arbeitsrechts, dessen Grundlage bis zu diesem Zeitpunkt im wesentlichen der *Employment Relation Consolidation Act 1978 (ER(C)A)* gewesen war. Das Recht des ER(C)A wurde in den *Employment Rights Act 1996 (ERA)* übernommen. Grundsätze und eingeführte Rechtsinstitute des materiellen Kündigungsschutzes haben sich dadurch jedoch nicht wesentlich geändert. Die am *Employment Relation Consolidation Act 1978* entwickelte Rechtsprechung kann nach wie vor herangezogen werden. Auch das kündigungsrelevante *Verfahrensrecht* wurde mit dem *Employment Rights (Dispute Resolution) Act 1998 (ER (DR)A)*[1103] novelliert.

Im Jahr 2001 hat ein neuer Employment Act 2002 die letzten parlamentarischen Hürden genommen und wird stufenweise ab 2003 in Kraft treten.[1104] Der ERA und das Arbeitsprozeßrecht erfahren mit dem Employment Act 2002 einige Modifikationen u.a. auf dem Gebiet elterngerechter Arbeit, der Gleichbehandlung befristeter und nicht befristeter Beschäftigung, der Freistellung von Gewerkschaftsvertretern sowie der effizienteren Streitschlichtung. Sozialpolitisches Ziel des Employment Act 2002 ist eine weitere Modernisierung der Arbeitswelt durch Fairness und Partnerschaft.[1105] Erhebliche Auswirkungen auf die Betriebs- und Personalorganisation sind durchaus zu erwarten.

II. Das Kündigungsschutzverfahren

Auf einige Besonderheiten des englischen Kündigungs*schutzprozesses* soll auch im Lichte der neuen Regelungen hingewiesen werden, denn durch das Verfahren

1101 Vgl. Part IV, Chap. II of the Trade Union and Labour Relations (Consolidation) ACT 1992, dazu Chitty on contracts, Vol. II, Rn. 37-186ff.
1102 Mitteilungen des Department of Trade and Industry (dti) v. 27.2.03 (via home page).
1103 Vgl.zum ganzen: v. Bernsdorff, S. 233f; Kilian, NZA 1999, S. 1088ff.
1104 Abdruck bei Department of Trade and Industry (dti), Employment Act 2002.
1105 Abdruck bei Department of Trade and Industry (dti), Employment Act 2002.

wird nicht anders als in Deutschland die Effektivität des Kündigungsschutzes mitbestimmt.[1106]

1. Schlichtungsebene (ACAS Arbitration Scheme)

In Großbritannien besteht für die Parteien des Kündigungsrechtsstreits die Möglichkeit, ein außergerichtliches Schlichtungsverfahren einzuleiten. Das Schlichtungsverfahren wurde erstmals für den Kündigungsrechtsstreit im Employment Protection Act 1975 (Part I, S. 1ff.) etabliert und ist zuletzt 1998 unter Part II (Other Methodes of Dispute Resolution) weitergefaßt worden. Das Verfahren ist nun ausdrücklich auf den *Streit um die Rechtmäßigkeit einer Kündigung zugeschnitten.* Part II, Art. 7 sieht in diesem Zusammenhang die Möglichkeit der Erstellung eines Schlichtungsplans (arbitration scheme) zur Beilegung des Kündigungsstreits vor. Dem Schlichtungsergebnis ist damit größere Sicherheit und Effektivität verschafft worden.[1107]

Das Schlichtungsverfahren wird vor einem Advisory, Conciliation and Arbitration Service (ACAS) durchgeführt. Der Schlichter (conciliation officer aus einem Pool von Schlichtern) besitzt die Funktion eines Vermittlers, der Grundlagen für Kommunikations- und Einigungsbereitschaft der Parteien schaffen soll.[1108] ER(DR)A 1998 hat die Zielrichtung ausreichender Beratung (Advice), Streitvermittlung (Conciliation) und Schlichtung (Arbitration) erweitert.

Der Schlichtungsplan (arbitration scheme) des ACAS kann einzelne Schlichtungsvereinbarungen (Weiterbeschäftigung, Wiedereinstellung, Abfindung) im Fall eines Kündigungsschutzbegehrens regeln (Part II, ER(DR)A 1998, Art. 7, sec. 1, Ergänzung sec. 212 A, TULR(C)A 1992). Der Schlichtungsplan wird an die zuständige Arbeitsbehörde weitergeleitet, die den Schlichterspruch (Vereinbarung) nach einer Prüfung und Billigung in Kraft setzt. Eine Weiterbeschäftigungs*absprache* bei unrechtmäßiger Kündigung ist mit gerichtlicher Hilfe durchsetzbar (Part II, ER(DR)A 1998, Art. 7, sec. 8).

Davon unabhängig können über Betriebsordnungen oder Kollektivvereinbarungen *betriebsinterne* Schlichtungsverfahren *(grievance bzw. appeals procedure)* eingeführt werden, die dann verbindlich weiteren Rechtswegen vorgeschaltet sind. Bestehen derartige unternehmensinterne Regelungen und ignoriert sie der Arbeitnehmer bei seiner Suche nach Rechtsschutz, kann das Employment Tribu-

1106 Vgl. Rhode, S. 176ff.; Schellhaaß, ZfA 1989, S. 167ff. (169, Fn. 6) zur Wichtigkeit von Verfahrensaspekten in der Betrachtung effektiven Kündigungsschutzes.

1107 Vgl. Döse-Digenopoulos, S. 108ff.

1108 Vgl. Dickens/Hart/Jones/Weekes, S. 148.

nal nach Ermessen Abschläge bei eventuellen Ausgleichs- bzw. Entschädigungszahlungen vornehmen.

Bemerkenswert ist die rechtspolitische Entscheidung des englischen Gesetzgebers, durch den Employment Act 2002 einen verbindlichen Mindeststandard vorgerichtlicher Streitschlichtung *(Part 3, Dispute Resolution., 29ff Schedule 2 Statutory Dispute Resolution Procedures)* festzulegen, um betriebsinterne Lösungen (auch kündigungsrechtlicher Art) von Arbeitsstreitigkeiten zu ermöglichen und Prozesse zu vermeiden. Was den Kündigungsschutz anbetrifft, richtet das Gesetz ein Minimum förmlicher Verfahrensschritte vor einer Kündigung ein: von der schriftlichen Begründung einer Maßnahme durch den Arbeitgeber (statement of grounds for action), über die Aussprache (meeting) und Entscheidungsfindung (decision) bis zum Einspruch (appeal) gegen die Entscheidung.

Die Regelungen sind zwar nicht so stringent wie jene des ACAS Codes; so können beispielsweise Verfahrensfehler des Arbeitgebers bei der Kündigung unbeachtlich sein, wenn die Kündigung auch mit Fehlern fair gewesen wäre. Allerdings sind diese Minimalregeln eben anders als jene des ACAS, denen sich die Parteien freiwillig unterwerfen, mit Gesetzeskraft verbindlich. Das Verfahren trifft jedoch in erster Linie den Bereich der verhaltensbedingten oder personenbedingten Kündigung (dismissal and disciplinary procedures).

2. Das Kündigungsschutzverfahren vor dem Employment Tribunal

Das Kündigungsschutzverfahren ist im Wesentlichen unter chap. II sec. 111f. *(remedies für unfair dismissal)* ERA angesprochen. Es gelten im Prinzip die Verfahrensregeln des Employment Tribunals Act (ETA) 1996 mit seinen Ergänzungen durch den Employment Rights (Dispute Resolution) Act 1998 und den neuen Employment Act 2002. Im Fall einer Kündigung kann der Arbeitnehmer innerhalb von drei Monaten nach der effektiven Beendigung des Arbeitsverhältnisses Klage beim Employment Tribunal erheben. Wenn es das Employment Tribunal für angemessen erachtet, verlängert es die Klagefrist (sec. 111 (2) und (3) ERA).

Großbritannien besitzt erst seit 1964[1109] eine besondere Arbeitsgerichtsbarkeit in Form von *tribunals,* deren Kompetenz seit dem *Industrial Relations Act 1971* auf Kündigungsschutzklagen ausgedehnt wurde,[1110] die ihre Verfahrensmaßstäbe im ERA 1996 und im Industrial Tribunals Act (ITA) 1996 erhalten ha-

---

1109 Vgl. Industrial Training Act 1964; zu Einzelheiten Döse-Digenopolous, S. 114ff.; Hepple/Fredman, S. 61f.; Kahn-Freund, RdA 1969, S. 336ff. (339); Meinhard, RIW 1972, S. 74ff. (78); Docksey, RIW 1991, S. 722ff. (725f.); Dickens/Hart/Jones/Weeks, S. 145ff.; Rhode, S. 173ff.

1110 Vgl. Chitty on contracts, Vol. II, Chap. 37, Rn. 37-150.

ben und die seit der Verfahrensreform 1998 die Bezeichnung *employment tribunals* tragen (ER (DR) A 1998, Part I, 1). Von ihrer Tradition her ergänzten *Tribunals* zunächst die ordentliche Gerichtsbarkeit im Sinne von Schlichtungs- oder Schiedsstellen. Heute sind sie einer originären Arbeitsgerichtsbarkeit vergleichbar, obwohl noch in einigen Fällen ein Konkurrenzverhältnis zur allgemeinen Zivilgerichtsbarkeit besteht.[1111] Für den hier zu skizzierenden Kündigungsschutz nach ERA 1996 liegt die Zuständigkeit bei den Employment Tribunals[1112]. Das Arbeitsgericht ist paritätisch besetzt (Art. 4 ER (DR) A 1998)[1113] und dreizügig (Employment Tribunal – Employment Appeal Tribunal – House of Lords) aufgebaut.[1114] Die zwei letztgenannten Instanzen sind Rechtsinstanzen, die an festgestellte Fakten des Vordergerichts gebunden bleiben.[1115]

Der Employment Rights (Dispute Resolution) Act 1998 setzt in erster Linie seine Akzente auf eine *Verfahrensvereinfachung* und *zügige Beilegung des Rechtsstreits*. Dieser Aspekt soll durch eine Prozessreform als Teil des Employment Act 2002 intensiviert werden. Hierzu wurden als nicht unproblematisch charakterisierte[1116] Möglichkeiten eines *schriftlichen* Prozeßverfahrens (Art. 2 ER (DR) A 1998, einer Erweiterung der Rechte des vorsitzenden Richters (Hearing bei chairman alone, Art. 3 ER (RD) A) sowie einer Übertragung der Verfahrensleitung auf andere (rechtliche gebildete) Personen (legal officer nach Art. 5 ER (DR) A) geschaffen.

Charakteristisch für das englische bzw. angloamerikanische Verfahrensrecht sind zudem der gegenüber dem deutschen Prozeßrecht weitaus stärker ausgeprägte Beibringungsgrundsatz und Grundsatz der Parteienherrschaft im Prozeß. Der (Instanz-)Richter erscheint hier mehr als "Schiedsrichter" und weniger als "Sozialingenieur". Ihm obliegt es, bei Kündigungsstreitigkeiten die vorgetragenen "guten Gründe" einer Kündigung und deren "Vernünftigkeit" (fairness, reasonableness) *nachzuvollziehen*. Das Gericht sieht sich schon aus diesem Gesichtspunkt mehr in die Rolle eines *Arbeitgebers versetzt.*[1117] Aus dieser heraus

---

1111 Vgl. Kilian, NZA 1999, S. 1088; Döse-Digenopoulos, S. 120, die von einer sozialtypisch benachteiligten Stellung des Arbeitnehmers im Kündigungsschutzverfahren spricht; mit Blick auf Prozeßkostenhilfe, die es vor dem Employment Tribunal nicht gibt, ist dieser Umstand nicht unwesentlich.

1112 Chap 17, Part I, ITA (Jurisdiction).

1113 Ein rechtskundiger Berufsrichter (chairman) sowie jeweils ein Laienrichter der Arbeitnehmer- und Arbeitgeberseite.

1114 Vgl. Entwicklung durch Employment Act 1975, Döse-Digenopoulos, S. 116f.

1115 Zur Bindungswirkung allgemein schon: Associated Provincial Picture Houses Ltd. v Wednesbury Corp (1947) 2 ALL ER 680.

1116 Vgl. Kilian, NZA 1999, S. 1088 (1090).

1117 Instruktiv: Dobie v Burns International Security Services (UK) Ltd., (1984) 3 ALL ER, S. 333 (337).

hat das Gericht den in der Praxis anerkannten Maßstäben *wirtschaftlicher Vernunft* Rechnung zu tragen, um die Fairness der Kündigungsmaßnahme daran messen zu können.[1118]

Die Entscheidungsfindung der englischen Rechtsprechung ist aus *methodischer* Sicht durch eine strenge Bindung an den Gesetzeswortlaut gekennzeichnet.[1119] Die "literal interpretation" besagt, daß Ausdrücke eines Gesetzes so zu verstehen sind, wie sie von der Allgemeinheit (der vom Gesetz betroffenen Personen) verstanden werden. Hierzu liefert das ERA eigene detailgenaue Legaldefinitionen und Interpretationshilfen.[1120] Ferner können in Zweifelsfragen Satz und Wortlautzusammenhänge, Sichtweisen vorhergehender Gesetzeswerke (etwa EPCA zu ERA) und Sinnzusammenhänge zur Gesetzesinterpretation herangezogen werden.[1121] Angesichts supranationaler Rechtsentwicklungen, unter denen für das vorliegende Thema die Richtlinie Nr. 77/187 (Transfer of undertakings [Protection of Employment] Regulations[1122]) von Interesse ist, wird eine mehr kontinental ausgerichtete *Rechtsfindungsmethodik* beobachtet.[1123]

Was schließlich die tatsächliche Durchsetzbarkeit von Entscheidungen im Fall einer unberechtigten Kündigung anbetrifft, so hat das *neue Kündigungsrecht* die Anordnung der Wieder- oder Weiterbeschäftigung des Arbeitnehmers (orders of re-instatement or re-engagement, Part X, chap. II, sec. 113, 114) ausführlicher gefaßt. Aufgrund der Tatsache, daß das Employment Tribunal bei einer vom Arbeitgeber nachgewiesenen *Unpraktikabilität* der Anordnung von einer Weiter- bzw. Wiederbeschäftigung absehen und stattdessen eine Ausgleichszahlung ausurteilen kann (Chap. II, sec. 116 ERA), wird die tatsächliche Durchsetzungsfähigkeit des Kündigungsschutzes in der gerichtlichen Praxis als eher gering eingeschätzt.[1124]

1118 Vgl. Dickens/Hart/Jones/Weekes, S. 153, allerdings mehr vermutend als beweisend.

1119 Vgl. u.a. Waas, ZIAS 1989, S. 313ff. m.w.N.

1120 Beispiel: Defintion der Beschäftigungsreduktion bei redundancy, 139 (1) i.V.m. (6) ERA.

1121 dazu v. Bernstorff, S. 11f.; Beispiel: Betts and others v Brintel Helicopters Ltd. and others, 2 ALL ER (1997); Clark & Tokeley Ltd. v Oakes, 4 ALL ER (1998).

1122 Vgl. Waas, ZIAS 1989, S. 313ff.

1123 Vgl. Waas, ZIAS 1989, größerere Orientierung an der Zweckrichtung eines Gesetzes; Beispiele aus dem Recht des Betriebsübergangs: Theis, ZIAS 1998, S. 228ff. (230); Beispiel von Litster and others v Forth Dry Dock & Engineering Co. Ltd., 1989 IRLR 161.

1124 Vgl. Dickens/Hart/Jones/Weeks, S. 151; Keenan, English Law, S. 340; Mozet, NZA 1998, S. 128ff. (134).

C. Allgemeine Aspekte zum Recht der betriebsbedingten Entlassung nach dem Employment Rights Act 1996

Einschlägig für die wirtschaftlich *bedingte Entlassung* innerhalb des umfassenden Gesetzeswerks des ERA sind in erster *Linie Part X (right to be unfair dismissed)* und Part XI *(right to redundancy payment)*. Nach der Systematik dieser Vorschriften wird gemäß einer *allgemeinen Rechtsgarantie*, nicht ungerechtfertigt gekündigt werden zu dürfen (*"An employee has the right not to be unfairly dismissed by his employer" (Part X, Chap. I, sec. 94ff.)*, definiert, was unter Kündigung im Sinne des ERA zu verstehen ist *(circumstances in which an employee is dismissed)*.

Durch den Titel "exclusion oft right" wird der Anwendungsbereich der Kündigungsschutzregelungen festgelegt. Es folgt dann die Definition des Prüfungsmaßstabs (fairness), unter welchem eine Kündigung als fair bzw. unfair erachtet wird. Dabei richtet sich der Prüfungsmaßstab an der Art des Kündigungsgrundes aus (hier: redundancy, sec. 105 ERA). Die weiteren Vorschriften befassen sich mit Ansprüchen des Arbeitnehmers im Fall einer ungerechtfertigten Kündigung: Weiterbeschäftigung (reinstatement), Wiedereinstellung (re-engagement), Ausgleichszahlung (compensation).

Aus den oben genannten rechts- und wirtschaftshistorischen Gründen hat das ERA darüber hinaus speziell für bestimmte wirtschaftlich bedingte Entlassungssituationen ein eigenes Abfindungsrecht (redundancy payment) in das Gesetzeswerk integriert:

> *"An employer shall pay a redundancy payment to any employee of his if the employee (a) is dismissed by the employer by reasons of redundancy, or (b) is eligible for a redundancy payment by reasons of being laid off or kept on short time" (Part X I, Chap. I, sec. 135).*

I. Ausschlußtatbestände und Situationen einer betriebsbedingten Entlassung gemäß Employment Rights Act 1996

1. Ausschlußtatbestände

Bevor die Überprüfung einer Kündigung nach den Maßgaben des allgemeinen Kündigungsschutzes/Abfindungsrechts (sec. 94ff. ERA 1996) erfolgen kann, sind *Ausschlußtatbestände* des ERA (exclusion of right) zu beachten. Sie ähneln den Regelungen zum persönlichen und sachlichen Geltungsbereich des KSchG (§§ 1, 14, 23 KSchG), sind jedoch weitgehender.

a) Right not to be unfairly dismissed

Anwendbar sind die Kündigungsschutzbestimmungen *(unfair dismissal provisions)* im Prinzip auf jedes anerkannte Arbeitsverhältnis *(contract of employment)*. Sec. 196ff. ERA nehmen jedoch bestimmte Beschäftigungsverhältnisse vom allgemeinen Kündigungsschutz aus. So etwa Beschäftigungsverhältnisse, die definitionsgemäß außerhalb Großbritanniens (sec. 196 ERA)[1125], im öffentlichen Dienst oder auf See bestehen. Gemäß sec. 197 ERA sind die Kündigungsschutzregeln auf befristete Arbeitsverhältnisse (fixed time contracts) von einem Jahr und mehr dann nicht anwendbar, wenn die Kündigung in einer Nichtverlängerungsanzeige besteht und der Arbeitnehmer vor Auslauf der Beendigungsfrist schriftlich auf die Rechte aus Part X verzichtet hat.[1126]

Darüber hinaus sehen noch *speziellere Ausschlußtatbestände* etwa unter sec. 108 (1) ERA vor, daß die Kündigungsschutzregelungen gem. sec. 94 erst *nach zwei Jahren* Beschäftigungszeit *(qualifying period of employment)* zur Anwendung kommen. Ein weiterer Anwendungsausschluß ist an das (rentennahe) Alter des Arbeitnehmers gekoppelt *(upper age limit)*. Section 94 findet daher keine Anwendung, wenn der Arbeitnehmer mit Wirksamwerden der Kündigung das Rentenalter (65) erreicht hat (sec. 109).

Der *Schwellenwert von zwei Jahren Beschäftigungszeit* zur Erreichung des gesetzlichen Kündigungsschutzes ist somit im Vergleich zu Deutschland auffällig hoch. Das Gesetz sieht zwar vor, daß die Anwendungsbeschränkung hinsichtlich der Beschäftigungszeit dann nicht gilt, wenn die Kündigung ungerechtfertigterweise einen *besonders geschützten Arbeitnehmerkreis* (z.B. Schwangere, Arbeitnehmervertreter) betrifft, der Ausschlußtatbestand der Regelbeschäftigungszeit wird jedoch auf die Mehrzahl der Beschäftigungsverhältnisse Anwendung finden.

Schließlich kann das gesetzliche Kündigungsschutzverfahren nach sec. 94 ERA durch geeignete *Vereinbarungen* zwischen Arbeitnehmer und Arbeitgeber ersetzt werden (sec. 110 ERA, dismissal procedures agreements).[1127] Diese zulässige Ersetzungsmöglichkeit überrascht zunächst, da der vertragliche Ausschluß (contracting out) der Pflichten nach dem Kündigungsschutzgesetz des alten EP (C) A oder der Ausschluß der gesetzlichen Klagemöglichkeit i.d.R. bisher

1125 Carver v Saudi Arabian Airlines, 3 ALL ER (1999).

1126 näher Problem bei mehreren Befristungen: British Broadcasting Corporation v Kelly-Philipps, 2 ALL ER (1998).

1127 Vgl. näher zur Entwicklung: Chitty on contracts, Volume II, Chap. 37-151.

nichtig war.[1128] Das ERA schafft allerdings hinsichtlich des Ausschlusses rechtliche Absicherungen:

Das vereinbarte Kündigungsschutzverfahren (dismissal procedure) greift nicht im Falle der Kündigung eines Arbeitnehmers der besonders geschützten Arbeitnehmergruppen. Im übrigen kann eine von der Arbeitsverwaltung geprüfte Vereinbarung zwischen den Interessenverbänden der Arbeitnehmer und Arbeitgeber die Kündigungsschutzregelungen nur dann wirksam ersetzen, wenn die Vereinbarung den gesetzlichen Mindeststandards des Kündigungsschutzverfahrens im wesentlichen entspricht (sec. 110, subs. 3, 4 ERA).

b) Right to redundancy payment

In selber Form wie für den materiellen Kündigungsschutz hat das ERA hinsichtlich des speziellen Abfindungsrechts bei betriebsbedingten Entlassungen *(redundancy payment) Ausschlußtatbestände* geschaffen (sec. 155 ERA). In analoger Weise zu den Kündigungsschutzregelungen (sec. 94 ERA) werden die Ausschlußtatbestände (sec. 155 ERA) in erster Linie an bestimmte Beschäftigungsverhältnisse (sec. 159ff. ERA), an zurückgelegte Beschäftigungszeiten (mindestens *zwei Jahre* fortwährender Beschäftigung) und ein Alterslimit geknüpft.

Hinzu kommt der Ausschluß in Fällen, in denen eine Erneuerung des Arbeitsvertrages oder eine Wiederbeschäftigung vor Beschäftigungsende angeboten wird und bis vier Wochen nach dem eigentlichem Beschäftigungsende auch effektiv stattfindet. Eine Ausnahme hiervon gilt dann, wenn das Vertragsangebot in seinen Konditionen von Inhalten des vorhergehenden Arbeitsverhältnisses erheblich abweicht und der Arbeitnehmer den neuen Vertrag innerhalb bestimmter Fristen kündigt.

Schließlich kommen die *gesetzlichen* Abfindungsbestimmungen nicht zur Anwendung, wenn staatlich genehmigte Kollektivvereinbarungen die Anwendung der Vorschriften über das Recht auf redundancy payment zwar ausschließen, aber Abfindungszahlungen in ähnlicher Weise vorsehen (sec. 157 ERA).

Liegen die oben skizzierten allgemeinen und speziellen Ausschlußtatbestände nicht vor, so finden die Vorschriften des Kündigungsschutzes bzw. Abfindungsrechts, sec. 95ff. bzw. sec. 135ff. ERA, Anwendung.

Hierbei ist im Unterschied zum deutschen Recht hinsichtlich der Qualifizierung einer betriebsbedingten Entlassung und deren Rechtsfolgen zu beachten, daß das englische Kündigungsrecht von einem *weiten Begriff der Kündigung*

1128 Vgl. Überblick, Chitty on Contracts, Volume II Chap. 37-150ff. mit Nachweis der Rspr.

ausgeht. Das Gesetz beschreibt bestimmte *Entlassungssituationen und die an diese geknüpften Rechtsfolgen.*

aa) Die Kündigungs- bzw. Entlassungssituationen gemäß sec. 95 ERA 1996

Section 95 ERA definiert, was unter dem Begriff *"dismissal"* im Sinne des ERA zu verstehen ist *(circumstances in which an employee is dismissed)*. Unter anderem fallen unter den Begriff "dismissal" auch Maßnahmen mit *kündigungsgleicher Wirkung*, die auf die Beendigung des Arbeitsverhältnisses zielen. Hierzu gehört einerseits die ordentliche bzw. außerordentliche arbeitgeberseitige Beendigung des Arbeitsverhältnisses durch eine einseitige empfangsbedürftige Willenserklärung *(termination by employer)*. Andererseits meint "dismissal" aber auch die Nichterneuerung eines befristet abgeschlossenen Beschäftigungsverhältnisses sowie die ordentliche bzw. außerordentliche Kündigung durch den Arbeitnehmer, die durch das Verhalten des Arbeitgebers veranlaßt wurde *(constructive dismissal)*.

Ferner räumt sec. 95 (2) ERA dem bereits gekündigten Arbeitnehmer zugunsten der Beschäftigungssuche die Möglichkeit ein, noch vor Ablauf der Kündigungsfrist per Eigenkündigung vorzeitig aus dem Arbeitsverhältnis auszuscheiden und rechtlich dennoch als vom Arbeitgeber gekündigt zu gelten.[1129] Schließlich fallen bestimmte Umstände unter die anspruchsbegründende Kündigungssituation, in denen der Arbeitgeber beispielsweise eine Rückkehr des Arbeitnehmers in den Betrieb (z.B. aus dem Mutterschaftsurlaub) verhindert.

bb) Die Situation der "betriebsbedingten" Entlassung (redundancy) und ihre Folgen (sec. 95ff., 135ff. ERA)

Nach der Eigenart des englischen Kündigungsrechts stellt sich die betriebsbedingte Entlassung gem. sec. 95ff. ERA als sogenannte *redundancy situation* dar, wörtlich genommen: dem Überzähligwerden eines bzw. mehrerer Arbeitnehmer. Die redundancy Situation, als deren Folge der Arbeitgeber die Entlassung ausspricht, kann sich sowohl als eine auf ihre fairness hin überprüfbare Kündigung *(dismissal in reasons of redundancy)* wie auch als redundancy Situation mit unmittelbar daran geknüpften finanziellen Abfindungsansprüchen des Arbeitnehmers *(sec. 135ff. ERA, right to redundancy payment)* darstellen.

Section 139 ERA gibt eine für die Kündigungsschutzklage und Klage auf Abfindungsleistungen notwendige *Legaldefinition* der betriebsbedingten Entlassung *(redundancy)*. Diese liegt danach vor, wenn

---

1129 zu den Grundsätzen Maurer, S. 28 m.w.N.

– *die Kündigung ganz oder in der Hauptsache darauf gestützt wird, daß der Arbeitgeber die Weiterführung des Geschäfts ganz oder an dem Ort einstellt oder einzustellen beabsichtigt, wo der Arbeitnehmer beschäftigt war (sec. 139a).*

Gleichfalls fällt unter die Legaldefinition der Umstand, daß

– *nach den Bedürfnissen des Betriebes für den Arbeitnehmer bestimmte von ihm wahrgenommene Tätigkeiten oder eine bestimmte Tätigkeit an einer bestimmten Stelle, an der der Arbeitnehmer beschäftigt war, entfallen sind, verringert wurden oder eine Beendigung oder Verringerung des betrieblichen Beschäftigungsbedürfnisses zu erwarten ist.*

Unter Beendigung oder Reduzierung der Beschäftigung versteht das Gesetz per Legaldefinition gem. sec. 139 (6) ERA die permanente oder auch *nur vorübergehende* Reduzierung des Beschäftigungsbedarfs aus welchen Gründen auch immer.

Der Arbeitnehmer wird bei einer aus seiner Sicht nicht gerechtfertigten Entlassung mit betrieblichem Hintergrund in die Lage versetzt, eine „echte" Kündigungsschutzklage zu erheben mit dem Vortrag, die Kündigung sei nach den einschlägigen Bestimmungen des ERA unrechtmäßig (sec. 105 ERA, Kündigung besonders geschützter Personen, Diskriminierung, Mißachtung der Auswahlprinzipien gem. sec. 105 (1) und (2) ERA) gewesen oder verstoße gegen ergänzend festgelegte Bestimmungen in Kollektivvereinbarungen. Dringt der Arbeitnehmer mit dieser Klage durch, können *Wiedereinstellung bzw. Weiterbeschäftigung des Arbeitnehmers oder Ausgleichs- bzw. Entschädigungszahlungen (compensation)* ausgeurteilt werden.

Der Arbeitnehmer kann sein Begehren aber auch auf das Recht der *redundancy payment* gem. Part XI ERA, sec. 135ff. (right to redundancy payment) stützen. Diese Vorschriften befassen sich mit den Folgen der betriebsbedingten Kündigung und führen nach Vorliegen der Voraussetzungen (sec. 136f., 155f. ERA) zu Abfindungsleistungen. Sie ähneln damit den deutschen Regelungen zur Betriebsänderung §§ 111, 112, 112a BetrVG, wenngleich sie nicht erst die Entlassung einer bestimmten Zahl von Arbeitnehmern (§ 112a BetrVG) an eine Abfindungspflicht binden und kein Einigungsverfahren der Betriebsparteien vorsehen. Je nach Antrag des Arbeitnehmers kann es auch zu einem *Nebeneinander* von Ausgleichszahlungen (compensation) wegen unfair dismissal und Abfindungszahlungen (redundancy payment) kommen. Das Gesetz löst allerdings das Kumulationsproblem durch ein Verrechnungssystem.[1130]

Eine Besonderheit der Kündigung wegen redundancy ergibt sich aus dem englischen Wortlaut der Legaldefinition (sec. 139 (6)). Dieser setzt für die Feststellung einer Entlassungssituation nicht die *endgültige* Schließung eines Betriebes oder die *endgültige* Reduzierung von Beschäftigung auf einen bestimmten Stand voraus. Die englischen Worte "diminish" oder "cease" (verringern) lassen auch einen nur vorübergehenden Beschäftigungsabbau zu (temporary redundancy). So befaßte sich beispielsweise das Berufungsgericht in *Pfaffinger v City of Liverpool Community College*[1131] mit einer für temporary redundancy wohl repräsentativen Fallgestaltung, in der Lehrkräfte über die Zeit der Schulferien wegen temporary redundancy zulässigerweise entlassen wurden. Die Arbeitnehmer standen danach – und bei Erfüllung aller sonstigen Voraussetzungen (zwei Jahre Beschäftigungsdauer!) – vor der Wahl, entweder redundancy payment zu reklamieren oder die Wiedereinstellung abzuwarten.

Diese aus deutscher Sicht ungewöhnliche Form der vorübergehenden Entlassung, wie auch die betriebsbedingte Beendigungskündigung überhaupt, bedürfen der Abgrenzung zu weiteren Instituten des englischen ERA, die eine vorübergehende Beschäftigungsminimierung ermöglichen: *das lay-off und short-time working* (chap. III, sec. 147ff.).

II. Maßnahmen des lay-off/short time-working (sec. 147ff. ERA)

1. Lay-off und short-time working

Gemäß sec. 147ff. ERA kann aus betrieblichen Gründen im Unternehmen mittels *lay-off oder short-time* (working) Beschäftigung an einen vorübergehend verringerten Bedarf angepaßt werden. Von der Art der Beschäftigungssituation infolge verringerten Arbeitsanfalls erinnert vor allem das short-time working an die deutsche Kurzarbeit gem. §§ 169ff. SGB III, wenngleich das Ausgleichssystem für Einkommensverluste, Anspruchsart und Anspruchgegner[1132] verschieden sind.

1130 sec. 122 (4) ERA; Maurer, S. 163 m.w.N. zur Entscheidungspraxis in diesem Punkt; Hepple/Fredmann, S. 144ff. (154f.); Maurer, S. 25ff.; Chitty on contracts, Volume II, Chap 37-160 im folgenden; booklet, redundancy payments, Department of Trade and Industry, 1999-2002.

1131 (1996) IRLR 508, EAT.

1132 Zu Voraussetzungen des Kurzarbeitergeldes gegenüber der BA, §§169ff. SGB III.

Gemäß sec. 147 (2) liegt Kurzarbeit vor, wenn (bei einem entsprechend gestalteten Vertrag) der Arbeitnehmer derart geringfügig beschäftigt wird, daß sein Wochenlohn weniger als die Hälfte des vereinbarten Lohnsatzes beträgt.[1133] Die Anordnung von Kurzarbeit soll nur nach entsprechender vertraglicher Abrede zulässig sein.[1134]

Bei dem arbeitsrechtlichen Instrument des *lay-off* handelt es sich in dessen Grundform um eine auf besonderen Vereinbarungen beruhende Möglichkeit der Suspendierung des Arbeitsverhältnisses im Falle *vorübergehenden* Arbeitsmangels. Nach common law besteht zwar gegenüber den meisten Arbeitnehmern das Recht des Arbeitgebers zum lay- off, nicht jedoch auch das *generelle Recht* dabei die Bezahlung auszusetzen. Es kommt auf die genaue *Vertragsgestaltung* an.

Section 147 (1) ERA definiert lay-off als Nichtbeschäftigung (berechnet nach Wochen) von Arbeitskräften, bei denen eine beschäftigungsabhängige Bezahlung vereinbart wurde oder die gemäß ihrem Arbeitsvertrag nach dem Fertigungsergebnis oder stundenweise bezahlt werden und denen der Arbeitgeber (vorübergehend) eine Beschäftigung nicht zuweisen kann (sec. 147 (1) a und b ERA).[1135] Betriebliche Übungen, aber auch Kollektivvereinbarungen (collective agreements) zwischen Arbeitgeber und Gewerkschaften können das lay-off näher regeln. Neben dem *suspendierenden lay-off als wohl häufigste Form*[1136] bestehen noch andere Varianten *beendigender lay-offs mit Wiederbeschäftigungsoption* (dismissal but re-engagement).

Zwar schuldet der Arbeitgeber dem Arbeitnehmer den vereinbarten Lohn grundsätzlich auch dann, wenn der Arbeitnehmer vorübergehend nicht beschäftigt werden kann (ähnlich § 615 BGB), doch wird im Fall des lay-off unter bestimmten Voraussetzungen (sec. 147 (2) ERA) eine Aussetzung der Lohnzahlung bei Suspendierung des Arbeitsverhältnisses möglich *("...he [the employee] is not entitled to any remuneration under the contract in respect of the week because the employer does not provide such work for him.")*.[1137]

Bei der Frage, für welches Anpassungsinstrument sich der Arbeitgeber entscheidet – dismissal (temporary dismissal), lay-off oder short-time working –, wird es unter Berücksichtigung geltender Vereinbarungen auf die Einschätzung

---

1133 sec. 147 (2), "Where ... the employee's remuneration for any week is less than half a week's pay."

1134 Spelman v G. Garnham (1968) ITR. S. 370ff.

1135 Beispiel: Saisonarbeiter: Flack and others v Kodak Ltd. (1986) 2 ALL ER 1003; Hepple/O'Higgins, S. 314; Chitty on Contracts, Volume II, Chap. 37, Rn. 37-180.

1136 Puttik v John Wright & Sons (Blackwall) Ltd. (1972) ICR 457; Bond v C.A.V. Ltd. (1983) IRLR 360.

1137 Vgl. ELL-Suppl. 134 (1992) Great Britain-131.

der wirtschaftlichen Lage des Unternehmens ankommen. Während temporary dismissal, lay-off und short time Maßnahmen sein dürften, die bei absehbar kurzfristigem Arbeitsmangel infolge konjunktureller Nachfrageschwankungen zur Anwendung kommen, so werden unabsehbare konjunkturelle oder strukturelle Änderungen im ökonomischen Umfeld, die auf den Beschäftigungsbedarf des Unternehmens Einfluß nehmen, zu betriebsbedingten Beendigungskündigungen führen.

Erhebliche Unsicherheiten für den Arbeitnehmer hinsichtlich des Bestandes seines Arbeitsverhältnisses haben zu zahlreichen Kollektivvereinbarungen geführt, deren Gegenstand Zahlungsverpflichtungen des Arbeitgebers während der lay-off Periode sind.[1138] Zu diesen Vereinbarungen gehören Ausgleichsleistungen des Arbeitgebers etwa für soziale Sicherungen (z.B. Rentenbeiträge), wie aber auch die Pflicht des Arbeitnehmers zur Annahme *angemessener Alternativbeschäftigung,* sollte eine Weiterbeschäftigung unter den bisherigen Bedingungen nicht mehr möglich sein.[1139] Ferner ist wichtiger Bestandteil des ERA die Möglichkeit des Arbeitnehmers, *Abfindungsansprüche auch im Fall von lay-off und short-time geltend zu machen.*

2. Abfindungsansprüche (redundancy payment) bei lay-off und short- time

Den Vorschriften sec. 148ff. ERA ist zu entnehmen, daß ein mehrere Wochen dauerndes *lay-off* bzw. *short-time working* rechtlich zulässig ist. Unter Berücksichtigung von *Ausschlußtatbeständen* ist der Arbeitnehmer berechtigt, *Abfindungszahlungen* geltend zu machen (sec. 135 ERA). Da zur Erreichung eines *redundancy payments* auch hier ein kontinuierlicher Beschäftigungszeitraum von mindestens zwei Jahren zurückgelegt worden sein muß, kann es zu Abgrenzungsschwierigkeiten eines Arbeitsverhältnisses mit lay-off Perioden zu einem mit Mehrfachbefristungen kommen.[1140] Das Gericht führt die Abgrenzung im Einzelfall unter Berücksichtigung aller Umstände und der Entstehungsgeschichte des konkreten Arbeitsverhältnisses durch.[1141]

Der Arbeitnehmer muß, will er eine Abfindung wegen *lay-off/short-time* erreichen, nach Beginn des lay-offs/short-time gegenüber dem Arbeitgeber die Absicht schriftlich anzeigen, einen solchen Abfindungsanspruch geltend machen zu wollen. Im Fall eines vier oder mehr aufeinanderfolgende Wochen dauernden *lay-off/short-time* ist die Anzeige noch bis Ende der letzten Woche, maximal

---

1138 ELL- Suppl. 134 (1992) Great Britain-133.

1139 ELL- Suppl. 134 (1992) Great Britain-134.

1140 Flack and others v Kodak Ltd. (1986) 2 ALL ER 1003.

1141 Flack and others v Kodak Ltd. (1986) 2 ALL ER 1003; Ford v Warwickshire (1983) 1 ALL ER (Dictum Lord Diplock).

aber vier Wochen nach Ende des lay-off möglich. Dauert das *lay-off/short-time* sechs oder mehr Wochen (davon wenigstens drei aufeinanderfolgend) innerhalb von 13 Wochen, kann die Anzeige in der letzten Woche oder maximal vier Wochen nach Ende der Serie (sec. 148 (2) ERA) erfolgen. Der Arbeitgeber kann allerdings innerhalb von sieben Tagen nach Zustellung der Anspruchanzeige jegliche Ansprüche des Arbeitnehmers auf redundancy payment *bestreiten (counter notice*, sec. 149 ERA, z.B. wegen zu erwartender Vollbeschäftigung). Der Arbeitnehmer kann daraufhin nur noch mit Hilfe des Rechtswegs seine Ansprüche weiter verfolgen.

Denkbar ist bei länger andauernder Kurzarbeit oder lay-off die Wahl zwischen Fortsetzung des Arbeitsverhältnisses und dessen Beendigung durch Abfindungszahlungen (aus dem Kündigungsrecht).[1142] Der Abfindungsanspruch wegen lay-off/short-time ist allerdings, unbeschadet der Rechte aus dem allgemeinen Kündigungsschutz, bei einer arbeitgeberseitigen Beendigungskündigung (dismissal) ausgeschlossen (sec. 151 ERA).

Schließlich läßt auch die Wahrscheinlichkeit der Wiedererlangung einer Vollzeitbeschäftigung den Abfindungsanspruch entfallen, wenn in begründeter Weise zu erwarten war, daß der Arbeitnehmer (beim selben Arbeitgeber) nicht später als vier Wochen nach Zustellung der Anspruchanzeige wenigstens dreizehn Wochen ohne lay-off/short-time weiterbeschäftigt worden wäre und der Arbeitgeber diesen Umstand innerhalb der Siebentagesfrist eingewandt hat.

D. Die betriebsbedingte Entlassung und Voraussetzungen ihrer Rechtmäßigkeit (unfair dismissal)

Im Hinblick auf die Rechtsfolgen einer ungerechtfertigten Kündigung (*unfair dismissal)* kann zunächst als auffälliges Unterscheidungsmerkmal zum deutschen Recht angeführt werden, daß eine Kündigung nach englischem Recht, mag sie auch fehlerhaft sein, das Vertragsverhältnis *beendet.*[1143] Die Überprüfung der Kündigung auf ihre Rechtmäßigkeit bedeutet im übrigen weniger eine streng nach sozialen Kriterien ausdifferenzierte Prüfungsfolge der Rechtmäßigkeit, als mehr die Sicherung eines *begründeten, willkürfreien und formal ordnungsgemäßen* Kündigungsverfahrens.[1144]

1142 Vgl. Maurer, S. 40.
1143 Vgl. Waas, ZIAS 1989, S. 313ff. (322).
1144 ELL- Suppl. 134 (1992), Great Britain-147.

I. Überprüfung der Kündigung auf ihre betriebliche Begründung ("redundancy situation") und ihre Rechtfertigung ("fairness") nach ERA

Nach ERA ist eine Kündigung schon dann automatisch ungerechtfertigt (unfair), wenn sie gegen bestimmte gesetzlich verbriefte Rechte des Arbeitnehmers verstößt. Im übrigen ist sie *unfair*, wenn Kündigungs*gründe* aus den Bereichen

- Fähigkeit oder Qualifikation des Arbeitnehmers,
- Verhalten,
- Gesetzesverstoß bei Weiterbeschäftigung,
- *Überzähligkeit an Arbeitskräften (redundancy)*
- *oder andere wesentliche Gründe*

nicht vorliegen bzw. vorliegen, jedoch die Kündigung nicht zu rechtfertigen vermögen (sec. 98 (2) ERA). Entscheidend ist das Vorliegen der Kündigungsgründe aus *Sicht des Arbeitgebers* im Zeitpunkt der Kündigung.[1145] Die im englischen Kündigungsschutz verankerte *Öffnungsklausel (any other substancial reasons = sonstige Gründe, sec. 98 (1) (b))* gibt dem Arbeitgeber weitere Gelegenheit, andere substantiierte Gründe für die Kündigung anzuführen und wird besonders im Fall *betriebsbedingter Kündigungen* relevant.[1146]

Ausgehend von sec. 98 (1) mit (4) ist damit in der Sprache des ERA folgende Prüfungsfolge vorgesehen:

- *Der Arbeitgeber hat zunächst zur Überzeugung des Gerichts die Tatsachen darzulegen, die die Kündigung des Arbeitnehmers aus einem der gesetzlich anerkannten oder anderen substantiierten Gründen*[1147] *stützen,*

und

- *dabei darzulegen, daß er unter Berücksichtigung aller betrieblichen Umstände wie Größe des Betriebes und administrativen Mitteln angemessen (reason-*

1145 Etwa: Devis & Sons v Atkins (1977) 3 ALL ER 40; Dobie v Burns International Security Services (UK) Ltd. (1984) 3 ALL ER 333 (Diction Lordrichter Donaldson 336); Polkey v AE Dayton Services Ltd. (1987) 3 ALL ER 974.

1146 (sec. 98 (4) ERA; Devis & Sons Ltd. v Atkins (1977) 3 ALL ER 40; Dobie v Burns International Security Services (UK) Ltd.

1147 Capability or qualifications of the employee/conduct of the employee/contravention of an statutory duty if employment is continued/replacement employment (Ersatzarbeitsverhältnis z.B. bei Schwangerschaftsurlaub einer Arbeitnehmerin; der Vertretung kann dann zur Weiterbeschäftigung der Zurückkehrenden gekündigt werden).

able) handelte, als er den Kündigungsgrund als ausreichenden Grund (sufficient reason) zum Anlaß der Kündigung nahm (sec. 98 (b) ERA).

Mit anderen Worten hat ein betrieblicher Grund vorzuliegen, der im Fall einer auf ihn gestützten Kündigung diese zur Überzeugung des Gerichts als *angemessen* erscheinen läßt.

Der vom englischen Recht verwendete Begriff der *Angemessenheit (reasonableness = annehmbar, angemessen, vernünftig*) als Prüfungsmaßstab für fairness oder unfairness einer Kündigung weist auf einen *Abwägungsspielraum* des Gerichts für entstehende Interessenkonflikte von Arbeitnehmer und Arbeitgeber hin. Damit bestehen durchaus Ähnlichkeiten zum Prinzip einer freien Interessenabwägung, wie sie das deutsche Recht (KSchG) noch zu Beginn der Rechtsprechung des BAG kannte.[1148] Während in Deutschland die Rechtsprechung, geleitet von sozialstaatlichen Zielstellungen, tendenziell mehr die Interessenlage des Arbeitnehmerschutzes (Bestandsschutzes) zu berücksichtigen begann, ist in England der Abwägungsprozeß eher vom Gedanken der natürlichen Bestimmungsmacht und des Eigentumsrechts des Unternehmers geprägt.[1149]

Wie wohl auch nach englischer Rechtsauffassung die faire Verhaltensweise eines vernünftig handelnden Arbeitgebers in überprüfbarer Form soziale Aspekte und auch eine Verhältnismäßigkeit der Maßnahmen (z.B. alternative Beschäftigung) in Betracht ziehen kann[1150], wird doch von einer *sozialen Determination der Entscheidungsfindung* wie in Deutschland nicht zu sprechen sein. Vom Ansatz her scheint, im Unterschied zum deutschen Recht, bereits das Vorliegen betrieblicher Kündigungsgründe und die formal ordnungsgemäße Durchführung der Kündigung deren Rechtmäßigkeit (fairness) *zu indizieren.*

1. Betriebsbedingtheit (redundancy-situation) als Kündigungsgrund und die unternehmerische Entscheidungsfreiheit

a) Konkretisierung der redundancy situation

Nach der *Legaldefinition* liegt ein betriebsbedingter Kündigungs*grund* (redundancy situation) dann vor, wenn der Arbeitgeber die *Absicht* hat,
eine Weiterführung des Unternehmens (business) ganz oder teilweise an dem Ort einzustellen, an dem der Arbeitnehmer beschäftigt ist (sec. 139 a); ferner,

---

1148 BAG AP Nr. 6 zu § 1 KSchG.
1149 ELL-Suppl. 134 (1992) Great Britain-149.
1150 Zum Beispiel Devis & Sons Ltd. v Atkins (1977) 3 ALL ER 40; Dobie v Burns International Security Services (UK) Ltd. (1984) 3 ALL ER 333 (Diction Lord Donaldson 337).

wenn nach den Bedürfnissen des Betriebes für den Arbeitnehmer bestimmte von ihm wahrgenommene Tätigkeiten oder eine bestimmte Tätigkeit an einer bestimmten Stelle entfallen ist, reduziert wurde oder eine Beendigung oder Reduzierung des betrieblichen Beschäftigungsbedürfnisses zu erwarten ist.

Die Regelung des ERA gibt im Vergleich zu § 1 KSchG nicht nur eine bloße Richtung an, aus der der Kündigungsgrund herzuleiten ist, sondern definiert *einzelne Situationen*, die eine Überzähligkeit des Arbeitnehmers im Unternehmen begründen können. Zusammengefaßt bilden die beschriebenen Möglichkeiten eines Beschäftigungswegfalls jedoch Facetten der auch aus der BAG-Rechtsprechung bekannten "außer-" und "innerbetrieblichen" Umstände.

Während sich allerdings bereits nach dem Wortlaut des KSchG sowohl für Bestands- (§ 1 Abs. 2 S. 1 KSchG) als auch Inhaltsänderungen (§ 2 KSchG) die betrieblichen Erfordernisse zu *dringenden Gründen* verdichtet haben müssen, deren denkbar letzte und endgültige Folge erst die Kündigung sein kann (ultima ratio), läßt das englische Recht schon eine *vorübergehende* Geschäftsbegrenzung und die *bloße Erwartung* des Arbeitsrückgangs für Entlassungsmaßnahmen relevant werden.

Dieser im Ansatz bestehende Unterschied erweitert den Handlungsspielraum des Unternehmers im Sinne einer *frühzeitigen Kündigungsmöglichkeit als* vorverlagerte Reaktion auf Änderungen wirtschaftlicher Parameter. Ferner legt der Wortlaut unabhängig von der rechtlichen Institution des lay-off nahe, daß eine vorübergehende Beendigung der Beschäftigung (temporary redundancy) zulässig ist.[1151] Dies gilt selbst dann, wenn der Arbeitgeber im Zeitpunkt der Kündigung die wirtschaftlichen Erfordernisse zur Kündigung falsch eingeschätzt hat.[1152]

Geht man von der in der englischen Rechtsprechungspraxis zu EP (C) A und ERA umfassend interpretierten Legaldefinition aus, so mag es sich im Ergebnis um drei wesentliche Fallvarianten handeln, die den Wegfall von Beschäftigten begründen können:

Der Arbeitgeber schließt seinen Betrieb komplett ("the business[1153] disappears"); der Arbeitgeber benötigt einen bestimmten Arbeitsplatz nicht mehr, weil er die Betriebstätigkeit diesbezüglich einstellt ("the workplace disappears");

1151 Bereits oben zur "temporary redundancy" von Lehrkräften, Pfaffinger v City of Liverpool Community College (1996) IRLR 508, EAT.

1152 Moon and Others v Homeworthy Furniture (Nothern) Ltd. (1977) I.C.R. 117; vom Grundsatz: Polkey v A E Dayton Services Ltd. (1987) 3 ALL ER 974.

1153 Zum weiten Begriff des "business", der auch als Unternehmen und Unternehmensgruppe aufgefaßt werden kann: Barbar Indian Restaurant v Rawat (1985) IRLR 57, EAT; Wright v Charlton Concrete Co. Ltd. (1966) 2 ITR 72.

schließlich ist es möglich, daß der Arbeitgeber für den Betrieb die Fachkraft des Arbeitnehmers nicht mehr benötigt ("the job disappears").[1154]

Die englische Rechtsprechungspraxis hat im Laufe der Zeit eine Prüfungsfolge des Tatbestandes geschaffen, die der deutschen in manchen Punkten, wenn auch nicht in der Intensität, ähnelt.

So führt nicht jede Änderung ökonomischer Parameter (konjunkturelle, strukturelle Änderungen) automatisch zu einem begründbaren Wegfall von Arbeitsplätzen. Vielmehr bedarf es auch hier einer Organisationsentscheidung des Arbeitgebers, die ökonomische Umstände in konkrete Maßnahmen im Unternehmen überführt und die *redundancy situation* auslöst.

Folgt man einer einheitlichen Tendenz der Rechtsprechungspraxis, so muß infolge der Organisationsentscheidung des Arbeitgebers der konkrete Beschäftigungsbedarf bestimmter Arbeitnehmer im Unternehmen wegfallen. Damit definiert sich die redundancy situation mehr vom Beschäftigungsbedarf aus Sicht der Unternehmensführung (management's perspective):

Der wohl häufigste und eindeutigste Fall einer redundancy situation ist der generelle, wirtschaftlichen Gründen geschuldete Rückgang des Beschäftigungsbedarfs einer bestimmten Anzahl von Arbeitnehmern *(redundancy by fewer employees)* etwa infolge einer Rezession oder (wettbewerbsbegründeter) Rationalisierungsmaßnahmen. Die Rechtsprechung erkennt daher das Vorliegen einer *redundancy situation an*, wenn die gleiche Arbeit bei gleichem oder steigendem output von weniger Arbeitnehmern (z.B. im Falle einer Mechanisierung) bewältigt werden soll, oder – in Rezessionsphasen – mit dem Sinken des outputs auch eine Verringerung der Beschäftigung einhergeht. [1155]

Da das ERA den Wegfall der Arbeitsstätte ("disappearing workplace") als eine Möglichkeit des redundancy definiert, war für die Rechtsprechung eine Definition der Arbeitsstätte von Bedeutung. So hatte etwa eine an einer bestimmten Betriebsstätte des Arbeitgebers in Südengland beschäftigte Arbeitnehmerin[1156] einen Arbeitsvertrag mit einer darin enthaltenen Flexibilitätsklausel über die Möglichkeit örtlicher Veränderungen des Beschäftigungseinsatzes. Als die Betriebsstätte in Südengland (betriebsbedingt) geschlossen werden mußte, griff die Versetzungsklausel. Die Arbeitnehmerin wurde an eine andere Betriebsstätte im Norden Englands versetzt, von wo aus jedoch die Ausübung der Tätigkeit (Bereisung von Kunden im Süden) anerkanntermaßen unzumutbar war. Das Employment Appeal Tribunal (EAP) zieht *sowohl Arbeitsvertrag als auch faktische*

1154 Hindle v Percival Boats Ltd. (1969) 1 ALL ER 836.
1155 Sutton v Revlon Overseas Corporation Ltd. (1973) IRLR 173, NIRC.
1156 Bass Leisure Ltd. v Thomas (1994) IRLR 104, EAT; Hanson v. Wood (Abington Procress Engrvers) (1967) 3 ITR 46, Div Ct.

Arbeitssituation zur Beurteilung von "redundancy" heran und kommt zu dem Ergebnis, daß die Klägerin unter Beachtung der Flexibilitätsklausel faktisch an die aufgegebene Betriebsstätte in Südengland gebunden war (Folge: Abfindungsansprüche aus redundancy).

Eine redundancy situation im Sinne des ERA kann sich ferner dadurch ergeben, daß die Geschäftsreduzierung bestimmte *Tätigkeitsfelder (disappearing of job)* erfaßt und diese zum Wegfall bringt. *Rationalisierungserwägungen (*Umstellung auf neue Technik, Änderung von Produktionslinie, outsourcing, subcontracting etc.) dürften in der Praxis den Haupthintergrund zur Erfüllung dieses Tatbestandmerkmals darstellen.

Auch hier läßt sich die Frage einer Definition des in Wegfall geratenen Tätigkeitsfeldes (ggf. mit Veränderungsklauseln) nach formalen oder funktionalen Kriterien begutachten.[1157] Wird beispielsweise[1158] ein Arbeitnehmer als Dachdecker auf dem Bau beschäftigt, ist jedoch über eine Flexibilitätsklausel für andere Tätigkeiten (Mauern, Malen Tapezieren) einsetzbar, und geht der Bedarf an Dachdeckertätigkeiten zurück, so liegt nach wohl überwiegender Auffassung der Rechtsprechung eine redundancy situation und damit die rechtmäßige Kündigungsmöglichkeit vor. Daß dem Arbeitnehmer entsprechend seiner Kenntnisse eine anderweitige Beschäftigung gegebenenfalls hätte angeboten werden müssen, ist keine Frage der Feststellung einer redundancy situation an sich, sondern des weiteren "fairen" Kündigungsverfahrens.[1159]

In ähnlicher Form geht das Gesetz auch von einer redundancy situation aus, wenn infolge bestimmter (ökonomisch bedingter) Organisationsentscheidungen (z.B. Restrukturierungsmaßnahmen) des Arbeitgebers der Beschäftigungsbedarf für Arbeitnehmer verringert ist oder wegfällt, die von ihren *Spezialkenntnissen und Fertigkeiten (work of a particular kind)* her eine bestimmte Art von Tätigkeit verrichtet haben. Die Tätigkeit muß sich durch Neuerungen wirklich grundlegend ändern.[1160]

Diese Form der redundancy – vergleichbar mit den innerbetrieblichen Gründen nach BAG – macht nach englischem Recht eine Entlassung durch betrieblich bedingten Austausch der Qualifikationen möglich, um den output des Unternehmens zu halten oder zu steigern. Beispiel hierfür ist ein Austausch von Ar-

---

1157 Haden Ltd. v Cowen (1982) IRLR 314; "terms and conditions" test; "function" test; "contract" test.

1158 Johnson v Peabody Trust (1996) IRLR 387 EAT; jedoch abweichend und in erster Linie auf den allgemeinen Beschäftigungsbedarf abstellend: Safeway Stores plc v Burell (1997) IRLR 200, EAT.

1159 näher: O Neill v Mersey Plumbing Co. Ltd. (1973) ICR 96, NIRC; Safeway v Burell (1997) IRLR 200, EAT.

1160 North Riding Garages Ltd. v Butterwick (1967) 1 ALL ER 644.

beitnehmern infolge der Einführung neuer Technologien (z.B. Computer statt Schreibmaschine) oder der Konzentration von Tätigkeiten, die sich mehrere Arbeitnehmer teilten, auf eine Tätigkeit. Die Umverteilung von Arbeiten einer bestimmten Art kann, muß jedoch nicht mit der Verringerung der Arbeitnehmerzahl verbunden sein.[1161] Ein Austausch von Allgemeinqualifikation durch Spezialistentum bei gleichbleibender Arbeitnehmerzahl bzw. Beschäftigungsbedarf ist zulässig und als redundancy situation anerkannt.[1162] Grundqualifikationen als solche gewinnen für die Tätigkeitsdefinition dann keine Relevanz, wenn sich zwar die Art der Tätigkeit ändert, der Arbeitnehmer diese jedoch mit seinen Kenntnissen ohne weiteres bewältigen kann.[1163]

b) Unternehmerische Entscheidungsfreiheit und "Mißbrauchskontrolle" bei betriebsbedingter Kündigung

Auch nach englischer Rechtsauffassung besteht seitens der Gerichte ein nur eingeschränkter Spielraum zur Überprüfung organisatorischer Unternehmerentscheidungen (declaration of redundancys), die Auswirkungen auf die Beschäftigung hatten und zur Kündigung geführt haben. Das Gericht soll nicht über Zweckerwägungen zu unternehmerischen Organisationsentscheidungen die Position eines „Überunternehmers" einnehmen, sondern *nur Art und Weise der Umsetzung* der betrieblichen Organisationsentscheidung überprüfen können.[1164]

Da der Arbeitnehmer gem. sec. 92 ERA ein Recht auf die schriftliche Darlegung der Kündigungsgründe hat und diese hinsichtlich der vom Arbeitgeber vorgetragenen Gründe wegen *Unsachlichkeit oder Unwahrheit* angreifen kann, besteht mit ähnlichem Ergebnis wie im deutschen Recht die Möglichkeit, vorgetragene Kündigungsgründe auf ihren *Wahrheitsgehalt* zu überprüfen.[1165] Man kann deshalb von einer Art *Mißbrauchskontrolle* sprechen (sec. 93 (1) u. (2)).

1161 Huddersfield Parcels Ltd. v Sykes (1981) IRLR 115, EAT: Zwei Fahrerstellen (zugleich Lagerhalterstellen) werden auf eine Fahrerstelle reduziert, die Stelle des Lagerhalters fällt weg.

1162 Murphy v Epson College (1983) IRLR 395, EAT.

1163 Grenzfall: Pillinger v Manchester Area Health Authority (1979) IRLR 430, EAT.

1164 Etwa: Cook v Thomas Linell & Sons Ltd. (1977) I.C.R. 770 (Diction Lord Richter Philipps 776).

1165 Moon v Homeworthy Furniture (Northern) Ltd. (1976) IRLR 298; James W Cook & Co. (Wivenhoe) Ltd. v Tipper (1990) IRLR 386; Maund v Penwith District Council (1982) IRLR 399.

2. *Rechtfertigung ("fairness" bzw. "unfairness") der betriebsbedingten Kündigung*

Fair ist die *betriebsbedingte Kündigung*, wenn der Arbeitgeber *billigenswert und angemessen* (reasonable) handelte, als er den anerkannten Kündigungsgrund als ausreichenden Grund (sufficient reason) zum Anlaß der Kündigung nahm (sec. 98 (b) ERA). Der Begriff der *fairness* ist nicht in jeder Hinsicht mit der deutschen Rechtmäßigkeit gleichzusetzen. Das Wort deutet auf Aspekte der *Billigkeit, Gerechtigkeit* oder *Angemessenheit* hin und impliziert dadurch mehr *nachvollziehende* Offenheit in der Beurteilung der Kündigungsmaßnahme. Damit unterscheidet sich der Prüfungsinhalt von der nach deutschem Recht notwendigen *sozialen* Rechtfertigung einer betriebsbedingten Kündigung.

a) Automatische unfairness der Kündigung

Die Kündigung gilt als bereits automatisch ungerechtfertigt, wenn sie unter Verletzung unverbrüchlicher Rechte des Arbeitnehmers, namentlich Mitgliedschaft oder Nichtmitgliedschaft in einer Gewerkschaft, Rasse, Geschlecht, Mutterschutz oder wegen Wahrnehmung von Schutzrechten erfolgt.

b) Sonstige Aspekte der "fairness" (Weiterbeschäftigung und Auswahlverfahren)

Liegt eine Verletzung dieser Rechte nicht vor, so konzentriert sich die Überprüfung der "fairness" einer Kündigung auf die Angemessenheit der Handlungsweise des Arbeitgebers. Wesentliche Gesichtspunkte sind hierbei – ähnlich wie im deutschen Kündigungsrecht – Fragen einer Weiterbeschäftigungsmöglichkeit des Arbeitnehmers statt Kündigung und die ordnungsgemäße Arbeitnehmerauswahl.

aa) Weiterbeschäftigung nach geänderten Vertragsbedingungen statt Beendigungskündigung

Bei der Frage, ob der Arbeitgeber vor Ausspruch einer betriebsbedingten Beendigungskündigung alternative Beschäftigungsmöglichkeiten anzubieten hat, kommt es auf die Einschätzung der Weiterbeschäftigungsmöglichkeiten des Arbeitgebers im Zeitpunkt der Kündigung an. Dieses Ermessen des Arbeitgebers kann gebunden sein und ist gerichtlich überprüfbar.[1166] Eine derartige Ermessensbindung besteht jedenfalls bei entsprechenden individual- oder kollektivvertraglichen Abreden des Arbeitgebers. Sehen diese im Falle einer anstehenden

1166 Dobie v Burns International Security Services (UK) Ltd. (1984) 3 ALL ER 333.

Kündigung eine grundsätzliche Pflicht zur Suche nach Weiterbeschäftigungsmöglichkeiten vor, so ist eine ohne dieses Angebot ausgesprochene Kündigung u.U. unangemessen und damit unfair.[1167] Sollte ein faires Kündigungsverfahren das Angebot alternativer Beschäftigung verlangen, so sind diese durch verminderte Anforderungen an die Zumutbarkeit inhaltlich veränderter (verschlechterter) Beschäftigung jedenfalls für den Arbeitgeber erleichtert durchsetzbar.[1168]

In diesem Zusammenhang steht auch das sogenannte *bumping bzw. bumping redundancy*: Im Wege des bumping kann ein an sich überzähliger Arbeitnehmer des wirtschaftlich angegriffenen Betriebes auf einen i.d.R. vergleichbaren Posten in einem anderen Betrieb desselben Unternehmens oder bei einem anderen associated employer versetzt und statt seiner ein dort bis dahin beschäftigter Arbeitnehmer wegen redundancy (mit entsprechenden Ansprüchen) entlassen werden.[1169] Es handelt sich mithin zwar um eine Weiterbeschäftigung, jedoch im Verdrängungswettbewerb und auf Kosten eines anderen, gegebenenfalls leistungsschwächeren Arbeitnehmers.

Im Unternehmensinteresse können demnach redundancy-Risiken auf wirtschaftlich weniger tragfähige Arbeitnehmer verlagert werden. Letztere erhalten gegebenenfalls zwar die übliche redundancy Abfindung, aus Sicht des Unternehmens jedoch verbunden mit einem Gewinn an Produktivität des Faktors Arbeit. Regelungen dieser Art finden Eingang in kollektivvertragliche bumping agreements.[1170]

bb) Das Auswahlverfahren ("fair selection")

Auch im englischen Kündigungsschutz steht die gerechte Arbeitnehmerauswahl ("fair selection") bei betriebsbedingten Entlassungen im Mittelpunkt des Interesses und ist gerichtlich überprüfbar. Im eigentlichen Sinne handelt es sich nicht um eine zur sozialen Einzelfallgerechtigkeit neigende Abwägung, sondern um die gesetzliche Grundsicherung eines nach formalen Kriterien fairen Verfahrensganges der Arbeitnehmerauswahl.

Gemäß sec. 105 ERA gilt eine aus betrieblichen Gründen vorgenommene Kündigung demgemäß dann als unfair, wenn

- (nach Darlegung, ggf. Beweis durch den Arbeitnehmer) ersichtlich ist, daß die (betrieblichen) Umstände, derentwegen die Kündigung erfolgte, einen

1167 Vokes Ltd. v Baer (1974) I.C.R. 1.
1168 Dobie v Burns International Security Services (UK) Ltd. (1984) 3 ALL ER 333.
1169 Näher zur Definition: W Gimber & Sons Ltd. v Spurrett (1967) 2 ITR 308, Div Ct; Maurer, S. 136.
1170 Tochter v General Motors Scotland Ltd. (1981) IRLR 55, EAT.

oder mehrere Arbeitnehmer des gleichen Unternehmens in vergleichbaren Tätigkeitsbereichen wie den klagenden Arbeitnehmer gleichermaßen erfaßten, diese jedoch (im Gegensatz zum klagenden Arbeitnehmer) nicht gekündigt wurden, und
- die Auswahl des Arbeitnehmers unter Umständen vorgenommen wurde, die unverbrüchliche Rechte des Arbeitnehmers verletzt.

(a) Gründe automatischer unfairness der Kündigung in der Arbeitnehmerauswahl

Die Arbeitnehmerauswahl ist automatisch dann unfair, wenn sie offensichtlich oder verdeckt aus Gründen des Mutterschutzes, Mutterschaftsurlaubs, Mitgliedschafts- bzw. Vertretungsrechte (d.h. Mitgliedschaft oder Funktion in einer Gewerkschaft, Gesundheitswesen, Pensionsfond, Wahrnahme von Arbeitnehmerrechten etc.) erfolgte.

Der Arbeitgeber trägt bei einer Rüge der Auswahlentscheidung die Darlegungs- und Beweislast dafür, daß diese unverbrüchlichen Rechte von ihm nicht als Auswahlkriterium verwandt wurden.[1171] Dabei ist das Verbot einer Verbindung der redundancy mit der Verletzung unverbrüchlicher Arbeitnehmerrechte durchaus weitgefaßt. Dies hat das House of Lords etwa in *Stockton-on-Tees Borough Council v Brown*[1172] veranschaulicht: Der Arbeitgeber entließ die aufgrund eines Ausbildungsplanes beschäftigten jungen Arbeitnehmer aus betrieblichen Gründen und bot für ein neues Ausbildungsprogramm Wiedereinstellungen an. Einer jungen schwangeren Arbeitnehmerin verweigerte er die Einstellung wegen anstehenden Mutterschaftsurlaubs. Das Gericht sah es in diesem Fall für erwiesen an, daß sich der tatsächliche Kündigungsgrund des Arbeitgebers in Wirklichkeit auf die Schwangerschaft zurückführen ließ und damit die Arbeitnehmerauswahl per se rechtswidrig war.[1173]

(b) "Fairness" im Auswahlverfahren zu entlassender Arbeitnehmer

Gemäß sec. 105 (1) (b) ERA richtet sich der Blick bei der Auswahl der zu kündigenden Arbeitnehmer im Unternehmen[1174] auf einen *horizontalen Vergleich*

1171 Dobie v Burns International Security Services (UK) Ltd., Chitty on Contracts Volume II, Chap. 37-160.

1172 (1988) ALL ER 129.

1173 (1988) ALL ER 129 (132).

1174 "Business" wird im ERA nicht definiert, entspricht aber mehr dem Begriff des Unternehmens, hierzu: Maurer, S. 135, mit Hinweis auf Rspr., die die Produktionsstätten nach ihrer räumlichen Lage zusammengefaßt hat; anders etwa BAG v.

der Beschäftigten innerhalb einer nach Tätigkeitsmerkmalen bestimmbaren Arbeitnehmergruppe.[1175]

Da das Gesetz nicht von *sozialen Belangen* spricht, muß die Auswahl der Arbeitnehmer auch nicht darauf ausgerichtet sein. Kriterien wie *Leistungsfähigkeit, berufliche Erfahrung, Bedürfnisse des Betriebes, Pünktlichkeit, Fehlzeiten usw. können als Auswahlkriterien Berücksichtigung finden.* Sie bleiben als solche von den Gerichten nur darauf überprüfbar, ob sie *vernünftig* und *nachvollziehbar* sind und in vernünftiger und nachvollziehbarer Weise Anwendung auf den Einzelfall gefunden haben.[1176]

Es ist hierbei bezeichnend für das ERA, zwar einen rechtlichen Grundschutz und Rechtsgarantien bei der Arbeitnehmerauswahl vorzugeben, die Gestaltung des genaueren Ablaufs des Auswahlverfahrens aber auch kollektivvertraglichen Regelungen zu überlassen (customary arrangement or agreed procedure, sec. 110 ERA).

Die Vereinbarungen sind den deutschen Auswahlrichtlinien (§ 95 BetrVG) ähnlich, wenn auch inhaltlich weitergehend. Sie haben nach den gesetzlichen Mindestvorgaben den auswahlrelevanten Personenkreis und die Vergleichbarkeit nach der Arbeitsplatzbeschreibung ("employee of the same untertaking", "similar positions", sec. 105 (1) (b) ERA) aufzunehmen. Neben Sonderrechten wie dem *bumping* kann in den Kollektivvereinbarungen damit das sogenannte *seniority system* festgelegt werden. Darunter versteht man einen Auswahlverfahrensgang, der die Betriebszugehörigkeit als erstes und oft einziges Auswahlkriterium ausweist ("last in first out").[1177] Damit wird das Auswahlverfahren vom Grundsatz stärker schematisiert als in Deutschland. Wird nach englischem Recht *seniority* als Auswahlkriterium wirksam vereinbart, so legt das Gericht diese Vereinbarung seiner Entscheidung als vorgegeben zugrunde.

Auch eine Abweichung von der üblichen seniority-Regelung, etwa die Entscheidung, weitere Kriterien hinzuzunehmen und ihr Verhältnis zueinander zu bestimmen, bleibt den Parteien überlassen. Eine Erweiterung des Kriterienkatalogs über seniority hinaus kann von Relevanz werden, wenn im Einzelfall seniority nicht zu befriedigenden Ergebnissen führen würde. So etwa, wenn Leistungsbereitschaft oder herausragende Fähigkeiten den einzelnen Arbeitnehmer

---

15.6.1989, DB 1990, S. 380 = BB 1990, S. 351 = Sozialauswahl ist betriebsbezogen.

1175 Vgl. Maurer, S. 136.

1176 Vgl. Maurer, S. 146 mit einigen exemplarischen Beispielen aus der Praxis der Rspr; Grundsätze selbstbindender Verfahren beim Arbeitgeber, Polkey v A E Services Ltd. (1987) 2 ALL ER 974.

1177 Vgl. Maurer, S. 143.

besonders qualifizieren oder eine ausgewogene Belegschaftsstruktur andere Kriterien verlangt.[1178]

II. Aspekte der betriebsbedingten "Änderungskündigung" – offer of re-engagement (re-employment) and renewal of employment

Das englische Recht kennt eine Regelung der Änderungskündigung zumindest als eigenständiges Institut i.S.v. § 2 KSchG nicht. Die Frage alternativer Beschäftigung tritt im Rahmen der Prüfung einer redundancy situation auf.

Dabei ist es jedoch erklärtermaßen ein *rechtspolitisches Ziel* des ERA, den Arbeitgeber zu veranlassen, vor einer betriebsbedingten Kündigung dem Arbeitnehmer alternative Beschäftigung gegebenenfalls unter Änderung der Arbeitsbedingungen anzubieten *(offer new or renewed employment, alternativ employment)*. Das Prinzip "Änderung vor Beendigung" des Arbeitsverhältnisses entspricht in der Praxis guter betrieblicher Übung *(good industrial relations practice)*[1179] *oder kann Gegenstand kollektiver Vereinbarungen* sein.[1180] Voraussetzungen der Änderungsofferte und ihrer Rechtfertigung ergeben sich im wesentlichen aus sec. 138 i.V.m. sec. 141 ERA, worauf sich die Darstellung konzentrieren soll.

1. Änderung im laufenden Vertragsverhältnis

Für die betriebsbedingte Änderungskündigung ist nach englischem Verständnis eine Inhaltsänderung des Vertragsverhältnisses notwendig, deren Regelung man *mittelbar der Konzeption* des Renewal of contract or re-engagement gem. sec. 141 ERA entnehmen kann.

> *"This section applies where an offer (whether in writing or not) is made to an employee before the end of his employment*
> *(a) to renew his contract of employment, or*
> *(b) to re-engage him under a new contract of employment."*

Der Arbeitgeber kann zur Vermeidung einer redundancy situation dem Arbeitnehmer die Weiterbeschäftigung bei sich oder einem assoziierten Arbeitge-

---

1178 Vgl. Maurer, S. 143. Im deutschen Recht Festlegungen nach § 95 BetrVG, aber dennoch Prinzip der Abwägung, BAG v. 18.1.1990, DB 1990, S. 1335.

1179 Vgl. Harvey, Issue 123, E/1057.

1180 Vgl. Maurer, S. 155, unreasonable wäre eine Kündigung, wenn keine Vertragsänderung angeboten wurde, beispielhaft: Dobie v Burns International Security Services (UK) Ltd. (1984) 3 ALL ER 333.

ber auf dem Wege der Erneuerung oder Wiedereinstellung unter neuen Bedingungen[1181] anbieten.

Erfüllt dieses Angebot nach den allgemeinen Vertragsbestimmungen des Common Law und den besonderen Bestimmungen des Redundancy Payment Act (sec. 141 (2)f.) alle formalen Voraussetzungen, sind die Bedingungen des neuen Vertragsangebots (sec. 141 (2) ERA) auch zumutbar (suitable) und lehnt der Arbeitnehmer die geänderten Arbeitsbedingungen trotzdem unberechtigt (he unreasonably refuses the offer) ab, entfällt ein Abfindungsanspruch bei der nunmehr rechtlich als Kündigung angesehenen Situation.

Nimmt der Arbeitnehmer das Angebot neuer inhaltlicher Bedingungen hingegen innerhalb einer Frist von vier Wochen oder innerhalb einer sogenannten "trial period" (Versuchszeit auf dem neuen Arbeitsplatz) an, so wird er unter diesen Bedingungen weiterbeschäftigt und eine bereits ausgesprochene Kündigung hinfällig ("vanishes").

2. Anforderungen an die betriebsbedingte "Änderungskündigung"

Der rechtliche Maßstab zu Anforderungen an die Änderungskündigung im englischen Recht stellt die Frage nach der Angemessenheit des Vertragsangebots und der Zumutbarkeit geänderter Vertragsbedingungen für die Arbeitnehmer. Die Anforderungen der Rechtsprechungspraxis an die Angemessenheit des Vertragsangebots, d.h. Anerkennung notwendiger Änderungsmaßnahmen, orientieren sich am Rahmen *vernünftiger, nachvollziehbarer, wirtschaftlich begründbarer* Umstrukturierungskonzepte und belassen dem Unternehmer für die Begründung und Durchsetzung der Änderung relativ großen Spielraum.[1182] Damit ergibt sich, wenngleich sich die Prüfungspunkte ähneln, ein Unterschied zur Dogmatik des § 1 Abs. 2 KSchG. Danach muß erst ein "dringender betrieblicher Grund" das Vertragsangebot bedingen, bevor sich die Frage stellt, ob sich der Arbeitgeber bei einem anerkannten Anlaß zur Änderungskündigung darauf beschränkt hat, nur solche Änderungen vorzuschlagen, die der Arbeitnehmer billigerweise hinnehmen muß.[1183]

1181 Zu den Begrifflichkeiten renewal und re-employment u.a. Open University v Triesman (1978) IRLR 114.

1182 Vgl. bei Hector, S. 122. m.w.N. zur Rechtsprechungspraxis.

1183 BAG, DB 1986, 2442.

3. Prüfungsmaßstab bei Änderung der Vertragsbedingungen

Die sich aus der Rechtsprechungspraxis gebildete Prüfungsfolge ist jener zur Änderungskündigung im deutschen Recht ähnlich.

(1) Wählt der Arbeitnehmer den Weg des Kündigungsschutzstreits wegen unfairen Änderungsangebots, welches er hat ablehnen müssen und deshalb entlassen wurde, so versucht das Gericht, anhand des arbeitgeberseitigen Vortrags die *wirtschaftlichen Gründe* zur Änderungskündigung nachzuvollziehen.[1184] Die Gründe werden darauf geprüft, ob sie jenseits jeglicher vernünftiger Arbeitgeberentscheidung (reorganisational redundancy) liegen.
(2) Bei den angestrebten Änderungen muß es sich um eine *definitiv feststellbare Abweichung* der alten von den neuen Vertragsbedingungen (z.B. Arbeitsaufgabe, Bezahlung, Arbeitszeit, Arbeitsort, förmlicher Status) handeln.
(3) Ist dies der Fall, so kommt es auf die *Angemessenheit (suitability)* der alternativen Beschäftigungsbedingungen (s. 141 ERA) an.[1185]

Die Kasuistik zur Änderungskündigung ist vielgestaltig, dies gilt vor allem für den letztgenannten Prüfungspunkt der Angemessenheit. Beispielsweise kann die ausbildungswidrige Abweichung der Arbeitsaufgabe trotz gleicher Bezahlung unangemessen sein. So etwa im Fall des Einsetzens eines Automechanikers als Testfahrer.[1186] Hinsichtlich Schichtänderungen stellten Gerichte auf dadurch verursachte Unterschiede in der Lebensführung/Lebensrhythmus ab (Wechsel von Tag- auf Nachtschicht).[1187] Das Arbeitseinkommen muß als Gesamtleistung gesehen werden, dessen wesentliche partielle Änderung Unangemessenheit impliziert.[1188] Bei einer Zusammenlegung von Betriebsstätten kann eine gravierende (und ggf. verbal verschleierte) Verschlechterung einer Statusänderung (z.B. leitender Manager zum bloßen "Repräsentanten") unangemessen sein.

(4) Eine möglicherweise festgestellte Unangemessenheit des Beschäftigungsangebots allein ist noch nicht streitentscheidend. Hinzukommen muß auch eine gerichtliche Beurteilung der Ablehnung des Beschäftigungsangebots (un-

1184 Taylor v Kent Country Council 1969 2 ALL ER 1080, Div Ct.
1185 Hollister v National Farmer Union (1979), IRLR, S. 238; Ellis v Brighton Cooperative Society Ltd. (1976), IRLR, S. 419.
1186 Gay v Commander United States Naval Activities, United (1966) 1 ITR 347, bei gleichem Gehalt, es kommt allerdings auf weitere Umstände an.
1187 Kykot v Smith Hartley Ltd. (1975) IRLR 372.
1188 Tocher v General Motors Scotland Ltd. (1981) IRLR 55, EAT.

reasonable refuse). Die Gründe des Arbeitnehmer-Widerspruchs liegen zumeist in persönlichen Umständen des Beschäftigten:
So erhielt in *Everest's Executors v Cox*[1189] die Klägerin mit allen anderen Arbeitnehmern vom Arbeitgeber, einem catering service bei der Polizei, die betriebsbedingte Kündigung wegen Aufgabe der Betreiberlizenz. Zugleich erhielt sie ein angemessenes Weiterbeschäftigungsangebot an anderer Stelle. Die Arbeitnehmerin widersprach, da sie mit dem neuen Lizenznehmer Vorstellungsgespräche hatte. Diese führten nicht zum Erfolg. Allein unter Berücksichtigung der Schwierigkeit dieser Situation, so das Gericht, sei der Widerspruch gerechtfertigt gewesen, und damit greife das Recht auf redundancy-payment. Ferner kann ein Beschäftigungsangebot zur "Unzeit" den Widerspruch rechtfertigen[1190], ebenso das Angebot einer Beschäftigung an einem anderen Betriebsort, wenn dadurch das berufliche Leben des Ehegatten unzumutbar mitberührt wird[1191]; die Unsicherheit einer Vertragsverlängerung rechtfertigt den anspruchsbegründenden Widerspruch gegen das Angebot eines weiteren Zeitvertrages.[1192]
Sind, nach einem Umkehrschluß aus sec. 141 (4d) ERA, die geänderten Vertragsbedingungen unzumutbar und liegt auch keine sofortige Annahme des Angebots innerhalb einer vereinbaren Probezeit (trial period)[1193] vor, so besteht das Arbeitsverhältnis nicht mehr fort. Es wird beendet *und löst einen Anspruch auf Abfindungszahlungen oder die Klagemöglichkeit auf Kündigungsschutz wegen unfair dismissal aus.*

III. Anhörungs- und Informationspflichten (redundancy procedures)

Kündigungsverfahren werden durch betriebsintern festgelegte oder kollektiv vereinbarte Anhörungs- und Konsultationspflichten des Arbeitgebers mitbestimmt. Mitbestimmungsrechte von der Art eines BetrVG bestehen hingegen nicht.

1189 (1980) ICR 415, EAT.
1190 Thomas Wragg & Sons v Wood (1976) IRLR 145, EAT.
1191 Bass Leisure Ltd. v Thomas (1994) IRLR 104, EAT: durch Änderung der Beschäftigungszeiten war Arbeitnehmerin nicht mehr in der Lage, Haushalt und Kinder ausreichend zu betreuen.
1192 Iceland v Fairfeld-Rowan Ltd. (1966) 1 ITR 191.
1193 Zur besonderen "Versuchszeit "auf dem neuen Arbeitsplatz: Rose v Henry Tricket & Sons Ltd. (1971) 6ITR 211, Div Ct.; i.d.R. vier Wochen Probezeit, McKindley v William Hill (Scotland) Ltd. (1985) IRLR 492, EAT.

1. Kollektivvereinbarungen

Bestehen für das Unternehmen wirksame Kollektivvereinbarungen, gilt für Kündigungen, daß der gewerkschaftliche Vertreter im Betrieb (shop stuart) nach dem im Kollektivvertrag festgelegten Verfahren oder nach einer betrieblichen Übung zur Kündigung eines Arbeitnehmers des Betriebs zu hören ist. Eine Verletzung der Anhörungsrechte führt zur *unfairness* der Kündigung. Ein Arbeitgeber, der in einer Vereinbarung mit der Arbeitnehmervertretung die Kündigung an formale Voraussetzungen geknüpft hat, handelt widersprüchlich, unvernünftig und damit unfair, wenn er diese Selbstbindung mißachtet.[1194]

Der Arbeitgeber wird in der Regel mit dem Argument nicht gehört, eine Anhörung hätte unter keinem Gesichtspunkt am Ergebnis und der Fairness der betriebsbedingten Kündigung etwas geändert. Eine Ausnahme soll nur dann gelten, wenn klar auf der Hand liegt, daß ein Anhörungsverfahren auf jeden Fall nutzlos gewesen wäre.[1195]

2. Konsultationspflicht der Gewerkschaft

Richtlinie 75/129 EWG zur Angleichung der Rechtsvorschriften der Mitgliedsstaaten über Massenentlassung wurde in das englische Recht durch Part IV, Chapter II Trade Union and Labor Relations (Consolidation) Act 1992 (T.U.L.R.C.A.) eingeführt und gibt dem Arbeitgeber bei betriebsbedingten Entlassungen eine besondere Konsultations- und Warnpflicht gegenüber der im Betrieb/Unternehmen anerkannten Gewerkschaft auf.[1196]

Die Konsultation muß zum möglichst frühesten Zeitpunkt stattfinden. Mindestens aber beträgt die Frist 90 Tage für 100 oder mehr Kündigungen innerhalb von 90 Tagen und mindestens 30 Tage für zehn oder mehr Kündigungen innerhalb von 30 Tagen. In dieser Zeit ist die entsprechend anerkannte Gewerkschaft zu informieren. Die Konsultationspflicht kann sich auch auf Einzelentlassungen beziehen. Ihr Sinn ist es, Wege mit der Arbeitnehmervertretung zu beraten, die Kündigungen zu vermeiden oder Folgevereinbarungen zu treffen. Allerdings: Der Arbeitgeber kann von der Konsultationspflicht entbunden werden, wenn er

1194 Vgl. Hinweis Chitty on Contracts, Volume II, Chap. 37-186ff.

1195 Grundlegend Polkey v AE Dayton Services Ltd. (1987) 3 ALL ER 974; Campbell v Dunoon amd Central Housing Association Ltd. 1993 IRLR 496; Duffy v Yeomans and Partners Ltd. 1993 IRLR 368; Robertson v Magnet Ltd. 1993 IRLR 512; Steel Stockholders (Birmingham) Ltd. v Kirkwood 1993 IRLR 515.

1196 Überblick Chitty on Contracts, Volume II, Chap. 37-186ff.

nachweist, daß ihm die Konsultation nach allen Umständen vernünftigerweise nicht zumutbar war.[1197]

Bei Verletzung der Konsultationspflicht droht dem Arbeitgeber eine *Entschädigungspflicht* gegenüber dem (den) betroffenen Arbeitnehmer(n), die pro Tag der andauernden Verletzung berechnet wird (maximal 90, 30 oder 28 Tage). Wird dem Arbeitnehmer ein Arbeitsplatz wieder angeboten und lehnt er ihn unbegründet ab, so verliert der Arbeitnehmer jedoch den Anspruch.[1198]

3. Redundancy procedure

Das redundancy procedure schreibt gemäß oben genannter Richtlinie ebenso wie nach deutschem Recht (§ 17 KSchG) eine schriftliche Anzeigepflicht des Arbeitgebers bei Massenentlassungen gegenüber der *Arbeitsverwaltung* vor. Die Verpflichtung greift ein, wenn der Arbeitgeber innerhalb eines Betriebes zehn oder mehr Arbeitnehmer aus betrieblichen Gründen innerhalb von 30 oder weniger Tagen oder 100 oder mehr Arbeitnehmer innerhalb von 90 oder weniger Tagen entlassen will. Der Sinn einer Anzeigepflicht liegt, wie bei § 17 KSchG, darin, die Arbeitsbehörde auf Massenentlassungen vorzubereiten und entsprechende Maßnahmen treffen zu lassen. Der Verstoß gegen diese Verpflichtung ist mit Bußgeldvorschriften bewährt.[1199]

IV. Rechtsfolgen bei unfairness der Kündigung und Standard des redundancy payment

1. Rechtsfolgen der ungerechtfertigten betriebsbedingten Kündigung (compensation, order for re-instatement, re-engagement)

Die Regelungen über Ausgleichsansprüche bei ungerechtfertigter Kündigung ("compensation for unfair dismissal") finden sich unter sec. 113ff. ERA.

a) Ausgleichszahlung (Compensation) und Grundzüge ihrer Berechnung

Die Ausgleichszahlung (sec. 118ff. ERA) bei ungerechtfertigter Kündigung setzt sich zusammen aus dem Anspruch auf eine Basiszumessung (basic award) und

1197 Chitty on Contracts, Volume II, Chap. 37ff. mit Hinweisen zur Rspr.
1198 Chitty on Contracts, Volume II, Chap. 37.
1199 Chitty on Contracts, Volume II, Chap. 37-188ff.

einem zusätzlichen Ausgleichsanspruch (compensation award). Hinzu können noch spezielle Ansprüche (special award) zu addieren sein.

Der *basic award* (sec. 118 (a), 119-122 und 126 ERA) besteht aus einer fixen Summe, die den Verlust von Anwartschaften und Schutzrechten ausgleicht. Die Berechnung ist dem redundancy payment ähnlich. Eine Staffelung nach *Alter und Betriebszugehörigkeit* findet statt, in der pro Beschäftigungsjahr ein bestimmter, von der Altersgruppe abhängiger *Wochenlohn* berechnet wird (sec. 119 (4) ERA). Im Sinne der Ausgleichsberechnungen für das gesetzlich garantierte redundancy payment darf eine meist in Jahresabständen festgesetzte Höchstsumme des Wochenlohns nicht überschritten werden (2002/2003: £250). Der Berechnungszeitraum der compensation ist auf 20 Jahre Beschäftigungszeit limitiert. Abschläge finden auch dann statt, wenn die Beendigung des Arbeitsverhältnisses in den Zeitraum nach Erreichen des 65. Lebensjahres fällt. Die Höhe der Ausgleichszahlung hat angemessen zu erfolgen (sec. 119 (1) ERA), das heißt gem. sec. 119 (2) ERA in der Praxis unter folgenden Staffelungen:

1½ Wochenlöhne pro Beschäftigungsjahr bei einem Beschäftigtenalter zwischen 41 und 65 Jahren;

1 Wochenlohn pro Beschäftigungsjahr bei einem Beschäftigtenalter zwischen 22 und 40 Jahren;

½ Wochenlohn pro Beschäftigungsjahr bei einem Beschäftigtenalter zwischen 18 und 21 Jahren; Arbeitnehmer unter 18 Jahren sind von der Berechnung ausgenommen.

In bestimmten Fällen der Rechtsverletzung, wie etwa bei fehlerhafter Arbeitnehmerauswahl oder Verletzung unverbrüchlicher Rechte (z.B. Mitgliedschaft, Nichtmitgliedschaft in der Gewerkschaft, Mutterschutz) ist vom Arbeitgeber eine Mindestsumme an Ausgleich (£ 2,770) zu zahlen, im übrigen ist die Summe nach unten nicht limitiert. *Abschläge beim basic award* können dann vorgenommen werden, wenn der Arbeitnehmer nach Auffassung des Gerichts in nicht nachvollziehbarer Weise einem Weiterbeschäftigungsangebot des Arbeitgebers widersprochen hat (sec. 122 (1) ERA). Ferner finden bei gleichem Kündigungssachverhalt Abschläge um den ausgeurteilten Betrag des redundancy payments nach Part XI statt.

Beim *compensatory award* (sec. 123 ERA) geht es um eine unter Berücksichtigung aller Umstände des Einzelfalls in das Ermessen des Gerichts gestellte zusätzliche Schadensersatzleistung.[1200] Den Gerichten steht dabei ein *weiter Er-*

1200 Zum Beispiel Verlust des zu erwartenden zukünftigen Einkommens (Shortland v Chantill (1975) IRLR 208); Verlust von Rechten, die sich aus der Weiterbeschäftigung ergeben hätten (Hilti GB Ltd. v Windridge (1974) ICR 352); Verluste im Hinblick auf Rentenanwartschaft und Pension (Smith Kline & French Laboratories Ltd. v Coates (1977) IRLR 220).

messensspielraum zur Verfügung zu beurteilen, inwieweit sie ein Mitverschulden des Arbeitnehmers an der Kündigung und eine Schadensminderungspflicht des Arbeitnehmers in die Berechnung einfließen lassen wollen. Unter Umständen kann die Schadensersatzleistung einer sogar 100%igen Kürzung unterliegen.[1201] Im übrigen finden auch hier Abschläge im Hinblick auf mögliche redundancy Rechte statt (sec. 123 (3), (7) ERA). Eine ausdrückliche Obergrenzenregelung der Ausgleichssumme findet sich in sec. 124 ERA mit einem Betrag von derzeit £ 11,300, wobei die Arbeitsverwaltung begrenzte Steigerungen zulassen kann.

b) Order of re-instatement oder re-engagement

Der Arbeitnehmer kann auf *Weiterbeschäftigung* (re-instatement) auf demselben Arbeitsplatz unter denselben Bedingungen oder auf *Wiedereinstellung* (re-engagement) nicht notwendigerweise auf demselben Arbeitsplatz und gegebenenfalls zu anderen Arbeitsbedingungen klagen (sec. 114 ERA). Lohnnachzahlung und die Wiederherstellung von Rechten und Privilegien werden bei Erfolg der Klage ebenso gerichtlich angeordnet, wie der genaue Zeitpunkt einer Weiterbeschäftigung (114 (2) ERA). Hinsichtlich der Anordnung einer *Wiedereinstellung* kann das Gericht den Inhalt des Arbeitsverhältnisses unter Berücksichtigung der Wünsche des Arbeitnehmers und der Pflichten des Arbeitgebers sowie Praktikabilitätsgesichtspunkten *neu gestalten* (sec. 115 (2)). Auf Zahlungsansprüche aus dem neuen Arbeitsverhältnis sind zwischenzeitlich erhaltene Ausgleichszahlungen anrechenbar.

2. Vollstreckbarkeit der order of re-instatement oder re-engagement

Kommt es zur Anordnung der (Wieder-)Weiterbeschäftigung oder Wiedereinstellung und befolgt der Arbeitgeber die Anordnung des Gerichts nicht, so gilt der *Kompensationsgedanke* (sec. 117 ERA). Die Gerichte sind befugt, dem Arbeitnehmer Entschädigungszahlungen (award of compensation) für die durch die Verweigerung oder unvollständige Durchführung der Wieder- oder Weiterbeschäftigung entstandenen Verluste zuzusprechen. Für den Verstoß gegen die Anordnung an sich können sie die Entschädigungssumme mit einem (Straf-) Schadensersatz nach Wochengehalt *erhöhen.* Entschädigungshindernd kann der Arbeitgeber jedoch behaupten und gegebenenfalls beweisen, daß gerade die Wiedereinstellung oder Weiterbeschäftigung aus guten Praktikabilitätsgründen

---

1201 Zum Beispiel Courtney v Babock & Wilcox (Operations Ltd.) (1977) IRLR 30; Etwa Addison v Babcock FATA Ltd. (1987) 2 ALL ER m.w.N.

nicht umsetzbar sei (sec. 117 (4) ERA). Der Arbeitnehmer kann eine Kürzung der Entschädigung hinzunehmen haben, wenn er gegen die Anordnung verstößt (sec. 117 (8) ERA). Durch die Möglichkeiten der Arbeitgebers, sich durch einen erhöhten Ausgleichsanspruch "freizukaufen", mindert sich der Anteil des tatsächlich erfolgreichen Bestandsschutzes.[1202]

3. Standard des redundancy payment

Liegen die gesetzlichen Anspruchsvoraussetzungen für ein *redundancy payment* vor (sec. 155, 156, 158 ERA)[1203], wird die Abfindung auf der *Grundlage von Betriebszugehörigkeit, Alter und Wochenlohn* des Arbeitnehmers berechnet (sec. 135f., 155f., 162f. ERA). Die Abfindungen sind *gestaffelt* und *begrenzt* (sec. 162 (2))[1204] und werden wie oben unter 1. a) berechnet:

1½ Wochenlöhne pro Beschäftigungsjahr bei einem Beschäftigtenalter zwischen 41 und 65 Jahren;

1 Wochenlohn pro Beschäftigungsjahr bei einem Beschäftigtenalter zwischen 22 und 40 Jahren;

½ Wochenlohn pro Beschäftigungsjahr bei einem Beschäftigtenalter zwischen 18 und 21 Jahren; Arbeitnehmer unter 18 Jahren sind von der Berechnung ausgenommen.

V. Der Kündigungsschutz bei Betriebsübergang

1. Stand des Kündigungsschutzes gemäß EU-Richtlinie 77/187 (2001/23/EG) in Großbritannien

Vor Umsetzung der EU-Richtlinie 77/187 kannte das common law einen *automatischen* Übergang des Arbeitsverhältnisses nicht. Die Übertragung von Betrieben oder Betriebsteilen und *wegen* der Übertragung geplante Entlassungen fielen unter eine redundancy-situation. Gleichwohl war die besondere Situation des Betriebsübergangs und seine Folgen für die Beschäftigungsverhältnisse Gegenstand der Rechtsprechungspraxis. In einer Grundlagenentscheidung aus den 40er Jahren hält das *House of Lords*[1205] ausdrücklich fest, daß im Fall einer Un-

---

1202 Vgl. Rhode, S. 189ff.; Döse-Digenopoulos, S. 123ff.; Freedland, ZIAS 1991, S. 440ff. (444); ELL-Suppl. (1992), Great Britain.

1203 Vgl. auch zur genauen Berechnung nach Multiplikatoren: booklet redundancy payments, Department of Trade and Industry, 1999-2002, appendix.

1204 Vgl. vereinfachter Überblick: booklet "Redundancy payments", Department of Trade and Industry, 1999-2002.

1205 House of Lords in Nokes v Doncaster Amalgamed, 3 All ER 1940, S. 549ff.

ternehmensübertragung der *automatische Übergang* von Arbeitsverhältnissen sowohl den Grundsätzen der Vertragsfreiheit des Arbeitnehmers als auch dessen ureigensten Selbstbestimmungsrechten widerspreche.

Konzentrationsprozesse in der Wirtschaft mit vermehrten Übertragungsaktivitäten und damit einem veränderten Schutzbedürfnis der Arbeitnehmer begründeten u.a. die einheitliche EU-Richtlinie 77/187.[1206] Sie stellte durch das Prinzip des *automatischen Übergangs* von Arbeitsverhältnissen und eingeschränkten Kündigungsmöglichkeiten zunächst die in England geltende Rechtslage gewissermaßen auf den Kopf.[1207] Es bestanden rechtspolitische Bedenken der britischen Regierung hinsichtlich einer Beeinträchtigung der *Wettbewerbsfähigkeit* englischer Unternehmen durch diese weitere Form des Bestandsschutzes.[1208] Die EU-Richtlinie wurde zögerlich durch die *Transfer of Undertakings (Protection of Employment) Regulations,* TU(P)E 1981 umgesetzt;[1209] Ergänzungen der TU(P)E Regulations folgten 1987, 1993, 1995, und zuletzt 1999 mit dem Collective Redundancies and Transfer of Undertakings (Protection of Employment) (Amendment) Regulations 1999 (Arbeitnehmerschutz bei Massenentlassungen und Betriebsübergang). Im Sommer 2003 ist von seiten der britischen Staatsregierung die Umsetzung der Ergänzungsrichtlinie RiLi 2001/23/EG geplant.

Die englische Rechtsprechungspraxis wird ebenso wie die deutsche von den Maßgaben der EuGH-Judikatur zur Richtlinie 77/187 geprägt.[1210] An einem Richtervotum in *Dines v Initial Health Care*[1211] mag die anfänglich in der Rechtsprechung vertretene Skepsis zu wirtschaftlichen Folgen dieser Form erweiterten Kündigungsschutzes erkenntlich werden:

> *"Bearing in mind the present study of the law in the United Kingdom, bearing in mind such assistance as is available from the European Court of Justice ... it seems to us that there could be no certainty upon any given facts, that the court ... will not decide the issues of identity or transfer one way or the other ... (it) is detrimental to sound industrial relations ... to sound employment planning ... and likely to cause increased loss of jobs."*

1206 Vgl. die Motive der EG-Richtlinie in Betts and others v Brintel Helicopters and others (1997) 2 ALL ER 842 CA.

1207 Waas, ZIAS 1989, S. 313ff. (313).

1208 Vgl. zu den Gründen: Löw, S. 21; Waas, ZIAS 1989, S. 313ff. (315); ELL Suppl. 134 (1992), 154-Great Britain.

1209 Vgl. Löw, S. 20f., zur Unterscheidung zwischen Parlamentsgesetz und Regulations, bei denen es vor allem um eine unterschiedliche Effektivität der parlamentarischen Kontrolle geht; allerdings mit Widersprüchen Waas, ZIAS 1989, S. 313ff. (315).

1210 dazu allg. Docksey, RIW 1991, S. 722ff. (726); Waas, ZIAS 1989, S. 313ff. am Beispiel von Litster and others v Forth Dry Dock & Engineering Co. Ltd., IRLR 1989, S. 161ff.; Theis, ZIAS 1998, S. 228ff.

1211 Dines and Others v (1) Initial Healthcare services (2) Pall Mall Services Group Ltd. (1993) IRLR 521.

Die Aufmerksamkeit der (Wirtschafts-)Praxis fanden, wie in Deutschland, Entscheidungen des EuGH zum Schutzbereich der Vorschrift mit Blick auf die auch im Zuge des staatlichen Privatisierungsprogramms häufigen Transaktionen des outsourcing bzw. contracting out.[1212] Nach anfänglichen Unsicherheiten kann die englische Rechtsprechung als extensiv und weitgehendst richtlinienkonform bezeichnet werden.[1213] Marksteine der Rechtsprechung[1214] waren auch in Großbritannien *Schmidt v Spar- und Leihkasse*[1215] *und Süzen v Zehnacker.*[1216]

2. *Aspekte der TU(P)E in der Rechtspraxis Großbritanniens*

a) *Relevant transfer of an undertaking – Schutzbereich der Regulations*

aa) *Tatbestand und Rechtsfolgen*

Vereinfacht dargestellt, setzt mit Regulation 3 die Anwendung der Verordnung den Übergang eines Unternehmens/Betriebs ("relevant transfer of an undertaking") von einem Unternehmer auf einen anderen voraus. Liegt ein Betriebsübergang vor, so wird das Beschäftigungsverhältnis mit den daran geknüpften Rechten und Pflichten *automatisch* übertragen (Regulation 5). Hierzu gehören Tarifvereinbarungen (collective agreements), Informations- und Anhörungsrechte der anerkannten Gewerkschaft. Im Sinne der hier erläuterten Rechte aus dem ERA unterbricht der Betriebsübergang die Beschäftigungszeit eines Arbeitnehmers nicht (sec. 218 ERA).[1217] Sanktionen für Fälle eines Verstoßes gegen die Norm treffen Übertragenden wie Überträger gleichermaßen (Regs. 6 und 9, 10, 11).[1218]

1212 Vgl. zur terminologischen Unterscheidung Theis, ZIAS 1998, S. 228 (Fn. 1); ferner Shrubsall, The Modern Law Review 1998, S. 85ff.

1213 Vgl. ELL-Suppl 143 (1992)-Great Britain, S. 157.

1214 Betts and others v Brintel Helicopters Ltd. and others (1997) 2 ALL CA.

1215 1994 IRLR 302, ECJ.

1216 1997 IRLR 255 ECJ.

1217 Näher: Clark & Tokeley Ltd. (T/a Spelbrook) v Oakes (1998) 4 ALL ER 353 CA.

1218 näher zu den verschiedenen Rechten und Pflichten Beispiele aus der engl. Rechtsprechung: Chapman and Elkin v CPS Computer Group PLC (1987) IRLR 462 (Aktienrechte); Reg. 7 im Zusammenhang mit Social Security Pensions Act 1975 (Pensionsanwartschaften); Angus Jowett & Co. v National Union of Tailors and Garment Workers (1985) IRLR 326 (Unterrichtungsrecht der Gewerkschaft bei redundancy).

Die Regulations finden Anwendung, wenn ein "relevant transfer of undertaking as a 'going concern'" vorliegt. Wie sich aus der Begrifflichkeit des *undertakings* im EP (C) A 1978 als auch ERA[1219] ergibt, unterscheidet – anders als zunächst das BAG – das englische Recht allgemein nicht zwischen Betrieb und Unternehmen. Unter "transfer of untertaking" wird daher der Übergang eines Unternehmens, Betriebes oder Gewerbes gleichermaßen verstanden.[1220] Ein der deutschen Betriebsdefinition ähnlicher Ausgangspunkt für die Übertragung betriebsspezifischer Substrate liegt dem englischen Verständnis des Übertragungstatbestandes nicht unmittelbar zugrunde. Die übergeordnete Begriffsbestimmung des EuGH von der wirtschaftlichen Einheit (economic entity) ließ sich insofern mit dem traditionellen Ansatz der weiteren Begriffsbestimmung in England eher vereinbaren.

Ebensowenig kennzeichnet die englische Form der Regelungen ein strikter Tatbestands-Rechtsfolgen-Aufbau, so daß der Übergang von Arbeitnehmern als Indiz für den schutzrelevanten Übergang nicht tautologisch erscheinen muß.[1221]

Gleichwohl deuteten Regelung und Rechtsprechung zur Umsetzung der EU-rechtlichen Vorgaben zunächst auf geringe Richtlinienkonformität hin. Nachdem nicht kommerzielle Einrichtungen (non commercial venture, z.B. karitative Einrichtungen, Schulen) aus dem Schutzbereich der Regulations ausgenommen worden waren (Ziel: keine Hemmnisse der wachsenden Privatisierungsverfahren)[1222], mußte infolge der EuGH-Entscheidung Dr. Sophie Redmond v Bartol[1223] durch eine Änderung der Regulations[1224] die Einbeziehung aller Arten von Betrieben/Unternehmen/Geschäften geklärt werden.

Ferner hatten die alten Regulations erklärt, daß zwar auch eine Anzahl von Transaktionen zwischen denselben Parteien den Übergang begründen könne, dabei allerdings der Zeitspanne zwischen den einzelnen Transaktionen sowie dem Übertragungswillen der Parteien Rechnung getragen werden müsse. Diese Kriterienwahl ließ Raum, um einzelne Transaktionen zeitlich und inhaltlich so zu ge-

---

1219 sec. 82 Ausschluß des redundancy payments, wenn zumutbare Weiterbeschäftigung nach neuen Vertragskonditionen ggf. im Unternehmen möglich ist; sec. 84 Voraussetzungen der Vertragserneuerung; sec. 94 Vorschrift zu Wechsel von Inhaberschaft des Unternehmens (change of ownership of business).

1220 Premier Motors (Medway) Ltd. v Total Oil (GB) Ltd. (1984) ICR 58.

1221 Vgl. Theis, ZIAS 1998, S. 228ff. (230).

1222 Woodcock v The Committee for the Time Being of the Friends School Wigton and Genwise Ltd. (1986) IRLR 490.

1223 Dr. Sophie Redmond v Bartol (1992) IRLR 366.

1224 Änderungen in sec. 33 (2) Trade Union Reform and Employment Rights Act 1993.

stalten, daß sie im Ergebnis nicht unter die Schutzvorschrift fielen. Die europarechtlichen Vorgaben veranlaßten auch hier Änderungen.[1225]

Hinsichtlich der Anzahl unterschiedlicher Geschäfte und zugrundeliegender Vertragsverhältnisse mit unterschiedlichen Beteiligten stellte der EuGH in Sijkers v Gebroeders Benedict Abattoir[1226] klar, daß die Richtlinie auch dann Anwendung findet, wenn eine wirtschaftlichen Einheit (economic entity) bei Einschaltung unterschiedlicher Arbeitgeber mit verschiedenen Rechtsgeschäften (z.B. Verpachtung) übertragen werde.

Die englischen Gerichte gingen dazu über, im Einzelfall nach einer Abwägung von Indikatoren zu ergründen, was hinsichtlich des Übertragungsvorgangs als charakteristische Substanz eines aktiven Unternehmens oder Betriebes (business) zu bewerten sei.[1227] Privatisierungsprozesse und ein zunehmender Wettbewerb von Dienstleistern bei Auftragsvergaben der öffentlichen Hand führten auch in Großbritannien zur Frage einer Anwendung der Vorschrift auf Neuvergaben des Dienstleistungsauftrags im Sinne einer identischen Weiterführung der "economic entity" ("Has there been a transfer of a business as a going concern, Übergang eines aktiven Unternehmens)?").[1228]

Dabei hatte die englische Rechtsprechung bereits die alleinige Übertragung des goodwill eines Unternehmens für den Übergang einer „economic entity" genügen lassen.[1229] Die Neuvergabe von Unterrichtstätigkeiten für eine Strafanstalt von einem öffentlichen Schulträger (bei dem zwei klagende Lehrkräfte beschäftigt waren) an eine private Bildungsorganisation führte in Kenny v South Manchester College[1230] zur Anwendung der Schutzvorschriften. In eher unspektakulärer Weise wurde auch die EuGH-Entscheidung "Christel Schmidt"[1231] umgesetzt.

Eher erscheint es, als habe die in Deutschland positiv aufgenommene, wenn auch das Prüfungskonzept des BAG ändernde Entscheidung Ayse Süzen im

---

1225 Reg. 3 (4) (a) a transfer "may be effected by a series of two or more transactions" – keine weitere Beschreibung oder Einschränkung mehr.

1226 Sijkers v Gebroeders Benedict Abattoir CV (1986) 2 CMLR 296; Ny Mølle Kro (1989) IRLR 37; Daddy's Dance Hall (1988) IRLR 315 – Dreiecksverhältnis und Pachtgeschäft.

1227 Beispiele: Ward v Haines Watts (1983) ICR 231 (goodwill); Aktien selbst nicht, aber als Indikator eines "transfers"; nicht die Arbeitnehmer, Banking Insurance and Finance Union v Barclays Bank PLC (1987) ICR 495.

1228 Dines and Others v (1) Initial Healthcare Services (2) Pall Mall Services Group Ltd. (1993) IRLR 521; Berg and Busschers v Besselsen (1989) IRLR 447.

1229 Wards v Haines Watts (1983) ICR 231.

1230 (1993) ICR 934; bei Betts v Brintel Helicopters (1997) 2 ALL ER 840 (847).

1231 EuGH, NJW 1994, S. 2343f.

Vereinigten Königreich Rechtsunsicherheiten verursacht[1232]: In der vom EuGH in Ayse Süzen vorgegebenen Leitlinie zu schutzrelevanten Übertragungshandlungen soll neben Vermögensgegenständen auch die Übernahme von Arbeitnehmern in der Gesamtschau für einen relevanten Betriebsübergang sprechen können.[1233]

Gerade letztgenannter Aspekt hat aus Sicht englischer Literatur zu Widersprüchen geführt.[1234] Die Beschäftigten als mögliche und gegebenenfalls einzige Determinante für die Entscheidung darüber, ob ein Betriebsübergang vorliegen könnte oder nicht, berge die Gefahr, daß die Tatbestandsvoraussetzungen zur Disposition der Unternehmer gestellt werden. Absprachen zwischen Wettbewerbern seien denkbar, wonach der Wettbewerber die Mitarbeiter des existierenden Betriebs nicht (auch nicht teilweise) übernehmen müsse und damit in die Lage versetzt werde, mit billigeren Arbeitskräften günstigere Dienstleistungen anzubieten. Erhalte er schließlich den Auftrag, bedeutet dies die Entlassung der Mitarbeiter des alten Betriebes, ein Ergebnis, das vom weitzufassenden Schutzzweck der EU-Norm nicht gewollt sei.[1235]

b) Widerspruchsrecht des Arbeitnehmers

Die englischen Regulations mußten infolge der EuGH-Judikatur in *Katsikas v Konstantinidis*[1236] (Widerspruchsrecht des Arbeitnehmers bei Betriebsübergang) geändert werden. Sec. 33 (4) Trade Union Reform and Employment Rights Act 1993 räumt dem Arbeitnehmer ein entsprechendes Widerspruchsrecht ein. Der Arbeitsvertrag und die Rechte des Arbeitnehmers gehen danach nicht über, wenn er den alten oder potentiell neuen Arbeitgeber über seinen Widerspruch informiert. Bei Widerspruch gilt sein Arbeitsverhältnis mit dem alten Arbeitgeber *als beendet,* ohne daß es, für welchen Zweck auch immer, als gekündigt anzusehen ist. Abfindungs- oder Schadensersatzrechte, die an eine (unfaire) Kündigung geknüpft sind, werden damit *nicht* begründet, der Arbeitnehmer hat sich wegen des freiwilligen Ausscheidens außerhalb der constructive dismissal seiner *Rechte* begeben.[1237]

1232 So wohl übereinstimmend: Theis, ZIAS, 1998, S. 228 (235); Shrubsall, The Modern Law Review 1998, S. 85ff. (87f.).

1233 EuGH v. 11.3.1997, Rs. C-13/95, NZA 1997, S. 433.

1234 Vgl. Shrubsall, The Modern Law Review 1998, S. 85ff. (87f.).

1235 Vgl. Shrubsall, The Modern Law Review 1998, S. 7f.

1236 Katsikas v Konstantinidis (1993) IRLR 179.

1237 näher Hepple/Fredman, S. 154ff.

c) Die Anwendung des Kündigungsschutzes im Konkurs (Insolvenz)

Das House of Lords befand in Litster[1238], die Regulations seien auf den Konkursfall des Übertragenden anwendbar, ohne dabei eine teleologische haftungsbezogene Reduktion im Sinne der BAG-Rechtsprechung vorzunehmen.

Allerdings gibt es eine denkbare Ausnahme, die im Zusammenhang mit der Besonderheit des englischen Konkurssystems, dem sogenannten *hiving down* (Regulation 4) steht. Beim hiving down handelt es sich um die Aussonderung lebensfähiger Teile eines in die Insolvenz geratenen Unternehmens, um sie für eine weitere Verwertung (z.B. Verkauf) noch attraktiv zu gestalten. Der Konkursverwalter bildet eine Tochtergesellschaft und überträgt ihr die verwertbaren Teile des insolventen Unternehmens. Die Arbeitsverhältnisse können in diesem Fall mit der Muttergesellschaft bestehen bleiben, die sie an die Tochter gegebenenfalls ausleiht.

Im übrigen wurden die gewerkschaftlichen Konsultationspflichten des Arbeitgebers im Konkursfall verschärft.[1239] Bei Mißachtung können Schadensersatzleistungen durch das Gericht festgesetzt werden. Dabei lassen sich seitens des verpflichteten Arbeitgebers aber Umstände vortragen, die es ihm nicht hätten praktikabel erscheinen lassen, der Konsultationspflicht nachzukommen. Nicht jeder finanzielle Umstand ist allerdings für ein Absehen von der Konsultationspflicht durchgreifend.[1240]

d) Die "unfaire" Kündigung wegen Betriebsübergangs

Wird entgegen den Maßgaben der Regulations und der Rechtsprechungspraxis das Arbeitsverhältnis *wegen* Betriebsübergangs gekündigt, so ist diese Kündigung nach Regulation 8 (2) *automatisch unfair (ungerechtfertigt),* was nicht mit automatischer Nichtigkeit oder Unwirksamkeit gleichzusetzen ist.[1241] Dieses Konzept birgt Nachteile für einen effektiven Bestandsschutz. Allerdings scheint das House of Lords in Litster[1242] das Institut der von vornherein unwirksamen Kündigung überdacht zu haben, wenn Lordrichter Keith für den zu Unrecht gekündigten Arbeitnehmer bemerkt: "...he is deemed to have been employed..."

1238 Litster v Forth Dry Dock and Engineering Co. Ltd. (1989) IRLR 161; auch Waas, ZIAS 1989, S. 313ff. zu den weiteren Folgen der Entscheidung.

1239 ergänzende sec. 33 (6) und (7) zu den Reg. Konsultationen "with a view to seeking (the union's) agreement to measures to be taken."

1240 Angu Jowett & Co. Ltd. v N.U.T.G.W. (1985) IRLR 276.

1241 Freedland, ZIAS 1991, S. 440ff. (444); Waas, ZIAS 1989, S. 313ff.

1242 Litster v Forth Dry Dock and Engineering Co. Ltd. (1989) IRLR 161; auch Waas, ZIAS 1989, S. 313ff. zu den weiteren Folgen der Entscheidung.

Diese Ausführungen deuten weniger auf ein Dogma der Unwirksamkeits- oder Nichtigkeitsfolge, als vielmehr auf die Fiktion einer automatischen Vertragsfortsetzung hin.[1243]

e) Kündigung wegen Economic, Technical or Organisational Reason (ETO), Problem der Zeitnähe des relevanten Betriebsübergangs und seine Folgen

Der Richtlinie folgend, lassen auch die Regulations Kündigungen bei wirtschaftlichen, technischen oder organisatorischen Gründen (Economic, Technical or Organisational Reason; sog. ETO) zu. Zunächst forderte die englische Regelung mit dem Wortlaut: *"...the relevant employees are those ... so employed immediately before the transfer"* geradezu Umgehungsversuche heraus. In *Litster v Fort Dry Dock and Engineering Co. Ltd.*[1244] hatte der Konkursverwalter einer in Konkurs geratenen Firma um 15:30 Uhr der Arbeitnehmerschaft gekündigt, während die Wirksamkeit des relevanten Übertragungsakts auf 16:30 Uhr festgelegt worden war. Der neue Arbeitgeber hatte anschließend die Arbeitnehmer erst am folgenden Tag mit weitaus geringerem Lohn wieder eingestellt. Der EuGH schob derartigen Vertragsgestaltungen einen Riegel vor, indem er 1989 entschied[1245], daß Arbeitnehmer, die beim übertragenden Unternehmen beschäftigt sind und deren Arbeitsverhältnis kurz vor dem Übergang gekündigt worden ist, i.S.d. Richtlinie als weiterbeschäftigt gelten sollen, da ansonsten eine Verletzung (Umgehung) des Schutzgehalts des Art. 4 (1) der Richtlinie zu bestellen sei. Das House of Lords folgte dem Verdikt[1246] und interpretierte den entsprechenden Teil der Regulation 5 (3) schließlich wie folgt: *"...a person so employed immediately before the transfer or who would have seen so employed if he had not been unfairly dismissed in the circumstances described in the Regulation 8 (1)".*[1247]

Der Wunsch, die Inhalte der Arbeitsverhältnisse wirtschaftlich nur günstiger zu gestalten, ist keine ETO.[1248] Dies gilt auch, wenn Entlassungen vorgenommen werden sollen, um die Transaktion erst möglich zu machen oder für den Übernehmer zu erleichtern.[1249] Die Beweislast des Vorliegens einer ETO-begründeten Kündigung trägt der Arbeitgeber, was die gerichtliche Kontrolle der Auswirkung des Betriebsübergangs trotz der Ausnahmeregelung verschärft

1243 Vgl. Waas, ZIAS, 1989, S. 313ff. (322).
1244 Litster v Forth Dry Dock and Engineering Co. Ltd. (1989) IRLR 161.
1245 P. Bork International A/S v Foreningen af Arbejdslederi Danmark (1989) IRLR 41.
1246 Vgl. Waas, ZIAS 1989, S. 313ff.
1247 Litster v Forth Dry Dock and Engineering Co. Ltd. (1989) IRLR 161.
1248 Berriman v Delabole Slate Ltd. (1985) IRLR 546.
1249 Wheeler v Patel and J. Golding Group of Companies (1987) IRLR 211.

hat.[1250] Als ein erhebliches Problem wird in Großbritannien ferner die Praxis der Arbeitnehmerauswahl (fair selection) bei ETO-Kündigungen nach den allgemeinen Maßgaben der redundancy-Regelungen gesehen.[1251]

E. Zusammenfassung und Zwischenergebnis

Obwohl das englische Kündigungsschutzrecht einen mittlerweile erheblichen Regelungsgrad erreicht hat (ERA 1996) und von einheitlichen EU-Standards des Entlassungsschutzes geprägt wird, weist es im Detail jedoch *konzeptionelle Unterschiede* zum deutschen Recht auf. Bei gegenüber dem KSchG erheblich erhöhten Zugangsvoraussetzungen zum Kündigungsschutz etwa durch eine zweijährige ununterbrochene Beschäftigungszeit, begründen sich die konzeptionellen Unterschiede im Ergebnis auf eine in der Gesamtsicht *geminderte Schutzintensität* für *Bestand und Inhalt* des Arbeitsverhältnisses sowie eine im einzelnen größere Offenheit für *autonome,* unternehmensspezifische Regelungen.

Während vom Standpunkt des KSchG aus Bestandsschutz- und Verhältnismäßigkeitsprinzip auch über die Rechtsprechungspraxis leitend auf die Intensität des Inhalts- und Bestandsschutzes des Arbeitsverhältnisses einwirken, knüpft das englische Recht an den *Entschädigungsgedanken* (redundancy, compensation) bei (betriebsbedingtem) Verlust des Arbeitsplatzes an. Zwar bleibt der Weg einer auch auf den Bestand des Arbeitsverhältnisses gerichteten Kündigungsschutzklage für den Arbeitnehmer verfahrensrechtlich gangbar, jedoch mit relativ geringer Durchsetzungskraft der Wieder- bzw. Weiterbeschäftigung. Das Kündigungsrecht im Vereinigten Königreich ähnelt damit mehr dem deutschen BRG von 1920.[1252]

Ausdruck einer vom englischen Kündigungsschutz ebenfalls akzentuierten *unternehmensinternen Anpassungsflexibilität* des Beschäftigungsbedarfs ist das erweiterte Instrumentarium für betriebsbedingte Entlassungen. Das englische ERA hält mit *temporary redundancy und lay-off* zusätzliche Möglichkeiten zeitgeringerer Reaktionen auf kurzfristige Beschäftigungsüberhänge bereit. Eine gerichtliche Überprüfung von Entlassungsmaßnahmen konzentriert sich nach dem englischen Kündigungsschutzrecht in erster Linie auf die Freiheit von Willkürlichkeit und Widersprüchlichkeit, die Einhaltung unverbrüchlicher Arbeitnehmerrechte sowie die Einhaltung eines formal ordnungsgemäßen Verfahrensgangs.

1250 Freedland, ZIAS 1991, S. 440ff. (445).
1251 allg. Williams v Compair Maxam (1982) IRLR 83.
1252 Oben Teil 1 A. I. und III.2.; Willemsen, NJW 2000, S. 2779ff. (2781).

Sind derartige Rechte durch die Kündigung nicht verletzt, so indiziert gleichsam das tatsächliche Vorliegen eines anerkannten und nachvollziehbaren betrieblichen Kündigungsgrundes sowie die Einhaltung formalisierter Verfahrenschritte die Rechtfertigung (fairness) der Kündigung. Erkennbar ist dies am Verfahren der Arbeitnehmerauswahl, bei dem ein Prinzip individueller *sozialer* Interessen (*Sozial*auswahl) gesetzlich nicht ausdrücklich konzipiert ist. Während das deutsche Recht gemäß einer Regel-Ausnahme-Konzeption in § 1 Abs. 3 S. 1, S. 2 KSchG *Leistungsgesichtspunkte* im Auswahlverfahren nur sehr begrenzt zulässt,[1253]können sich die Parteien nach englischem Recht dafür entscheiden, Leistungskriterien als integralen Bestandteil der Arbeitnehmerauswahl ausdrücklich einzubeziehen.[1254] Generell finden Selbstverantwortung des Arbeitnehmers und leistungsbezogener *Arbeitnehmerwettbewerb* (z.B. durch bumping rights) im englischen Kündigungsschutzrecht größeren Ansatz als im deutschen.

Einem wirtschaftlich determinierten Gestaltungsdruck der Arbeitsverhältnisse trägt das englische Äquivalent zur deutschen *Änderungskündigung* (*offer of re-engagement bzw. renewal of contract)* Rechnung. Dem Arbeitnehmer wird mehr an kurzfristig durchsetzbaren Einbußen seiner Besitzstände zugemutet.

Die in das englische Recht eingeführten EU-Schutzstandards der Anhörungs- und Meldepflichten bei Massenentlassung sowie des Kündigungsschutzes bei Betriebsübergang schaffen eine Einschränkung der Beschäftigungsflexibilität, die mittlerweile dem deutschen Recht weitgehendst gleichgeordnet ist.

Schließlich dürfte das englische *Arbeitsgerichtsverfahren* mit seinem besonderen *Schlichtungsverfahren (mediation/arbitration),* als Alternative zum Kündigungsschutzstreit, eine erhebliche Filter- und Befriedungsfunktion besitzen. Die Schutzeffektivität durch eine arbeitnehmerfreundliche Verfahrenspraxis der ordentlichen Gerichtsverfahren muß in Großbritannien im Vergleich zu Deutschland dagegen eher als gering eingestuft werden.[1255]

In der Gesamtentwicklung des englischen Kündigungsrechts zeigt sich bis heute durchaus eine *relative* Verdichtung des Kündigungsschutzes, jedoch bei einer gleichzeitig positiveren Beschäftigungsentwicklung als in Deutschland. Dies spräche einmal mehr dafür, dass Kündigungsschutz als ökonomisch bewertbares Institut nicht per se beschäftigungsfeindlich wirken muß. Für die Determination des Arbeitsmarktes scheint es vielmehr auf Flexibilität und Intensität des Schutzgehalts der Regelungen anzukommen. In diesem Bezug allerdings setzt das englische Kündigungsschutzrecht betrieblich notwendigen Entlas-

---

1253 BAG AP Nr. 7 zu § 1 KSchG = NJW 1961, S. 940; BAG AP Nr. 12 zu § 1 KSchG (betriebsbedingte Kündigung) = BB 1983, S. 1665.

1254 Cars v Lewis 1983 IRLR 58 (EAT); sogar, wenn sich das Verhältnis zugunsten jüngerer Arbeitnehmer umkehrte.

1255 Vgl. Dickens/Hart/Jones/Weekes, S. 148.

sungen nach wie vor deutlich geringere Hemmnisse entgegen als in Deutschland und schafft eine größere Flexibilität des Faktors Arbeit.[1256] Knüpft man an die unter Teil 2, 1. Abschnitt A. erläuterten ökonomischen Zusammenhänge an, so sind offensichtlich mit der kündigungsrechtlichen Gewährung größerer unternehmerischer Handlungsspielräume betriebliche Beschäftigungsimpulse verbunden.

Durch Abfindungs-/Entschädigungsleistungen entstehen zwar nach englischem Recht mit der Entlassung von Arbeitnehmern unmittelbare Kosten, denen aber durch eine Vereinfachung des Kündigungsverfahrens auch Kostenersparnisse gegenüberstehen. Es verringern sich Kosten wegen nachhaltiger Verzögerung von Strukturanpassungen, wegen Prozeß oder Rechtsberatung sowie wegen "Alternativtaktiken" infolge hohen Entlassungsschutzes (Transaktionskosten).

Soweit es unter den ohnehin nicht unerheblichen Anpruchsvoraussetzungen des ERA zu Abfindungsleistungen kommt, dürften diese die ersparten Kostenpotentiale nicht überkompensieren. Das englische Kündigungsrecht knüpft schon vom Sinn des Rechtsinstituts des *redundancy payment* an berechenbare Abfindungsleistungen als Gegenwert zu *Effizienzgewinn und Wettbewerbsfähigkeit* eines vom Beschäftigungsabbau betroffenen Unternehmens an.

Aus dem Blickwinkel der unter Teil 2, 1. Abschnitt B. skizzierten *Arbeitsmarkttheorien* begünstigt die englische Kündigungsschutzregulierung durch eine größere Gewähr von Anpassungsflexibilität die Angebotsseite. Das auf ein Beschäftigungszugangsproblem verdichtete *Konfliktverhältnis* zwischen *insidern und outsidern*[1257] wird mit kündigungsrechtlich unterstütztem Austauschwettbewerb der Arbeitnehmer abgeschwächt. Nach konjunkturell bedingter Arbeitslosigkeit und externen Schocks wird ein Anwachsen der Beschäftigung über erleichterte Marktzugänge gewährleistet. Nachvollziehbar ist daher, wenn im Vereinigten Königreich nach einem infolge der Umstrukturierung hohen Stand an Arbeitslosigkeit tendenziell deren erheblicher Rückgang verzeichnet werden konnte.[1258]

Wollte man an das englische Kündigungsschutzrecht die Maßstäbe der deutschen Verfassung (Sozialstaatprinzips und soziale Grundrechte) anlegen, um eine Übertragung englischer Rechtsgedanken auf das deutsche Recht zu prüfen, so dürften die hier dargestellten Schutznormen *nicht per se* verfassungswidrig sein. Denn, wie ausgeführt, wird aus dem sozialstaatlichen Auftrag bezogen auf das Kündigungsrecht zwar eine klare Grundsicherung gegen willkürliche Entlassun-

1256 Vgl. die Zusammenhänge unter Teil 2, 1. Abschnitt, A. und B.; dazu das Ergebnis von Hector, S. 119ff., 133ff.

1257 Vgl. Teil 2.

1258 Einleitung und Teil 3 1. Abschnitt A., Beschäftigungsentwicklung in Großbritannien.

gen und für ein faires Kündigungsverfahren abzuleiten sein[1259], hingegen nicht ein bestimmtes Schutzniveau im Sinne einseitiger Verstetigung sozialer Schutzstandards.

Wird vom Rechtskonzept des Kündigungsschutzes her ein Abfindungsrecht mit der Option des Arbeitsplatzschutzes verbunden, dürfte dies dem Ansatz sozialer Grundrechte des Arbeitnehmers nicht entgegenstehen. Das englische Kündigungsrecht mit seiner *Möglichkeit,* soziale Gesichtspunkte über Vereinbarungen in das Kündigungsverfahren einzuschließen, dürfte inhaltlich auch sozialstaatlichen Anliegen entsprechen.

Bedenken hinsichtlich einer Grundrechtskonformität entstünden eher unter dem Aspekt eines erheblichen Schwellenwertes zur Erreichung von Kündigungsschutz- und Abfindungsrechten nach zwei Jahren Beschäftigungsdauer.[1260] Zwar schränkt auch das deutsche *Beschäftigungsförderungsrecht* bzw. Teilzeit- und Befristungsrecht mit einer ohne Begründung zulässigen Befristungsmöglichkeit des Arbeitsverhältnisses von zwei Jahren (TzBfG) den deutschen Kündigungsschutz ein. Gleichwohl wird das befristete Beschäftigungsverhältnis dadurch zu *keinem Regelarbeitsverhältnis*; bewußt soll das befristete Beschäftigungsverhältnis die Ausnahme bleiben und lediglich Beschäftigungschancen durch eine Herabsetzung von Einstellungsbarrieren schaffen. In Großbritannien hingegen ist nicht nur eine freie Vertragsbefristung ohne wesentliche Einschränkungen zulässig, sondern bezieht sich die Zugangsschranke zum Kündigungsschutz faktisch auf die unbefristeten Regelarbeitsverhältnisse aller Arbeitnehmer.

Mehr noch als das englische gilt gemeinhin das US-Kündigungsrecht als den Prinzipien des Marktes verpflichtet. Die hier zitierte OECD-Studie weist das kündigungsrechtliche Niveau des US-Kündigungsschutzes hinter das englische auf die vergleichsweise unterste Stufe.[1261] Nachtstehend sollen im Zusammenhang mit dem Beschäftigungsproblem die Charakteristika des amerikanischen Bestandsschutzrechts als Referenzsystem am Beispiel des Bundesstaates Michigan näher skizziert werden. Im Bundesstaat Michigan hat sich seit den 80ger Jahren ähnlich wie in anderen Bundesstaaten eine Rechtsprechungspraxis herausgebildet, die für kündigungsrechtliche Entwicklungstendenzen in den USA stehen kann.[1262]

1259 Näher: Löwisch, NZA 1985, S. 478f.; Teil 2 2. Abschnitt.

1260 Zur Überprüfung der Kleinbetriebsklausel im KSchG mit Blick auf Art. 12 I GG Unternehmerrechte: BVerfG, NJW 1998, S. 1475ff.

1261 OECD, Employment Outlook 1999, S. 47.

1262 Peritt, Employee Dismissal, Law and Practice, 1998, S. 5f.

2. Abschnitt: Das System der Entlassung aus betrieblichen Gründen in den USA und mögliche Wirkungen auf den Beschäftigungsstand

Ein Blick auf jüngere Beschäftigungsanalysen aus den Vereinigten Staaten[1263] verdeutlicht eine positive Beschäftigungsbilanz innerhalb des vergangenen Jahrzehnts. Zumindest scheint die Entwicklung des US-Arbeitsmarktes mehr als in Deutschland und Europa *Konjunktur*trends zu folgen und damit weniger ein *strukturelles* Beharrungsvermögen hoher Arbeitslosigkeit mit geringem Beschäftigungswachstums zu zeigen.

A. Das Beschäftigungswachstum in den USA

Wie in den europäischen Staaten, so wurden auch in den USA in den vergangenen Jahren neue Wettbewerbsstrategien durch sogenanntes downsizing, downturn, re-engineering und lean management umgesetzt.[1264] Dieser Prozeß führte zunächst zu einer erheblichen Freisetzung von Arbeitnehmern und einem Anstieg der Arbeitslosenzahlen.[1265] Während allerdings nach erfolgten Restrukturierungsmaßnahmen die Arbeitslosigkeit in den europäischen G7-Staaten, namentlich in Deutschland, auf einem Hochstand verblieb, scheint mit zunehmendem Wachstum der US-Wirtschaft (Industrie und Dienstleistungen)[1266] eine kontinuierlich steigende Zahl Beschäftigungsloser vom Arbeitsmarkt absorbiert worden zu sein. Nach Haltiwanger[1267] spricht für diese Entwicklung, daß bei einer Entlassungsrate von 10% der Beschäftigten eine genauso hohe Einstel-

---

1263 die beispielhaft ausgewählten Berichte des LRR (Labor Relation Reporter): 148 LRR v. 30.1.1995, S. 117ff.; ders., v. 20.2.1995, S. 215ff., 335ff.; ders., v. 20.3.1995, S. 340f.; ders., v. 3.4.1995, S. 413; 149LRR v. 8.5.1995, S. 48ff.; ders., v. 5.6.1995, S. 180; 150LRR v. 16.10.1995, S. 204ff.; ders., v. 30.10.1995, S. 276f.; ders., v. 13.11.1995, S. 340ff.; ders., v. 18.12.1995, S. 502ff.; ders., v. 15.1.1995, S. 50f.; 151 LRR v. 11.3.1996, S. 314ff.; ders., v. 1.4.1996, S. 409ff.; ders., v. 8.4.1996, S. 435ff.; Büchtemann, in: Empter/Frick, S. 67ff.; zum ganzen: Holtfrerich, S. 225ff.; Schettkat, WSI-Mitt. 1994, S. 363ff.; Walwei/Werner, Das amerikanische "Beschäftigungswunder", Teil 4, 1998; eurostat Pressemitteilung Nr. 53/2000 (Mai); eurostat Pressemitteilung Nr. 39/2003 (Mai); zur Beschäftigungsentwicklung 1991-2001, US Department of Labour (BSL), chart 3, www.del.gov/ilab.

1264 Vgl. Hümmerich, NZA 1996, S. 1289ff. (1291); Ausgangspunkt für betriebsbedingte Kündigung: Peritt, Employee Dismissal Law and Practice, 1998, S. 193f.

1265 FAZ v. 9.4.1996, S. 1.

1266 FAZ v. 9.4.1996, S. 1.

1267 Vgl. Haltiwanger, in: 148 LRR v. 20.3.1995, S. 335; für die Recall Situation nach Massen-layoffs, 149 LRR v. 8.5.1995, S. 52; 149 LRR v. 5.6.1995, S. 149.

lungsrate nach Beendigung der Restrukturierungsmaßnahmen folgte.[1268] Das Beschäftigungswachstum über den Zeitraum der 90er Jahre[1269] hat sich bewahrt. Lag seit 1983 die Arbeitslosenquote durchgängig drei bis vier Prozentpunkte unter derjenigen der europäischen Länder, so folgte ab 1994 mit einem gravierenden Ansteigen des Wirtschaftswachstums ein Abfallen der Arbeitslosenquote[1270] über 5%[1271] auf zeitweise ca. 4,0%, um derzeit allerdings über 6% zu erreichen.[1272] Nachweisen läßt sich im Vergleich eine *unterschiedliche Beschäftigungsintensität* des Wirtschaftswachstums. Bei gleichem Wachstum werden in den USA mehr Personen beschäftigt als in Deutschland. Die Unterschiede werden in einer Gegenüberstellung der Wachstumsraten des Bruttoinlandsproduktes mit den Änderungsraten der Beschäftigung erkennbar.[1273] Viel spricht dafür, daß es sich bei jenem Beschäftigungszuwachs in den letzten Jahren nicht um die Schaffung von Stellen minderer Güte handelt.[1274]

Zur Erklärung eines mit Wachstum und Konjunktur einhergehenden Ansteigens der Beschäftigungsrate können Gründe angegeben werden, die sicherlich in den *Besonderheiten der US-Ökonomie* zu suchen sind. Neben einer generell höheren Marktdynamik, einer Zunahme von Teilzeitbeschäftigung[1275], längeren Arbeitszeiten durch ein beschränktes Urlaubswesen, geringeren Krankenständen[1276] sowie moderaten bis niedrigen Lohnsätzen[1277] dürfte nach den bisherigen

---

1268 150 LRR v. 30.10.1995, S. 276ff. (276) m.w.N.

1269 Vgl. Büchtemann, in: Empter/Frick, S. 69; Horn, Die Mitbestimmung 1996, H. 7+8, S. 32.

1270 151 LRR v. 8.4.1995, S. 435ff. (437): in den europäischen Staaten herrscht mit im Durchschnitt 12% die höchste Arbeitslosenzahl seit dem 2. Weltkrieg, lediglich Großbritannien scheint die Ausnahme darzustellen.

1271 Freemann/Rogers, Die Mitbestimmung 1996, H. 7+8, S. 14; 148 LRR v. 20.2.1995, S. 215ff.: Die Weststaaten Oregon, Washington, Arizona, Idaho, Nevada, Utah und Alaska verzeichneten 1994/1995 einen moderaten Anstieg der Beschäftigung. Die Produktionsindustrie hat sich erholt und der Dienstleistungssektor expandiert. Die Arbeitslosenrate lag in diesen Staaten bei 5-6%, teilweise auch unter 4%.

1272 Vgl. Die Mitbestimmung, 7+8 (Juli/August) 1996, S. 14ff.; OECD, Employment Outlook 1999, S. 47ff.; Walwei, MittAB 2/98, S. 334; eurostat Pressemitteilung Nr. 53/2000 (Mai): Arbeitslosenquote 4,0%, Pressemitteilung Nr.39/2003 (April): Arbeitslosenquote 5,8% gegenüber Eurozone (8,7%); Monatsbericht der Beschäftigungssituation (Juni), US-Department of Labour (BSL), www.bls.gov/news.

1273 Zu Entwicklung und Zukunftstrend: Walwei/ Werner, Das amerikanische "Beschäftigungswunder", Teil 4, 1998

1274 151 LRR v. 8.4.1996, S. 435ff. (436).

1275 Vgl. Horn, Die Mitbestimmung 1996, H. 7+8, S. 33, vier von fünf Arbeitsplätzen fielen auf den Dienstleistungssektor; Büchtemann, in: Empter/Frick, S. 71; Freeman/Rogers, Die Mitbestimmung 1996, H. 7+8, S. 14ff. (15).

1276 Vgl. Büchtemann, in: Empter/Frick, S. 70.

Darstellungen auch der vergleichsweisen *Dereguliertheit arbeitsrechtlicher Schutzbestimmungen* ein erheblicher Anteil am Beschäftigungswachstum einzuräumen sein.[1278] Der Fokus richtet sich bei letztgenanntem Aspekt auf den Kündigungsschutz.[1279]

B. Regulierung der Arbeitsbeziehungen in den USA

I. Konzeption arbeitsrechtlicher Beziehungen

Allgemein gesprochen, hat die arbeitsrechtliche Regelungsdichte für US-amerikanische Verhältnisse in den letzten Jahren zugenommen.[1280] Im Mittelpunkt dieser Entwicklung stand besonders das in Bundesgesetzen, Gesetzen der Einzelstaaten, Richtlinien und Verordnungen geregelte *Antidiskriminierungsrecht.* Für den Kündigungsschutz bei betriebsbedingter Kündigung ist die Regelungsmaterie des Antidiskriminierungsrechts insofern von Bedeutung, als die Frage der Altersdiskriminierung davon berührt werden kann.[1281]

Die Bedingungen der Arbeitsbeziehungen waren in den USA zunächst ausschließlich über Kollektivvereinbarungen geregelt. Zur Sicherung der Kollektivvereinbarungen garantierten Arbeitsgesetze vor allem gewerkschaftliche Bestandsrechte. Dies um so mehr, als das Common Law der Gerichte zum kollekti-

---

1277 Vgl. Büchtemann, in: Empter/Frick, S. 73, 1979-1989, 10% pro Haushalt; Dörsam, IAW-Mitt. 1995, S. 12ff. (21); Büchtemann, in: Empter/Frick, S. 75, Beschäftigung unterhalb des Sozialhilfeniveaus; gering qualifizierter Niedriglohnsektor: Eger, BeitrAB 2002, S. 70; Freemann/Rogers, Die Mitbestimmung 1996, H. 7+8, S. 15; Holtfrerich, S. 229f.; Walwei/ Werner, Das amerikanische "Beschäftigungswunder", Teil 4, 1998 sehen darin ein Dilemma.

1278 Näher: Thüsing, NZA 1999, S. 635ff.

1279 Vgl. Reimann/Ackmann, S. 8f.

1280 Vgl. Eger, BeitrAB 2002, S.45f; Holtfrerich, S. 239f.; Überblick bei Turcon/Zimmer-Silbergeld, S. 142ff.; Roehm/Albicker, RIW 1993, S. 721ff.; für den Staat Michigan Ruga/Przybylowicz/Kopka-Marschall III./Kopka, Michigan Employment Discrimination Law, VIII, A.ff; Civil Rights Act 1866; Titel VII des Civil Rights Act 1964; Equal Pay Act von 1963; Americans with Disabilities Act sowie einzelstaatliche Regelungen.

1281 Überblick bei Turcon/Zimmer-Silbergeld, S. 142ff.; Lipsig, Downsizing 1996, Chap 2 (D),S.33; Peritt, Employee Dismissal Law and Practice, 1998, Chap.3, S.200ff; für Michigan, Ruga/Przybylowicz/Kopka-Marschall III./Kopka, Michigan Employment Discrimination Law, VIII, A.ff; Civil Rights Act 1866; Titel VII des Civil Rights Act 1964; Equal Pay Act von 1963; Americans with Disabilities Act sowie einzelstaatliche Regelungen; Überblick: Thüsing, NZA 1999, S. 635 m.w.N.

ven Arbeitsrecht als politisch anfällig und z.T. willkürlich eingestuft wurde.[1282] Um eine den Gerichten unterstellte *Uneffektivität* und *Unflexibilität* zu minimieren und *volkswirtschaftliche Anreize* zu schaffen, sollten staatliche Regelungen zu Vereinheitlichung, Rechtssicherheit, Rechtsgarantie sowie Rechtsbefriedung führen.[1283]

Der in diesem Sinn erlassene National *Labour Relations Act (NLRA)* legt im wesentlichen die Rechte der organisierten Arbeitnehmerschaft fest.[1284] Die Kollektivverträge regeln – unter Maßgabe einer zunehmenden Zahl arbeitsrechtlicher Bundes- und Staatengesetze – aber nach wie vor das Individualarbeitsverhältnis (employment law). Zugleich ist Arbeitsrecht in erster Linie auch Vertragsrecht und eine Kündigung – ähnlich dem englischen Rechtsverständnis – ein möglicher Vertragsbruch mit schadensersatzrechtlichen Folgen.[1285]

Die spezielle Regelungsmaterie des Kündigungsrechts ist – soweit ersichtlich – *nur in einem Staat (Montana) ausdrücklicher Gegenstand* eines allgemeinen Kündigungsschutzgesetzes. Im übrigen stützt sich die bisherige kündigungsrechtliche Entwicklung auf die Rechtsprechung in den Einzelstaaten. Darüber hinaus ist das Arbeitsrecht, d.h. die Regelung von Inhalt, Vollzug und Beendigung des Arbeitsverhältnisses sowie das Kündigungsschutzverfahren kollektivvertraglich geprägt *(collectiv bargaining agreement)*. Dadurch, daß das Kollektivarbeitsrecht *(labor law)* auf Bundesrecht *(Labor Relations Act, NLRA)* beruht, wird Staatenrecht insoweit verdrängt. Damit wirkt der Kollektivvertrag auf das Common Law wie ein Gesetz.

Hinsichtlich des Inhalts von Kollektivvereinbarungen kann zwischen notwendigen[1286] und freiwilligen Regelungen[1287] sowie Regelungsverboten[1288] unterschieden werden. Eine Mitbestimmungskonzeption (BetrVG) wie sie in Deutschland gewachsen ist existiert hingegen nicht.[1289]

1282 Vgl. Hardin, S. 3ff. mit historischem Abriß; Holtfrerich, S. 234ff.

1283 Vgl. Hardin, S. 4; Müller-Lukoschek, S. 11ff.

1284 Holtfrerich, S. 239f.; Liebers, S. 51f; Müller-Lukoschek, S. 13, der sanktionierte Sonderabschluß des Arbeitgebers mit einzelnen Arbeitnehmern; aber die Einschränkungen: Taft-Haftley-Act aus dem Jahre 1947 und US Supreme Court in Steel v Louisville & Nashville Railroad Company 323 US 192 (1944).

1285 Vgl. Müller-Lukoschek, S. 7f.; Reimann/Ackmann, S. 274f.

1286 Vgl. Hardin, S. 592, Pflichtvereinbarungen wie Bezahlung, Arbeitsstunden, andere Bedingungen der Arbeit.

1287 Vgl. Hardin, S. 595 u. 596, freiwillige Vereinbarungen wie Leistungsvorgaben, Hierarchien, Schlichtungsverfahren.

1288 Vgl. Hardin, S. 595 u. 596, ein Vereinbarungsverbot besteht hinsichtlich "closed shop"-Klauseln, Einstellungsvorzugsklauseln für Gewerkschaftsmitglieder, Klauseln, die unter ein Antidiskriminierungsgesetz fallen sowie "hot cargo"-Klauseln.

1289 im Überblick genauer Elsing, S. 145; Hardin, S. 587ff.

Die nach wie vor für die Arbeitsbedingungen zentrale Regelungsfunktion der Kollektivvereinbarungen[1290] setzt eine starke Gewerkschaft voraus.[1291] Zielt staatliche Rechts- und Wirtschaftspolitik auf eine Schwächung der Gewerkschaftsmacht, wird ein nicht unerhebliches Maß an arbeitsrechtlicher Regulierung aus dem Markt genommen.[1292]

II. Kündigungsschutz und Regulierungstendenzen in den USA

Obwohl bereits in den 40er Jahren des 20. Jahrhunderts auch in den USA die Auffassung vertreten wurde, daß das Arbeitsverhältnis hinsichtlich der wirtschaftlichen Machtstruktur der Vertragsparteien nicht demjenigen der Vertragsparteien auf dem Gütermarkt entspreche[1293], herrschte im common law bis in die 70er Jahre die sogenannte *employment at-will doctrine* vor. Diese auch als *"hire and fire"* bekannte Praxis besagt, daß ein unbefristetes Arbeitsverhältnis jederzeit mit oder ohne Angabe von Gründen durch jede der Parteien gekündigt werden kann. Aufgrund sozialer, aber auch ökonomischer Gesichtspunkte wurde diese Praxis jedoch zunehmend kritisiert.[1294] Von kollektivvertraglichen Regelungen abgesehen, haben schließlich auch Staatengesetze und das Richterrecht die at-will doctrine vor allem in den 80er Jahren durch die sogenannte *wrongful-termination doctrine* und just cause-Rechtsprechung eingeschränkt.[1295]

Nach Schätzungen könnten jährlich 150.000 bis 200.000 berechtigte Klagen auf der Grundlage dieser jüngeren Rechtsprechung erhoben werden, was sich allerdings in der Praxis bisher nicht bestätigt hat.[1296] Da gerichtliche Kündigungsschutzklagen in den Vereinigten Staaten vor einer Jury der Zivilgerichte verhandelt werden und eine ungerechtfertigte Kündigung vor allem im Fall nachgewiesener Diskriminierung des Arbeitnehmers als *schadensersatzbe-*

1290 Vgl. Möller, WSI-Mitt. 1994, S. 363ff. (366) Beschäftigung, Flexibilität, Mobilität und Wettbewerbsfähigkeit; zu Formen des Beschäftigungserhalts im Fall des "featherbedding": Moll, Kollektivvertragsrecht, S. 13ff.

1291 Vgl. Freedman, 150 LRR v. 6.11.1995, S. 311ff. (312) zu der Entwicklung im einzelnen; 150 LRR v. 16.10.1995, S. 204ff.; Holtfrerich, S. 239f.

1292 Dazu Feldengut, Die Mitbestimmung, H. 7+8 1996, S. 47ff. und Müller-Jentsch im selben Heft, S. 52ff.; Holtfrerich, S. 250.

1293 imi Überblick: Thüsing, NZA 1999, S. 635ff. (637).

1294 Eger, BeitrAB 2002, S.46 u. 65; Müller-Lukoschek, S. 48ff.; Peritt, Employee Dismissal Law and Practice, 1998, S.3ff; Thüsing, NZA 1999, S. 635ff.(637); Reimann/Ackmann, S. 290; Labor Relations Expeditor (LR) *1988*, LRX *560*: 102.

1295 Vgl. Überblick über den Gesamtbereich: Labor Relations Expeditor 1988, LRX 560: 102.

1296 Vgl. Dörsam, IAW-Mitt. 1995, S. 12ff. (18) m.w.N.

währter Vertragsbruch gilt, kann es bei Verurteilung des Arbeitgebers zu spektakulären Schadensersatzsummen kommen. Gleichwohl sind derartige Entscheidungsergebnisse für den normalen Gang eines Kündigungsschutzverfahrens nicht die Regel.[1297]

Selbst hinsichtlich des noch immer arbeitsrechtlich zurückhaltend regulierten Marktes in den USA warfen Unternehmensorganisationen angesichts neuerer arbeitsrechtlicher Gestaltungstendenzen die Frage auf, inwieweit das Gelingen des Restrukturierungsprozesses mit der Wirkung arbeitsmarktlicher Regulierungen vereinbar sei.[1298] Untersuchungen ergaben, daß die Rolle des Staates und der Bundesgesetze von 60% der befragten Unternehmer als investitionshinderlich angesehen wurden. 34% gaben an, die Bundespolitik habe keinen Einfluß auf Investitionen und Wettbewerb. Lediglich 7% sprachen von einer Verbesserung der Unternehmenslage durch die staatliche Rechtspolitik.[1299] Bezug genommen wurde vor allem auf den mehrfach ergänzten Wagner Act von 1938 und den National Labor Act[1300] sowie auf weitere Bundesgesetze.[1301]

Unberechenbarkeit und Kostenträchtigkeit des Rechts, namentlich des Kündigungsschutzes, so wurde festgehalten, hätten auf das Einstellungs- und Entlassungsverhalten der Unternehmen negative Auswirkungen.[1302] Unter Berücksichtigung von Unterschieden in der Industriestruktur wurde bei Bundesstaaten mit relativ starkem Kündigungsschutz ein Rückgang der Beschäftigung um 3 bis 4% gegenüber den Staaten mit strikter at-will-Rechtsprechung registriert.[1303] Nach anderen Feststellungen allerdings hätten Massen-lay-offs und die Verminderung der Mitarbeiterzahlen nicht unbedingt eine höhere Profit- und Produktivitätsrate mit sich gebracht.[1304] Die daraufhin verstärkt erfolgte Ersetzung "regulierter" Arbeitsverhältnisse durch *alternative* Beschäftigungsarten (z.B. befristete Be-

---

1297 Vgl. Reimann/Ackmann, S. 290.

1298 Bericht, 150 LRR v. 16.10.1995, S. 204ff.

1299 148 LRR v. 20.3.1995, S. 335.

1300 Vgl. im Überblick Elsing, S. 145ff.; Roehm/Albicker, RIW 1993, S. 721ff.

1301 150 LRR v. 13.11.1995, S. 348ff. (348): Gesamtbelastung befragter Firmen durch das Bundesrecht im Schnitt mit $ 2,4 Mrd. im Jahr 1994 und durchschnittlich $ 139 Mio. pro Unternehmen fest.

1301 Die Kosten standen allerdings einem Umsatzvolumen von $ 327,8 Mrd. 1994 (1%) gegenüber.

1302 Vgl. Dörsam, IAW-Mitt. 1995, S. 12ff. (18); allg. Eger, BeitrAB, 2002, S. 68; David/Grasmann-Will, S. 524ff.

1303 Vgl. Dörsam, IAW-Mitt. 1995, S. 12ff. (18).

1304 Vgl. 150 LRR v. 16.10.1995, S. 215.

schäftigung oder Leiharbeit) konnte als Grund schnellerer Absorption zuvor entlassener Arbeitnehmer identifiziert werden.[1305]

III. US-amerikanischer Kündigungsschutz in der Verfahrenspraxis

1. Das gerichtliche Verfahren[1306]

Das gerichtliche Verfahren in Arbeitssachen unterfällt in den USA der allgemeinen Zivilgerichtsbarkeit. Der Kündigungsschutzprozeß[1307] kann daher vor einer Jury stattfinden. Diese entscheidet anhand vorgetragener Beweise und/oder Indizien über die Feststellung bestimmter Tatsachen. Ist die Jury in erster Linie auf die Feststellung der sich aus dem Parteienvortrag (Beibringungsgrundsatz) ergebenden Fakten beschränkt (jury review), so kann das Gericht die rechtliche Würdigung des Falles vornehmen. Grundlage bietet entweder das Gesetz, das Common Law oder, bei Vorliegen eines Kollektivvertrags, dessen Inhalt. Wo die Vertragsbeziehung zwischen den Parteien mehr als eine rechtliche Auslegungsmöglichkeit zuläßt, können die Gerichte ihre eigenen Kriterien hinsichtlich der Interpretation der Rechtsbeziehungen entwickeln. Wo es in Verträgen an ausdrücklichen Regelungen fehlt, können sie die Lücken füllen, um der Vertragsbeziehung einen Sinn zu geben.[1308]

Die Wahl des gerichtlichen Verfahrens vor der Jury muß keinen Nachteil für den Arbeitnehmer bedeuten. Im Gegenteil – und hierin liegen zugleich die Risiken des Jury-Prozesses für den Arbeitgeber – begünstigt der Jury-Prozeß den Arbeitnehmer bei einer entsprechenden Zusammensetzung der Jury-Mitglieder (z.B. Mitglieder, die sich zum überwiegenden Teil selbst in Anstellungsverhältnissen befinden).[1309]

1305 Kritisch: Sog. "Contingent Worker", 150 LRR v. 6.11.1995, S. 311ff. (311), Arbeitnehmer, die auf Abruf Hilfsunternehmern und unabhängigen Vertragspartnern als tages- oder teilzeitbeschäftigte Arbeitnehmer oder als Arbeitnehmer ohne lange feste Bindung zur Verfügung stehen. Dieses spezielle Bereithalten eines Arbeitnehmer-Pools besteht neben der ohnehin unbeschränkten Möglichkeit des Abschlusses befristeter Beschäftigungsverhältnisse.

1306 Die im folgenden angegebenen Hinweise sind beispielhaft der Rspr. des Staates Michigan entnommen.

1307 Trotz erheblicher Unterschiede zum deutschen Kündigungsschutzprozeß soll der Begriff hier vereinfachend verwendet werden.

1308 Rowe v Montgomery Ward, 437 Mich. 627 (628). Auslegung des Arbeitsvertrages im Sinne eines "just cause Arbeitsverhältnisses"

1309 Vgl. Ruga/Przybylowicz/Kopka-Ruga, Michigan Wrongful Discharge, 1996, § 9. 47; Solidarisierung der Jury mit dem streitenden Arbeitnehmer.

Zwar wird das verdict eines jury trail eine Wiedereinstellung des Arbeitnehmers meist nicht mehr in Betracht ziehen, doch kann die Jury im Einzelfall über den Schadensersatz für eine unzulässige Kündigung als Kompensations- und gegebenenfalls zusätzlichen Strafschadensersatz beträchtliche Summen festlegen. Einige verallgemeinerungsfähige Beispiele hierzu aus der Rechtsprechung des *Bundesstaates Michigan* zu Kündigungssachverhalten[1310]:

So war der Arbeitgeber in *Toussaint v Blue Cross and Ebling* zu $ 72.835.52 bzw. $ 300.000 (fristlose, im Ergebnis vertragswidrige Kündigung auf at-will Basis)[1311] verurteilt worden. In anderen Fällen bestätigte das Berufungsgericht Schadensersatzsummen in Höhe von $ 560.000[1312] bzw. $ 750.000 (rechtswidrige Herabstufung eines Geschäftsführers auf den Posten eines Verkäufers im Innendienst)[1313] und $220.000 (Kündigung unter Verletzung des Diskriminierungsverbots wegen Alters).[1314] Berücksichtigt wurden hierbei im einzelnen u.a. die Größe und Finanzkraft des Arbeitgebers, die Schwere der Vertragsverletzung durch die Kündigung des Arbeitgebers sowie Milderungsgesichtpunkte bzw. Schadensbegrenzungspflichten des Arbeitnehmers.[1315]

Die Prozeßlösung eines Arbeitskonfliktes vor den US-Zivilgerichten wird von der Praxis schon seit längerem für problematisch erachtet. Ansatz der Kritik sind die geschilderten Unwägbarkeiten und Kosten des Verfahrens. Auch hinsichtlich der Fähigkeit der Gerichte, Rechte und Pflichten der Parteien praktikabel zu bestimmen und Anweisungen für die Praxis zu geben, wurden Bedenken geäußert.[1316] Das gerichtliche Verfahren wurde überdies als sperrig und die rechtlichen Nachbesserungs- und Verbesserungsversuche als unflexibel und uneffektiv angesehen.[1317] Den Gerichten bzw. Richtern bescheinigte die Praxis zuweilen sogar einen statusbedingten, eingeschränkten Verständnishorizont wirtschaftlicher Zusammenhänge in Arbeitssachen.[1318] Dies, obwohl in den Vereinigten Staaten sehr viel umfassender als nach europäisch-kontinentalem Rechts-

---

1310 staatenbezogener Überblick: Lipsig, Downsizing,chap.2, S.13ff (16).

1311 Toussaint v Blue Cross & Blue Shield, and Ebling v Masco Corp. 408 Mich. 579, 292 NW2d 880 (1980), zum Sachverhalt unten.

1312 Ritchie v Michigan Consolidated Gas Co. 176 Mich. App 323, 439 NW2d 706 (1989).

1313 Brewster v Martin Marietta Aluminium Sales, Inc. 145 Mich. App 641, 378 NW2d 558 (1985).

1314 Wolff v Automobile Club of Michigan,194 Mich App 6,486 NW2d 75 (1992).

1315 Zu den Komponenten des Schadensersatzes noch unten.

1316 Vgl. Hardin, S. 3ff.

1317 Hardin, S. 3ff.

1318 Hardin, S. 8 m.w.N. zu der diversity-of-citizenship Juristiction.

denken gesellschaftspolitische, d.h. soziologische und *ökonomische Ansätze* in rechtliche Gestaltungsformen Eingang finden.[1319]

Die Kritik an der zivilgerichtlichen Praxis in Arbeitssachen und der Wunsch, wirtschaftliche Hemmnisfaktoren (Kosten, Rechtsunsicherheit etc.)[1320] abzubauen, führte, ähnlich wie in Großbritannien so auch in den USA, zur Etablierung *alternativer Verfahrensformen der Streitschlichtung.*

2. Die Schieds- bzw. Schlichtungsebene

Durch Bundesgesetz wurde über den *"Federal Mediation and Conciliation Service, Arbitration Service"* in den USA ein besonderes Schieds-/Schlichtungsverfahren in Arbeitssachen eingeführt.[1321] Nach der Zielsetzung der US-Schlichtungspolitik soll die Beilegung von Arbeitskonflikten in erster Linie durch freiwillige Vergleichsvereinbarungen gefördert werden. Die auf konstruktives Handeln und Kooperation angelegte Schlichtung wird nach der Gesetzesintention als entscheidender Beitrag zur Befriedung in wirtschaftlich begründeten Auseinandersetzungen und damit als volkswirtschaftlich wünschenswert angesehen.[1322]

Der Mediation/Arbitration-Konzeption liegt zugrunde, daß in organisierten Unternehmen durch Kollektivvertrag Vereinbarungen über ein internes Schlichtungsverfahren getroffen werden können.

In nicht organisierten Unternehmen[1323] geschieht die Einführung der Schlichtung etwa durch eine vom Arbeitgeber festgeschriebene Betriebsordnung (arbitration clause, company's handbook)[1324], als allgemeine Betriebspolitik der

---

1319 Vgl. Reimann/Ackmann, S. 10f.; Bellace, The Labor Lawyer 1993, 595ff. (603ff.), the "law and economics movement" (ökonomische Analyse des Rechts der Chicagoer Schule).

1320 Vgl. Bellace, The Labor Lawyer 595 (1993), S. 603ff.; Moll, RdA 1984, S. 223; Müller-Lukoschek, S. 1; Ruge/Przybylowicz/Kopka-Ruga, Wrongful Discharge, § 9. 37f.

1321 Text der Federal Mediation and Conciliation Service, Arbitration Services (FMCS/AS), Labor Relations Expediter (LRX), Labor Relations Reporter (LRR) 5017.

1322 Vgl. FMCS/AS, LRX 5017.

1323 der Chefjustitiar der obersten Bundesarbeitsbehörde (National Labor Relations Board, "NLRB"), Olin Corp., 268 NLRB 573, 115 LRRM 1056 (1984); United Technologies Corp., 268 NLRB 557, 11LRRM 1049 (1984); Colleyer Insulated Wire, 192 NLRB 837, 77 LRRM 1931 (1971); Spielberg Manufacturing Co., 12 NLRB 1080, 36 LRRM 1152 (1955), es entsteht allerdings das Problem, ob nicht die Etablierung des internen Schlichtungsverfahrens zur gewerkschaftlichen Organisation zwingt, um dergestalt Vereinbarungen abschließen zu können.

1324 Peter p. Nghiem v NEC Electronic. Inc. 25 F. 3d 1437 (9th Cir. 1994).

Streitschlichtung (arbitration policy)[1325], in Betriebshandbüchern oder innerhalb der Arbeitsverträge (Arbeitsvertragsform "U-4")[1326]. Der Arbeitnehmer kann danach eine Beschwerde (grievance) gegen die Maßnahme (hier z.B. Kündigung) einleiten (grievance procedure). Die Maßnahme (Kündigung) durchläuft daraufhin verschiedene betriebsinterne Stufen der Überprüfung, an der Management und Arbeitnehmer gemeinsam beteiligt sind. Verläuft die interne Überprüfung der Kündigung negativ, obliegt es den Parteien, die *staatliche Schlichtungsstelle* anzurufen und ein Schlichtungsverfahren einzuleiten, an dessen Ende dann eine bindende Entscheidung des Schlichters steht.[1327]

Ein Ausschluß des ordentlichen Rechtswegs kann solange und soweit gegeben sein, wie Arbeitgeber und/oder Arbeitnehmer ein vereinbartes Schlichtungsverfahren etwa im Streit um eine Kündigung nicht durchgeführt haben.[1328] Damit kann es in erster Linie darauf ankommen, ob eine *Arbitration-Klausel* von den Parteien wirksam vereinbart worden ist.[1329] Den Verfahrensvereinbarungen sind aber z.B. dort Grenzen gesetzt worden, wo über die geregelte Materie nur Gerichte entscheiden können.[1330] Auch wurden Verfahrensvereinbarungen für nicht bindend erklärt, die allgemein garantierten Verfahrensprinzipien (z.B. fai-

---

1325 Wojcki v Aetna Life Insurance and Annuity Co. 1995 U. S. Dist. LEXIS 12478 (N. D. III. Aug. 25, 1995); Mave v Smith Barney, Inc., 1995 U.S. Dist. LEXIS 11881 (S.D.N.Y. Aug. 17, 1995) als "Principles of Employment".

1326 Stromberg v Howe Barnes Invs., 1995 U.S. Dist. LEXIS 8478 (N.D. III, June 16, 1995); Hall v Metlife Resources, 1995 U.S. Dist. LEXIS 5812 (S.D.N.Y. May 3, 1995).

1327 Vgl. Beispiel der Eaton Corporation 1995 Employment Law Conference MANUAL, National Employment Law Institute, 1995, S. 20; ausdrücklich die Maßstäbe für ein "fair treatment of employees" etwa in Renny v Port Huron Hospital, 427 Mich. 415, 398 NW2d 327 (1986).

1328 Williams v Cigna Financial Advisors. Inc. 56 F. 3d 656 (5th Cir. 1995).

1329 zur Bindungswirkung etwa Kinnebrew v Gulf Ins. Co. U.S. Dist LEXIS 19982 (N.D. Tex. Nov. 28, 1994); Larry M. Lang v Burlington Northern Railroad Co., 835 F. Supp. 1104 (D. Minn. 1993); Hampton v Itt Corp., 829 F. Supp. 202 (S.D. Tex 1993) und zur Verwirkung von Verfahrensrechten, Ritchie v Ohio Center For Youth & Family Dev., No. 1879, 1989 Ohio App. LEXIS 2237 (Lawrence Cty. June 5, 1989).

1330 Mastrobuono v Shearson Lehmann Hutton, Inc., 115 S. Ct. 1212 (1995); Prudential Ins. Co. of America v Lai, 42 F. 3d 1299 (9thCir. 1994), cert. denied-US (1995) – Verzicht auf gerichtliches Verfahren bei Standardverträgen im Falle der sex discrimination muß bewußt geschehen; Gary v Washington Metropolitan Area Transit Authority, 886 F. Supp. 78 (D.D.C. 1995) – Entscheidung über Ansprüche aus best. Gesetzen blieb den Gerichten vorbehalten; Adams v Burlington Northern Railroad Co., 843 F. Supp. 686 (D. Kan. 1994) – im Zusammenhang mit "Betriebsübergang".

res Verfahren)[1331] widersprachen[1332] mit der Folge einer Aufhebung der Verfahrensvereinbarungen.[1333]

Die Berufsschlichter werden von einem Bundesbüro, dem Office of Arbitration Service (OAS), über Vorschlaglisten bereitgestellt. Die Auswahl der Arbitrator für die Liste durch das Büro erfolgt ausschließlich nach fachlicher Qualifikation und Bewährung in der Praxis (§ 1404.12, 14 (c) FMCS). Die Arbitrator selbst sind unabhängige Personen, die allein den Parteien verpflichtet und an deren Willen hinsichtlich des Schlichtungsauftrags gebunden (§ 1404 FMCS) sind. Die Parteien können weder zu dem Verfahren selbst noch zur Wahl eines bestimmten Schlichters, noch zu bestimmten Vereinbarungen gegen ihren Willen gezwungen werden (§ 1404.4 Abs. d und f FMCS). Hingegen sind Vergleiche (settlements) immer möglich. Ein Vergleich oder Schiedsspruch kann im Falle des Kündigungsrechtsstreits die Wiedereinstellung bzw. Weiterbeschäftigung mit oder ohne finanziellen Schadensausgleich beinhalten.

Der Bindungsumfang derartiger Schiedssprüche für *andere Schlichtungssprüche* ist noch nicht in allen Einzelheiten geklärt.[1334] *Gerichte*, denen es bei einer ordnungsgemäßen Schlichtung zunächst versagt ist, sachlich in das laufende Verfahren einzugreifen[1335], unterliegen hinsichtlich des Inhalts der Schlichtersprüche formell keiner Bindung. Allerdings bewirkten die bekannt große Sachkompetenz der Arbitrator und die Akzeptanz des Verfahrens de facto eine *Leitfunktion* für Gerichtsentscheidungen.[1336]

1331 Mourad v Automobile Club Ins Ass'n, 186 Mich. App 715, 465 NW2d 395 (1991), "...that these procedures must be fundamentally fair and unbiased."

1332 Für den Staat Michigan: Renny v Port Huron Hospital, 427 Mich. 398 NW2d 327 (1986); Dahlman v Oakland University, 172 Mich. App 502, 432 NW2d 304 (1988); Mourad v Automobile Club Ins Ass'n, 186 Mich. App 715, 465 NW2d 395 (1991), Entscheidungen des obersten Staatengerichts.

1333 Graham Oil Co. v Arco Products Co., 43 F. 3d 1244 (9th Cir. 1994); EEOC v River Oaks Imaging & Diagnostic, 1995 U.S. LEXIS 6140 (S.D. Tex. Apr. 1995) – Verstoß gegen VII of the Civil Rights Act of 1964.

1334 Vgl. Dyncorp Technical services Group 93 LA 1193 (1196) mit Hinweis auf Grace & Company v Rubberworkers Local 759, 461 U.S. 757 (113 LRRM 2641), Fall der Massenentlassung.

1335 Folse v Richard Wolf Medical Instrument Coorp., 56 F. 3d 603 (5th Cir. 1995), trotz Anrufung durch Arbeitnehmer.

1336 Die Entscheidungen (decisions of Arbitrator) werden wie Urteile in überstaatlichen Entscheidungsbänden veröffentlicht (LA = Labor Arbitration Decision). Sie gelten als Richtschnur für andere Verfahren und als Anhaltspunkte sogar für Zivilgerichte.

C. Aspekte der Entlassung aus betrieblichen Gründen in der US-amerikanischen Praxis außerhalb des Kollektivvertrags am Beispiel des Staates Michigan

Bei der Beurteilung des Kündigungsschutzes muß, wie eingangs ausgeführt, zwischen organisierten und nicht organisierten Unternehmen unterschieden werden. Besteht mangels Organisation des Unternehmens keine kollektivvertragliche Bindung, so ist das Kündigungsrecht in erster Linie nach dem geltenden Gesetzesrecht und der gefestigten Rechtsprechungspraxis zu beurteilen. Letztere bezieht sich vorallem auf Vereinbarungen der Arbeitsparteien.[1337] Zudem findet, etwa mit Blick auf Einschränkungen der Kündigungsfreiheit des Arbeitgebers, die staatliche Politik (public policy) des jeweiligen US-Bundesstaates Berücksichtigung.[1338]

I. Das at-will-Arbeitsverhältnis und seine Einschränkung

1. Begriff der Kündigung, discharge und lay-off

Wie im englischen, so gibt es auch im US-amerikanischen Recht unterschiedliche Arten einer Entlassung aus betrieblichen (d.h. ökonomischen) Gründen. Man kann auch hier die das Arbeitsverhältnis beendigende Kündigung von der speziell wirtschaftlich begründeten *Entlassung im weiteren Sinne*, dem *lay-off* (vorübergehende oder längerfristige Beschäftigungssuspendierung mit Beendigungsfreiheit der Parteien) unterscheiden. Die US-Definition grenzt *discharge und lay-off* danach ab, ob bei der Entlassung *zugleich* entschieden ist, den Arbeitnehmer nach Wegfall der ökonomischen Entlassungsgründe wieder einzustellen.[1339] Die Wahl der betrieblichen Anpassungsmaßnahme ist demnach auch hier von wirtschaftlichen Entwicklungsprognosen für das Unternehmen abhängig. Bei anhaltenden *strukturellen* Änderungen im unternehmerischen Umfeld und im Unter-

1337 Liebers, S. 75ff; am Beispiel des lay-off: Lipsig, Downsizing 1996, chap.2, S.33.

1338 Zur neueren Entwicklung Roehm/Albicker, RIW 1993, S. 721ff., vor allem Anti-Diskriminierungspolitik; z.B. Dykes v Lane Trucking, Inc. 652 S. 2d 248 (Ala. 1994); Howard v Wolff Broadcasting Corp., 611 So. 2d 307 (Ala. 1992); Wieder v Skala, 80 N.Y. 2d 628, 609 N.E. 2d 105, 593 N.Y. 2d 752 (1992); AT& TV Lucent Technologies and Electrical Workers, IBEW, Local 2020, 107 LA 820 (1996); Hugo Neu-Proler Co. and Longshoremen & Warehousemen, ILWU,Local, 109 LA 880 (1997);

1339 Labor Relations Expeditor, BNA Labor Relations Reporter (LRR), 1996, LRX 510: 202; Lipsig, Downsizing, chap 2, S. 13ff.

nehmen, die voraussichtlich zu einer längerfristigen Reduktion des Beschäftigungsbedarfs führen, wird die *Beendigungs*kündigung und nicht das lay-off gewählt werden.

Wie in Großbritannien kann das lay-off im Einzelfall von angeordneter *Kurzarbeit (short work)* abzugrenzen sein. Dies ist etwa dort der Fall, wo dem Arbeitgeber vorbehalten bleibt, *short work weeks* bei Arbeitsmangel einzuführen.[1340] Fraglich wird das Vorliegen einer *"short time"* aber schon dann sein, wenn zugleich Einzelentlassungen und Versetzungen stattfinden[1341] oder vereinbarte lay-off-Fristen nicht eingehalten werden.[1342]

Die US-Praxis kennt ferner die freie Vereinbarkeit befristeter Arbeitsverträge. Hinsichtlich des Eingreifens neuerer von der Rechtsprechung entwickelter Theorien zur Einschränkung des Kündigungsrechts ist es notwendig zu unterscheiden, ob ein Arbeitsvertrag ausdrücklich befristet *("term contract, employment for a definite period of time")*, zeitlich überhaupt in irgendeiner Form bestimmt oder unbefristet *("employment for an indefinite period of time")* abgeschlossen wurde.[1343] So gilt das nachstehend skizzierte *at-will-Arbeitsverhältnis* schon immer bei *unbefristeten* Beschäftigungsverhältnissen.[1344] Für *befristete* Beschäftigungsverhältnisse wird dagegen regelmäßig vermutet, daß sie nur mit gutem Grund ("just cause") gekündigt werden können.[1345]

2. *At-will employment und seine Einschränkung durch die Begründungspflichten des just cause-Arbeitsverhältnisses*[1346]

In den Vereinigten Staaten und beispielhaft hierfür im Bundesstaat Michigan galt bis in die 80er Jahre für Recht, daß ein von den Vertragsparteien (unbefristet) eingegangenes Arbeitsverhältnis jederzeit, mit oder ohne Begründung, aufgelöst werden könne *("for good cause, for no cause at all, or even for cause mo-*

1340 Z.B. Exide Corp. and Auto Workers, Local 1829, 98 LA 626 (1992); California Offset Printers Inc. and Graphic Communications Workers, Local 404, 96 LA 117 (1990), Einstellung einer ganzen Schicht wegen Arbeitsmangels ohne ausdrückliches lay-off kann "temporary lay-off" sein.

1341 Pepsi-Cola Portsmouth Bottling Co. and Teamsters, Local 92, 95 LA 1024 (1990).

1342 Exide Corp. and Auto Workers, Local 1829, 98 LA 626 (1992).

1343 Vgl. Müller-Lukoschek, S. 32ff.

1344 Vgl. Müller-Lukoschek, S. 35ff.

1345 etwa Rowe v Montgomery Ward, 437 Mich. 627 (1991), Rood v General Dynamics Corp, 444 Mich. 107, 117 n14, 507 NW2d 591 (1993); Toussaint, 408 Mich. 579 (611) "permanent" oder "lifetime" Arbeitsverträge.

1346 Man wird "just cause" mit rechtlich einwandfreier Begründung oder mit "guten Gründen" übersetzen können.

rally wrong without being thereby guilty of legal wrong").[1347] Diese Theorie des *hire and fire* wird heute in ihrer striktesten Form nur noch in wenigen US-Bundesstaaten vertreten.[1348] Sie geht im Ergebnis von einer *marktliberalen (klassischen) Anschauungen* verpflichteten Gleichordnungsthese für die Vertragsfreiheit der Arbeitsvertragsparteien aus. Bereits seit Mitte der 70er Jahre jedoch ist die at-will-Theorie wegen ihrer Realitätsferne und ihrer ökonomischen Prämissenbildung[1349] sowie ihrer z.T. fragwürdigen sozialen Ergebnisse auf erhebliche Kritik gestoßen.[1350] Auch in der Rechtsprechungspraxis der Staatengerichte fand eine entsprechende Überprüfung der at-will-doctrine statt.[1351]

So gab im Bundesstaat Michigan die Entscheidung *Toussaint v Blue Cross & Blue Shield and Ebling v Masco Corp*[1352] auf der Grundlage allgemeiner Regeln der Vertragsauslegung eine *wegweisende Richtung* für die Einschränkung des Kündigungsrechts des Arbeitgebers vor. In der Entscheidung ging es um zwei Mitarbeiter des mittleren Managements, Charles Toussaint und Walter Ebling. Beide waren mehrere Jahre in den jeweiligen Unternehmen unbefristet beschäftigt, bis sie eines Tages auf der *Grundlage at-will* ohne weiteres von ihrem Arbeitgeber gekündigt wurden. Toussaint war hierzu unerwartet in das Büro des Vorgesetzten gerufen und schlicht aufgefordert worden, seine Beschäftigung

---

1347 Generell Payne v Western & A.R.R. Co. 81 Tenn. 507 (1884); für Michigan, Lynas v Maxwell Farms, 279 Mich. 684, 687, 273 NW 315 (1937).

1348 Nur Hall v Ford, 856f. 2d 255 (D.C. Cir. 1988); Morast v Lance, 631 F. Supp. 474 (N.D. Ga. 1986) aff'd, 807 F. 2d 926 (11th Cir. 1987); Murphy v American Home Prods. Corps., 58 N.Y. 2d 293, 448 N.E. 2d 86, 461 N.Y. S. 2d 232 (1983).

1349 Vgl. Comment, 93 Harvard Law Review 1816, bei Müller-Lukoschek, S. 57, die diesen Gedanken nicht gelten lassen will. Unter anderem wurde auch aus marktorientierter Sicht der Faktor Arbeitsplatzsicherheit in Verbindung mit Beförderung von Zufriedenheit, Loyalität, Engagement und damit Produktivitätssteigerung gesehen.

1350 Vgl. Kritik von Blades, Stieber und Peck, bei Müller-Lukoschek, S. 48ff., z.B. Ungleichheit der Stellung von Arbeitgeber und Arbeitnehmer und Schutzwürdigkeit wegen Hilflosigkeit des zu Unrecht Gekündigten (Blades); Ungerechtigkeit, weil nicht organisierter Arbeitnehmer gegenüber organisiertem Arbeitnehmer wegen at-will benachteiligt ist (Stieber); einseitige Arbeitgeberbevorteilung durch den Staat mit at-will verletzt das 14. Amendment der US-Verfassung (gleicher Schutzanspruch aus Gesetz vor dem Staat) (Peck).

1351 Für Michigan: Toussaint v Blue Cross & Blue Shield and Ebling v Masco Corp, 408 Mich. 579, 292 NW2d 880 (1980); für andere Staaten: Walts v Badlam, 652 N.Y. S. 2d 104 (App. Div. 1995); Bishopp v Village of Spring Valley, 624 N.Y. S. 2d 618 (App. Div. 1995) – Vermutungsregel bei befristetem oder unbefristetem Vertrag; Leikvold v Valley View Community Hosp., 688 P. 2d 170 (Ariz. 1984); Foley v Interactive Data Corp., 47 Cal. 3nd 654, 765 P. 2nd 373, 254 Cal. Rptr. 211 (1988).

1352 408 Mich. 579, 292 NW2d 880 (1980) zur Entscheidung verbundene Parallelfälle.

aufzugeben. Seine Klage lautete anschließend auf Vertragsbruch durch den Arbeitgeber.

Aufgrund der Tatsache, daß zwar der Arbeitsvertrag mündlich abgeschlossen worden war, aber Toussaint ein Supervisory Manual mit Richtlinien (guidelines) erhalten und unterschrieben hatte, stand die Frage im Raum, ob Toussaint deshalb nur begründet (just cause) gekündigt werden konnte. War dies der Fall, so unterfielen folglich die Kündigungsgründe einer gerichtlichen Nachprüfung. Ebling hingegen trug vor, daß nach seinem mündlich geschlossenen Arbeitsvertrag eine mündliche Absprache bestanden habe, wonach er solange beschäftigt bleibe, wie er seine Arbeit ordentlich verrichte ("as long as I did my job").

Nach längeren Ausführungen zu den Grundsätzen des at-will-Arbeitsverhältnisses und zu Fragen der allgemeinen Auslegung von Verträgen kommt das Revisionsgericht zu folgenden neuen Einsichten:

(1) Ein Arbeitsvertrag, der vorsieht, den Arbeitnehmer nicht zu kündigen, außer mit rechtlich einwandfreier Begründung, ist auch in Anbetracht der at-will doctrine ohne weiteres zulässig und vollstreckbar, auch wenn es sich nicht um ein befristetes Arbeitsverhältnis handelt.

(2) Die Vereinbarung eines Arbeitsverhältnisses, das nur mit rechtfertigender Begründung gekündigt werden darf, kann ausdrücklich, mündlich oder schriftlich eingegangen werden.

(3) Bedingungen und Umstände wie die Betriebspolitik eines Arbeitgebers, die mit einem Arbeitsverhältnis zusammenhängen, können beim Arbeitnehmer legitime Erwartungen auf ein just cause-Arbeitsverhältnis begründen.

Der Supreme Court sah keinen Grund und auch keine Staatspolitik für bestehend an, nach der ein auf unbestimmte Zeit eingegangener Arbeitsvertrag nicht durch eine just cause-Absprache dem Arbeitnehmer Arbeitsplatzsicherheit (job security) verschaffen könne. Suche ein Arbeitnehmer um *Arbeitsplatzsicherheit* nach und werde ihm mitgeteilt, solange er seine Arbeit tue, sei diese Sicherheit gewährleistet, müsse eine auf Fairneß bedachte Auslegung die Absprache als Aufgabe des uneingeschränkten Kündigungsrechts ansehen. Job security bedürfe keiner Ausdrücklichkeit, denn der Arbeitgeber müsse sich darüber im Klaren sein, inwieweit für den Arbeitnehmer die Möglichkeit bestehe, bestimmte Regelungen und Äußerungen als just cause-Verhältnis zu interpretieren.[1353]

Dem Präzedenzfall Toussaint folgten in Michigan eine Vielzahl von Entscheidungen, die die neue Dogmatik weiterführten. Dabei spielte in der Praxis vor allem eine Rolle, wann der Arbeitnehmer aus den Umständen, unter denen

1353 408 Mich. 579, 292 NW2d 880 (1980).

sein Arbeitsverhältnis eingegangen und vollzogen wurde, *berechtigte Erwartungen* auf ein just cause-Verhältnis für sich ableiten könne. Bestimmte Aussagen des Arbeitgebers hinsichtlich einer Arbeitsplatzsicherheit (job security) waren Gegenstand in *Toussaint.*[1354]

Eine Ausdehnung der legitimen Erwartungen für "just cause" fand in *Renny v Port Huron Hospital*[1355] statt. Dort besaß der Arbeitgeber ein *Handbuch mit Richtlinien* für das Verhalten im Betrieb. Aufgrund der Tatsache, daß das Buch keinen *ausdrücklichen Ausschluß des at-will Verhältnisses* beinhaltete, befand das Gericht, daß legitime Erwartungen für ein just cause-Arbeitsverhältnis bestanden hätten.

Die in dieser Rechtsprechung zum Ausdruck kommende Erweiterung des Schutzes bestand darin, daß das just cause-Arbeitsverhältnis nicht nur möglicherweise in den Vertrag interpretiert werden kann, sondern *at-will explizit ausgeschlossen* werden muß.[1356] Bei der Fragestellung, ob mündliche Vereinbarungen eine just cause-Bindung begründen können, ging es um Formulierungen *wie "as long as you do your job"* oder *"you don't have to worry"* etc.[1357] Derartige Wendungen[1358] vermögen nach der Rechtsprechung Bindungswirkung zu entfalten, wenngleich dies nicht für *jede optimistische Hoffnungsäußerung* zutrifft.[1359]

In *Barnell v Taubman & Co.*[1360] ließ das Gericht Änderungen einer zunächst bestehenden just cause-Politik ohne weiteres zu. Ein Umstand, der auf die Möglichkeit eines individuellen Ausschlusses des Kündigungsschutzes (Disposivität) hindeutet.

Durch Toussaint war teilweise ob der Formulierungen in den Arbeitsverträgen Konfusion entstanden, so daß Mischtatbestände auftraten. Bei diesen *"mixed signals"*[1361] ging es darum, welche Absprache der Parteien wohl Vorrang haben

---

1354 Toussaint v Blue Cross & Blue Shield 408 Mich. 579 (613).

1355 427 Mich. 415, 389 NW2d 327 (1986).

1356 Dell v Montgomery Ward & Co., 811 Mich. F. 2d 970 (6th. Cir. 1987); Scholz v Montgomery Ward & Co., 437 Mich. 83, 468 N.W. 2d 845 (1991); In re Certified Question, 432 Mich. 438, 457, 443 N.W. 2d 112 (1989).

1357 Brewster v Martin Marietta Aluminium Sales, Inc. 141 Mich. App 617, 619, 367 NW2d 433 (1985); fraglich in Rowe v Montgomery Ward & Co. 437 Mich. 627, 473 NW2d 268 (1991).

1358 Rowe v Montgomery Ward & Co., 437 Mich. 627, 437 NW2d 268 (1991).

1359 Dumas v Auto Club Ins. Ass'n 437 Mich. 521, 473 NW2d 652 (1991) (compensation program will last "forever"); Hammond v United of Oakland, Inc. 193 Mich App 146, 153, 483 Nw2d 652 (1992) (you will be long-term employee ... as long as you do your job).

1360 Barnell v Taubman Co., 203 Mich. App 110, 512 NW2d 13 (1993).

1361 Dalton v Herbruck Egg Sales Corp, 164 Mich App 543, 417 NW2d 496 (1987) (Fragen der Jury Entscheidung); Schippers v SPX Corp, 186 Mich. App 595, 465 NW2d 34 (1990).

solle[1362], um überhaupt wirksam zu werden.[1363] Die Gerichte versuchten auch immer wieder, eine einigermaßen klare Linie zwischen den Fällen zu ziehen, in denen sich der Arbeitnehmer auf explizite Vereinbarungen[1364] für just cause berief, und jenen, bei denen sich gegebenenfalls aus *äußeren Umständen* legitime Erwartungen des Arbeitnehmers auf ein just cause-Verhältnis herleiten ließen.[1365]

Von den Fällen des Mischtatbestandes waren schließlich Konstellationen zu unterscheiden, in denen der Arbeitgeber infolge *Toussaint* dazu übergegangen war, teilweise at-will und teilweise just cause in Arbeitsverhältnisse einzuführen. In *Hatfield v Johnson Controls,* Inc.[1366] wurde Toussaint dahin modifiziert, daß im Sinne freier Vertragsgestaltung derartige Teilregelungen zuzulassen sind.

II. Just cause und betriebsbedingte Gründe der Kündigung (economic reasons or reduction in force-defense)

Ist ausdrücklich oder nach den Umständen des Einzelfalls ein just cause-Arbeitsverhältnis zustande gekommen, so kann der Arbeitgeber wirtschaftliche Gründe als *"guten Entlassungsgrund" ("bona fide economic reason for discharge")* vortragen. Man spricht auch vom klageabwehrenden Vortrag notwendigen Personalabbaus (reduction-in force-defense).

Die Eigenart des hier betrachteten US-Rechts liegt darin, daß es für das Gericht (bzw. die Jury) oder den Schlichter (Arbitrator) in erster Linie darauf ankommt, aus dem vom Arbeitgeber vorgetragenen Tatsachenmaterial zu erkennen, daß der wirtschaftliche Grund nicht nur mißbräuchlich vorgeschoben ist. Besteht der wirtschaftliche Grund für eine Kündigung *tatsächlich,* so scheint dies nach der Rechtsprechungspraxis die Ordnungsgemäßheit der Kündigung be-

---

1362 Elsey v Burger King Corp, 917 F2d 256 (259) (6th Cir 1990).

1363 Rood v General Dynamics Corp, 444 Mich. 107, 507 NW2d 591 (1993) ("An employer is free to change unilaterally the contents of its personnel politics and practices without incurring liability as long as it gives reasonable notice of the change to the affected employees."

1364 Valintine v General American Credit. Inc. 420 Mich. 256, 362 NW2d 628 (1984), Problem der allgemeinen Vertragsauslegung.

1365 Bullock v Automobile Club of Michigan, 432 Mich. 472 (483), 444 NW2d 114 (1989), cert denied, 493 US 1072 (1990); Farrel v Automobile Club of Michigan, 187 Mich. App 220, 466 NW2d 298 (1990).

1366 Hatfield v Johnson Controls, Inc, 791 F Supp 1243 (ED Mich 1992).

reits *zu indizieren.*[1367] Hieraus ergibt sich eine gewisse Gemeinsamkeit mit dem englischen Recht und auch mit dem deutschen, begreift man diese Rechtsprechung als Willkür- bzw. Mißbrauchskontrolle.

An den (ggf. beweisbedürftigen) Vortrag des Arbeitgebers zum tatsächlichen Vorliegen wirtschaftlicher Gründe der Kündigung werden *nicht unerhebliche Anforderungen* gestellt. Der Arbeitgeber muß darlegen und beweisen[1368], daß die wirtschaftliche Notwendigkeit zur Kündigung bestand und die Kündigung nicht nur als Vorwand zur Entlassung des Arbeitnehmers diente.[1369] Die vom Gericht (Jury) zu prüfenden wirtschaftlichen Erwägungen des Arbeitgebers sollen letztlich auch die Frage beantworten, warum gerade die Maßnahme einer Kündigung und warum *besonders der klagende Arbeitnehmer* als Gekündigter für den Arbeitgeber in Betracht kam:

So war es beispielsweise in *Ewers v Stroh Brewery*[1370] dem Kläger möglich, gegen seine Kündigung vorzutragen und zur Überzeugung der Jury zu beweisen, daß das Unternehmen des Arbeitgebers steigende Nettogewinne, steigende Dividenden und eine zunehmende Gesamtzahl der Beschäftigten von 600 auf 2.100 aufwies. Ferner hatte der kündigende Arbeitgeber zwei weitere Unternehmen gekauft. Die vom Arbeitgeber im Fall des Klägers vorgetragene Rationalisierungsnotwendigkeit blieb damit ohne Substanz, so daß der Schluß auf eine "Vorwandkündigung" für die Jury nahelag.

An dieser Entwicklung mag man gewisse Ähnlichkeiten zu Anforderungen der deutschen Rechtsprechungspraxis an den Arbeitgebervortrag zum "Wegfall des konkreten Arbeitsplatzes" und zur "mißbräuchlichen Unternehmerentscheidung" innerhalb der Prüfung eines *Gesamttatbestandes* ausmachen.

1367 Vgl. Lipsig, Downsizing 1996, chap.2, S.18f (Rspr. in versch. Staaten); zu dieser generellen Einstellung Ruga/Przybylowicz/Kopka-Pitt, Michigan Wrongful Discharge, § 2. 15 (VI).

1368 Mc Cart v J Walter Thompson, Inc. 437 Mich. 109, 469 NW2d 284 (1991): Beweise können durch eidesstattliche Versicherungen (affidavids), beeidigte schriftliche Zeugenaussagen (dipositions), Geständnisse (admissions) oder andere Dokumente angetreten werden.

1369 Ewers v Stroh Brewery Co., 178 Mich. App 371, 443 NW2d 504 (1989) ("...that the economic necessity was pretextual and that he was discharged for another reason...").

1370 Ewers v Stroh Brewery, 178 Mich. App 371, 443 NW2d 504 (1989).

III. Weiterführende Rechtsprechung zum Überprüfungsmaßstab und zur Durchsetzbarkeit betriebsbedingter Kündigungen

Dafür, daß bei festgestelltem Vorliegen eines ökonomischen Grundes die *Notwendigkeit* einer betriebsbedingten *konkreten* Kündigung bereits *indiziert* ist, scheint die Entscheidung des Berufungsgerichts in *Bhogaonker v Metropolitan Hospital*[1371] zu sprechen. Gegen die wegen Haushaltskürzung in einem Krankenhaus ausgesprochene Kündigung wandte sich der Kläger u.a. mit dem Vortrag, er bestreite die Budgetkürzung nicht, wohl aber die Rechtfertigung *gerade seiner* Kündigung. Das beklagte Krankenhaus entgegnete, daß über die subjektive Entscheidung zur Kündigung das Untergericht (circuit court) nicht zu befinden habe. Das Berufungsgericht schloß sich dieser Auffassung mit der Ansicht an, eine derartige *Überprüfungskompetenz der Gerichte* gewähre ein unzulässiges Eingreifen in die *Entscheidungskompetenzen des Arbeitgebers*. Bei unstreitig wirtschaftlicher Begründung der Kündigung habe der Arbeitnehmer diese hinzunehmen.[1372]

Die "Indikationsrechtsprechung" mag sich auch aus *Reisman v Regents of Wayne University*[1373] entnehmen lassen. In Reismann war u.a. die Kündigung des Klägers mit starken Kürzungen im öffentlichen Haushalt (budget cutbacks) begründet worden. Die (unstreitig) krisenhafte finanzielle Entwicklung habe zu einem Arbeitnehmerabbau geführt, hieß es in der Klageerwiderung. Der Vortrag unstreitig prekärer Finanzlage allein konstituiere, so das oberste Staatengericht von Michigan, eine wirtschaftliche Notwendigkeit zur Kündigung. Liege ein just cause-Arbeitsverhältnis vor, so bilde hier die Finanzlage des Arbeitgebers einen zulässigen (guten) Kündigungsgrund.

Eine weitere Entwicklung brachte möglicherweise *McDonald v Stroh Brewery Co.*[1374] Dort war der klagende Arbeitnehmer mit der Begründung entlassen worden, daß die Gewinne des Unternehmens gering seien, die Kosten stetig stiegen und der Wettbewerb erdrückend werde. Die Jury vertrat die Ansicht, daß sich aus dieser Begründung eine *Notwendigkeit* der Kündigung nicht ergeben habe. Das Berufungsgericht stützte diese Entscheidung nicht und wies später darauf hin, daß, wenn der Arbeitgeber ökonomische Gründe für seine Kündigung anführen könne, die Beweislast hinsichtlich des Vorgeschobenseins der Gründe wieder auf den Arbeitnehmer zurückfalle. Das Gericht bemerkte weiter, daß, obwohl die ökonomischen Gründe rechtlich überzeugend sein müßten, es

1371 164 Mich. App 563 (563).
1372 Bhoghaonker v Metropolitan Hospital, 164 Mich. App 563 (566).
1373 188 Mich. App 526, 470 NW2d 678 (1991).
1374 McDonalds v Stroh Brewery Co., 191 Mich. App 601, 478 NW2d 669 (1991).

keine Anforderung gebe, die Schwelle der absoluten Notwendigkeit einer Kündigung erreichen zu müssen. Schließlich wurde die Jury darauf hingewiesen, daß von ihr nur darüber entschieden werden dürfe, ob das Verhalten des Arbeitgebers vernünftig und aus *Unternehmensgesichtspunkten* nachvollziehbar sei. Die Jury dürfe jedoch nicht ihre Entscheidung an die Stelle derjenigen des Arbeitgebers setzen.

In *McCart v Walter Thompson Inc.*[1375] bestritt der Kläger die ökonomisch notwendige Personalreduzierung (reduction-in force) mittels lay-off an sich nicht, wohl aber trug er vor, daß das lay-off als Vorwand einer in Wirklichkeit *lösenden Kündigung* hatte dienen sollen.

Die Ausgangsinstanz hielt fest, daß der Arbeitgeber, auch wenn das Arbeitsverhältnis nur aus guten Gründen (just cause) gekündigt werden könne, nicht davon abgehalten sei, einen Arbeitnehmer wegen reduction-in-force zu entlassen. Der Arbeitgeber müsse, um die Entlassung aus wirtschaftlichen Gründen zu verteidigen, seine ökonomische Motivation vortragen, die dazu geführt habe, daß *gerade das Arbeitsverhältnis* des klagenden Arbeitnehmers gekündigt werden mußte.

IV. Weiterbeschäftigung unter geänderten Beschäftigungsbedingungen

Aus dem Verständnis des von der deutschen Rechtsprechung verfestigten Verhältnismäßigkeitsprinzips stellt sich die Frage, ob und gegebenenfalls wie bei wirtschaftlich (betrieblich) intendierter Kündigung der Bestand *alternativer Weiterbeschäftigung* von Gewicht ist. Das Problem wurde in McCart seitens des Supreme Court thematisiert: *"...where the employee has a just cause contract and the employer has reasonable alternative options for the employee within the organization."*[1376] Ein Durchentscheiden des Falles blieb aus, weil der Arbeitnehmer, der hier die Darlegungs- und Beweislast für Weiterbeschäftigungsmöglichkeiten trägt, ausreichende Fakten nicht angeführt hatte: *"Without further factual development, it is impossible to determine whether plaintiff could have been placed elsewhere."*[1377] Auch wenn die Lösung des Problems zumindest in diesem Fall offen blieb, können Entwicklungsansätze zur Weiterbeschäftigungsfrage in dieser Entscheidung durchaus gesehen werden. Ergeben sich alternative

---

1375 437 Mich. 109, 469 NW2d 284 (1991), mit gleichzeitiger Verdeutlichung des Unterschieds zwischen "discharge" und "lay-off".

1376 437 Mich. 109, 469 NW2d 284 (1991); Supreme Court, 181 Mich. App 611, (617-618), 450 Nw2d 10 (1989).

1377 McCart, 437 Mich. 109, 469 NW2d 284 (1991); Supreme Court, 181 Mich. App 611, (617-618), 450 Nw2d 10 (1989).

Beschäftigungsmöglichkeiten, so sollten diese vor einer Beendigungskündigung angeboten werden. Freilich kann der Entscheidung auch entnommen werden, daß – von selbstbindenden Vereinbarungen oder Kollektivabsprachen abgesehen – das common law eine *Pflicht* zum Angebot alternativer Beschäftigung nicht vorgibt.

V. Aspekte des Gesetzes und des common law bei der Arbeitnehmerauswahl

In Michigan wie auch in anderen Staaten sollten auch betriebsbedingte Kündigungen im Zusammenhang mit dem gesetzlichen *Antidiskriminierungsrecht* des jeweiligen US-Bundesstaates gesehen werden. Dabei kann ein Arbeitgeber mit Blick auf die ökonomisch begründete Kündigung vor allem Gefahr laufen, Gesetze gegen die *Alters*diskriminierung zu verletzen, wenn er etwa aus Effizienzerwägungen mit der Kündigung auf Altersstruktur im Unternehmen einzuwirken versucht (z.B. Auswahl der zu kündigenden Arbeitnehmer).

Das US-Bundesrecht kennt den *Age Discrimination and Employment Act (ADEA)*[1378], der seine Äquivalente in Gesetzen der Einzelstaaten gefunden hat.[1379] Das Gesetzeswerk erfaßt jeden privaten oder öffentlichen Arbeitgeber mit einem oder mehr Arbeitnehmern (MCLA 37.2201 (a), MSA 3.548 (201) (a)), bezieht sich teilweise nicht nur auf Arbeitsverhältnisse, schließt aber freie Mitarbeiter vom Schutzbereich aus.[1380] Das ELCRA verbietet die Diskriminierung von Arbeitnehmern und Bewerbern wegen Rasse, Hautfarbe, Religion, Abstammung, *Alter*, Geschlecht (einschließlich Schwangerschaft), Größe, Gewicht, Familienstatus einer Person. Es verbietet darüber hinaus sexuelle Belästigung (MCLA 37.2202, MSA 3.548 (202)). Verletzt ein Arbeitgeber z.B. bei der Auswahl des zu kündigenden Arbeitnehmers das Gesetz, so führt dies zu einer Klage wegen wrongful discharge.

In *Featherly v Teledyne Industrie, Inc.*[1381] beispielsweise hatte sich die Unternehmensführung für ein *lay-off* entschieden, ohne daß ein *recall* (Wiedereinstellungsanspruch) der Arbeitnehmer ernsthaft noch in Betracht gekommen wäre. Bei unstreitig ökonomischer Motivation der Entlassungen trug der Arbeitnehmer verdeckte Diskriminierung wegen Alters vor.

Das Gericht stellte zunächst klar, daß auch ein just cause-Arbeitsverhältnis mit rechtlich guten Gründen aufgelöst werden könne, wenn ökonomische Grün-

---

1378 29 U.S. C. § 621 et seq.

1379 In Michigan der Elliott-Larsen Civil Rights Act (ELCRA), der den Fair Employment Practice Act (seit 1976) umsetzte.

1380 Pryor v Sloan Valve Co., 194 Mich. App 556, 487 NW2d 846.

1381 194 Mich. App 352 auf nicht organisierte Unternehmen übertragbar.

de für die Kündigung unbestritten sind. Im Falle der Einwendung diskriminierenden Verhaltens gegenüber dem Arbeitgeber habe der Arbeitnehmer Fakten vorzutragen, die – prima facie – für eine Diskriminierung sprechen. Hierzu hat der Arbeitnehmer auszuführen, daß er (1) zu dem geschützten Personenkreis gehört, (2) gekündigt wurde, (3) für die infrage stehende Position geeignet war und (4) durch einen jüngeren Arbeitnehmer ersetzt wurde.[1382]

Das US-Recht der wirtschaftlich bedingten Entlassung kennt hinsichtlich der Auswahl eines zu kündigenden Arbeitnehmers das *seniority-Verfahren*, bei dem die Auswahl der zu kündigenden Arbeitnehmer in erster Linie auf das Kriterium der *Betriebszugehörigkeit* abstellt. Es ist vor allem Regelungsgegenstand in Kollektivverträgen.[1383] Nicht organisierte Unternehmen können allerdings die Modalitäten des gängigen seniority Systems übernehmen.[1384]

Das seniority-System kann auf positive wie negative Diskriminierung des Alters überprüft werden. Maßstäbe hierzu finden sich etwa in den Entscheidungen *Matras v Amoco Oil Co.*[1385] *und Moody v Pepsi-Cola Metropolitan Botteling Co:*[1386] Ein verständiger Dritter muß das Alter als einen kündigungsentscheidenden Faktor identifizieren können: *"a reasonable person could have found that age was a determining factor in the plaintiff's discharge."*[1387] Dieser Befund bedarf bei *reduction in force* oft detailgenauer Prüfung der Fakten. Hilfestellung gibt aber die Regel der Beweiserleichterung durch Anscheinsbeweis zugunsten des Arbeitnehmers.[1388]

VI. Die Rechtsfolgen einer ungerechtfertigten Kündigung ("tort theories of liability for wrongful discharge")

1. Keine Weiterbeschäftigungspflicht

Im US-amerikanischen Recht beendet, wie im englischen Recht, die Kündigung, gleich ob rechtmäßig erfolgt oder nicht, das Arbeitsverhältnis. Damit kommt theoretisch eine *Wieder*einstellung (re-instatement) oder ein finanzieller Aus-

1382 194 Mich. App 352.
1383 zum US-Seniority-System noch unten (Kollektivverträge).
1384 Beispiel in Entscheidungen des Labor Arbitrators (LA): Homewood Cemetary, 98 LA 335; Ebasco Constructors, 100 LA 177; Asarco Inc. 102 LA 195; University of Washington, 106 LA 391.
1385 424 Mich. 675, 385 NW2d 586 (680) (1986).
1386 915 F2d 201 (6th Cir. 1990).
1387 Matras v Amoco Oil Co. 675 (680), der Klage wurde stattgegeben.
1388 Moody v Pepsi-Cola Metropolitan Botteling Co., 915 F2d 201 (6th Cir. 1990).

gleich, d.h. eine Entschädigung in Betracht. Von einem ausdrücklichen *Bestandsschutzprinzip* wird man deshalb ebensowenig ausgehen können wie im Kündigungsrecht des Vereinigten Königreichs. Nach den bisherigen Darstellungen wird es allerdings darauf ankommen, in welchem Verfahren das Kündigungsschutzbegehren geltend gemacht wird.

Während das Gerichtsverfahren bei Obsiegen des Arbeitnehmers meist als Entscheidung den Schadensersatz wegen wrongful discharge kennt, kann am Ende eines Schlichtungsverfahrens durchaus die Anordnung des Arbitrators auf Wiedereinstellung stehen. Ein unter Umständen durchsetzbarer *Einstellungszwang* besteht jedoch nicht. So wurde in *Stafford v Electronic Data Systems Corp.*[1389] entschieden, daß eine Wiedereinstellung im vorliegenden Fall "unpraktikabel" und stattdessen dem Arbeitnehmer ein Schadensersatz für *future damage* einzuräumen sei.

2. Schadensersatz

Schadensersatzansprüche des Arbeitnehmers können aus unterschiedlichen Theorien hergeleitet werden.[1390] Dabei werden Schäden aus tatsächlich entstandenen und definierbaren Verlusten (Kontrakttheorien, "economic damages of breach": Verlust von Einkommen, Pensionsanwartschaften, anderen Anwartschaften und finanzielle Nachteile wegen Arbeitslosigkeit) berechnet. Normativ bewertete (ideelle) Schäden finden ebenfalls Ausgleich. Die Schadenssumme kann nur relativen Begrenzungen unterfallen:

Nach dem Grundsatz des *"back pay"* soll durch Schadensersatz der Einkommensverlust ausgeglichen werden, der nicht entstanden wäre, wenn der Arbeitgeber die Vertragsrechte nicht verletzt hätte. Ähnlich dem Gedanken § 615 S. 2, 2. Alt. BGB, muß sich der Arbeitnehmer aber dasjenige anrechnen lassen, was er infolge anderweitiger Beschäftigung während des Prozesses verdient hat. Das *"front pay"* soll einen zukünftig wegen des Verlustes des Arbeitsplatzes zu erwartenden Schaden ausgleichen.

Diese Schadensersatzposten können im Einzelfall den Gesamtschadensersatz zu außerordentlicher Höhe steigern. Was zunächst aus deutscher Sicht ungewöhnlich erscheint, läßt sich aber wohl damit erklären, daß das soziale Netz in den Vereinigten Staaten vor allem durch Privatvorsorge getragen wird und nicht maßgeblich durch den Staat.[1391] So wird die Altersversorgung des Arbeitneh-

1389 749 F Supp 781 (ED Mich. 1990).

1390 im folgenden zum ganzen Ruga/Przybylowicz/Kopka-Ruga, Wrongful Discharge, 1996, § 4. 2ff.

1391 Reimann/Ackmann, S. 271f.

mers in erster Linie durch Unternehmensrenten gewährleistet (pension plans).[1392] Der Verlust des Arbeitsplatzes kann damit für den Arbeitnehmer einschneidende finanzielle Folgen auch für die Zukunft haben, die mit dem Kompensationsschadensersatz ausgeglichen werden.

Der ergänzende Strafschadensersatz (z.B. bei Diskriminierung) soll den Arbeitgeber wegen Verletzung der Rechtsordnung eindringlich abwarnen. Die oben in Einzelfällen genannten Schadenssummen in *Toussaint v Blue Cross and Ebling* zu $ 72.835.52 bzw. $ 300.000 (fristlose, im Ergebnis vertragswidrige Kündigung auf at-will basis)[1393], $ 560.000[1394] bzw. $ 750.000 (rechtswidrige Herabstufung von Geschäftsführer auf Verkäuferposten im Innendienst)[1395] oder $ 220.000 (Kündigung unter Verletzung des Diskriminierungsverbots wegen Alters)[1396] basieren auf der Addition der Schadensausgleichsposten und den gegebenenfalls nach Ermessen des Gerichts zu berücksichtigenden Milderungsumständen (mitigation).

VII. Die Haftungsbegrenzung angesichts der "Toussaint-Rechtsprechung"

Die oben skizzierte Rechtsprechung Toussaint zur Einschränkung des at-will-Arbeitsverhältnisses hatte Signalwirkung auf die Arbeitgeberseite. Durch den im nicht organisierten Unternehmensbereich weitestgehend *dispositiv gestaltbaren* Kündigungsschutz werden letztlich haftungsfolgenvermeidende Vertragsgestaltungen denkbar und zulässig:

1392 Welfare-And Pension-Fund Regulation (gesetzliche Verpflichtung der Unternehmen zur Rentenfondbildung), gesichert durch Bundesgesetz, Employee Retirement Income Security Act (ERISA), LRX 751: 301, BNA im Überblick.

1393 Toussaint v Blue Cross & Blue Shield, and Ebling v Masco Corp. 408 Mich. 579, 292 NW2d 880 (1980), zum Sachverhalt unten.

1394 Ritchie v Michigan Consolidated Gas Co. 176 Mich. App 323, 439 NW2d 706 (1989).

1395 Brewster v Martin Marietta Aluminium Sales, Inc. 145 Mich. App 641, 378 NW2d 558 (1985).

1396 Wolff v Automobile Club of Michigan, 194 Mich App 6, 486 NW2d 75 (1992).

1. Haftungsausschlußklauseln (disclaimers) und geschriebene at-will Betriebspolitik (written at-will policies)

Dem Arbeitgeber bleibt es nach der Rechtsprechung[1397] überlassen, Haftungsausschlußklauseln zu fixieren[1398], die darauf zielen, das at-will-Arbeitsverhältnis im Betrieb/Unternehmen zu erhalten.[1399] Der Haftungsausschluß wird z.B. durch die ausdrückliche Vereinbarung eines employment at-will-Verhältnisses mit etwa folgendem Wortlaut erreicht:

> *"I understand and agree that my employment may be terminated at any time and for any reason, with or without notice". Oder: " I understand that only the president of the company has authority to enter into a different employment agreement with me and that any such agreement must be in writing, and signed by the president, to be enforceable."*[1400]

Womit etwa ausgeschlossen ist, das Vorgesetzte des Arbeitnehmers unterhalb der Führungsebene eine Bindung *just cause* durch Äußerungen oder Versprechungen verursachen.[1401] Schriftlichkeitsklauseln für Vertragsänderungen schaffen für den Arbeitgeber noch größere Sicherheit.[1402] Auch können spätere at-will-Klauseln frühere mündliche job security-Zusagen aufheben.[1403]

Eine zunächst bestehende Betriebspolitik just cause oder eine, die "die Gefahr" mit sich bringt, als just cause-Arbeitsverhältnis interpretiert zu werden, kann der Arbeitgeber jederzeit ändern, wenn (1) die Arbeitnehmer mit einer ausreichenden Frist von der Änderung Kenntnis erlangt haben, (2) die Änderung allen betroffenen Arbeitnehmern gleichermaßen zur Kenntnis gegeben wurde

---

1397 Scholz v Montgomery Ward & Co., 437 Mich. 83, 468 NW2d 845 (1991).

1398 Zumeist in Handbüchern, Leitfäden, öffentlichen Aushängen und in Klauseln der Einzelverträge.

1399 Eliel v Sears, Roebuck & Co., 150 Mich. App 137 (139), 387 NW2d 842 (1985) ("My employment and compensation can be terminated with or without cause, and with or without notice, at any time, at the option either the Company or myself...").

1400 Zum Beispiel in Rowe v Montgomery Ward & Co., 437 Mich. 627, 473 NW2d 268 (1991); Stopczynski v Ford Motor Co., 200 Mich. App 190, 503 NW2d 912 (1993); Longley v Blue Cross & Blue Shield, 136 Mich. App 336, 356 NW2d 20 (1984).

1401 Bullock v Automobile Club of Michigan, 432 Mich. 472, 444 NW2d 114 (1989), aber: nicht jede Äußerung bindet.

1402 Renny v Port Huron Hospital, 427 Mich. 415, 398 NW2d 327 (1986); Rood v General Dynamics Corp, 444 Mich. 107, 504 NW2d 591 (1993).

1403 Scholz v Montgomery Ward & Co., 437 Mich. 83, 468 NW2d 845 (1991).

und (3) der Widerruf der alten Betriebspolitik in guter Absicht geschieht.[1404] Wird die neue at-will-Politik veröffentlicht, soll sie von den Arbeitnehmern gegengezeichnet werden. Werden Arbeitsverträge neu verhandelt, sind sie nur wirksam, wenn der Arbeitnehmer den Inhalt akzeptiert. Weigert er sich, die neue Betriebspolitik at will zu akzeptieren[1405], kommt es darauf an, ob der zunächst herrschende Zustand ausdrücklich ein just cause-Verhältnis festschrieb. Wenn dies wie in *Rowe v Montgomery & Co.* nicht der Fall ist, so wird nach Ansicht des Supreme Court Michigans die ausdrückliche Akzeptanz mit Unterschrift obsolet.[1406]

Nach alldem wird der Arbeitgeber dennoch sorgfältig das *Für und Wider* eines Haftungsausschlusses abwägen müssen.[1407] Haftungsausschluß und damit der Wegfall rudimentären Kündigungsschutzes kann bei Arbeitnehmern zu Produktivitätsverlusten wegen Unzufriedenheit und Furcht vor jederzeitiger Entlassung führen.[1408] Auch bedeutet in Zeiten von Wachstum und günstigem Arbeitsmarkt das at-will Arbeitsverhältnis Risiken für den Arbeitgeber, seinen Arbeitnehmer jederzeit durch dessen Kündigung verlieren zu können. Typisch für einen US-Arbeitgeber mag zudem die Furcht sein, durch Verwehrung von Kündigungsschutz Arbeitnehmer zur gewerkschaftlichen Selbstorganisation zu ermuntern – mit der Folge *zwingenden* Kündigungsschutzes über Kollektivvereinbarungen.[1409]

2. Etablierung von just cause-Arbeitsverhältnissen

Eine Flucht nach vorn des Arbeitgebers wird in der *freiwilligen Vereinbarung* eines just cause-Arbeitsvertrages gesehen.[1410] Schon früh stellte hierzu Arbitrator McGoldrick in der Schlichtungssache *Worthington Corp.*[1411] fest, daß zu just cause alles gehöre, was in Verbindung mit der Arbeit des Arbeitnehmers stehe und schon traditionell Grund gewesen sei, Arbeitnehmer zu kündigen. Damit

1404 Bankey v Storer Broadcasting Co., 432 Mich. 438, 443 NW2d 112 (1989).

1405 Vgl. den Fall in Rowe v Montgomery Ward & Co., 437 Mich. 627, 473 NW2d 268 (1991).

1406 Rowe v Montgomery Ward & Co., 437 Mich. 627, 473 NW2d 268 (1991).

1407 Vgl. Ruga/Przybylowicz/Kopka-Ruga, Michigan Wrongful Discharge, 1996, § 9 18.

1408 Hier werden die betriebswirtschaftlichen und gesamtökonomischen Argumente zugunsten des Kündigungsschutzes unter Teil 2, 1. Abschnitt A.II. und B.II. praxiswirksam.

1409 Vgl. Ruga/Przybylowicz/Kopka-Ruga, Michigan Wrongful Discharge, 1996, § 9 18.

1410 Vgl. Ruga/Przybylowicz/Kopka-Ruga, Michigan Wrongful Discharge, § 9 22.

1411 1 LA 6f. (1955).

können auch ökonomische bzw. betriebliche Gründe und Verfahren in die Definition Eingang finden.[1412] Eine solche, zumeist mit Rechtsbeiständen umgesetzte Betriebspolitik, kann bei strikter Einhaltung die Gefahr von Widerständen und Klagen minimieren.[1413] Auch gezielte Mischsysteme at-will/just cause, die nur in bestimmten Fällen Schutz gewähren, sind mit der gleichen Zweckrichtung denkbar.[1414]

3. Vergleichsstrategien (settlement offers)

Das Recht läßt eine Vergleichslösung zu, bevor der Konflikt überhaupt Prozeßförmigkeit erreicht. Dies kann im Rahmen eines internen Schlichtungsverfahrens geschehen oder in freier Vereinbarung zwischen Arbeitnehmer und Arbeitgeber. Bei ökonomisch begründeten Kündigungen wird somit die Chance eröffnet, über alternative Beschäftigung nachzudenken.[1415]

4. Arbeitgeberhilfe bei der Arbeitsplatzvermittlung (outplacement service)

Eine weitere in den USA bzw. Michigan bemerkenswerte Alternative, die die finanziellen Folgen einer Kündigung für Arbeitnehmer wie Arbeitgeber gleichermaßen mindern soll, wird in der arbeitgeberseitigen Hilfe bei der Vermittlung neuer Beschäftigung gesehen.[1416] Der Arbeitgeber kann durch eine hausinterne oder fremde *job agency* den Arbeitnehmer bei der Suche nach neuer Arbeit unterstützen. Je schneller eine Vermittlung gelingt, desto geringer fallen die vom Arbeitgeber zu begleichenden Folgekosten der Kündigung aus. Die konkrete Aussicht auf Kostenersparnisse schafft für Unternehmen den Anreiz, nach einer notwendigen Entlassung zur rascheren Wiedereinschleusung des Gekündigten in den Arbeitsmarkt beizutragen.[1417]

1412 Friske v Jasinski Builders's Inc. 156 Mich. App 468, 402 NW2d 42 (1986); Bhogaonker v Metropolitan Hospital, 164 Mich. App 563, 417 NW 2d 501 (1987); Ewers v Stroh Brewery Co., 178 Mich. App 371, 443 NW2d 504 (1989); Rood v General Dynamics Corp, 444 Mich. 107, 144 n35, 507 NW2d 591 (1993).

1413 King v Michigan Consolidated Gas Co., 177 Mich. App 531, 442 NW2d 714 (1989).

1414 Hatfield v Johnson Controls, Inc, 791 F Supp 1243 (ED Mich. 1992).

1415 Vgl. Ruga/Przybylowicz/Kopka-Ruga, Michigan Wrongful Discharge, 1996, § 9 47.

1416 Vgl. Ruga/Przybylowicz/Kopka-Ruga, Michigan Wrongful Discharge, 1996, § 9 44.

1417 Vgl. Ruga/Przybylowicz/Kopka-Ruga, Michigan Wrongful Discharge, 1996, § 9 45.

5. Das interne Überprüfungsverfahren und die Schlichtung

Effektiveren Kündigungsschutz zu schaffen und dessen Vorteile im Unternehmen zu fördern, aber zugleich Nachteile durch Prozesse zu vermeiden, sind Anliegen interner Überprüfungsverfahren einer Kündigung. Die Tatsache, daß in der Literatur Arbeitgebern nicht organisierter Unternehmen geraten wird, betriebsinterne Schlichtungsverfahren (grievance procedures) einzuführen, zeigt, daß hierdurch *unnötige rechtliche Hemmnisse* abgebaut werden können und sollen[1418]: Betriebsinterne Konflikte werden dort gelöst, wo sie entstehen. Dies schafft, als wichtige betriebliche Größe, *Zeitersparnis, Sicherheit und Vertrauen* der Arbeitsparteien.[1419]

D. Entlassungen aus betrieblichen (ökonomischen) Gründen nach dem kollektivvertraglichen Kündigungsschutzsystem organisierter Unternehmen

Effektiver Kündigungsschutz gegen Entlassungen aus ökonomischen Gründen ist zu über 90% in bestehenden Kollektivverträgen organisierter Unternehmen geregelt.[1420] Der Organisationsgrad der Arbeitnehmer ist jedoch schon länger rückläufig.[1421] Da in den Kollektivverträgen, als Teil vereinbarten Kündigungsschutzes, die besondere Beschwerde/Schlichtungsverfahren geregelt sind, besteht die Judikatur hierzu vor allem aus Entscheidungen der *Arbitrator* (Schlichter). Sie dienen im folgenden auch als Grundlage der Darstellung.

1418 Ruga/Przybylowicz/Kopka-Ruga, Michigan Wrongful Discharge, 1996, § 9 38.

1419 Vgl. Simitis, M44f. m.w.N.

1420 Vgl. Liebers, S. 69 (geht von 96% aus); Müller-Lukoschek, S. 139ff. (geht von 98% aus).

1421 Vgl. Müller-Lukoschek, S. 139; Holtfrerich, S. 250f.

I. Der kollektivvertragliche Kündigungsschutz – Die Maßnahme des lay-off and recall

1. Lay-off and recall

Wie eingangs ausgeführt, kann in Individualvereinbarungen und Kollektivverträgen das sogenannte lay-off and recall oder lay-off and rehire[1422] geregelt werden. Es handelt sich um die fristgebundene[1423], vorübergehende Entlassung aus wirtschaftlichen Gründen mit gleichzeitiger Vereinbarung eines Rückrufrechts/Anspruchs auf Wiedereinstellung unter bestimmten Voraussetzungen. Als „betriebsbedingte" Entlassung in diesem Sinne gelten u.a.: *reduction in capacity lay-off; termination of operation lay-off, job-reduction lay-off.*[1424]

Die Zeitspanne für lay-offs währt i.d.R. bis die (etwa konjunkturbedingte) Anpassungsphase des Unternehmens beendet ist und Arbeitskräfte wieder benötigt werden. Um kurzfristig notwendige und unerwartete Anpassungsvorgänge einleiten zu können, kennen Kollektivverträge auch das *short time lay-off, temporary or emergency lay-off (Entlassung für Stunden, Tage, Wochen).*[1425] Diese Art der Entlassung muß ebenfalls im Kollektivvertrag ausdrücklich vereinbart sein und wird nicht durch allgemeine lay-off-Regelungen gedeckt.[1426]

Das recall oder rehire-Recht verschafft, wenn das Arbeitsverhältnis nicht während der lay-off-Phase beendet wird, eine Anwartschaft auf Wiedereinstellung. Die Reihenfolge, in der Arbeitnehmer infolge lay-off entlassen und infolge recall wiederberufen werden, ergibt sich aus entsprechend vereinbarten Listen, deren wesentliches Merkmal das seniority-System ist.[1427]

2. Lay-off und seniority als Auswahlverfahren

Wie im deutschen und englischen Kündigungsrecht so steht das Auswahlverfahren *(fair selection)* auch nach US-Kündigungspraxis im Zentrum der Entlas-

---

1422 Die Entscheidungen des Labor Arbitrator (LA) sind im folgenden nicht mehr auf den Staat Michigan beschränkt.

1423 Liebers, S. 76; Lipsig, Downsizing 1996,chap.2,S.14ff.; Exide Corp. and Auto Workers, Local 1829, 98 LA 626 (1992), z.B. three-day notice.

1424 Vgl. den Überblick m.w.N. Labor Relations Expeditor, BNA LRR, 1996, LRX 510: 202; Lipsig, Downsizing 1996,chap.2, S.14f..

1425 Pepsi-Cola Portsmouth Bottling Co. and Teamsters, Local 92, 95 LA 1024 (1990); Watauga Industries Inc. and Textile Workers, 99 LA 829 (1992); York International Corp. and Steelworkers, District 28, 100 LA 929 (1993).

1426 für kurzzeitige Betriebsstillegungen (short time shut down), Asarco Inc., 102 LA 795 (1994); Deere & Co., 106 LA 375 (1996).

1427 Liebers, S. 75; Beispiel University of Washington, 106 LA 391 (1995).

sungsmaßnahmen. Das Hauptauswahlkriterium *seniority* ist hierbei definiert als: *"Credit for length of employment service that establishes preferences for job retention, advancement and other benefits."*[1428]

Nach entsprechenden *Vereinbarungen* ist das generelle Eingreifen der seniority-Regelungen von Schwellenwerten kontinuierlicher Beschäftigung, vergleichbar mit den Schwellenwerten im KSchG oder ERA, abhängig. Damit kein "break in service" entsteht, können anrechenbare Zeiten (z.B. Militärdienst) vereinbart werden[1429]: *"It is the desire of the parties of this agreement that those employees who have previously worked ... for the period set forth herein shall enjoy seniority rights for the purpose of employment."*[1430]

Seniority wird in den Vereinigten Staaten als der *wichtigste Schutz im Zusammenhang* mit dem Arbeitsplatzverlust begriffen.[1431] Auch wenn seniority den Faktor der Betriebszugehörigkeit bei lay-off und recall traditionell in den Vordergrund stellt, sind, wie in Großbritannien, die Betriebsparteien frei, das Schematische dieses Prinzips aufzulösen, indem andere Faktoren als gewichtig in die Klauseln aufgenommen werden. Eine Ausrichtung auf soziale Determinanten aus übergeordneten Prinzipien besteht hingegen nicht.

Die weiteren Auswahlfaktoren sind i.d.R. betriebs-/unternehmensbezogen und *nicht* auf *spezifisch soziale Gesichtspunkte* angelegt. So gehören z.B. Kriterien wie tatsächliche *Leistungsfähigkeit* des Arbeitnehmers (fitness and ability) hierzu. Andererseits hat das Kriterium des Alters über das Antidiskriminierungsrecht in non-discrimination clauses Eingang gefunden. Welches Gewicht die weiteren Kriterien zum Faktor der Betriebszugehörigkeit besitzen, wird i.d.R. von den Parteien festgelegt. Die Betriebszugehörigkeit kann dabei von anderen Kriterien der *Fähigkeit und Leistung* (z.B. Ausbildungsstand, Motivation, Initiativwille) durchaus überlagert werden.[1432]

In Entscheidungen der Arbitrator wurde dem ökonomischen Wert der die seniority ergänzenden Kriterien (z.B. Leistungsfähigkeit) größte Aufmerksamkeit geschenkt.[1433] Der Arbitrator überprüft allerdings nur die Einhaltung der *von den*

1428 Labor Relations Expeditor, BNA Labor Relations Reporter (LRR), 1996, No 660, LRX 710. 101.

1429 Sadler Bros. Trucking & Leasing Co. and Retail, Wholesale & Department Store Union, 99 LA 1205 (1992).

1430 Ebasco Constructors 100 LA 177, wobei die Gruppen in diesem Fall genau nach ihren Voraussetzungen definiert waren und die zurückgelegte Zeit fünf Jahre betrug.

1431 Vgl. Labor Relation Expeditor, LRX 710: 101 (Seniority).

1432 Vgl. Labor Relation Expeditor, LRX 710: 101.

1433 Reynolds Electrical & Engineering Co. 91 LA 884 (886).

Parteien selbst gesetzten Maßstäbe für bestimmte Unternehmenseinheiten.[1434] Beispielhaft können seniority-Klauseln folgenden Wortlauts sein:

"...Seniority shall be defined as length of continuous service with the company ... the principle of seniority shall apply where skills are relatively equal."[1435]

Oder:

"In order to have continuity in seniority, it is agreed by the parties to this Agreement when laying off employees after being hired and/or transferred, the Employer shall observe seniority rights of Group 1, 2, 3 and 4, by laying off Group 4 employees before Group 3, and Group 3 employees before Group 2, and Group 2 employees before Group."[1436]

Ein Beispiel für Klauseln, die den Faktor der Leistungsfähigkeit miteinbeziehen[1437]:

"It is understood and agreed that in all cases of increase or decrease of force, length of continuous service shall govern so long as employee shall demonstrate satisfactory ability to perform the work available. It is understood and agreed that in all cases of promotion the work available and physical fitness are equal, length of continuous service shall govern".

In der Regel sehen die Klauseln mithin vor, daß bei qualitativ gleichen, wenn auch nicht exakt gleichen Arbeitnehmern die Betriebszugehörigkeit den Ausschlag gibt.[1438] Die genannten Gesichtspunkte finden in eine sogenannte *seniority list* Eingang.[1439]

3. Ausnahmen von der einfachen seniority durch superseniority

Superseniority kann als Ausnahme von der einfachen seniority geregelt werden und erfaßt besondere Schutzrechte etwa für Gewerkschaftsmitglieder (ähnlich § 15 KSchG) und andere Arbeitnehmer mit besonderem Aufgabenbereich. Dem vor dem 1.1.1999 durch das ArbRBeschFG'96 eingeführten § 1 Abs. 3 S. 2

1434 Glidden Co. and Operating Engineers, Local 465, 97 LA 470 (1991). Definition der "company" und seniority als "continuous service at plant".
1435 Asarco Inc., 102 LA 795.
1436 Ebasco Constructors 100 LA 177.
1437 Homewood Cemetery, 98 LA 334.
1438 Container Corp. of America, 84 LA 604.
1439 umfänglich Daily Racing Form Inc., 102 LA 23; Type House & Duragraph, 102 LA 225.

KSchG ähneln derartige Klauseln insofern, als auch Arbeitnehmer, die wegen ihrer *besonderen Ausbildung, ihrer Berufserfahrung* und Einsatzmöglichkeit für das effiziente Wirtschaften des Unternehmens von Wichtigkeit sind, auf Vorschlag des Arbeitgebers aus dem allgemeinen Auswahlverfahren von vornherein ausgenommen werden können. *Vernünftige wirtschaftliche Gründe* für superseniority sind *ausreichend*. Die Arbeitnehmer brauchen nicht für das Wohl und Wehe des Unternehmens existentiell zu sein.[1440]

4. Bumping rights und ihre Bedingungen

Das aus dem englischen Recht bekannte *bumping* ist ein ebenfalls auf Individual oder Kollektivvereinbarung beruhendes Verfahrensrecht des Arbeitnehmers. Es ist in der Praxishandhabung nicht unproblematisch, da es die Begrenzung der seniority im Grunde durchbechen kann.[1441] Es schafft die Möglichkeit, Replazierungen von Arbeitnehmern untereinander und unternehmensweit vorzunehmen. Trifft die Management-Entscheidung zur Personalreduzierung eigentlich nur eine Abteilung des Betriebs oder einen Betrieb des Unternehmens, so ist es vom Prinzip her möglich, daß statt eines bestimmten Arbeitnehmers in Abteilung 1 ein Arbeitnehmer mit weniger Betriebszugehörigkeit der Abteilung 2 entlassen werden kann, auch wenn diese Abteilung von der Belegschaftsreduktion (*reduction in force)* eigentlich nicht betroffen ist.[1442] Der Arbeitnehmer kann geltend machen, er könne statt in seiner Einheit (z.B. bestimmte Abteilung) einen anderen Arbeitnehmer einer anderen Einheit mit geringerer seniority verdrängen, weil er dessen (vergleichbare) Tätigkeit ebenfalls beherrsche. Damit entsteht – anders als in Deutschland – ein tatsächlicher *Verdrängungswettbewerb* der Arbeitnehmer in horizontaler und vertikaler Richtung.[1443]

Daß im bumping ein nicht unerhebliches Konfliktpotential angelegt sein kann, wurde zur englischen Praxis bereits ausgeführt. Deshalb versuchen Kollektivvereinbarungen räumlich und inhaltlich dem bumping Grenzen zu ziehen (Beschränkung auf: Betriebe, Betriebsteile, Abteilungen, Tätigkeitsbereiche, be-

---

1440 Labor Relations Expeditor (LR), BNA Labor Relations Reporter (LRR), 1996, No 660, LRX 710. 101.

1441 Mesabi Regional Medical Center, 90 LA 753; aber: Lee County Nursing Home and Teamsters, Local 722, 108 LA 801 (1997).

1442 National Forge, 101 LA 560; Hughes Space & Communications Co and Electrical & Space Techniciens, Local 1535, 106 LA 419 (1996).

1443 Metalloy Corp. and Auto Workers, Local 2117, 91 LA 221 (1988); Bunge Corp. and Paperworkers, Local 1568, 96 LA 105 (1990).

stimmte Zahl der Arbeitnehmer, Arbeitnehmergruppen).[1444] Bumping rights sind oft abgesichert durch *ability- und trial period-Klauseln*, also eine Versetzung für einen Probezeitraum. Durch sie kann vermieden werden, daß das bumping zu einem rein formalen Versetzungsrecht[1445] degeneriert, wenn der Arbeitnehmer die neue Arbeit nicht auch tatsächlich beherrscht.[1446] Auch greifen in diesem Bereich *no-discrimination clauses* vor allem mit Bezug auf Alter und Geschlecht.[1447]

5. Praktische Handhabung des lay-off und Alternativen

Durch die weiteren Maßnahmen zeigt sich die gesteigerte Flexibilität von Beschäftigung im Unternehmen:

a) Trial (break-in) periods und andere Alternativen zum lay-off

Das amerikanische Recht kennt, ähnlich dem englischen, die Versetzung auf Versuchsbasis. Trotz unterschiedlicher Tätigkeitsbeschreibungen wird damit eine Versetzung auf "Bewährung" möglich. Die Pflicht einer Umschulung des Arbeitnehmers durch den Arbeitgeber wird hieraus nicht zu entnehmen sein. Ist aber gemäß *Vereinbarung* eine solche Test- und Umschulungsmöglichkeit vorgesehen, so muß einem Arbeitnehmer, bevor er entlassen zu werden droht, die Möglichkeit gegeben werden, Schulung, Test[1448] oder Trainingszeit[1449] zu durchlaufen, um sich für die neue Tätigkeit zu qualifizieren. Wird er den Anfor-

---

1444 Näher dazu in der Rspr. der Arbitrator Standard Oil Co. 38 LA 939; Einschränkungen des bumping im Verhältnis zu seniority: Norwalk Furniture Corp. and Steelworkers, Local 48, 100 LA 105 (1993); Metamska Electric Assn. and Electrical Workers, IBCW, Local 1547, 107 LA 402 (1996).

1445 Butler Manufacturing Co. and Steelworkers, Local 1294, 96 LA 147 (1991): Sterling China Co. and Class & Pottery Workers, Local 24 100 LA 697 (1992).

1446 Rockwell International Corp. and Steelworkers, Local 6996 91 LA 413 (1988); Standard Havens Inc. and Steelworkers, District 34 92 LA 926 (1989) – Können, Qualifikation und physische Fitness; Shielding Systems Corp. and Carpenters, Local 210 98 LA 333 (1991); National Forge Co. 101 LA 560 (1993), dies bedeutet auch Leistungswettbewerb durch verdrängendes bumping.

1447 Reynolds Electrical & Engineering Co. and Teamsters, Local 631 91 LA 1289 (1988); Paris Printing Co. and Graphic Communications Workers, Local 16-C 94 LA 951 (1990).

1448 United States Steel Corp., 86 LA 197.

1449 Metalloy Corp. and Auto Workers, Local 2117, 91 LA 221 (1988); Heublein Wines and Distillery Workers, Local 45, 93 LA 400 (1988); Arkansas Education Assn. and Arkansas Staff Organization, 94 LA 1190 (1990).

derungen trotz Versetzung auf Probe nicht gerecht, so kann er durch lay-off entlassen werden.[1450]

b) Anordnung der Arbeitsteilung (worksharing)

Die betriebliche Anordnung der Arbeitsteilung kann als Alternative zum lay-off gewertet werden. Nach einschlägigen Kollektivverträgen werden vor einem generellen worksharing oft lay-offs von Arbeitnehmern zur Probe, Teilzeitbeschäftigten und Zeitarbeitnehmern (temporary workers) vorgesehen. Der einseitigen Arbeitszeitverkürzung sind ferner dadurch Grenzen gesetzt, daß sie keine durch die lay-off-Vereinbarung gewährten Rechte verletzen dürfen.[1451]

c) Anordnung der Kurzarbeit

Um lay-off (full-scale lay-off) zu vermeiden, kann Kurzarbeit vereinbart werden, nach der die eigentlich garantierte Wochenarbeitszeit abgesenkt wird. Oft ist es auch eine Frage der Interpretation der lay-off-Klausel, ob Kurzarbeit wenigstens für eine Woche eingeführt werden kann.[1452]

d) Transfer rights

Unter *transfer rights* versteht man die Vereinbarung, daß bei Schließung von Betriebsteilen unter bestimmten Voraussetzungen (z.B. bestimmten Fähigkeiten des Arbeitnehmers) die Arbeitnehmer ohne weiteres zu anderen Einheiten zurückgeführt oder umgesetzt werden können. Das Transferrecht soll lay-offs meist nur für bestimmte Personengruppen vermeiden helfen.[1453]

e) Lay-off und subcontracting

Unter *subcontracting* versteht man die Übertragung von Aufgaben oder Tätigkeitsbereichen des Unternehmens auf Fremdfirmen[1454] oder Selbständige. Im Zusammenhang mit lay-off kann das subcontracting dann stehen, wenn nach dem lay-off innerhalb eines bestimmten Aufgabenbereiches keine Neueinstellungen mehr erfolgen, sondern die Fremdvergabe. Subcontracting ist nach den

---

1450 Airwork Corp., 83 LA 977.

1451 Lufkin Industries, 90 LA 301.

1452 Eagle Crest Foods Inc. and Food & Commercial Workers, Local 540, 95 LA 482 (1990).

1453 Courier-Journal & Louisville Times Co., 96 LA 87 (1990).

1454 Miller and Co., 102 LA 197.

Kollektivverträgen i.d.R. nur zulässig, wenn es keine Arbeitnehmer mehr gibt, die über recall in die entsprechende Position wiedereingestellt werden können.[1455] Kollektivvereinbarungen sehen oft Limitierungsklauseln für das subcontracting vor. Damit soll von seiten der Arbeitnehmervertretung eine zunehmende *Erosion der gewerkschaftlichen Organisation* durch Übertragung von Tätigkeitsbereichen an nicht organisierte Unternehmen vorgebeugt werden.[1456]

Die Rechtsprechung verfuhr während einer Phase der staatenweiten wirtschaftlichen Rezession und einsetzenden Restrukturierungsmaßnahmen der Unternehmen in puncto subcontracting großzügig.[1457] Arbitrator haben ökonomisch begründetes ("economic rational") subcontracting auf nicht organisierte Arbeitgeber, z.B. wegen großer Verluste in einem Teilbereich des Unternehmens, ohne weiteres zugelassen.[1458]

f) Vermeidung von Entlassungen durch job guarantee-Klauseln

Eine Möglichkeit, Entlassungen zu vermeiden, bilden, wenn auch nicht verbreitet, die job guarantee-Klauseln. In ihnen wird einer bestimmten Arbeitnehmergruppe im Unternehmen eine Beschäftigungs- (nicht konkrete Arbeitsplatz-)Garantie eingeräumt.[1459]

g) Abfindungszahlungen (severance pay)

Abfindungsvereinbarungen für den Verlust des Arbeitsplatzes, auf die ansonsten kein gesetzlicher Anspruch besteht, können vorsehen, daß Arbeitgeber Kündigungen aus betrieblichen Gründen ("just cause-economic reason") und lay-offs nach einer bestimmten Betriebszugehörigkeit (z.B. ein Jahr) an eine Abfindung nach Wochenlohnbeträgen knüpfen.[1460] Zugleich kann eine Obergrenze (z.B. 26 Wochenlöhne) festgesetzt werden.[1461]

1455 Ideal Electric Co. and Steelworkers, Local 8530, 93 LA 101 (1989).
1456 Miller and Co., 102 LA 197.
1457 Alofs Manufacturing Co. and Christian Labor Association, Local 55, 98 LA 92 (1991); anders Angelus Block Co. and Teamsters, Local 952, 100 LA 1129 (1993).
1458 Miller and Co., 102 LA 197 ausführlich unter der Prüfung der Evidenz ökonomischer Notwendigkeit des subcontracting.
1459 Beispiel Courier-Journal & Louisville Times Co., 96 LA 87.
1460 Daily Racing Form Inc., 102 LA 23. "When an employment of one year's service or more is laid off or dismissed, he shall at once be paid one week's severance..."
1461 Daily Racing Form Inc., 102 LA 23; Reimann/Ackmann, S. 287f. (25-50% des Monatverdienstes).

h) Frühpensionierung statt Kündigung (reduction-in-force or early retirement incentive programs), ADEA und OWBPA

Eine gängige Strategie, um bei notwendiger Personalreduzierung aus betrieblichen Gründen lay-offs überhaupt zu vermeiden, ist die Frühpensionierung von Arbeitnehmern im rentennahen (etwa ab 54 Jahre) Alter (reduction-in-force or early retirement incentive programs, RIF). Ähnlich einem Sozialplan, handelt es sich um die Aufstellung derjenigen Arbeitnehmer, die in freiwilliger Übereinkunft aus dem Unternehmen mit einer entsprechenden Abfindung oder anderen erhöhten Leistungen ausscheiden.[1462]

Wie auch grundsätzlich bei der Arbeitnehmerauswahl nach seniority sind Schutzgesetze des Bundes zu beachten: zum einen der Age Discrimination in Employment Act[1463], zum anderen der Older Workers Benefit Protection Act von 1990 (OWBPA).[1464] ADEA und OWBPA erlauben grundsätzlich die freiwillige Frühpensionierung von Arbeitnehmern. Als Ergänzung zum ADEA verbietet das OWBPA aber die finanzielle Ungleichbehandlung älterer Arbeitnehmer bei Frühpensionierungen im Vergleich zu nicht frühpensionierten Arbeitnehmern. Die Ergänzung des ADEA durch das OWBPA regelt ausdrücklich, daß ein Frühverrentungsplan Fehler des Arbeitgebers bei der Beurteilung der Freiwilligkeit oder tatsächlichen Entlassung nicht entschuldigt (ADEA 29 U.S.C. § 623 (f) (2)). Er hat bei einem entsprechenden Klagevortrag darzulegen und zu beweisen, daß der Frühverrentungsplan nicht Mittel und Vorwand war, ältere Arbeitnehmer ohne Not aus dem Unternehmen zu drängen. Ferner hat er auszuführen, daß die Absprache über das Ausscheiden auf Freiwilligkeit beruhte[1465] und, im Einzelfall, daß die Abfindungssummen und andere Leistungen (health benefits, pension, cash severance) der Frühverrentungssituation in ihrer Höhe angemessen waren.

6. Seniority und bumping bei recall

Kollektivverträge sehen zumeist vor, daß der Arbeitnehmer vom recall schriftlich oder mündlich benachrichtigt wird und innerhalb einer festgelegten Frist (z.B. drei Tage) mitzuteilen hat, ob er nach recall-Rechten ("notice of recall and response to notice") weiterbeschäftigt werden will. Der Kollektivvertrag legt die

1462 Vgl. die Abgrenzung zur Entlassung und der Status des AN: Henkel Corp. v Chemical Group and Steelworkers, Local 14340, 110 LA 1121 (1998).

1463 29 U.S. C. § 621 et seq.

1464 Pub. L No. 101-433, 104 Stat. 978.

1465 EEOC v Chrysler Corp., 546 F. Supp. 54, 69 (E.D. Mich. 1982), aff'd, 733 F. 2d 1183 (6th Cir. 1984).

näheren Umstände fest, unter denen dem Arbeitnehmer die Nachricht zugehen muß. Wird etwa eine recall-Bestätigung des Arbeitnehmers mündlich und nicht wie vereinbart schriftlich vorgenommen, so können bei Versäumung der recall response eine Entlassung mit Abfindungszahlung oder andere Sanktionen bis hin zur Beendigungskündigung drohen.[1466]

Auf die recall-Situation findet das Seniorityprinzip in umgekehrter Folge Anwendung.[1467] Der zuletzt entlassene Arbeitnehmer (mit der höchsten seniority) ist nach der *seniority list* der erste, der wieder zurückberufen und eingestellt wird.

Wie bei der Entlassung, so können aber auch hier andere Kriterien, die mit Anforderungen einer neuen Tätigkeit zu tun haben, noch vor dem Kriterium der Betriebszugehörigkeit durchgreifen.[1468]

Auch das *bumping* findet beim recall seine Anwendung. Der Arbeitnehmer kann danach den Rückruf in eine andere Unternehmenseinheit fordern und somit die Wiederberufung eines Arbeitnehmers mit geringerer seniority dieser Einheit verhindern. Bei entsprechender Qualifikation ist ein *"upward bumping"* denkbar (umgekehrter Verdrängungswettbewerb).[1469] In dieser und anderer Weise ist eine Koppelung der Wiedereinstellung an Qualifikationsnormen denkbar.[1470]

E. Die Entlassung aus betrieblichen Gründen im Zusammenhang mit einem Betriebsübergang

Das Problem des Betriebsübergangs wird im US-amerikanischen Recht nur teilweise von Gesetzen berührt. Es ist zwar auch Gegenstand einzelstaatlicher Rechtsprechungspraxis[1471], wird aber hauptsächlich *in Kollektivvereinbarungen* geregelt. Weder Gesetz noch Kollektivvereinbarung sehen einen *automatischen* Übergang der Arbeitsverhältnisse auf den Unternehmenserwerber im Sinne des

---

1466 Manville Forest Products Corp. and Paperworkers, Local 654, 92 LA 681 (1989); zum Grundsatz: Liebers, S.96f

1467 Vgl. Überblick Labor Relations Expeditor, BNA Labor Relations Reporter, 1996, LRX 710: 106.

1468 Modine Manufacturing Co. and Sheet Metal Workers, Local 464, 98 LA 526 (1992); West Virginia Power and Electrical Workers, IBEW, System Council U-1, 100 LA 563 (1992), es sind Gespräche über Umqualifikation und Einsatz zu führen.

1469 Vgl. Murphy Oil USA Inc., 86 LA 54; Hilite Industries Inc. Pitts Div. and Electronic Workers, IUE, Local 100/100 LA 604 (1993).

1470 Chromalloy-Sturm Machine Co., 84 LA 1001; Crown Zellerbach Corp., 84 LA 1195 (Wahl einer Abfindung statt bumping); Central Brass Manufacturing Co. and Auto Workers, Local 1196, 91 LA 386 (1988) ("recall to open job").

1471 Vgl. Thüsing, NZA 1999, S. 635ff. (640).

deutschen § 613a BGB vor.[1472] Die Übernahme der Arbeitsverhältnisse bleibt *Verhandlungssache.* Ein korrelierendes Kündigungsverbot besteht damit nicht, sondern kann eine lay-off-Situation begründen.

I. Das Problem des Betriebs-/Unternehmensübergangs nach dem WARN Act

Der am 4.2.1989 in Kraft getretene "Worker Adjustment and Retraining Notification Act", kurz WARN Act[1473], regelt Kündigungsmodalitäten im Fall von Betriebsschließungen (plant closing) oder Unternehmensverkäufen mit Massenentlassungen (mass lay-off). Man kann dieses Gesetz wohl am ehesten mit den Gedanken der Richtlinie 75/129 EWG (Massenentlassungen) vergleichen, wobei ein Teil des Gesetzes den Betriebsübergang miteinschließt.

1. Das Gesetz

In § 2101 und § 2103 schafft der WARN Act Schwellenwerte, Eingrenzungen und Ausnahmen für Arbeitgeber bestimmter Größenordnung (erst ab 100 Mitarbeiter) und schwächt damit seinen eigenen Anwendungsbereich. *Plant closing* und *mass lay-off* werden genau definiert (§ 2101 (B) (2) (3)) und der Unternehmensbegriff weit gefaßt. Bemerkenswert ist im Vergleich zum europäischen Problem des Betriebsübergangs in der Insolvenz, daß nach WARN Act Betriebe in Liquidation nicht mehr als aktive Unternehmen i.S.d. Gesetzes betrachtet werden und von seinen Anforderungen freigestellt sind.[1474]

Plant closing ist die dauernde oder befristete Schließung des ganzen Betriebs oder eines Betriebsteils. Mass lay-off wird – § 112a BetrVG nicht unähnlich – als Personalreduzierung von nicht unerheblicher Stärke definiert (mindestens 50 Vollzeitbeschäftigte innerhalb von 30 Tagen). Unter Reduzierung der Arbeitskräfte (employment loss) im Sinne dieses Gesetzes fallen bestimmte Entlassungen (z.B. Kündigung just cause oder Verrentung) *nicht.*

Die wesentliche Anordnung dieses Gesetzes besteht in einer *Benachrichtigungspflicht* gegenüber den betroffenen Arbeitnehmern *vor Betriebsschließung, Verkauf und Massenentlassung.* In der Zentralvorschrift § 2102 (a) heißt es: *"...An employer shall order a plant closing or mass lay off until end of 60-day period after employer serves written notice of such an order..."* Diese Kündi-

1472 im einzelnen Thüsing, NZA 1999, S. 635ff. (640).

1473 Worker Notification Act (WNA), Chap 23 WARN ACT, 29 § 2101; auch bei Roehm/Albicker, RIW 1993, S. 721ff. (228f.).

1474 bei Roehm/Albicker, RIW 1993, S. 721ff. (728).

gungsfrist von 60 Tagen ist den betroffenen Arbeitnehmern, deren Gewerkschaft sowie staatlichen Instanzen (ähnlich § 17 KSchG) zuzustellen, in deren Bereich Betriebsstillegung oder Massenentlassung geplant sind (§ 2102 (1) ff).

Entscheidend für die Situation des Betriebsübergangs z.B. durch Verkauf ist die Regelung § 2101 (b) WARN ACT, wonach der Verkäufer für die Benachrichtigung der Arbeitnehmer von einer Betriebsstillegung oder einer betriebsbedingten Kündigung, die bis zum Zeitpunkt des Betriebsübergangs stattfindet, verantwortlich ist. Nach vollzogenem Übergang ist der Übernehmer (z.B. Käufer) für die Einhaltungen der im WARN Act verbürgten Rechte der Arbeitnehmer verantwortlich. Das Gesetz reglementiert damit nicht den Betriebsübergang selbst, sondern nur seine Folge. Es geht geradezu davon aus, daß aus Anlaß eines Betriebsübergangs Entlassungen größeren Umfangs vorgenommen werden müssen.

Ausnahmen, die das Gesetz sehr *lückenhaft in seinem Schutzwert* erscheinen lassen, bestehen darin, daß Arbeitgeber, die Arbeitnehmer nur für eine definierte Zeit oder projektbezogen beschäftigen oder im Rahmen eines Streiks aussperren, von der Benachrichtigungspflicht befreit sind. Weiterhin kann die 60-Tagesfrist dadurch entfallen, daß der Arbeitgeber vorträgt und beweist, daß die Betriebsstillegung vorgenommen werden soll, um Kapital zu beschaffen. Er muß im guten Glauben handeln, mit der Kapitalbeschaffung eine Schließung hinauszuschieben oder zu verhindern. Er muß ferner geltend machen, daß die Benachrichtigung innerhalb von 60 Tagen die Kapitalbeschaffung gehindert hätte. Genauer bezeichnete weitere wirtschaftliche Umstände, wie unvorhergesehene wirtschaftliche Ereignisse (z.B. Beendigung eines bedeutenden Vertrages) und Naturkatastrophen, können zu einer Entbindung von WARN führen (§ 2102 (2) (A), (B)).

Die Effektivität des Arbeitnehmerschutzes durch den WARN Act ist wegen dessen *geringer Durchsetzbarkeit begrenzt.* Nach § 2104 kann der betroffene Arbeitnehmer bei Verletzung von Arbeitgeberpflichten aus dem WARN Act für jeden Tag des Gesetzesverstoßes die *Zahlung seines Durchschnittsgehalts* und aller Vergünstigungen verlangen. Allerdings besteht eine Limitierung dieser Haftung auf höchstens 60 Tage. Die Gemeindeverwaltungen sind befugt, dem Arbeitgeber für jeden Tag des Gesetzesverstoßes eine Geldbuße in Höhe von $ 500 aufzuerlegen – eine vergleichsweise moderate Summe.

2. Die Beurteilung der Regelung aus Sicht der US-Wirtschaft und Politik

Es ist angesichts der europäischen Situation bezeichnend, daß aus neoliberaler Sicht dieses Gesetz, das nicht mehr regelt als Ankündigungsfristen bei drohender Massenentlassung, als "tickende Zeitbombe" bezeichnet wurde.[1475]

Schon der im Vergleich mit Richtlinie 77/187 EWG weitaus geringere Schutz der Arbeitnehmer durch WARN wurde von einer republikanischen Lobby als *produktivitäts- und wettbewerbshemmend* dargestellt. Das Verfahren belaste Unternehmen derart, daß dies zu einem sicheren *Anstieg der Arbeitslosigkeit* im Lande führen müsse.[1476] Nach einem Bericht des US-General Accounting Office hat sich in der Rechtspraxis der WARN Act allerdings nicht zu einer "Zeitbombe" entwickelt.[1477] Seit Inkrafttreten des Gesetzes sollen weniger als 100 Verfahren wegen Verletzung des Gesetzes anhängig gemacht worden sein. Die hohen Schwellenbedingungen und Regelungslücken im Gesetz haben ohne Zweifel Anteil an diesem Befund.[1478]

II. Das Problem des Betriebs-/Unternehmensübergangs nach den US-Kollektivvereinbarungen

Das Problem des Betriebsübergangs ist Regelungsgegenstand von Kollektivverträgen. Die Vereinbarungen befassen sich zumeist mit der Frage, wie mit Arbeitnehmerrechten der alten und neuen Arbeitnehmer zu verfahren ist, wenn letztere nicht entlassen, sondern vom Erwerber (freiwillig) übernommen werden. Regelungsbedürftig ist – meist nach einer näheren Definition derjenigen Transaktionen, die unter den Betriebsübergang fallen sollen[1479] – vor allem das Schicksal der wichtigen *Seniorityrechte*.

Im übrigen enthalten Kollektivverträge „drittbezogene" Sicherungsklauseln. Nach diesen soll gelten, daß die im Zweiseitenverhältnis vereinbarten bisherigen Rechte und Pflichten von Arbeitnehmer und Arbeitgeber auch Gegenstand der Vereinbarung des bisherigen Arbeitgebers mit einem Übernehmer sind. Die Fol-

1475 bei Roehm/Albicker, RIW 1993, S. 721ff. (722).

1476 Zitat bei Roehm/Albicker, RIW 1993, S. 721ff. (722).

1477 Vgl. Roehm/Albicker, RIW 1993, S. 721ff. (729).

1478 Vgl. den Bericht des General Accounting Office bei Roehm/Albicker, RIW 1993, S. 721ff. (722).

1479 Beispiel: "Transfer of Company Title or Interest:" "...an entire operation or a portion there of or rights only are sold, leased, transferred or taken over by sale, transfer, lease, assignment, receivership or bankruptcy proceedings...", auch oft Bezug auf Konkurssituation.

ge einer Verletzung dieser Pflicht, von der Rechtsnatur her als Schadensersatz wegen Vertragsbruch konzipiert, trifft gemäß Vereinbarung den bisherigen Arbeitgeber gegenüber der lokalen Gewerkschaft und den Arbeitnehmern, deren Rechte verletzt wurden. Die ferner vereinbarten Warn- und Konsultationspflichten des übertragenden Arbeitgebers folgen den Maßgaben des WARN Act.[1480]

Für die Sicherung der *Seniorityrechte bei Betriebsübergang* gibt es verschiedene Lösungsansätze. Zumeist läuft der arbeitsrechtliche Vereinigungsprozeß auf ein "Verschmelzen" der Senioritylisten hinaus.[1481] Regelungen können wie folgt getroffen werden[1482]:

(1) Festlegung, daß alle Transaktionen, die das Seniorityrecht verletzen können, mit einer festgelegten Frist ("notice of changes") angekündigt werden. Nach Ankündigung kann es dann zu einer Kooperation von Gewerkschaft und Arbeitgeber kommen, um die Seniorityrechte entsprechend dem Vertrag zu gestalten *("Notice of changes which affects seniority")*.

(2) *"Surviving group"*: Alle Arbeitnehmer des kaufenden Unternehmens werden vor denjenigen des gekauften Unternehmens gelistet. Hier ändern sich also die Seniorityrechte des alten Unternehmens gravierend, was allerdings auch als Teil einer Gegenleistung zugunsten einer Übernahme der Arbeitnehmer gestaltet werden kann.[1483]

(3) *"Length-of-service":* Alle Arbeitnehmer werden so behandelt, als hätten sie schon immer für das neue Unternehmen gearbeitet. Die Seniority-Liste wird normal nach den jeweiligen Dienstzeiten der *gesamten* Arbeitnehmer erstellt.

(4) *"Ratio-rank":* Seniority wird hier nach einem Verhältnismäßigkeitsschlüssel der Arbeitnehmerzahl des alten und des neuen Unternehmens vorgegeben. Hat das Käuferunternehmen etwa 100 Arbeitnehmer und das gekaufte 50 unter Beschäftigung, so entsteht ein Verhältnis 2 : 1 ("2 to 1 ratio"). Damit können zwei Arbeitnehmer des Käuferunternehmens für einen Arbeitnehmer des gekauften auf die Liste.

(5) Nach den Strategien der lay-off-Vermeidung kann vereinbart werden, daß bei Verkäufen von Betriebs- oder Unternehmensteilen der Arbeitgeber des Ausgangsbetriebes zu versuchen hat, den Arbeitnehmer an anderer Stelle unterzubringen.

1480 Vgl. Peritt, Employee Dismissal Law and Practice,1998,chap.3, S. 209ff.

1481 Burnside-Graham Ready Mix Inc. 86 LA 972.

1482 Im Überblick in Labor Relations Expediter, BNA Labor Relations Reporter (LRR), 1996, LRX 710: 104.

1483 im Beispiel Art. 5, sec. 5, (a).

(6) Im Falle des subcontracting kann der Subkontraktor für Pflichtverstöße bei lay-off des Fremdvergebenden verantwortlich sein, wenn Klauseln zwischen Fremdvergebenden und Gewerkschaft vorsehen, daß der fremdvergebende Arbeitgeber entsprechende Verpflichtungen auf den Subkontraktor überträgt.[1484]

III. Lay-off, Frühverrentung, ADEA und OWPBA im Rahmen des Betriebsübergangs

Da der alte Arbeitgeber angesichts einer Betriebsübertragung frei ist, Maßnahmen zur Personalreduzierung vorzunehmen, kann er die (vorerst) nicht mehr benötigten Arbeitskräfte durch lay-off entlassen oder frühverrenten ("reduction-in-force or early retirement incentive program, RIF"). Es gilt das zur Beachtung von ADEA und OWPBA oben ausgeführte.

Fällt die Position eines älteren Arbeitnehmers allerdings infolge des Betriebsübergangs weg, sind Übertragender und Übernehmer trotzdem nicht gezwungen, den älteren Arbeitnehmer weiterzubeschäftigen.[1485] Nur wenn sich der Übernehmer generell zur Weiterbeschäftigung der Arbeitnehmer des erworbenen Betriebes entscheidet, ändert sich die Lage. Dann hat es der neue Arbeitgeber i.d.R. genau zu rechtfertigen, wenn er einem Teil der Mitarbeiter die Weiterbeschäftigung ermöglicht und einem anderen Teil nicht, und sich unter dem nicht weiterbeschäftigten Teil in der Hauptsache ältere Arbeitnehmer befinden.[1486]

F. Zusammenfassung und Zwischenergebnis

Wie die Betrachtungen zum Recht der betriebsbedingten Kündigung in den USA ergeben haben, deuten neuere Tendenzen in der US-Gesetzgebung und Rechtsprechung auf ein *differenziertes Bild des US-amerikanischen Kündigungsschutzes:*

In erster Linie hat die Rechtsprechung das System des "hire and fire", d.h. einer jederzeitigen begründungslosen Beendigung des Arbeitsverhältnisses (*at-will),* durch die *just cause-Judikatur* (für Michigan mit der *Toussant-Rechtsprechung*) eingeschränkt. Ökonomisch und juristisch liegt in dieser jüngeren

1484 War Eagle Mining Co. and Mine Workers, Local 8217, 100 LA 474 (1993).
1485 Stanojev v Ebasco Serv., Inc., 643 F. 2d 914, 920 (2d Cir. 1981).
1486 Jackson v Shell Oil Co., 702 F. 2d 197 (9th Cir. 1983); Jacobson v Pitman-Moore, Inc., 582 F. Supp. 169 (D. Minn. 184); Rollins v TechSouth, Inc., 833 F. 2d 1525 (11th Cir. 1987).

Rechtsauffassung letztlich die Aufgabe klassischer Marktparadigmen völliger Verhandlungsparität der Arbeitsparteien.

Die Einschränkung nach *just-cause* stellt auch eine betriebsbedingte (ökonomisch veranlaßte) Kündigung unter *Begründungspflicht.* Ein "just-cause-Arbeitsverhältnis" läßt sich aus der Arbeitsbeziehung selbst ableiten und führt bei Verletzungen der just-cause-Prinzipien zu Schadensersatzansprüchen als Folge einer Vertragsverletzung.

Soweit Kündigungsschutz auf der Basis von *just cause* gewährt wird, kommt es für die Rechtmäßigkeit der Kündigung im Ergebnis darauf an, daß eine *gerichtlich überprüfbare Begründung* der Kündigung vorliegt, fundamentale Rechte des Arbeitnehmers (vor allem Antidiskriminierungsrechte[1487]) nicht verletzt werden und keine Widersprüche zu unternehmensinternen Regelungen (z.B. Betriebsordnung) auftreten.

Der Gegenstand der gerichtlichen Überprüfung einer betriebsbedingten Kündigung wurde von der Rechtsprechung hinsichtlich des Fragenkreises eines tatsächlichen Wegfalls der konkreten Beschäftigung und einer Weiterbeschäftigungsmöglichkeit des Arbeitnehmers fortentwickelt. Gleichwohl läßt sich ein Prinzip der Verhältnismäßigkeit und des Bestandsschutzes, ähnlich der Strenge des deutschen Kündigungsrechts, dieser Judikatur nicht entnehmen. Für den aus ökonomischen Gründen kündigenden Arbeitgeber besteht noch ein erheblicher Handlungsspielraum. Die wirtschaftliche Begründung sowie die Beachtung oben genannter Rechte und Verfahren indiziert offensichtlich die Rechtmäßigkeit der betriebsbedingten Kündigung. Der Entwicklungsstand des allgemeinen Kündigungsschutzes im common law ist damit deutlich geringer als im deutschen Recht.

Im übrigen schafft das US-Arbeitsrecht im *Bereich der Beendigungsfreiheit von Arbeitsverhältnissen* in größerem Umfang als nach deutschem oder auch englischem Recht *privatautonome Regelungsmöglichkeiten.* Dadurch werden Gestaltungsoptionen des Kündigungsschutzes eingeräumt, die der neueren just-cause-Rechtsprechung z.B. durch *Haftungsausschlüsse* entgegenzuwirken vermögen. Allerdings ist auch davon auszugehen, daß die jüngere just-cause-Rechtsprechung für die Gestaltung des Arbeitsvertrages beim Arbeitgeber/Unternehmer *Impulse* für eine *Akzeptanz des sozialen* und *wirtschaftlichen* Anliegens von Kündigungsschutz setzt.[1488] Insofern können die unter Teil 2, 1. und 2. Abschnitt diskutierten ökonomisch positiven Eigenschaften des Kündi-

1487 29 U.S. C. § 621 et seq.

1488 Zu den Haftungsbegrenzungen mittels Etablierung "just cause", 2. Abschnitt C. VII.

gungsschutzes (Stabilitäts- und Leistungsanreiz) als dispositive "Zusatzvergünstigung"[1489] in Arbeitsvertragsverhandlungen eingebracht werden.

Freilich wird es bei der Frage einer Einführung oder eines Ausschlusses des Kündigungsschutzes nach den hier beispielhaft aufgeführten Klauseln auf die Verhandlungspositionen der Vertragsparteien ankommen. Dadurch ist nicht auszuschließen, daß für Arbeitnehmer mit hohem Erwerbsdruck, geringen Marktqualifikationen und einer dadurch bedingten Verhandlungsschwäche nur geringer Arbeitsplatzschutz durchsetzbar ist. Einstellungs- und Entlassungsverhalten entspricht in diesem Segment wohl einem Fluktuationsmarkt.

Effektiver Kündigungsschutz wird in den Vereinigten Staaten, soweit hier untersucht, in erster Linie durch Kollektivverträge erreicht. Somit hängt letztlich der Umfang des Kündigungsschutzniveaus auch vom Organisationsstand der Unternehmen ab. In *organisierten Unternehmen* ist der etablierte Kündigungsschutz unter der Maßgabe gesetzlicher Rahmenregelungen (z.B. Age Discrimination in Employment Act[1490]) mehr auf die Belange des Unternehmens konzipiert.

Der im Ergebnis eher *dezentralisierte Kündigungsschutz* läßt in betriebswirtschaftlicher Hinsicht eine individuellere Bestimmung der Kosten und des Einsatzes des Faktors Arbeit zu.[1491] Dies gilt auch für die Änderung der Beschäftigungsinhalte. Im Zuge dieser Änderungen weist das *bumping-right auf* einen gegebenenfalls leistungsbezogenen Verdrängungswettbewerb der Arbeitnehmer hin. Wenngleich betriebliche Begrenzungsbemühungen des Vedrängungswettbewerbs die betriebliche Nachteiligkeit des bumping offenbar werden lassen.

Mit den kollektivvertraglichen Kernregelungen zu *lay-off and recall* zeigt sich ein Instrument, das in verhältnismäßig kurzer Zeit Personalanpassungen durch ein schematisiertes Entlassungsverfahren zuläßt. Dieses Verfahren stellt in erster Linie auf das Entlassungskriterium der *seniority* ab, kann aber auch Leistungsgesichtspunkte in erheblicher Weise mit einbeziehen. Gleichzeitig ist jedoch bei einem ökonomisch veranlaßten *Wiederanwachsen* der Beschäftigungsmenge im Unternehmen die Wiederbeschäftigung der zunächst entlassenen Arbeitnehmer als recall mit dem lay-off verknüpft.

Die stärkere Betriebsbezogenheit des Kündigungsschutzes mit einer Flexibilisierung des Faktors Arbeit führt, folgt man den in dieser Abhandlung vertretenen Standpunkten, zu beschäftigungswirksamer Begünstigung der Angebotsseite. Die Gefahr des in Teil 2 vorliegender Arbeit skizzierten negativen Antizipie-

---

1489 Vgl. die Analyse unter Teil 2, 1.Abschnitt A.I..

1490 29 U.S. C. § 621 et seq.

1491 Vgl.Teil 2, 1. Abschnitt zu "quasi fixen" Personalzusatzkosten.

rungseffekts[1492] allgemeinverbindlich geregelten starken Kündigungsschutzes dürfte verringert sein. Unter den in Teil 2 skizzierten Annahmen wäre aus Unternehmenssicht von einer Erleichterung der Einstellungsbereitschaft gegenüber Arbeitnehmern auszugehen. Insider/Outsider-Verhältnisse auf dem Arbeitsmarkt erfahren auf diese Weise in der Tendenz keine Verfestigung durch zu hohe Entlassungsbarrieren und übermäßigen Schutz von Insider-Besitzständen.

Massenentlassungen und Entlassungen wegen Betriebsübergangs sind in erster Linie an Konsultationspflichten geknüpft. Speziell in bezug auf die Situation des Betriebsübergangs werden damit Schutzinteressen der Arbeitnehmer näher erst durch kollektivvertragsrechtliche Regelungen bestimmt. Die Rechte legen Entlassungsmodalitäten fest, begründen jedoch i.d.R. keinen unbedingten Bestandsschutz der Arbeitsverhältnisse. Umstrukturierungs- oder Sanierungsinteressen werden, legt man die Ergebnisse des Teil 2[1493] zugrunde, begünstigt.

Nicht zuletzt versucht die Wirtschaftspraxis auch in den USA mit einer konsequenten *Umsetzung des Schlichtungsgedankens* reibungsloseren und zeitsparenden Lösungen kündigungsrechtlicher Konflikte Rechnung zu tragen. Ergebnisse können mehr auf wirtschaftliche Bedürfnisse und Praktikabilität zugeschnitten werden. Im Einzelfall kann einer Abwägung sozialer Belange des Arbeitnehmers mit betriebswirtschaftlichen Belangen des Arbeitgebers Rechnung getragen werden.

3. Abschnitt: Vergleichende Bewertung der Kündigungsschutzsysteme und Aussagen zum Beschäftigungsproblem

A. Rechtsvergleichende Aspekte[1494]

I. Allgemeines

Ein Vergleich der in Teil 1 und Teil 3 dargestellten deutschen, englischen und amerikanischen Kündigungsschutzregelungen zeigt in den hier analysierten Tatbeständen einige Gemeinsamkeiten auf, wenngleich im Ergebnis deutlich unterschiedliche Ansätze der Regelungsintensität und des Schutzniveaus bestehen.

1492 Vgl. Teil 2, 1. Abschnitt.

1493 Vgl. Teil 2, 1. Abschnitt.

1494 Bei weitgehender Übereinstimmung englischer und amerikanischer Norminhalte wird im folgenden vom "angloamerikanischen Recht" gesprochen; die Fußnoten verweisen vereinfachend auf Fundstellen in vorliegender Abhandlung.

Diese Unterschiedlichkeiten ergeben sich auch vor dem Hintergrund der jeweiligen *Werte- und Wirtschaftsordnung* der hier verglichenen Länder.[1495] Während sich danach das Niveau des Kündigungsschutzes in den angloamerikanischen Staaten mehr an (neo-)klassischen Prinzipien[1496] der Markt- und Wettbewerbsmechanismen orientiert, haben die Regelungsstrukturen des Kündigungsrechts in Deutschland bereits seit 1920 ihre Konzeption durch soziale Grundwerte erfahren.[1497]

Diese prinzipiell unterschiedliche Gesamtausrichtung der Systeme hat allerdings im Verhältnis Deutschlands zu Großbritannien durch das EU-Recht eine teilweise Vereinheitlichung erfahren. Bei all den noch im englischen Kündigungsschutz verbliebenen Eigenheiten, haben EU-Normen (hier z.B.: Richtlinien 75/129 EWG, 77/187 EWG mit Ergänzungsnormen) für deutschen und englischen Kündigungsschutz soziale Standards einheitlich gesichert. Diese haben Eingang in die Kündigungsschutzgesetze Deutschlands (KSchG, BGB) und Großbritanniens (ERA) gefunden. Im Vergleich dazu wirkt das Kündigungsschutzrecht in den Vereinigten Staaten – vor allem außerhalb kollektivvertraglicher Bindungen – noch immer rudimentär.

Zusammenfassend kann als gemeinsames Charakteristikum des englischen und amerikanischen Kündigungsschutzes eine im Vergleich zur deutschen Rechtsgestaltung geringere belastende Verengung unternehmerischer Handlungsspielräume durch Regelungseinwirkungen externer Instanzen, eine unternehmensbezogenere Dezentralisierung von Kündigungsmodalitäten sowie eine prinzipielle Gewähr umfassender Flexibilität des Faktors Arbeit herausgestellt werden.

II. Einige wesentliche Aspekte im Vergleich

1. Instrumentarium zur Anpassung von Beschäftigung und leitende Prinzipien

Ausgehend vom Wirtschafts- und Beschäftigungskonzept der *Deregulierung des Arbeitsmarktes,* kann *eine Dereguliertheit* des angloamerikanischen Kündigungsschutzes bereits in den vom deutschen Recht abweichenden *Zugangsvoraussetzungen* zum Rechtsschutz gesehen werden.[1498] Bemerkenswert erscheinen

1495 Teil 2, 2. Abschnitt A.

1496 Teil 2, 1. Abschnitt B. I.2.; 2. Abschnitt B., Hinweis auf Deregulierungsinitiativen.

1497 Teil 1, A. III.; Teil 2, 2. Abschnitt; hier auch als "soziale Determination" bezeichnet.

1498 Vgl. Teil 3, Großbritannien: gesetzliche Ausschlußtatbestände sec. 94ff.; USA: Beispiel für vereinbare Ausschlußtatbestände, Sadler Bros. Trucking & Leasing Co.

hierbei erhebliche Abweichungen des englischen vom deutschen Recht (sec. 94ff. ERA, zwei Jahre kontinuierlicher Beschäftigungszeit im Unternehmen[1499]). Im US-amerikanischen Recht kommt es diesbezüglich auf – meist kollektiv verhandelte – *Ausschlußklauseln* an, die bestimmte Rechte betreffen können (z.B. Auswahlverfahren, seniority-Rechte). Wie zu diesen Unterscheidungsmerkmalen ausgeführt, dürfte die für den Zeitraum von zwei Jahren erleichterte Befristungsmöglichkeit nach deutschem Beschäftigungsförderungsrecht (BeschFG'85, ArbRBeschFG'96, TzBfG) mit den Schutzbeschränkungen Großbritanniens nicht vergleichbar sein, da sich diese Befristung gerade nicht als Regelarbeitsverhältnis darstellen soll.[1500]

Hinsichtlich des *Instrumentariums zur Personalanpassung* liegen die Unterschiede des angloamerikanischen Rechts zum deutschen in erweiterten Möglichkeiten des ersteren, *kurzfristige* Anpassung vorübergehend gesunkenen Beschäftigungsbedarfs mit *temporary redundancy und lay-off (sec. 147ff. ERA)* bzw. *lay-off and recall, temporary lay-off, emergency lay-off* vornehmen zu können.[1501]

Sowohl aus der Existenz dieser Anpassungsinstrumente als auch aus den an die betriebsbedingte Kündigung anknüpfenden Abfindungs- *(redundancy payment, 135ff. ERA) bzw. Entschädigungsrechten* ist im angloamerikanischen Recht das *Fehlen eines* Bestandsschutzprinzips abzuleiten. Gesetzliche Abfindungsrechte bei rechtmäßigen und Entschädigungsrechte bei unrechtmäßigen Entlassungen[1502] vergelten den Verlust des Arbeitsplatzes und stehen *vor einem Bestandsschutz* des Arbeitsverhältnisses.

Der durch § 102 Abs. 5 BetrVG und über diesen *gesetzlichen Anspruch* hinaus bestehende Weiterbeschäftigungsanspruch des Arbeitnehmers (§ 611 BGB)[1503] findet im englischen wie amerikanischen Kündigungsrecht (z.B. lay-off and recall) keine ausdrückliche Entsprechung. Zwar hält auch die angloamerikanische Kündigungspraxis (und hier maßgeblich das englische Recht) eine *Option* einklagbarer Wieder- bzw. Weiterbeschäftigung bereit. Die Aussicht

---

and Retail, Wholesale & Department Store Union, 99 LA 1205 (1992): *"It is the desire of the parties of this agreement that those employees who have previously worked ... for the period set forth herein shall enjoy seniority rights for the purpose of employment." (5 Jahre).*

1499 Teil 3 1. Abschnitt, C. I.1., Ausnahme: Verletzung unverbrüchlicher Rechte.

1500 Neben den höheren Zugangsbeschränkungen des angloamerikanischen Kündigungsschutzes besteht eine weitgehend freie Befristungsmöglichkeit der Arbeitsverhältnisse; OECD, Employment Outlook 1999, S. 66; zu den Motiven im deutschen Recht, Teil 1 Einführung. und A.III.

1501 Teil 3, 1. Abschnitt C. I. 2. u. 2. Abschnitt D..

1502 Auffassung rechtswidriger Kündigung als Vertragsbruch.

1503 Teil 1 B. II.4.

aber, mit einer darauf zielenden Klage die Wieder- oder Weiterbeschäftigung zu realisieren, ist in der Praxis eher gering.[1504]

An diesen unterschiedlichen Rechtskonzeptionen ändert auch die Tatsache nichts, daß die deutsche Kündigungspraxis de facto über prozeßförmige Abfindungsvergleiche zu einer Art Abfindungspraxis tendiert und der Weiterbeschäftigungsanspruch meist nur als pro forma-Antrag gestellt wird.[1505] Denn die (Rechtsprechungs-)Entwicklung des deutschen Kündigungsschutzes ist nach wie vor *am (unterstellten) Bestandsschutzinteresse* des Arbeitnehmers ausgerichtet. Die Vergleichspraxis schafft lediglich über den Weg des Kündigungsschutzprozesses eine von der Fehlerhaftigkeit der Kündigung abhängige Kommerzialisierung der Kündigung.

2. *Kündigungsgründe, Überprüfung der Unternehmerentscheidung und weitere Verfahrensabläufe bei betriebsbedingter Beendigungs- und Änderungskündigung*

a) Betriebliche Gründe, freie Unternehmerentscheidung

Gemeinsam ist den hier verglichenen Kündigungsschutznormen die gesetzliche Etablierung einer gerichtlich überprüfbaren *Begründungspflicht*, soweit es um die *Rechtmäßigkeit* der Kündigung geht. Nur das amerikanische Recht hat zwar mit der *just cause* Rechtsprechung eine allgemeine Begründungspflicht eingeführt, jedoch die Möglichkeit einer *dispositiven Reetablierung* von at will nicht ausgeschlossen.[1506] Der materielle Basisschutz gegen "hire and fire" kann damit u.U. wegfallen.

Soweit aber eine *Begründungspflicht* gesetzlich oder vertraglich etabliert ist, liegen auch nach englischem wie US-amerikanischem Recht die anerkannten betrieblichen Gründe übereinstimmend mindestens im Rahmen dessen, was das BAG als *außer- (z.B. konjunkturelle Umsatzrückgänge) und innerbetriebliche (z.B. Rationalisierung)* Kündigungsgründe kategorisiert.[1507]

Wie sich ferner als gemeinsame Grundlage der in den Ländern entwickelten Rechtsprechungspraxis ergibt, wird die Möglichkeit eingeräumt, den arbeitgeberseitigen Vortrag betrieblicher Kündigungsgründe – *reasons of redundancy,*

1504 Teil 3, 1. Abschnitt IV.; Hinweis des Arbeitgebers, daß Weiterbeschäftigung wirtschaftlich nicht tragbar ist.

1505 Vgl. oben Teil 2 1. Abschnitt A. I. 2.

1506 Vgl. Teil 3, 2. Abschnitt C., "just cause" wird aus der Arbeitsbeziehung und betriebsinternen Regelungen abgeleitet; einzelne Klauseln ihres Ausschlusses.

1507 Teil 1 B., Teil 3, 1. Abschnitt D., Erweiterung nach ERA (other substantial reasons).

other substancial reasons (Großbritannien, sec. 139a ERA) oder economic reasons (USA) – gerichtlich auf ihren *Wahrheitsgehalt* zu überprüfen. In den verglichenen Systemen ist somit ein *Schutz vor willkürlicher Entlassung (Mißbrauchskontrolle)* gewährleistet. Daraus leitet sich nach wohl einheitlicher Sicht die Vortrags- und Beweislast des Arbeitgebers für das tatsächliche Vorliegen betriebsbedingter Kündigungsgründe ab.

Rechtsähnlichkeit besteht ferner darin, daß vorgetragene wirtschaftliche Gründe die konkrete Kündigung nicht per se rechtfertigen können. Im Streitfall hat der Arbeitgeber zur Überzeugung des Gerichts die Auswirkung ökonomischer Umstände auf den Betrieb und ihre kündigungsrelevante Umsetzung zu konkretisieren. Hierbei reicht vom rechtlichen Ansatz des englischen und wohl auch amerikanischen Rechts her bereits die wirtschaftlich begründete *bloße Erwartung* des Beschäftigungsrückgangs im Betrieb aus, womit der Zeitpunkt von Entlassungen im angloamerikanischen Recht *früh angesetzt* wird.[1508]

Da allen drei verglichenen Schutzsystemen eine *Werteordnung unternehmerischer Freiheiten* zugrunde liegt, wirft gerade die betriebsbedingte Kündigung die Frage nach Möglichkeiten und Grenzen *gerichtlicher Kontrollbefugnisse* über die wirtschaftliche und organisatorische Entscheidungsfreiheit des Unternehmers/Arbeitgebers auf.[1509]

Dabei besteht einerseits darin Übereinstimmung, daß durch die unbestrittene Freiheit des Unternehmers, auf bestimmte wirtschaftliche Daten und Veränderungen zu reagieren und sein Unternehmen zu organisieren, der Rechtsschutz gegen eine betriebsbedingte Kündigung/Entlassung nicht prinzipiell zur Disposition gestellt werden darf.

Andererseits ergeben die hier verglichenen Rechtspositionen wohl einheitlich, daß Gerichte weder rechtlich befugt noch sachlich in der Lage sind, die Rolle eines *Überunternehmers* einzunehmen. Die Auswertung des wirtschaftlichen Datenkranzes und Schlußfolgerungen für die Organisation des Unternehmens als der Kündigung vorgelagerte Ebene sind damit kontrollfrei und vom Gericht verbindlich hinzunehmen.

Wenn in diesem Zusammenhang – wie die fortgeführte Diskussion über Tatbestandsauslegungen des KSchG in Deutschland zeigt – *Wertungsspielräume* existieren, in denen zwischen *mehr Sozialpflichtigkeit* unternehmerischer Verfügungsgewalt oder mehr *maktgeleiteter Unternehmerfreiheit* entschieden werden kann, so tendiert das deutsche Recht gegenüber dem angloamerikanischen zu

1508 Teil 3, 1. Abschnitt D., bei Entlassungen im weiteren Sinne und lay-off.

1509 Teil 1 B. II.2, die Auffassung Däublers gegen die Praxis des BAG; Bedeutsamkeit, Regelungsintensivität und Lenkung der Handlungsspielräume des Unternehmers.

stärkerer Sozialpflichtigkeit.[1510] Folgt man dagegen der Judikatur zum englischen ERA[1511], so scheint der Arbeitgeber (auch aus den Verfahrensgrundsätzen heraus) mehr "Herr des Verfahrens" zu sein. Er ist Initiator der *redundancy situation, so daß* die vom Grundsatz her freie Organisationsentscheidung an die Kündigungsentscheidung "heranrückt" und letztlich nur noch eine Prüfung der Kündigung auf ihre Angemessenheit (fairness) verbleibt; wobei letztere bei Vorliegen anerkannter betrieblicher Kündigungsgründe indiziert zu werden scheint. Das deutsche Recht hingegen führt über die strenge Nachweispflicht des Arbeitgebers zur konkreten Auswirkung außer- und innerbetrieblicher Umstände auf den dauerhaften Wegfall des Arbeitplatzes zu einem mittelbaren Korrektiv der unternehmerischen Entscheidungsfreiheiten.[1512]

b) Angemessenheit der Kündigung

Ähnlichkeiten der hier verglichenen Schutznormen können im Ergebnis auch darin gesehen werden, daß zur sozialen Rechtfertigung und Wirksamkeit (deutsches Recht) bzw. fairness (englisches, US-Recht) der Kündigung deren überprüfungsfähige *Angemessenheit* vorliegen muß. Letztere kann auch im angloamerikanischen Kündigungsrecht als Prüfung einer Art *Zweck-.Mittel-Relation* und Interessenlage der Arbeitsparteien verstanden werden. Der Tatbestand erscheint nach angloamerikanischer Auffassung allerdings offener, die Stufen der Prüfung nicht klar gegeneinander abgrenzbar und der Prüfungsmaßstab mehr an der schlüssigen Darstellungsweise eines verständigen Arbeitgebers orientiert.[1513]

Ähnlich dem deutschen Recht, liegt ein Schwerpunkt der Angemessenheitsprüfung im englischen wie amerikanischen Recht auf der Frage, ob und wie die Kündigung durch alternative Beschäftigungsmaßnahmen vermieden werden kann.[1514] Eine dem deutschen ultima ratio-Prinzip (Verhältnismäßigkeitsprinzip) geschuldete gesetzlich angelegte Pflicht zur Suche nach geeigneter Weiterbeschäftigung auf einem gleichwertigen *anderen freien und vergleichbaren* Arbeitsplatz wird nach angloamerikanischem Recht nicht zu einem allgemeinen

---

1510 Teil 1 B.II.2.; neuerdings aus Anlaß der "Verdichtungs"-Entscheidung, BAG, NZA 1997, S. 1047 = NJW 1998, S. 179; BAG, DB 1999, S. 1909 = NJW 2000, S. 378.

1511 Teil 3, 1. Abschnitt D.

1512 Teil 1 B. II.2.a), c), Hümmerich, NZA 1996, S. 1289 (1300); Preis, DB 2000, S. 1122 (1123).

1513 Teil 3, 1. Abschnitt D. I.; 2. Abschnitt C. II.

1514 Teil 3, 1. Abschnitt (Rspr.) D. II.
437 Mich. 109, 469 NW2d 284 (1991); Supreme Court, 181 Mich. App 611, (617-618), 450 Nw2d 10 (1989): *"... where the employee has a just cause contract and the employer has reasonable alternative options for the employee within the organization."; Deutschland:* § 1 Abs. 2 KSchG.

Rechtsmaßstab erhoben. In erster Linie sind es vertragliche Bindungspflichten des Arbeitgebers (z.B. Flexibilitätsklauseln), die eine Suche nach Weiterbeschäftigung fordern können. In ihnen kann auch geregelt sein, ob Umschulungsmaßnahmen unter dem Gesichtspunkt wirtschaftlicher Tragfähigkeit angemessen sind. Gleichzeitig verlangt das Recht angesichts nachvollziehbarer wirtschaftlicher Gründe zur Kündigung entsprechend erhöhte Anpassungsflexibilität beim Arbeitnehmer, die auch das Kernarbeitsverhältnis berühren kann.

Wenngleich aus deutscher Sicht schwer einzuordnen (Problem der Weiterbeschäftigung oder Sozialauswahl?), findet sich mit dem *bumping* sowohl in der englischen (*bumping redundancy)* als auch amerikanischen (*bumping right)* Praxis die potentielle Möglichkeit eines (oft leistungsmotivierten, vertikalen) Verdrängungswettbewerbs durch Austauschkündigungen. Das bumping veranschaulicht den selektionistisch, auf unternehmensinternen Arbeitnehmerwettbewerb orientierten Ansatz des angloamerikanischen Kündigungsschutzes. Andererseits zeigt es aber auch dessen betriebliche Nachteile (Konfliktpotential), die durch vertragliche Regelungen (räumliche Begrenzung) eingedämmt werden.[1515]

3. *Arbeitnehmerauswahl*

Wie im deutschen Recht, so ist bei betriebsbedingten Kündigungen einer größeren Anzahl von Arbeitnehmern auch im angloamerikanischen Recht die Arbeitnehmerauswahl der Kern der Verfahrensrechte.[1516] Dabei ist die *soziale* Arbeitnehmerauswahl aus deutscher Sicht an den drei Auswahlkriterien (Alter, Betriebszugehörigkeit, Unterhaltsplicht) orientiert und erfordert die soziale *Einzelfallabwägung* dieser Kriterien, in die im Falle eines Betriebsübergangs ggf. Aspekte eines Widerspruchs (§ 613a Abs. 6 BGB) zu integrieren sind.

Im Unterschied dazu *schematisiert* der angloamerikanische Kündigungsschutz den Auswahlprozeß *(fair selection)* in erster Linie auf das Kriterium der seniority. Die Regelung weiterer Auswahlkriterien und deren eventuelle Gewichtung bleibt betrieblichen bzw. kollektivvertraglichen Ebenen vorbehalten. Es besteht in der Regel Gerichtsfestigkeit dieser Vereinbarungen, soweit maßstäbliche *Antidiskriminierungsrechte* (z.B. Alter, Geschlecht, Mitgliedschaft in einer Gewerkschaft) weder durch die fixierten Kriterien noch durch deren Anwendung verletzt werden. Eine auf größere Rechtssicherheit zielende Zulässigkeit von Betriebsvereinbarungen mit Zuordnungssystemen (z.B. Punktesystem) hat das Prinzip der sozialen Einzelfallabwägung nach KSchG nicht aufgehoben,

---

1515 Teil 3, 1. Abschnitt D. II.

1516 Großbritannien: ERA (sec. 110 ERA); USA: Kollektivverträge, lay-off and recall.

jedoch in den Abwägungsprozeß größere Rechtssicherheit zu bringen versucht.[1517]

Betriebszugehörigkeit und Alter dürften demnach in den verglichenen Auswahlverfahren feste Größen sein. Hinzu kommen jedoch sowohl im englischen als auch amerikanischen Recht Möglichkeiten, *betrieblichen Interessen* durch Auswahlkriterien wie etwa *Leistungsfähigkeit, Krankenstand, Erfahrung und Fehlzeiten* Rechnung zu tragen.[1518]

4. Änderungskündigung und interne Änderungsmaßnahmen

Neben tariflich und individualvertraglich vereinbarten Flexibilisierungsklauseln gewinnt die betriebsbedingte Änderungskündigung Bedeutung für betriebliche *Anpassungsprozesse* und für den *Beschäftigungserhalt im Unternehmen.*[1519] Während die deutsche *(betriebsbedingte) Änderungskündigung* in ihren Voraussetzungen (dringende betriebliche Gründe, die das Vertragsangebot begründen) an diejenige der betriebsbedingten Beendigungskündigung knüpft (Gleichwertigkeit von Bestands- und Inhaltsschutz), nehmen englische und amerikanische Rechtsprechungspraxis den Inhaltsschutz tendenziell zurück (aus betrieblichen Gründen nachvollziehbares und vernünftiges Angebot – proper offer). Wirtschaftlichen Notwendigkeiten im Unternehmenskonzept wird auch hier größeres Gewicht beigemessen und Änderungen größere Durchsetzbarkeit verschafft.

Im Rahmen der *Angemessenheit* bestehen Ähnlichkeiten der rechtlichen Ansätze des englischen und deutschen Rechts hinsichtlich des Erfordernisses einer individuellen Zumutbarkeit der Änderung für den Arbeitnehmer. Hierbei wird über die Möglichkeit versuchsweiser Änderung der Beschäftigungsbedingungen *(trial period)* eine größere Flexibilität eingeräumt.

5. Beteiligungsrechte, Massenentlassung und Betriebsübergang

Den in mitbestimmten Betrieben geltenden Beteiligungsrechten der Betriebsratsanhörung gem. § 102 BetrVG und den Verfahren zu Interessenausgleich (§ 113 BetrVG) und Sozialplan (§ 111, 112 BetrVG) entsprechen in England und Amerika *Informationspflichten* des Arbeitgebers gegenüber der im Unternehmen wirksamen Gewerkschaftsvertretung (shop stuart, locals). Ähnlichkeiten der Schutzrechte bestehen darin, daß ab einer bestimmten Größenordnung der Entlassungen innerhalb eines bestimmten Zeitraums *Anzeige- und Konsultations-*

1517 Teil 1, B. II.2.f)
1518 Teil 3, 1. Abschnitt C. I.
1519 Teil 1, B. II.3.; Teil 3, 1. Abschnitt D. II.

pflichten ausgelöst werden (RiLi 75/129 EWG, §§ 17ff. KSchG, 112a BetrVG; WARN-Act).[1520] Anzeige- und Konsultationspflichten dienen hierbei der Vorbereitung der Arbeitsbehörden auf Massenentlassungen. Sie sind von unmittelbarer Relevanz für den *Arbeitsmarkt*, da Beschäftigung gelenkt und vermittelt werden muß, um umfangreiche Arbeitslosigkeit zu vermeiden.

Unterschiedlich erscheinen allerdings im Vergleich zu Deutschland die Sanktionen bei einer Verletzung der Anhörungs- und Konsultationspflichten in Großbritannien und den USA. Tendenziell liegt der deutsche Schwerpunkt der Sanktionen bei Versäumnis, Form- oder Fristverletzung der Anzeige- und Konsultationspflichten auf einer *Unwirksamkeit* der Kündigungen.[1521] In England und den Vereinigten Staaten führen formale Verfahrensfehler in diesem Bereich primär zu Schadensersatzpflichten des Arbeitgebers gegenüber den Arbeitnehmern oder Bußgeldzahlungen. Sie berühren die Wirksamkeit und praktische Realisierung der Maßnahmen nicht rückwirkend. Unter engen Voraussetzungen können sogar offensichtlich sinnlose Anhörungsverfahren in Ausnahmefällen verzichtbar werden.[1522]

Demgegenüber steht wiederum die definitive Unwirksamkeit der Kündigung auch bei Verletzung der durch die deutsche Rechtsprechung ausgeweiteten Anhörungspflicht bei Einzel- und Massenkündigungen.[1523] Zur Erreichung eines Sozialplans ist zudem nach BetrVG das Verfahren des Interessenausgleichs zu durchlaufen (§ 113 Abs. 3 BetrVG). Demgegenüber sucht die englische und amerikanische Praxis den unmittelbaren Weg zu Abfindungen (severance pay) in Kollektivvereinbarungen, wenngleich im Rahmen der Konsultation Alternativmaßnahmen erörtert werden können.

Hinsichtlich eines Bestandsschutzes im Zusammenhang mit der Situation des *Betriebsübergangs* ist mit Blick auf die Schutzinteressen der Arbeitnehmer zwischen deutscher und englischer Rechtsauffassung infolge neuerer EuGH- und BAG-Rechtsprechung eine weitgehende Vereinheitlichung entstanden. Die Etablierung der Vorschrift und die Ausweitung ihres Schutzbereichs auch auf Sanierungsverkäufe schuf in beiden Ländern kontroverse Auffassungen zur wirtschaftlichen und beschäftigungspolitischen Bewertung der Vorschrift.[1524] Das amerikanische Recht weicht von diesen Rechtsgedanken insofern ab, als nach der Gesetzeslage die Situation des Betriebsübergangs, ähnlich wie jene der Betriebsschließung, gerade als Anlaß zur Massenentlassung gilt und in diesem Zu-

---

1520 Teil 3, 1. Abschnitt D. II.; 2. Abschnitt E.
1521 Teil 1, B. II.6.
1522 Teil 3, Polkey v AE Dayton Services Ltd. (1987) 3 ALL ER 974 u.a.
1523 Teil 1, B. II.4.
1524 Teil 1 B.; Teil 3, 1. Abschnitt D. V., 2. Abschnitt D.

sammenhang Konsultationspflichten geregelt werden. Selbst diese (nach WARN Act)[1525] geregelten Konsultationspflichten zeigen lückenhaften Schutzwert.

6. Gerichte und Schlichtung

Die Effektivität des Kündigungsschutzes wird in allen Rechtssystemen durch das Verfahrensrecht gesichert. Unterschiedlich ist diese Effektivität schon dadurch, daß Deutschland und mittlerweile auch Großbritannien eine ordentliche Arbeitsgerichtsbarkeit haben, in den Vereinigten Staaten primär jedoch die Zivilgerichte (jury trial) zuständig sind. Während die vergleichsweise lang bestehende deutsche Arbeitsgerichtsbarkeit die Entwicklung zu einer Art "Arbeitnehmerschutzinstanz" nahm, kann eine Begünstigung des Arbeitnehmers durch das Verfahrensrecht vor dem Employment Tribunal nicht in gleicher Weise angenommen werden. In den Vereinigten Staaten bestehen für alle Parteien erhebliche Unwägbarkeiten. Der Schutzeffekt des Verfahrens aus Sicht des Arbeitnehmers dürfte danach in Deutschland am ausgeprägtesten sein.

Übereinstimmende Aspekte der hier verglichenen Kündigungsschutzverfahren bestehen im Ausbau der Schlichtungsregeln. Dies ist zum einen mit dem nicht durch starres Verfahrensrecht zu lösenden sozialen und wirtschaftlichen Konflikpotential begründet. Zum anderen ist es begründet mit Erwägungen der Prozeßökonomie, die sich wiederum betriebswirtschaftlich günstig auswirken. Wird in den angloamerikanischen Staaten ein außergerichtliches Schlichtungsverfahren präferiert (ACAS, Employment Act 2002, FMCS, grievance procedure), bindet das deutsche Prozeßrecht die Güteverhandlung (§ 54 Abs. 1, S. 1 ArbGG) in das ordentliche Verfahren mit ein und findet sich im übrigen im Schlichtungsverfahren des § 112 Abs. 2, 4, 76 BetrVG.

B. Indikation der Beschäftigungswirkung von Kündigungsschutz (Bestandsschutz)

Wie unter Teil 2 1. Abschnitt C.I. dieser Arbeit ausgeführt, liefert ein Vergleich der Beschäftigungsentwicklung in den vorstehenden Ländern mit ihrem unterschiedlich ausgeprägten Kündigungsschutz *Indizien* für die Beschäftigungswir-

1525 Worker Notification Act (WNA), Chap 23 WARN ACT, 29 § 2101; auch bei Roehm/Albicker, RIW 1993, S. 721ff. (228f.).

kung institutionellen Bestandsschutzes. Auch die OECD-Studie von 1999 folgt diesem Ansatz.[1526]

Dabei wurden gegenüber Deutschland tendenziell positive Beschäftigungsentwicklungen in den Volkswirtschaften Englands und der USA festgestellt. Selbst unter Berücksichtigung anderer den Arbeitsmarkt beeinflussender Faktoren ist die Beschäftigungsdynamik parallel zum Wachstum in diesen Ländern deutlich höher als in Deutschland. Die hier beleuchteten rechtlichen und ökonomischen Zusammenhänge machen diesen Befund plausibel.[1527] Da der Kündigungsschutz in den angloamerikanischen Staaten in den letzten zwei Jahrzehnten auch einen unbestrittenen Ausbau erfahren hat, liegt der Schluss nahe, dass Kündigungsschutz *nicht per se* den Beschäftigungsstand negativ beeinflußt. Vielmehr kommt es auf die Ausgestaltung einzelner Kündigungsrestriktionen an, die das Gesamtniveau des Arbeitnehmerschutzes, die betriebliche Handhabbarkeit und die Nutzung beschäftigungsökonomisch positiver Effekte bestimmen.

In diesem Kontext wurde darauf hingewiesen, daß die angloamerikanische Regelungsstruktur des Kündigungsschutzes dem neoklassischen Gedankengut und dessen Ausrichtung auf die Allokationsfunktion der Marktkräfte entspricht. Institutioneller Kündigungsschutz wird aus dieser Sicht insoweit für sinnvoll erachtet, wie er ökonomisch begründbar bleibt. Regelungsstruktur und Maß institutioneller Einschränkungen der Vertragsfreiheit werden dahin gestaltet, daß Gleichgewichtsmechanismen im Markt nicht dauerhaft beeinträchtigt werden[1528] und eine *ökonomisch bilanzielle* Bewertung des Kündigungsschutzes[1529] positiv ausfällt.

So gesehen, tragen die angloamerikanischen Kündigungsbedingungen dem ökonomischen Argument Rechnung, daß Kündigungsschutz in einem bestimmten Umfang betriebliche Kooperationsmechanismen zwischen den Arbeitsparteien fördert, Machtasymmetrien und kostenbehaftete Fehlleistungen (Transaktionskosten) und Funktionsstörungen im Arbeitsverhältnis auszugleichen sucht (Rechtsfrieden), und damit auf der Unternehmensseite beschäftigungsfördernde Impulse schafft.[1530]

Geht man somit von einer potentiellen Ersparnis von Transaktionskosten auf der Unternehmensseite einerseits und einer durch Kooperationsbereitschaft und Antizipierung des Faktors Sicherheit gesteigerten Motivation auf der Arbeit-

---

1526 OECD, Employment Outlook 1999, S. 60, Indikatoren für Aussagen zur Beschäftigungswirkung von Kündigungsschutz.

1527 Teil 2 1. Abschnitt C.; Hinweis auf OECD, Employment Outlook 1999.

1528 Teil 2 1. Abschnitt B. I.2.a)

1529 Teil 2 1. Abschnitt B.II.

1530 Teil 2 2. Abschnitt B. und die dortigen Literaturangaben; Teil 3 2. Abschnitt C.VII., beachtlich die freiwillige Etablierung von "just cause" .

nehmerseite andererseits aus, so ist das Argument der Entstehung *höherer Effizienz* durch Kündigungsschutz, wie er sich in angloamerikanischen Staaten darstellt, gerechtfertigt. Wenn man zudem, was hier in seiner Allgemeinheit allerdings in Frage gestellt wurde[1531], Kündigungsschutz als Humankapital erhaltende Institution anspricht, so soll auch dieser Aspekt vom Ansatz des Kündigungsrechts der angloamerikanischen Staaten befördert werden:

Nichtsdestotrotz gewähren die in den vorstehenden Abschnitten dieses Teils beschriebenen Kündigungsschutznormen, vereinfacht gesprochen, dem Unternehmen größere Handlungsspielräume durch eine geringere Regelungsdichte. Das Kündigungsrecht setzt damit dem Beschäftigungsabbau vor allem bei Massenentlassungen (lay-off) geringere Hindernisse entgegen als in Deutschland.

Die mit Massenfreisetzungen einhergehenden Konsultations- und Anzeigepflichten schaffen zwar eine *zeitliche Verzögerung* des Personalabbaus, lassen ihn aber letztlich nicht scheitern. Letztere Vorschriften beziehen sich zudem unmittelbar auf den Arbeitsmarkt. Sie verhindern unkontrollierten Beschäftigungsabbau und tragen zur Lenkung der Beschäftigung durch die Arbeitsbehörden bei. Schon unter diesem Aspekt sind sie offensichtlich auch nach angloamerikanischer Auffassung als beschäftigungsökonomisch sinnvoll einzuschätzen.

Wie ausgeführt, sind mit dem Personalabbau zwar Kosten durch die Abfindungskonzeption verbunden, diese sind jedoch im angloamerikanischen Recht bewußt als Preis für den Wiedergewinn der Wettbewerbsfähigkeit zu interpretieren. Die eher formalisierte Art des Personalabbaus schließt zudem in den Preis die Ersparnis von Transaktionskosten ein, die durch Verhandlungen über den Rechtsbestand der Abbaumaßnahmen entstehen könnten. Der Faktor quasi fixer Personalzusatzkosten des deutschen Kündigungsschutzes erscheint ebenso verringert, so daß damit negative Antizipierungsprozesse auf der Unternehmensseite minimiert werden.[1532]

Die Inhalte des hier analysierten Kündigungsschutzes Großbritanniens bzw. der USA vermindern die durch übermäßige Schutzintensität bewirkte institutionelle Schrankenbildung des *Beschäftigungszugangs*. Durch die größere Flexibilität des Faktors Arbeit werden Eintrittschancen in den Arbeitsmarkt durch variable Beschäftigungsbedingungen der Arbeitnehmer kündigungsrechtlich unterstützt. Damit dürfte – dem Beschäftigungsergebnis folgend – der vom deutschen Bestandsschutzrecht beförderte Insider/Outsider-Effekt auf dem englischen und US-Arbeitsmarkt zurückgenommen sein.

Die im US-amerikanischen Kündigungsschutz vor allem *außerhalb kollektivvertraglich gebundener Unternehmen* gegebene Möglichkeit, Kündigungsschutz

---

1531 Teil 2 1. Abschnitt B.I.2. (Humankapitaltheorie).
1532 Teil 2 1. Abschnitt A.

dispositiv zu stellen, kann in diesem Teilbereich der Arbeitsbedingungen zu erhöhten Beschäftigungschancen auch im Segment der weniger qualifizierten Arbeitnehmer führen.[1533] Allerdings wird aus der Rechtsstruktur eines dispositiven Kündigungsschutzes das *Segment* unqualifizierter Arbeitnehmer mit der Durchsetzbarkeit geringen Arbeitsplatzschutzes rezessionsabhängiger gehalten. Der nachteiligen Fluktuationsanfälligkeit steht allerdings die Tendenz strukturell vertiefter Langzeitarbeitslosigkeit bei starkem Kündigungsschutz in diesem Segment entgegen.

Beschäftigungsabbau im Unternehmen muß nach den Grundsätzen des angloamerikanischen Kündigungsschutzes durch das Verfahren der Arbeitnehmerauswahl nicht mit einem Verlust an Leistungsträgerschaft und Humankapital verbunden sein. Dieser Aspekt ist geeignet, die Wachstumsstärke von Unternehmen nach einer Schrumpfungsphase mit Personalabbau zu befördern.

Wertet man ebenso die Bestandsschutzvorschrift zur Regelung des Betriebsübergangs am Befund *"ernst zu nehmender Hindernisse"* bei Restrukturierungs- und Sanierungsmaßnahmen, so wird durch das US-amerikanische Recht ein solches Hindernis reduziert.[1534] Nicht durch allgemeingültiges Gesetzesrecht, wohl aber durch kollektivvertragliche Regelungen bleibt die wirtschaftliche Bewertung des Bestandsschutzes bei Betriebsübergang gegenüber ökonomischen Notwendigkeiten den Parteien des Kollektivvertrages überlassen.[1535]

Nach alldem ist durch Flexibilisierung des angloamerikanischen Kündigungsrechts die Dauer sowohl des Bestands als auch des Inhalts von Arbeitsverhältnissen gegenüber dem deutschen Arbeitsmarkt zwar verkürzt, jedoch bildet sich aus dem um so kurzfristigeren Beschäftigungsanstieg nach einem entsprechenden Beschäftigungsabbau eine erhöhte *Beschäftigungsdynamik.*[1536]

C. Schlußfolgerungen für das deutsche Recht?

Auch wenn eine Adaption des angloamerikanischen Kündigungsschutzsystems in der hier gewachsenen sozialstaatlichen Rechtskultur auf Bedenken stieße[1537], sollten Ansätze des Kündigungsschutzrechts der hier untersuchten Staaten auf

---

1533 Teil 2 1. Abschnitt B.I.2., Beschäftigung geringen Humankapitals gegen Minimierung oder Ausschluß von Kündigungsschutzrechten.

1534 Vgl. Ausschuß für Arbeit und Sozialordnung, Beschlußempfehlung, 1996, S. 23; Loritz, RdA 1987, S. 65ff. (67).

1535 In der Regel kein automatischer Bestandsschutz durch kollektivvertragliche Regelungen.

1536 OECD, Employment Outlook 1999, S. 47, 79 ff., 87 f.

1537 Teil 3, 1. Abschnitt E.

ihren Wert für das deutsche Kündigungsrecht geprüft werden. Dabei ergibt sich mit Blick auf das Ergebnis zur ökonomischen und juristischen Analyse des deutschen Kündigungsschutzrechts[1538] eine Unterstützung der dort genannten Argumente einer Reform:

Im Rahmen der in der Bundesrepublik geltenden verfassungsrechtlichen Möglichkeiten, wie sie unter Teil 2, 2. Abschnitt dargelegt wurden, unterstreicht die Vergleichung den Sinn eines Abfindungsrechts, das gegebenenfalls mit einem Wahlrecht des Bestandsschutzes verbunden sein könnte.

Die vergleichende Analyse stützt ebenfalls das Argument einer größeren Änderungsflexibilität der Arbeitsinhalte durch Entkoppelung der Änderungskündigung vom "dringenden Erfordernis" dieser Maßnahme. Zudem könnte auch der Gedanke auf das deutsche Recht übertragen werden (und wurde bereits einmal übertragen), daß bestimmte Verfahrensschritte zur Abwägung definierter Kriterien der sozialen Arbeitnehmerauswahl nur auf offensichtliche Fehlerhaftigkeit gerichtlich überprüfbar sind. Diesen Ansatz hatten das ArbRBeschFG'96 und die InsO eingeführt. Auch hatte es, dem angloamerikanischen Ansatz ähnlich, den Erhalt von Qualifikation im Betrieb betont. Zu der damit einhergehenden Bedeutung von Vereinbarungen auf Betriebsebene könnte vertreten werden, daß im Rahmen einer vom Gesetzgeber geplanten Erweiterung der Betriebsverfassung diese Vereinbarungen noch größere Absicherung erhielten.

Auch trägt eine noch konsequentere Umsetzung des Schlichtungsgedankens und die Übertragung von Schlichtungsaufgaben auf private sowie betriebsinterne Schlichtungsverfahren zu einem erhöhten Potential an Konfliktlösungen bei. Die angloamerikanische Rechtskultur und deren offensichtlichen Erfolge für die Praktikabilität des Rechts sollte Anregung geben für eine größere Einbeziehung ökonomischer Bewertungsmaßstäbe in die deutsche Rechtsprechungs- und Schlichtungspraxis.[1539]

1538 Teil 2, 2. Abschnitt B.

1539 Vgl. etwa Simitis, M.8ff. (M44f.); neuerdings Stevens-Bartol, S. 141ff.

Teil 4

Die wichtigsten Ergebnisse in Kurzform

I. Persistent hohe Arbeitslosigkeit in Deutschland stellt sich primär als strukturell bedingte Erscheinung dar. Da institutionelle Regelungen des Kündigungsschutzes in der Anwendungspraxis der Rechtsprechung ökonomische Determinanten setzen, wird ihre Wirkung auf den Beschäftigungsstand wissenschaftsübergreifend diskutiert.

II. Folgt man der Entwicklungsgeschichte des deutschen Kündigungsschutzes (Teil 1 A.), so wurden mit dessen Ausbau auch volkswirtschaftliche bzw. beschäftigungspolitische Ziele verfolgt. Es hat sich allerdings gezeigt, daß in einer marktorientierten Wirtschaftsordnung starker Kündigungsschutz bzw. Bestandsschutz als Instrument zur Bekämpfung von Beschäftigungskrisen offensichtlich nicht geeignet ist.

III. Die Darstellung repräsentativ ausgewählter Schutzvorschriften (Teil 1 B.) zur betriebsbedingten Kündigung und Kündigung wegen Betriebsübergangs zeigt einen in seiner Verzahnung hohen Grad an Regelungsintensität, der maßgeblich durch die arbeitsgerichtliche Rechtsprechung ausweitend mitgestaltet und verfestigt wurde.

IV. Aus *ökonomischer Sicht* kann eine tendenzielle Beschäftigungswirksamkeit des (deutschen) Kündigungsschutzes und ein Einfluß auf die Struktur der Arbeitslosigkeit begründet werden:

1. Die ökonomischen Wirkungen der hier analysierten Kündigungsschutznormen (Teil 2, 1. Abschnitt A.) können zunächst als exogene Steuerung unternehmerischer Handlungsspielräume verstanden werden. Dabei ergibt sich eine über das gesetzliche Ziel hinausgehende *faktische Verengung* der unternehmerischen Handlungsspielräume und läßt sich vom Kostenstandpunkt her darstellen. Die Kostenfolgen und Handlungsrestriktionen der Normen (Teil 2, 1. Abschnitt), denen gegenüber kostenkompensierende Effekte diskutiert werden, führen überwiegend zu negativem Antizipierungs- und Beschäftigungsverhalten des Unternehmers (Teil 2, 1. Abschnitt, A.II.).

2. Die Beschäftigungswirksamkeit allgemeinen Kündigungsschutzes läßt sich auch aus dem Blickwinkel verschiedener Arbeitsmarkttheorien diskutieren (Teil 2, 1. Abschnitt B.). Je nach Grundeinstellung der Ansätze und ihrer Prämissen wird institutionellem Kündigungsschutz gleichgewichtsbeeinträchtigende Wirkung auf den Arbeitsmarkt (Neoklassik) oder aber marktangemessene Unterstützung von Beschäftigungseffekten (keynesianischer Ansatz) zugemessen. Neue, an realitätsnäheren Prämissen ausgerichtete Arbeitsmarkttheorien erklären im Ergebnis den Beitrag institutionellen starken Kündigungsschutzes zur Vertiefung eines Insider/Outsider-Konflikts (Teil 2, 1. Abschnitt B.II.). Eine Diskussion und Abwägung der ökonomischen Argumente zur Beschäftigungswirkung von Kündigungsschutz bestätigt eher letztgenannte These.

3. Eine Gesamtschau empirischer Befunde (Teil 2, 1. Abschnitt C.), bei der Beschäftigungsindikatoren festgelegt werden müssen, gibt deutliche Hinweise auf ein durch hochniveaulichen Kündigungsschutz beeinträchtigtes Beschäftigungswachstum (geringere Beschäftigungsdynamik). Sie stützt die Erwägung einer strukturierenden Vertiefung der Insider/Outsider-Situation bestimmter Beschäftigungssegmente. Selbst wenn negative ökonomische Wirkungsweisen rigiden Kündigungsschutzes nicht unter jedem denkbaren Aspekt empirisch ausgeleuchtet werden können, so bilden zumindest nach hier vertretener Ansicht die erkennbaren Tendenzen zu negativen Beschäftigungswirkungen ausreichend Grundlage für kündigungsrechtliche Reformmaßnahmen.

V. Aus juristischer Sicht wirft das hier vorgestellte Problem verfassungsrechtliche Fragen auf.

1. Das Spannungsverhältnis zwischen Kündigungsschutz und Beschäftigungsförderung stellt sich als Zielkonflikt sozialstaatlicher Schutzprinzipien dar. Diese bedürfen mit Blick auf das Ergebnis der ökonomischen Normanalyse des Ausgleichs. Die Offenheit der zum Schutz Beschäftigter wie auch Arbeitsloser gleichermaßen einschlägigen sozialen Grundrechte (Art. 2, 3, 12 GG) begründet keine sozialen Leitbilder zugunsten steter Verstärkung und Bewahrung von Besitzständen einzelner Gesellschaftsgruppen (Teil 2, 2. Abschnitt A.I-III). Die soziale Grundordnung läßt insofern einen Ausgleich der Interessen Beschäftigter und Arbeitsuchender unter Rückführung des Niveaus institutionellen Bestandsschutzes zu. Zu dieser ist in erster Linie der Gesetzgeber berufen.

2. Darüber hinaus ergibt sich aus der normgestaltenden Stellung der arbeitsgerichtlichen Rechtsprechungspraxis eine dem Gesetzgeber entsprechende Verantwortung gegenüber den ökonomischen Folgen dieser Rechtsgestaltung. Auch wenn verfassungsrechtliche Maßgaben der Rechtsprechung keine unbeschränkt "freie" Umsetzung einer ökonomischen Normfolgenbewertung zulassen, so verbleiben der Rechtsprechung doch Wertungsspielräume, in denen dem Kündigungsschutz beschäftigungsförderliche Impulse gegeben werden können (Teil 2, 2. Abschnitt, A. IV.).

VI. Aus Sicht der hier gefundenen Ergebnisse sollte nach einem gesamtheitlichen, alle verknüpften Schutzvorschriften einbeziehenden Ansatz, in einer maßvollen Revision sozialstaatlichen Regelwerks, den Marktkräften *mehr* Freiraum verschafft werden. Das Bestandsschutzprinzip, das die Gestaltung des Kündigungsschutzes leitet, wäre zu überdenken. Insofern könnte in der unter Teil 2, 2. Abschnitt B. ausgeführten Weise mit der Erhöhung eines verfassungsrechtlich abgesicherten Schwellenwertes für das Eingreifen des KSchG (Betriebe mit mind. 10 MA), mit der Etablierung eines Abfindungsrechts und eines flexibilitätsfördernden Rahmens der Änderungskündigung markt- und wettbewerbskonformeres Recht gestaltet werden. Neue Beschäftigungsformen und Arbeitsorganisationen werden ebenfalls langfristig die Überprüfung des Kündigungsrechts nötig werden lassen.
In demselben Sinne erscheint ein Blick auf neue Verfahrensformen der Schlichtung/Mediation im Arbeitsrecht bedenkenswert. Die Beachtung der Interessenlagen auf dem Arbeitsmarkt und der Beschäftigungsförderung sollte zudem in allgemeine Verfahrensgrundsätze der Arbeitsgerichtsbarkeit aufgenommen werden.

VII. Aus vergleichender Sicht Deutschlands mit den angloamerikanischen Staaten Großbritannien und den USA (Teil 3) weisen Beschäftigungswachstum und Arbeitslosigkeit in Relation zu einem auch kündigungsrechtlich deregulierten Arbeitsmarkt ergänzend auf die Beschäftigungswirksamkeit institutionellen Bestandsschutzes hin.

1. In den angloamerikanischen Staaten hindert Kündigungsschutz, trotz seiner qualitativen Weiterentwicklung, eine Anpassungsflexibilität von Beschäftigung im Unternehmen weniger als in Deutschland. Gründe hierfür ergeben sich aus einem Kündigungsschutzrecht, dem kein konsequentes Bestandsschutzprinzip zugrunde liegt und das in Teilen inhaltlich dispositiv unternehmensbezogen gestaltbar ist. Die Möglichkeit kurzfristiger Anpassung der Arbeitskapazitäten (z.B. lay-off) wird je nach Vereinbarung über geregelte Abfindungsverfahren "erkauft". Hinzu treten größere Verschiebungen wirtschaftlicher Risiken auf die Arbeitnehmerseite zusammen mit größerer Durchsetzbarkeit von Inhaltsänderungen der Arbeitsbedingungen (Flexibilisierung). Darüber hinaus sind Vorschriften, die in der deutschen Beschäftigungsdiskussion als Beispiele nicht unerheblicher Markthindernisse klassifiziert werden (Basis-Richtlinie 77/187, § 613a BGB), nach US-Auffassung kollektivvertraglich gestaltbar. Verfahrensart und Verfahrensmaximen im englischen Kündigungsschutzprozeß sowie ein ausgeprägtes Schlichtungswesen reduzieren de facto Prozeßhäufigkeit und -länge (Teil 3 1. Abschnitt A.III.).

2. Auch wenn eine vollständige Adaption des angloamerikanischen Kündigungsschutzsystems in der sozialstaatlich ausgerichteten Rechtskultur Deutschlands nicht möglich erscheint, sollte ein „deutscher Weg“ notwendiger Ansätze zu Deregulierung und Flexibilisierung des Kündigungsrechts weiter verfolgt werden. Aus dem angloamerikanischen Recht wären hierbei u.a. die Gedanken des Abfindungsrechts, eine Neugestaltung des Rechts der Änderungskündigung, schematisiertere Sozialauswahl mit stärkerer Berücksichtigung von Unternehmensinteressen (z.B. Leistung des Arbeitnehmers), die Stärkung effizienter Schlichtung und nicht zuletzt ein auch in der Rechtsprechungspraxis an ökonomischen Folgen orientiertes Kündigungsschutzrecht übertragungsfähig (Teil 3, 3. Abschnitt C.).

Literaturverzeichnis

Abendroth, Wolfgang: Arbeiterklasse, Staat und Verfassung – Materialien zur Verfassungsgeschichte und Verfassungstheorie der Bundesrepublik Deutschland, Frankfurt a.M., Köln 1975.

Adamy, Wilhelm: Deregulierung des Arbeitsmarkts – Zwischenbilanz des BeschFG, WSI-Mitt. 1988, S. 475ff.

Adomeit, Klaus/Eiden, Stephan/Schack, Axel: Arbeitsrecht und Privatisierung von Unternehmen durch die Treuhandanstalt, AuA 1991, S. 5ff.

Adomeit, Klaus/Spinti, Henning: Anm. zu BVerfG Beschluß vom 23.4.1986, JZ 1987, S. 873ff.

dies.: Anmerkung zu § 626, D. Kündigung IX(B) II. In: Arbeitsrechts-Blattei, 1990.

Adomeit, Klaus/Thau, Jens T.: Welche wesentlichen Inhalte sollte ein nach Art. 30 des Einigungsvertrages zu schaffendes Arbeitsvertragsgesetz haben?, ZRP 1992, S. 350ff.

Adomeit, Klaus: Änderungskündigung – neu geregelt, DB 1969, S. 2179ff.

ders.: Anm. zu BAG vom13.3.1987, SAE 1988, S. 71ff. (74).

ders.: Arbeitsplätze und Solidarität, NJW 1994, S. 837ff.

ders.: Arbeitsrecht für die 90er Jahre, München 1991 (zit.: 90er Jahre).

ders.: Arbeitsrechtliche Probleme unserer Wiedervereinigung, NZA 1993, S. 433ff.

ders.: Befristete Arbeitsverhältnisse – wieder verboten?, NJW 1989, S. 1715ff.

ders.: Der Dienstvertrag des BGB und die Entwicklung zum Arbeitsrecht, NJW 1996, S. 1710ff.

ders.: Methodenlehre und Juristenausbildung, ZfR 1970, S. 176ff.

ders.: Rechtsquellenfragen im Arbeitsrecht, München 1969 (zit.: Rechtsquellenfragen).

ders.: Regelungen von Arbeitsbedingungen und ökonomische Notwendigkeiten. Eine Untersuchung zu aktuellen Fragen des deutschen Tarifrechts, München/Landsberg a.L.1996 (zit.: Regelungen).

ders.: Über einige Schwierigkeiten, ein Arbeitsrechtler zu sein. In: FS für Hilger/Stumpf, München 1983, S. 1ff. (zit.: Schwierigkeiten).

ders.: Unser Arbeitsrecht – europäisch getestet, NJW 1989, S. 155f.

ders.: Wen schützt das Arbeitsrecht? – Wie Gesetze, Richtersprüche und Tarifzwang Arbeitslosigkeit produzieren, München/Landsberg a.L.1987 (zit.: Wen schützt…).
Alexy, Robert: Theorie der Grundrechte, Baden-Baden 1986.
All England Law ReportsHarvey on Industrial Relations and Employment Law, 1999.
Altvater, Elmar: Beschäftigungspolitik jenseits von Nationalstaat und "Arbeitszentriertheit", WSI-Mitt. 1994, S. 346ff.
Ascheid, Reiner: Aktuelle Rechtsprechung zum Einigungsvertrag, NZA 1993, S. 97ff.
ders.: Beweislastfragen im Kündigungsschutzprozeß, Diss., Pfaffenweiler 1989 (zit.: Beweislastfragen).
ders.: Die betriebsbedingte Kündigung § 1 KSchG – § 54 AGB-DDR – § 613a IV 2 BGB, NZA 1991, S. 873ff.
Ausschuß für Arbeit und Sozialordnung (11. Ausschuß): Beschlußempfehlung und Bericht zum Entwurf eines arbeitsrechtlichen Gesetzes zur Förderung von Wachstum und Beschäftigung (ArbBeschFG 1996), Drs. 13/5107, S. 15ff. (zit.: Beschlußempfehlung).
Badura, Peter: Der Sozialstaat, DÖV 1989, S. 491ff.
Barro, Robert J./Grilli, Vittorio: Makroökonomie, Europäische Perspektive, München/Wien 1996.
Bauer, Jobst-Hubertus/Haußmann, Katrin: Die Verantwortung des Arbeitgebers für den Arbeitsmarkt, NZA 1997, S. 1100ff.
ders.: Ein Vorschlag für ein modernes und soziales Kündigungsrecht, NZA 2002, S. 529ff.
ders.: Sofortprogramm für mehr Sicherheit im Arbeitsrecht, NZA 2002, S. 1001ff.
Bauer, Jobst-Hubertus/Röder, Gerhard: Anrechnung von Abfindungen auf das Arbeitslosengeld nach neuem Recht (§ 115a AFG, § 140 SGB III), BB 1997, S. 834ff.
Baumgart, Alfred/Kunz, Frithjof (Hrsg.): Grundriß Arbeitsrecht, Autorenkollektiv des Lehrstuhls für Arbeitsrecht an der Akademie der Staats- und Rechtswissenschaften der DDR, Berlin 1979.
Baur, Fritz: Sozialer Ausgleich und Richterspruch – Ein Beitrag zum Wandel des Richteramtes, JZ 1957, S. 193ff.
Beack, Ulrich/Quarg, Sabine: Arbeitsrechtliche Aspekte der Geschäftstätigkeit bundesdeutscher Unternehmen in der DDR, DtZ 1990, S. 51ff.
Bechtel, Heinrich: Wirtschafts- und Sozialgeschichte Deutschlands – Wirtschaftsstile und Lebensformen von der Vorzeit bis zur Gegenwart, München, 1967.

Becker, Friedrich/Etzel, Gerhard u.a.: Gemeinschaftskommentar zum KSchG, 4. Auflage, Neuwied/Darmstadt 1996 (zit.: GK-Bearbeiter).
Behrens, Peter: Die Bedeutung der ökonomischen Analyse des Rechts für das Arbeitsrecht, ZFA 1989, S. 209ff.
Bellace, Janice R.: The Labor Lawyer 595 (1993), S. 603ff.
Bellebaum, Alfred: Soziologische Grundbegriffe, 3. Auflage 1973.
Benda, Ernst/Maihöfer, Werner/Vogel, Hans-Joachim (Hrsg.): Handbuch des Verfassungsrechts, 2. Auflage, Berlin/New York 1994.
Benda, Ernst: Die Sozialstaatsklausel in der Rechtsprechung des Bundesarbeitsgerichts und des Bundesverfassungsgerichts, RdA 1979, S. 1ff.
ders.: Industrielle Herrschaft und sozialer Staat – Wirtschaftsmacht von Großunternehmen als gesellschaftspolitisches System, Göttingen 1966 (zit.: Herrschaft).
Berié, Hermann/Hofmann, Claus F.: Arbeitsbedingungen in der EG, Bundesarbeitsblatt 2/1992, S. 5ff.
Berkowsky, Wilfried: Aktuelle Probleme im Recht der betriebsbedingten Kündigung, NJW 1983, S. 1292ff.
ders.: Beschäftigung, Weiterbeschäftigung und Sozialauswahl, zur Systematik von Beschäftigungsmöglichkeit und Beschäftigungspflicht im Kündigungsrecht, NJW 1996, S. 291ff.
ders.: Der Arbeitsrichter in der Flugsicherung – Überlegungen zur Sozialauswahl bei betriebsbedingten Änderungskündigungen, zugleich Anm. zum Urteil des 7. Senats des Bundesarbeitsgerichts vom 13.6.1986, DB 1990, S. 834ff. .
ders.: Die "Betriebsbezogenheit" der Sozialauswahl – Gesetzesbefehl oder Notbremse, NZA 1996, S. 290ff.
ders.: Die Unterrichtung des Betriebsrats bei Kündigungen durch den Arbeitgeber, NZA 1996, S. 1065ff.
Bernsdorf, Wilhelm/Knospe, Horst:: Wörterbuch der Soziologie, 2. Auflage, Stuttgart 1969.
Bernstorff, Christoph vonEinführung in das englische Recht. München, 2. Auflage 2000.
Berscheid, Ernst-Dieter: Die Arbeitsgerichte im Insolvenzverfahren. In: FS zum 100jährigen Bestehen des Arbeitsgerichtsverbandes, Neuwied/Kriftel/Berlin 1994, S. 405ff.
Berthold, Norbert/Fehn, Rainer: Neuere Entwicklungen in der Arbeitsmarkttheorie, WiSt 1995, S. 110ff.
Beuthien, Volker: Interessenausgleich und Sozialplan im Konkurs. Sozialer Fortschritt oder Bankrott der Konkursordnung, RdA 1976, S. 147ff.
Beyer, Heinrich/Fehr, Ulrich/Nutzinger, Hans: Vorteil Unternehmenskultur – Partnerschaftlich handeln – den Erfolg mitbestimmen; Fazit des gemeinsa-

men Forschungsprojekts der Bertelsmann Stiftung und Hans Böckler Stiftung "Unternehmenskultur zwischen Partnerschaft und Mitbestimmung", Gütersloh 1994, 7. Auflage 1996.

Bickenbach, Frank/Soltwedel, Rüdiger: Ordnung, Anreiz und Moral, Ethik und wirtschaftliches Handeln in der modernen Gesellschaft, Abschlußbericht zum Schwerpunkt "Ethik und Markt", Gütersloh 1996.

Birk, Rolf: Die Realisierung des europäischen Binnenmarktes 1992 und ihre Auswirkungen auf das Arbeitsrecht, NZA, 1989 S. 329ff.

ders.: Einführung zum Kolloquium "Flexibilisierung des Arbeitsrechts als europäische Herausforderung", ZIAS 1987, S. 222ff.

ders.: Europäisches Arbeitsrecht, Textausgabe, München 1990 (zit. Arbeitsrecht).

Bispinck, Reinhard: Zwischen Revision und Angleichung. Der schwierige Spagat der Tarifpolitik in Ostdeutschland im Jahre 1993, WSI-Mitt. 1994, S. 154ff.

Blanpain, Roger/Klein, Elisabeth: Europäisches Arbeitsrecht, Baden-Baden, 1992.

Blechmann, Wolfgang: Der Abschluß befristeter Arbeitsverträge zur übergangsweisen Beschäftigung von Berufsanfängern, NZA 1987, S. 191ff.

Bleckmann, Albert: Zu den Auslegungsmethoden des Europäischen Gerichtshofes, NJW 1982, S. 1177ff.

Blüm, Norbert: Beschäftigungsoffensive der Arbeitgeber 27. und 28. Oktober 1986, Dokumentation eines Kongresses, Bundesvereinigung der Deutschen Arbeitgeberverbände, S. 23ff. (zit.: Beschäftigungsoffensive).

ders.: Fünf gute Botschaften, Bundesarbeitsblatt 3/1995, S. 5ff.

ders.: Konkurrenzfähig bleiben, Bundesarbeitsblatt 9/1995, S. 5ff.

Bobke-v. Camen, Manfred/Veit, Susanne: Arbeitssachen vor dem europäischen Gerichtshof – Im Zweifel für den sozial Schwächeren, Die Arbeitsgerichtsbarkeit, FS zum 100jährigen Bestehen des deutschen Arbeitsgerichtsverbandes, Neuwied/Kriftel/Berlin 1994, S. 431ff.

Böckenförde, Ernst-Wolfgang: Grundrechtstheorie und Grundrechtsinterpretation, NJW 1974, S. 1530ff.

Boewer, Dietrich: Streitgegenstand und Prüfungsmaßstab bei der Änderungsschutzklage, DB 1996, S. 2618ff.

Bork, Reinhard: Einführung in das neue Insolvenzrecht, Tübingen 1995.

Borngräber, Helmut: Arbeitsverhältnis bei Betriebsübergang. Der Eintritt des neuen Betriebsinhabers in die Rechte und Pflichten aus den Arbeitsverhältnissen beim Betriebsübergang durch Rechtsgeschäft (§ 613a, Abs. 1 BGB), Düsseldorf/Frankfurt 1977.

Bosch, Gerhard/Gabriel, Hans/Seifert, Hartmut/Welsch, Johann: Beschäftigungspolitik in der Region, Studien zur Wirtschafts- und Sozialforschung Nr. 61, Wirtschafts- und Sozialwissenschaftliches Institut des DGB (WSI), Dortmund 1987.

Bosch, Gerhard: Wenn Personalabbau droht. Möglichkeiten einer aktiven Personal- und Arbeitsmarktpolitik, WSI-Mitt. 1995, S. 422ff.

Brandes, Wolfgang/Buttler, Friedrich/Dorndorf, Eberhard/Walwei, Ulrich: Grenzen der Kündigungsfreiheit – Kündigungsschutz zwischen Stabilität und Flexibilität. In: Regulierungen des Arbeitsmarktes: Interessen, Wirkungen, Perspektiven, hrsg. v. Klaus Semlinger, Arbeitskreis sozialwissenschaftliche Arbeitsmarktforschung(SAMF), Frankfurt a.M. 1991.

Brandes, Wolfgang/Weise, Peter: Arbeitsmarkt und Arbeitslosigkeit, Würzburg/Wien 1980.

Brandt, Andreas: Ursachen der Arbeitslosigkeit und Perspektiven der Beschäftigungspolitik in Deutschland, Diss., Frankfurt a.M. 1995.

Briam, Karl-Heinz: Unternehmenskultur als Erfolgsfaktor; Plädoyer für eine mitarbeiter- und marktorientierte Strategie der Zukunft. Dokumentation eines Vortrages vom 19.5.95 in der Bertelsmann Stiftung, Gütersloh 1995.

Brunner, Georg: Einführung in das Recht der DDR, 2. Auflage, München 1979.

Buchner, Herbert: Berücksichtigung leistungsbezogener oder verhaltensbedingter Gesichtspunkte bei der sozialen Auswahl im Rahmen der betriebsbedingten Kündigung, DB 1993, S. 388ff.

ders.: Betriebsräte auf schwierigem Terrain – Die Viessmann-Entscheidungen des Arbeitsgerichts Marburg, NZA 1996, S. 1304ff.

ders.: Die Rechtslage zur betriebsbedingten Kündigung, DB 1984, S. 504ff.

Büchtemann, Christoph F./Höland, Armin: Befristete Arbeitsverträge nach dem Beschäftigungsförderungsgesetz (BeschFG'85), Forschungsbericht, Ergebnisse einer empirischen Untersuchung im Auftrag des BA für Arbeit und Soziales, Berlin 1989.

Büchtemann, Christoph F./Neumann, Helmut (Hrsg.): Mehr Markt durch weniger Recht?, Chancen und Risiken der Arbeitsmarktflexibilisierung, Wissenschaftszentrum Berlin für Sozialforschung(WZB), Forschungsschwerpunkt Arbeitsmarkt und Beschäftigung, Berlin 1990.

Büchtemann, Christoph F.: Kündigungsschutz als Beschäftigungshemmnis – Empirische Evidenz für die Bundesrepublik Deutschland, Mitteilungen aus der Arbeitsmarkt- und Berufsforschung, H. 3 1990, S. 394ff.

Budde, Heidrun: DDR-Bürger am Neuanfang 1989 – Eine Nachbetrachtung aus arbeitsrechtlicher Sicht, AuA 1996, S. 1ff.

Bulla, Werner: Sind anzeigepflichtige Entlassungen Betriebsbeschränkungen i.S.d. Betriebsverfassungsgesetzes?, RdA 1976, S. 233ff.

Bundesanstalt für Arbeit: Die Entwicklung des Arbeitsmarktes, Amtliche Nachrichten der Bundesanstalt für Arbeit, Nürnberg 1995- Juni 2003.
Bundesministerium für innerdeutsche Beziehungen (Hrsg.): DDR Handbuch, Bd. 1, A-L, bearbeitet von: Zimmermann, Hartmut/Ulrich, Horst/Fehlauer, Michael, 3. Auflage, Köln 1985.
Bundesvereinigung der deutschen Arbeitgeberverbände (BDA): Informationsschrift EG – Soziale Aspekte der Vollendung des Binnenmarktes vom 29.7.1988.
Butterworths Direct Onlineservice: Employment Rights (Dispute Resolution) Act 1998, Stand April 2000.
Buttler, Friedrich/Walwei, Ulrich: Effizienzwirkungen des Kündigungsschutzes, Mitteilungen aus der Arbeitsmarkt- und Berufsforschung (MittAB) 1990, S. 386ff.
Cezanne, Wolfgang: Allgemeine Volkswirtschaftslehre, 4. Auflage, München/ Wien 1999.
Chitty on Contracts: 27th Edition, Vol. II, Specific Contracts, Chap. 37 Employment, London 2000.
Coles, Christina: Folgeorientierung im richterlichen Entscheidungsprozeß. Ein interdisziplinärer Ansatz, Diss., Frankfurt a.M. 1991.
Däubler, Wolfgang: Arbeitsrecht und Auslandsbeziehungen, AuR 1990, S. 1ff.
ders.: Das Arbeitsrecht 2, 10. Auflage, Reinbek 1995 (zit.: Arbeitsrecht).
ders.: Das Gesetz zu Korrekturen in der Sozialversicherung und zur Sicherung der Arbeitnehmerrechte, NJW 1999, S. 601ff.
ders.: Das Grundrecht auf Streik – Eine Skizze, ZFA 1973, S. 201ff.
ders.: Deregulierung und Flexibilisierung im Arbeitsrecht, WSI-Mitt. 8, 1988 S. 449ff.
ders.: Die nachträgliche Kürzung von Sozialplanansprüchen, NZA 1985, S. 545ff.
ders.: Welche arbeits-und ergänzenden sozialrechtlichen Regelungen empfehlen sich zur Bekämpfung der Arbeitslosigkeit? Referat zu den Gutachten v. Hanau und Kleinhenz, Verhandlungen des 63.DJT (2000), Bd.II/1., L 11ff.
ders.: Abfindung statt Kündigungsschutz? NJW 2002, S. 2292ff.
Deakin, Simon: Labour law and the developing employment relationship in the UK, Cambridge Journal of Economics 1986, S. 225ff.
Degenhart, Christoph: Staatsrecht I, 18. Auflage, Heidelberg 2002.
Department of Trade and Industry (GB): Employment Legislation, Unfairly dismissed? booklet, London, 1997-2002
dies.: Redundancy Consultation and Notification, booklet, London, 1997-2002.
dies.: Redundancy Payments, The Redundancy Payments Scheme, booklet, London, 1997-2002.

Department of Labor (U.S.): Bureau of Labor Statistics (BLS) Employment Situation Summary (monthly: Juni 2003);
Bureau of International Labor Affairs (ILAB), reports and chartbooks, 2003 (www.del.gov/ilab).
Deutscher Bundestag: Entschließung zur sozialen Dimension des Binnenmarktes, Unterrichtung durch das Europäische Parlament, BT-Drs. 11/4340.
Dey, Steffen Heinrich: Der Grundsatz der Verhältnismäßigkeit im Kündigungsrecht, Diss., Frankfurt a.M./Bern/New York/Paris 1988.
Dichmann, Werner: Arbeitsmarktverfassung und Arbeitsmarktflexibilität, Beiträge zur Wirtschafts- und Sozialpolitik, Institut der deutschen Wirtschaft, Köln 1988.
Dickens, Linda/Hart, Moira/Jones, Michael/Weeks, Brian: Gesetzlicher Schutz gegen unfair dismissal in Großbritannien. In: Ellermann-Witt, Rolf/Rottleuthner, Hubert/Russig, Harald (Hrsg.): Kündigungspraxis, Kündigungsschutz und Probleme der Arbeitsgerichtsbarkeit, Beiträge zur Regelung und Praxis in der Bundesrepublik Deutschland, in Großbritannien und den USA, Opladen 1983.
Dietrich, Thomas/Hanau, Peter/ Schaub, Günther u.Bearbeiter: Erfurter Kommentar zum Arbeitsrecht, München 1998.
Docksey, Christopher: Neurere Entwicklung im britischen Arbeitsrecht, RIW 1991, S. 722ff.
Dörsam, Pia: Zur Kündigungsschutzdebatte in Deutschland und den USA: Die Kernargumente und ihre empirische Relevanz, Mitteilungen des Instituts für angewandte Wirtschaftsforschung 1/1995, S. 13ff.
Döse-Digenopoulos, Annegret: Der arbeitsrechtliche Kündigungsschutz in England, Tübingen 1982.
Dürig, Günter: Verfassung und Verwaltung im Wohlfahrtsstaat, JZ 1953, S. 169ff.
Ebert, Hanns Kurt: Rechtsvergleichung, Einführung in die Grundlagen, Bern 1978.
Eekhoff, Johann: Die Bedeutung der Personalzusatzkosten, Wirtschaftsdienst 1993, S. 404ff.
Eger, Thomas H.: Eine ökonomische Analyse des arbeitsrechtlichen Kündigungsschutzes in Deutschland und den USA, BeitrAB 2002, S. 45ff.
Ehmann, Horst: Arbeitsordnung im Wandel, RdA 1990, S. 77ff.
Eich, Rolf-Achim: Befristung von Arbeitsverträgen aus arbeitsmarkt- und wirtschaftspolitischen Gründen?, DB 1978, S. 1785ff.
Eidenmüller, Horst: Effizienz als Rechtsprinzip, Tübingen 1995.

Ellermann-Witt, Rolf/Rottleuthner, Hubert/Russig, Harald (Hrsg.): Kündigungspraxis, Kündigungsschutz und Probleme der Arbeitsgerichtsbarkeit, Opladen 1983.

Elsing, Siegfried H.: US-amerikanisches Handels- und Wirtschaftsrecht, Heidelberg 1985.

Emmerich, Knut/ Walwei, Ulrich/Zika Gerd: Beschäftigungswirkungen aktueller Rechtsänderungen in Bernd Keller/Hartmut Seifert (Hrsg), Deregulierung am Arbeitsmarkt, Eine empirische Zwischenbilanz, Hamburg 1998.

Empter, Stefan/Frick, Frank (Hrsg.): Beschäftigungspolitik als ordnungspolitische Aufgabe, Gütersloh 1996.

Empter, Stefan: Deutschland im internationalen Vergleich, Der Arbeitgeber 1995, S. 94ff.

Engelen-Kefer, Ursula: Beschäftigungspolitik, eine problemorientierte Einführung mit einem Kompendium beschäftigungspolitischer Fachbegriffe, Köln 1976 (zit.: Beschäftigungspolitik).

dies.: Deregulierung am Arbeitsmarkt, AuA 1993, S. 257ff.

Engisch, Karl: Logische Studien zur Gesetzesanwendung, 3. Auflage, Heidelberg 1963.

Erdmann, Ernst-Gerhard: Auswirkungen der Arbeitsrechtsprechung auf die wirtschaftliche Unternehmensführung, DB 1985, S. 41ff.

Esser, Josef: Vorverständnis und Methodenwahl in der Rechtsfindung, Rationalitätsgarantien in der richterlichen Entscheidungspraxis, Frankfurt a.M. 1970.

Europäisches Parlament: Unterrichtung des Bundestages zur Entschließung zur sozialen Dimension des Binnenmarktes, Drs. 11/4340 vom 13.4.1989.

Falke, Josef/ Höland Armin: Die Rechtspraxis der Beendigung von Arbeitsverhältnissen- Vorüberlegungen zu einem neuen Forschungsprojekt, Bremen, 1997.

Falke, Josef/Höland, Armin/Rhode, Barbara/Zimmermann, Gabriele: Kündigungspraxis und Kündigungsschutz in der Bundesrepublik Deutschland, Bd. I und II, Bonn 1980.

Falkenberg, Rolf-Dieter: Schicksal der Arbeitsverhältnisse bei Betriebsinhaberwechsel, RdA 1967, S. 121ff.

Färber, Peter/Kappes, Karl-Heinz: Die Entscheidung des Großen Senats zum Weiterbeschäftigungsanspruch während des Kündigungsschutzprozesses, NZA 1986, S. 215ff.

Fechner, Erich: Sozialer Rechtsstaat und Arbeitsrecht, RdA 1955, S. 161ff.

Federlin, Gerd: Verhandlungen über einen Interessenausgleich und den Abschluß eines Sozialplanes, ZfA 1988, S. 99ff.

Feldengut, Karl: Bewährungsprobe in neoliberalem Umfeld. In: Die Mitbestimmung 1996, H. 7 +8, S. 47ff.

Felderer, Bernhard/Homburg, Stefan: Makroökonomik und neue Makroökonomik, 8. Auflage, Berlin/Heidelberg/New York/London/Paris/Tokyo 2003.
Feudner, Bernd: Kündigungsschutz im Konzern, DB 2002, S. 1106ff.
Fezer, Karl-Heinz: Aspekte einer Rechtskritik an der economic analysis of law und am property rights approach, JZ 1986, S. 817ff.
ders.: Nochmals: Kritik an der ökonomischen Analyse des Rechts, JZ 1988, S. 223ff.
Fischer, Cornelia/Heier, Dieter: Entwicklungen der Arbeitsmarkttheorie, Frankfurt a.M./New York 1983.
Fischer, Ulrich: Sozialplanabfindung als Entgelt i.S.d. Europäischen Arbeitsrechts, DB 2002, S. 1994ff.
Fischermeier, Ernst: Die betriebsbedingte Kündigung nach den Änderungen durch das Arbeitsrechtliche Beschäftigungsförderungsgesetz, NZA 1997, S. 1089ff.
Fitting, Karl/Auffarth, Fritz/Kaiser, Heinrich/Heither, Friedrich/Engels, Gerd: Betriebsverfassungsgesetz, Handkommentar, 19. Auflage, München 1998.
Fitting, Karl: Das Erste Arbeitsrechtsbereinigungsgesetz, DB 1969, S. 1459ff.
Flander, Harro: Befristungsabreden in durch Beschäftigungsprogramme geförderten Arbeitsverträgen, NZA 1984, S. 337ff.
Franz, Wolfgang: Arbeitsmarkt-Ökonomik, 4. Auflage, Berlin 1999 (zit.: Ökonomik).
ders.: Chancen und Risiken einer Flexibilisierung des Arbeitsrechts, ZfA 1994, S. 439ff.
Freedland, M.R.: Der Kündigungsschutz im Vereinigten Königreich, ZIAS 1991, S. 444ff.
Freeman, Richard B./Rogers, Joel: Quintessenz. In: Die Mitbestimmung 1996, H. 7+8, S. 14ff.
Freeman, Richard B./Soskice, David u.a.: Interview, Die Mitbestimmung, H. 7+8 1996, S. 15ff.
Frerich, Johannes/Frey, Martin: Handbuch der Geschichte der Sozialpolitik in Deutschland, Band 1, Band 3, Sozialpolitik in der Bundesrepublik Deutschland bis zur Herstellung der deutschen Einheit, München/Wien 1993 (zit.: Hdb. Bd.).
Frey, Erich: Der soziale Schutzgedanke sowie § 51 S. 1 BetrVG als versuchte Dogmatisierung des Gleichbehandlungsgrundsatzes im Arbeitsrecht, AuR 1961, S. 43ff.
ders.: Zur Idee und Funktion des sozialen Rechtsstaates im Arbeitsrecht, AuR 1961, S. 298ff.
Gaul, Dieter: Der Betriebsübergang, Arbeitsrecht – Sozialrecht – Gesellschaftsrecht – gewerblicher Rechtsschutz, 2. Auflage 1993.

Göllheim, Richard/Reidegeld, Eckart: Arbeitsrecht und soziale Realität: Beitrag zu einer Soziologie des Arbeitsrechts am Beispiel des Kündigungsschutzes, BlStSoz 1979, S. 273ff.

Gottschol, Hans-Joachim: Beschäftigungspolitische Verantwortung der Unternehmen. In: Stefan Empter/Frank Frick (Hrsg.), Beschäftigungspolitik als ordnungspolitische Aufgabe.

Grasmann, Günther/David, Rene: Einführung in die großen Rechtssysteme der Gegenwart, 2. Auflage, München 1988.

Grimm, Christoph/Brocker, Lars: Die Rolle der Parlamente im Prozeß der Gesetzesfolgenabschätzung, Zeitschrift für Gesetzgebung (ZG) 1999, S. 58ff.

v. der Groeben, Hans: Der Einfluß liberaler Vorstellungen auf die Gründungsverträge der Europäischen Gemeinschaften – Politische Grundströmungen im europäischen Integrationsprozeß, Jahreskolloquium 1981, Baden-Baden 1983.

Gröbner, Gerhard/Lang-Neyjahr, Roland/Weber, Arnd: Mit verstärkter Kraft zum Langzeitarbeitslosenprogramm, Bundesarbeitsblatt 4/1995, S. 5ff.

Grunsky, Wolfgang: Anm. zu BAG, Urteil vom 26.5.1983, AP Nr.34 zu § 613a BGB.

Haase, Rolf: Betrieb, Unternehmen, Konzern im Arbeitsrecht, NZA Beil. 3/1988, S. 11ff.

Habscheid, J. Walter/Pötter, Wilhelm: Über das Verhältnis Richter und Recht, Richterrecht und richterliches Gewissen, Beitrag zum Richterrecht. Vorträge gehalten in der Sektion für Rechts- und Sozialwissenschaften anläßlich der Generalversammlung der Görres-Gesellschaft in Mainz 1967, Paderborn 1968.

Hahn, Klaus-Günther: Kündigungsschutz für nicht Schutzbedürftige, Anm. zum Urteil des BAG vom 13.3.1987, DB 1988, S 1015ff.

Hanau, Peter/Adomeit, Klaus: Arbeitsrecht, Lehrbuch, 12. Auflage, Neuwied/Kriftel/Berlin 2000.

Hanau, Peter: Arbeitsrechtliche Maßnahmen zur Insolvenzverhütung, Gutachten zum 54. DJT 1982, Bd. 1, E1ff. (zit.: Gutachten 54.D JT).

ders.: Befristung und Abrufbarkeit nach dem Beschäftigungsförderungsgesetz 1985, RdA 1987, S. 25ff.

ders.: Die Rechtsprechung des Bundesarbeitsgerichts 1983, ZFA 1984, S. 453ff.

Hanel, Erich: Rechtliche Probleme bei der Personalanpassung, Personal – Mensch und Arbeit 1982, S. 130ff.

Hardin, Patrick: The Developing Labor Law, Chicago 1992.

v. Hayek, Friedrich A.: Recht, Gesetzgebung und Freiheit, Bd.1-3; München 1980.

Hector, Pascal: Regulierungen am Arbeitsmarkt. Eine vergleichende beschäftigungspolitische Analyse für ausgewählte Staaten der europäischen Gemeinschaft, Frankfurt a.M. 1988.

Heertje, Arnold/Wenzel, Heinz-Dieter: Grundlagen der Volkswirtschaftslehre, 5. Auflage, Berlin/Heidelberg/New York/London/Paris/Tokyo/Hong Kong/Barcelona/Budapest 1997.

Heilmann, Joachim: Arbeitsrecht im EWG-Vertrag, ArbuR 1992, S. 16ff.

Heilmann, Karin: Die Rechtsprechung des Bundesarbeitsgerichts und des Europäischen Gerichtshofs zum Betriebsübergang im Vergleich, ArbuR 1996, S. 168ff.

Heinze, Meinhard: Europäische Einflüsse auf das nationale Arbeitsrecht, RdA 1994, S. 1ff.

ders.: Welche arbeits-und ergänzenden sozialrechtlichen Regelungen empfehlen sich zur Bekämpfung der Arbeitslosigkeit ? Referat zu den Gutachten v. Hanau und Kleinhenz, Verhandlungen des 63.DJT (2000), Bd.II/1. L 34ff.

Heither, Friedrich: Verfahrenskoordination bei der Auslegung der EG-Richtlinien über den Betriebsübergang, RdA 1996, S. 96ff.

Heitmann, Steffen: Arbeitsrecht im Systemwandel. Die Arbeitsgerichtbarkeit, FS zum 100jährigen Bestehen des Deutschen Arbeitsgerichtsverbandes, Neuwied/Kriftel/Berlin 1994, S. 31ff.

Henrichmeyer, Wilhelm/Gans, Oskar/Evers, Ingo: Einführung in die Volkswirtschaftslehre, 10. Auflage 1993.

Henssler, Martin: Aktuelle Probleme des Betriebsüberganges, NZA 1994, S. 913ff.

Hepple, Bob/Fredman, Sandra: Labour Law and Industrial Relations in Great Britain, 2. Auflage, Deventer/Boston 1992.

Hepple, Bob/O'Higgins, Paul: Employment Law, 4. Auflage, London 1982.

Hepple, Bob: Aspects of Flexibility in Labour Law – Großbritannien, ZIAS 1987, S. 280ff.

ders.: The British Employment Act 1980, RdA 1981, S. 164ff.

Herschel, Wilhelm: Entwicklungstendenzen des Arbeitsrechts, RdA 1956, S. 161ff.

Hess, Harald/Schlochauer, Ursula/Glaubitz, Werner: Kommentar zum Betriebsverfassungsgesetz, 4. Auflage, Neuwied/Berlin/Kriftel 1993 (zit.: Hess/Schlochauer/Glaubitz-Bearbeiter).

Hesse, Konrad: Grundzüge des Verfassungsrechts der Bundesrepublik Deutschland, 20. Auflage, Heidelberg 1995.

Hinrichs, Werner: Das Arbeitsrechtliche Beschäftigungsförderungsgesetz, Arbeitsrecht im Betrieb 1996, S. 589ff.

v. Hoffmann, Bernd: Internationales Privatrecht, 4. Auflage 1995.

Hofmann, Claus F.: Chancen für den Arbeitsmarkt, Bundesarbeitsblatt 2/1995, S. 5ff.
Holtfrerich, Carl-Ludwig (Hrsg.): Wirtschaft USA: Strukturen, Institutionen und Prozesse, München/Wien 1996.
Horn, Gustav: Wunderland? In: Die Mitbestimmung 1996, H. 7+8, S. 32ff.
v. Hoyningen-Huene, Dagmar: Mediation – Eine Alternative zum geltenden Verfahren, JuS 1997, S. 353ff.
v. Hoyningen-Huene, Gerrick/Windbichler, Christine: Der Übergang von Betriebsteilen nach § 613a BGB, RdA 1977, S. 329ff.
v. Hoyningen-Huene, Gerrick/ Linck, Rüdiger: Kündigungsschutzgesetz, Kommentar, 13. Auflage, München 2002 (zit.: KSchG).
v. Hoyningen-Huene, Gerrick: Betriebsbedingte Kündigung in der Wirtschaftskrise, NZA 1994, S. 1009ff.
ders.: Rechtsfortbildung im Arbeitsrecht als Vorreiter und Vorbild, BB 1986, S. 2133ff.
Hromadka, Wolfgang: Ein Arbeitsvertragsgesetz – Der Diskussionsentwurf des Arbeitskreises "Deutsche Rechtseinheit im Arbeitsrecht", NJW 1992, S. 1985ff.
ders.: Möglichkeiten und Grenzen der Änderungskündigung, NZA 1996, S. 1ff.
ders.: Die Änderungskündigung-eine Skizze, DB 2002, S. 1322ff.
Huber, Ernst Rudolf: Dokumente zur Deutschen Verfassungsgeschichte, Band 3, Dokumente zur Novemberrevolution und der Weimarer Republik, 1918-1933, Stuttgart/Berlin/Köln/Mainz 1966.
Hueck, Alfred: Der Sozialstaatsgedanke in der Rechtsprechung des Bundesarbeitsgerichts, FS für Willibalt Apelt zum 80. Geburtstag, München/Berlin 1958 (zit.: FS Aspelt).
ders.: Deutsches Arbeitsrecht. Ein Grundriß, Berlin 1938 (zit.: Arbeitsrecht).
Hümmerich, Klaus/Mauer, Reinhold: Neue BAG-Rechtsprechung zur Anhörung des Betriebsrats, DB 1997, S. 165ff.
Hümmerich, Klaus: Abschied vom arbeitsrechtlichen Aufhebungsvertrag, NZA 1994, S. 200ff.
ders.: Von der Verantwortung der Arbeitsrechtsprechung für die Volkswirtschaft, NZA 1996, S. 1289ff.
Institut der deutschen Wirtschaft: Informationsdienst des Instituts der deutschen Wirtschaft, Jahrgang 26/27. Januar 2000.
Isensee, Josef/Kirchhof, Paul (Hrsg.): Handbuch des Staatsrechts, Heidelberg 1987 (zit.: Isensee/Kirchhof-Bearbeiter).
Jacobi, Erwin: Grundlehren des Arbeitsrechts, Leipzig 1927.
Jadesohn: Das gesamte Arbeitsrecht Deutschlands, Berlin 1923.

Jarass, Hans/Pieroth, Bodo: Kommentar zum Grundgesetz für die Bundesrepublik Deutschland, 6. Auflage, München 2002 (zit.: Jarass/Pieroth-Bearbeiter).
Jobs, Friedhelm: Der Weiterbeschäftigungsanspruch des gekündigten Arbeitnehmers als rechts- und arbeitsmarktpolitisches System, AuR 1981, S. 16ff.
ders.: Soziale Auswahl bei betriebsbedingter Kündigung, DB 1986, S. 538ff.
Joost, Detlev: Betrieb und Unternehmen als Grundbegriffe des Arbeitsrechts, München 1988.
Jost, Fritz: Soziologische Feststellungen in der Rechtsprechung des Bundesgerichtshofes in Zivilsachen, Berlin 1979.
Jubelius, Werner: Arbeitslosigkeit als Problem der Rechts- und Sozialwissenschaften – Bericht über die Tagung der Vereinigung für Rechtssoziologie, JZ 1979, S. 542ff.
Kahn-Freund, Otto: Das britische Gesetz über die Arbeitsbeziehungen von 1971, eine kritische Würdigung. In: FS für Kurt Ballerstedt, S. 51ff.
ders.: Das soziale Ideal des Reichsarbeitsgerichts. Eine kritische Untersuchung zur Rechtsprechung des RAG, Mannheim/Berlin/Leipzig 1931.
ders.: Reform des Arbeitsrechts in Großbritannien, RdA 1969, 336ff.
ders.: Über einige charakteristische Grundsätze des Britischen Arbeitsrechts, RdA 1952, S. 361ff., S. 405ff.
Kaiser, Dagmar: Die Rechtsprechung des Bundesarbeitsgerichts im Jahre 1994, ZfA 1996, S. 115ff.
Kaskel, Walter/Dersch, Hermann: Arbeitsrecht, 4. Auflage, Berlin 1932.
Kaskel, Walter: Das neue Arbeitsrecht, Berlin 1920.
Keenan, Dennis: English Law, 12. Auflage, London 1998.
Keller, Berndt: Einführung in die Arbeitspolitik – Arbeitsbeziehungen und Arbeitsmarkt in sozialwissenschaftlicher Perspektive, 5. Auflage, München/Wien 1997.
Keller-Stoltenhoff, Elisabeth: Die rechtstatsächlichen Auswirkungen des § 613a BGB im Konkurs, Köln 1986.
Kilian, Matthias: Entwicklungen in der englischen Arbeitsgerichtsbarkeit, NZA 1999, S. 1088ff.
Kittner, Michael: Leichter kündigen als änderungskündigen, NZA 1997, S. 968ff.
Klees, Bern: Kündigungsschutz – Anspruch und Wirklichkeit in der Bundesrepublik Deutschland, BlStSoz 1978, S. 177ff.
Koalitionsvereinbarung zwischen der Sozialdemokratischen Partei Deutschlands und Bündnis 90/Die Grünen vom 20.10.1998, NJW 1998, S. VII.
Köhler, Christoph/Sengenberger, Werner: Konjunktur und Personalanpassung, Betriebliche Beschäftigungspolitik in der deutschen und amerikanischen

Automobilindustrie, Institut für sozialwissenschaftliche Studien e.V. ISF, München/Frankfurt a.M./New York 1983.

Kommission für Zukunftsfragen der Freistaaten Bayern und Sachsen: Erwerbsarbeit und Arbeitslosigkeit in Deutschland – Entwicklung,Ursachen und Maßnahmen, Teil I, Bonn, 1996.

dies.: Erwerbsarbeit und Arbeitslosigkeit in Deutschland – Entwicklung, Ursachen und Maßnahmen, Teil II, Bonn, 1997.

Kraft, Alfons: Arbeitsrecht in einer sozialen Marktwirtschaft – Eine Skizze, ZfA 1995, S. 419ff.

ders.: Bestandsschutz des Arbeitsverhältnisses; Lohn ohne Arbeit – Überlegungen zur Reduzierung der Regelungsdichte des Arbeitsrechts und zur Wiederherstellung der Äquivalenz im Arbeitsverhältnis, ZfA 1994, S. 463ff.

Kraft, Cornelius: Lohnflexibilität und Beschäftigung in der bundesdeutschen Industrie, Jahrbuch für Nationalökonomie und Statistik 1992, S. 239ff.

Krause, Rüdiger: Die Änderungskündigung zum Zwecke der Entgeltreduzierung, DB 1995, S. 574ff.

Kraushaar, Bernhard: Sozialpläne müssen nicht immer so viel Geld kosten, Betriebsberater 2000, S. 1622ff.

Krevet, Reinhold: Das Vertragsrecht in der mitteldeutschen Industrie, Köln 1966.

Kukat, Klaus: Betriebsbedingte Kündigung und konzernbezogener Kündigungsschutz in der Rechtsprechung des Bundesarbeitsgerichts, Betriebsberater (BB) 2000, S. 1242ff.

Labor Relations Expeditor, BNA Labor Relations Reporter: The Bureau of National Affaires, Inc., Washington DC.1996. (Seitenangaben z.B. mit LRX 519: 201).

Labor, Arbitration Cumulative Digest and Index with table of cases, Covering Volumes 91-100, Labor Arbitration Reports, The Bureau of National Affairs, Inc., Washington, DC 1994.

Lachmann, Werner: Volkswirtschaftslehre 1, Grundlagen, 3. Auflage, Berlin/Heidelberg/New York/Tokyo 1997.

Lakies, Thomas: Änderung des Kündigungsschutzgesetzes und allgemeiner Kündigungsschutz nach § 242 BGB – Verfassungsrechtliche Fragen, DB 1997, S. 1078ff.

Larenz, Karl/Canaris, Claus-Wilhelm: Methodenlehre der Rechtswissenschaft, 3. Auflage 1995.

Liebers, Hans-Joachim: Wiedereinstellung und Abfindung im amerikanischen Kündigungsrecht, F.a.M., 1986.

Linnekohl, Karl/Töpfer, Armin: Der Betriebsrat als Planungspartner; Rechtzeitigkeit der Unterrichtung und betriebsverfassungsrechtlicher Planungsbegriff aus arbeitsrechtlicher und betriebswirtschaftlicher Sicht, BB 1986, S. 1301ff.

Lipinski, Wolfgang: Reichweite der Kündigungskontrolle, NZA 2002, S. 75ff.

ders.: Sozialauswahl bei Betriebsübergang zugunsten eines widersprechenden Arbeitnehmers? DB 2002, S. 1214ff.

Lipsig, Ethan: Downsizing: law and practice, BNA-Books, Washington, 1996.

Linnekohl, Karl: Deregulierungen des Arbeitsmarktes durch "ingeniöse" Nichtanwendung von Arbeitsrecht. In: Otto Kissel (Hrsg.), Das Arbeitsrecht der Gegenwart, Jahrbuch für das gesamte Arbeitsrecht und die Arbeitsgerichtsbarkeit, 31, 1994, S. 90ff. (zit.: Nichtanwendung).

Lorenz, Martin: Das Arbeitsrechtliche BeschFG, DB 1996, S. 1973ff.

Loritz, Karl-Georg: Aktuelle Rechtsprobleme des Betriebsüberganges, RdA 1987, S. 65ff.

ders.: Anm. zu BAG , Urteil vom 3.7.1986, AP Nr. 53 zu § 613a BGB.

ders.: Anm. zu EuGH, Urteil vom 14.4.1994, Rs. C-392/92 (Christel Schmidt), AP Nr. 106.

Löw, Friederike: Die Betriebsveräußerung im europäischen Arbeitsrecht. Die EG-Richtlinie 77/187 und ihre Umsetzung in Deutschland und Großbritannien, Diss., Frankfurt a.M./Bern/New York/Paris 1991.

Löwisch, Manfred: Die Änderung von Arbeitsbedingungen auf individualrechtlichem Wege, insbesondere durch Änderungskündigung, NZA 1988, S. 633ff.

ders.: Grenzen der ordentlichen Kündigung in kündigungsschutzfreien Betrieben, BB 1997, S. 782ff.

ders.: Vertrauensschutz bei Rechtsprechungsänderung aus der Sicht des Bundesarbeitsgerichtes, FS zum 100jährigen Bestehen des Deutschen Arbeitsgerichtsverbandes, Neuwied/Kriftel/Berlin 1994, S. 601ff. (zit.: Vertrauensschutz).

ders.: Zur Verfassungsmäßigkeit der erweiterten Zulassung befristeter Arbeitsverhältnisse durch das Beschäftigungsförderungsgesetz, NZA 1985, S. 478ff.

Lüderssen, Klaus: Erfahrung als Rechtsquelle, Abduktion und Falsifikation von Hypothesen im juristischen Entscheidungsprozeß. Eine Fallstudie aus dem Kartellstrafrecht, 1. Auflage, Frankfurt a.M.1972.

Lutz, Burkart/Sengenberger, Werner: Segmentationsanalyse und Beschäftigungspolitik, WSI-Mitt. 1980, S. 291ff.

Mager, Ernst-Günther/Winterfeld, Rosemarie/Göbel, Johannes/Seelmann, Andreas: BeschFG 1985, Kurzkommentar, Köln 1985 (zit.: KK-Bearbeiter).

Maunz, Theodor/Dürig, Günther: Kommentar zum Grundgesetz der Bundesrepublik Deutschland, Bd. II, München 1991.

Maunz, Theodor/Zippelius, Reinhold: Deutsches Staatsrecht – Ein Studienbuch, 30. Auflage 1998.
Maurer, Helmut: Die Auflösung des Arbeitsverhältnisses wegen "Redundancy" in England, Diss., München 1989.
Mayer-Maly, Theo: Anm. zu BAG vom 13.3.1987, ZfR 1988, S. 59ff.
ders.: Betriebliche Erfordernisse, ZfA 1988, S. 209ff.
ders.: Die Begründung und Lösung von Arbeitsverhältnissen als Gesetzgebungsproblem, NJW 1978, S. 1566ff.
Meilicke, Heinz: Das Bundesarbeitsgericht, Selbsternannter Sondergesetzgeber zu Lasten des Arbeitgebers, Rechtsfortbildung oder Rechtsbeugung, 2. Auflage, Bonn 1985.
Meinel, Gernod: Zur Beschleunigung des Interessenausgleichsverfahrens durch das Arbeitsrechtliche Beschäftigungsförderungsgesetz, DB 1997, S. 170ff.
ders.: Agenda 2010 – Regierungsentwurf zu Reformen am Arbeitsmarkt, DB 2003, S. 1438f.
Meinhardt, Marie: Zum englischen Arbeitsrecht, RIW 1963, S. 371ff.
Meinhardt, Peter: Das neue englische Arbeitsrechtsgesetz (Industrial Relation Act von 1972), RIW 1972, S. 74ff.
Moll, Wilhelm: Arbeitsrechtsvergleichung – ein Bericht, RdA 1984, S. 223ff.
ders.: Künstliche Beschäftigung im Kollektivvertragsrecht der USA und der Bundesrepublik Deutschland, Frankfurt a.M. 1982 (zit.: Kollektivvertragsrecht).
Möller, Carola: Flexibilisierung, eine Talfahrt in die Armut – Prekäre Arbeitsverhältnisse im Dienstleistungssektor, WSI-Mitt. 8, 88, S. 466ff.
Möller, Joachim: Ist der Arbeitsmarkt verknöchert?, WSI-Mitt. 1994, S. 357ff.
Monopolkommission: Mehr Wettbewerb auf allen Märkten, Zehntes Hauptgutachten 1992/1993, 1. Auflage 1994.
Moritz, Klaus: Das Argument von der Wirtschaftsverfassung. Die Verwendung nationalökonomischer Kategorien im juristischen Denken, Diss., Frankfurt a.M. 1974.
Mozet, Peter: Kündigungsschutz in Arbeitsverhältnissen – Ein Überblick über die Rechtslage in den Mitgliedsstaaten der Europäischen Union, NZA 1998, S. 128ff.
Mückenberger, Ulrich: Der verfassungsrechtliche Schutz des Dauerarbeitsverhältnisses, Anm. zur Befristungsregelung des BeschFG'85, NZA 1985, S. 518ff.
ders.: Kritik des "Arbeitsrechtlichen Beschäftigungsförderungsgesetzes", Kritische Justiz 1996, S. 343ff.
ders.: Zur Rolle des Normalarbeitsverhältnisses bei der sozialstaatlichen Umverteilung von Risiken. In: Cristoph Büchtemann/Helmut Neumann (Hrsg.),

Mehr Markt durch weniger Recht?, Chancen und Risiken der Arbeitsmarktflexibilisierung, Wissenschaftszentrum Berlin für Sozialforschung(WZB), Forschungsschwerpunkt Arbeitsmarkt und Beschäftigung, Berlin 1990, S. 169ff. (zit.: Normalarbeitsverhältnis).

Mühlhausen, Peter: Das Bestreiten der Betriebsratsanhörung mit Nichtwissen, NZA 2002, S. 644ff.

Müller, Gerhard: Der Gedanke des sozialen Staates in der bisherigen Rechtsprechung des Bundesarbeitsgerichts, DB 1956, S. 524ff. (Teil 1), S. 549ff. (Teil 2).

ders.: Richterliche Rechtsfortbildung im Arbeitsrecht, JuS 1980, S. 627ff.

Müller-Jentsch, Walther/Wever, Kirsten: Auf dem Prüfstand: Die industriellen Beziehungen, aus deutscher Sicht (Müller-Jentsch); aus amerikanischer Sicht (Wever). In: die Mitbestimmung 1996, H. 7+8, S. 52ff.

Müller-Lukoschek, Jutta: Der Kündigungsschutz im Arbeitsrecht der USA unter besonderer Berücksichtigung des Individualarbeitsrechts, Diss., Berlin 1989.

Müller-Römer, Dietrich: Vorwort zu der Neuen Verfassung der DDR, Köln 1974.

Münch, Christof: Rechtssicherheit als Standortfaktor, NJW 1996, S. 3320ff.

Neifer-Dichmann, Elisabeth: Weichenstellung für mehr Beschäftigung, Der Arbeitgeber 1996, S. 461ff.

Nerlich, Jörg/Römermann, Volker: Kommentar zur Insolvenzordnung (Inso), München 2000.

Neumann, Godehard/Spies, Bernd-Georg: Ansätze der betriebsbezogenen Arbeitsmarktpolitik, WSI-Mitt. 1995, S. 431ff.

Neumann, Helmut: (De-)Regulierung auf dem Arbeitsmarkt aus ökonomischer Sicht. In: Cristoph Büchtemann/Helmut Neumann (Hrsg.), Mehr Markt durch weniger Recht?, Chancen und Risiken der Arbeitsmarktflexibilisierung, Wissenschaftszentrum Berlin für Sozialforschung (WZB), Forschungsschwerpunkt Arbeitsmarkt und Beschäftigung, Berlin 1990, S. 105ff. (zit.: (De-)Regulierung).

ders.: Deregulierung des Bestandsschutzes, WSI-Mitt. 1990, S. 400.

Neumayer, Heinz: Einführung in die großen Rechtssysteme der Gegenwart auf der Grundlage "Les grands systemes de droit contemporains" von Rene David und Camille Jauffet Soinosi, bearbeitet von Günther Grasmann, 2. deutsche Auflage, München 1989.

Obermayer, Klaus: Der Sozialstaat als Herausforderung zur Menschlichkeit. Zur Geschichte und aktuellen Bedeutung des in Art. 20 Abs. 1 und Art. 28 Abs. 1 Satz 1 GG verankerten Sozialstaatprinzips, RdA 1979, S. 8ff.

Ochel, Wolfgang: Geht uns wirklich die Arbeit aus? Institut für Wirtschaftsforschung (ifo), Ifo-Schnelldienst, Oktober 2000, S. 36ff.

Oetker, Hartmut: Arbeitsrechtlicher Bestandsschutz und Grundrechte, RdA 1997, S. 9ff.

Oppermann, Thomas: Europarecht 2. Auflage, München 1999.

Organisation for Economic Co-operation and Developement (OECD): OECD Employment Outlook, Paris, 1999

Ott, Claus/Schäfer, Hans-Bernd: Die ökonomische Analyse des Rechts – Irrweg oder Chance?, JZ 1988, S. 213ff.

Pawlowski, Hans-Martin: Methodenlehre für Juristen, Theorie der Norm und des Gesetzes, Lehrbuch, 2. Auflage Heidelberg/Karlsruhe 1991.

Peritt, Henry H.: Employee Dismissal Law and Practice, 4th Edition, New York, Chichester, Weinheim, Brisbane, Singapore, Toronto 1998.

Peters, Jürgen/Schwitzer, Helga/Volkert, Klaus/Widuckel-Mathias, Werner: Nicht kapitulieren – trotz Krise und Rezession – Der Weg zur Sicherung der Vollbeschäftigung bei Volkswagen, WSI-Mitt. 1994, S. 165ff.

Pfarr, Heide: Auslegungstheorie und Auslegungspraxis im Zivil- und Arbeitsrecht der DDR, Berlin 1972.

Picker, Eduard: Richterrecht oder Rechtsdogmatik – Alternativen der Rechtsgewinnung, JZ 1988, Teil 1 S. 1ff., Teil 2 S. 62ff.

Picot, Gerhard: Das soziale Schutzbedürfnis des Arbeitnehmers – Verantwortlichkeit des Arbeitgebers oder des sozialen Steuerstaates?, RdA 1979, S. 16ff.

Plander, Harro: Befristungsabreden in durch Beschäftigungsprogramme geförderten Arbeitsverträgen, NZA 1984, S. 337ff.

Pleyer, Klemens/Hensel, Paul (Hrsg.): Zentralwirtschaft und Zivilrecht, Juristische Untersuchung zur Wirtschaftsordnung der SBZ, Stuttgart 1965.

Preis, Bernd: Stellenabbau als Unternehmerische Entscheidung? DB 2000, S. 1122ff.

ders.: Aktuelle Tendenzen im Kündigungsschutzrecht, NZA 1997, S. 1075ff.

ders.: Anrechnung und Widerruf über- und außertariflicher Entgelte vertragsrechtlich betrachtet, FS für Otto Rudolf Kissel, S. 879ff. , München 1994 (zit.: FS Kissel).

ders.: Bekämpfung der Arbeitslosigkeit - Eine Herausforderung für Arbeits- und Sozialrecht?, NJW 2000, S. 2304ff.

ders.: Das arbeitsrechtliche Beschäftigungsförderungsgesetz 1996, NJW 1996, S. 3369ff.

ders.: Neuere Tendenzen im arbeitsrechtlichen Kündigungsschutz, DB 1988, S. 1387ff.

ders.: Prinzipien des Kündigungsrechts bei Arbeitsverhältnissen, München 1987 (zit.: Prinzipien).

Preiseler, Manfred: Probleme des befristeten Arbeitsverhältnisses, NZA 1985, S. 238ff.
v. Pückler, Botho/Wienke, Dieter Frank: § 613a BGB – Grundlegende Reform überfällig, Der Arbeitgeber 1996, S. 465ff.
Rehbinder, Manfred: Rechtssoziologie, 4. Auflage, Berlin/New York 2000.
Reimann, Mathias/ Ackmann, Hans-Peter : Einführung in das US-amerikanische Privatrecht, München 1997.
Reuter, Dieter: Anm. zu BAG vom 7.12.1978, AP Nr. 6 zu § 1 KSchG 1969 (betriebsbedingte Kündigung).
ders.: Anm. zu BAG, Beschluß vom 23.4.1985, SAE 1985, S. 327ff.
ders.: Die freie Wahl des Arbeitsplatzes – ein nicht realisierbares Grundrecht, RdA 1973, S. 345ff.
ders.: Grundlagen des Kündigungsschutzes – Bestandsaufnahme und Kritik, FS 25 Jahre Bundesarbeitsgericht, München 1979 (zit.: Grundlagen).
ders.: Rechtsfortbildung im Arbeitsrecht – Ein Beitrag zum Problem der Einheit oder Vielheit der Rechtsanwendungsmethoden, RdA 1985, S. 321ff.
ders.: Reichweite und Grenzen der Legitimität des Bestandsschutzes von Arbeitsverhältnissen, Jahrbuch für die Ordnung von Wirtschaft und Gesellschaft 1982 (Bd. 33), S. 165ff.
Rheinstein, Max/v. Borries, Reiner: Einführung in die Rechtsvergleichung, 2. Auflage 1987.
Rhode, Barbara: Wie wirksam ist der rechtliche Kündigungsschutz in England und in der Bundesrepublik Deutschland? – Ein Vergleich von zwei empirischen Studien. In: Rolf Ellermann-Witt/Hubert Rotthleuthner/Harald Russig (Hrsg.), Kündigungspraxis, Kündigungsschutz und Probleme der Arbeitsgerichtsbarkeit, Beiträge zur Regelung und Praxis in der Bundesrepublik Deutschland in Großbritannien und den USA, S. 173ff., Opladen 1983.
Richardi, Reinhard: Sind im Interesse einer gerechten Verteilung der Arbeitsplätze Begründung und Beendigung des Arbeitsverhältnisses neu zu regeln? JZ 1978, S. 485ff.
ders.: Streitfragen aus dem Ersten Arbeitsrechtsbereinigungsgesetz, ZfA 1971, S. 73ff.
Risse, Winfried: Betriebswirtschaftliche Aspekte der Sanierung durch Unternehmensfortführung in der Insolvenz, KTS 1989, S. 465ff.
Robson, Stephen: Wachtums- und Beschäftigungseffekte der britischen Privatisierungspolitik. In: Stefan Empter/Frank Frick, Beschäftigungspolitik als ordnungspolitische Aufgabe, Gütersloh 1996.
Roehm, Eberhard/Albicker, Steffen: Neues Kündigungsschutzrecht der USA, "Family and Medical Leave Act of 1993", "Sexual Harassment" und "Worked Adjustment and Retraining Notification Act", RIW 1993, S. 721ff.

Rosenberg, Leo/Schwab, Karl-Heinz/Gottwald, Peter: Zivilprozeßrecht, 15. Auflage 1993.
Ruga, Barbara A./Przybylowicz Arthur R./Kopka Daniel D.: Wrongful Discharge and Employment Discriminaton Law, The Institute of Continuing Legal Education, Second Edition, Ann Arbor, Michigan 1994 (fortlaufend bearbeitet bis 1999) (zit: Michigan Wrongful Discharge).
Runggaldier, Ulrich: Sozialrückbau durch Rechtsprechung, DRdA (Österreich) 1996, S. 101ff.
Rüthers, Bernd: Arbeitsrecht und Ideologie, FS zum 100jährigen Bestehen des Deutschen Arbeitsgerichtsverbandes, Neuwied/Kriftel/Berlin 1994, S. 39ff. (zit.: FS 100 Jahre DAV).
ders.: Beschäftigungskrise und Arbeitsrecht. Zur Arbeitsmarktpolitik der Arbeitsgerichtsbarkeit, Bad Homburg 1996 (zit.: Beschäftigungskrise).
ders.: Funktionswandel im Arbeitsrecht, ZfA 1988, S. 257ff.
ders.: Vom Sinn und Unsinn des geltenden Kündigungsschutzrechts, NJW 2002, S. 1601ff.
Sachs,Michael (Hrsg.): Grundgesetz, Kommentar, 2. Auflage, München 1999
Sächsiches Staatsministerium für Wirtschaft und Arbeit: Arbeitsmarkt in Sachsen, Bericht, Dresden, Juni 2000 (zit.: SMWA).
Sachverständigenrat zur Begutachtung der gesamtwirtschaftlichen Entwicklung: Ausführungen des Sachverständigenrats zum Kündigungsschutz, RdA 1990, S. 288f.
dies.: Jahresgutachten 1995/96, Stuttgart 1996.
dies.: Jahresgutachten 2002/03, BR-Drs.856/02 (15.11.2002).
Sadowski, Dieter: Ökonomische Rechtsanalyse als politische Ökonomie: Das Beispiel des Arbeitsrechts, BeitrAB 2002, S.3ff.
Schack, Axel: Die partnerschaftliche Unternehmung als Mittel zur Liberalisierung des Arbeitsrechts. In: Adomeit, Arbeitsrecht für die 90er Jahre, München 1991.
Schäfer, Hans-Bernd/Ott, Claus: Lehrbuch der ökonomischen Analyse des Rechts, 2. Auflage, Berlin/Heidelberg/New York 1995.
Schaub, Günter: Aktuelle Streitfragen zur Kostensenkung bei der Arbeitsvergütung, BB 1994, S. 2005ff.
ders.: Arbeitsrechts-Handbuch, 10. Auflage, München 2002 (zit.: Handbuch).
ders.: Das Arbeitsrecht im Diskussionsentwurf des Gesetzes zur Reform des Insolvenzrechts, ZIP 1989, S. 205ff.
Schellhaaß, Horst-Manfred: Das Arbeitsrecht als Beschäftigungshemmnis. In: Büchtemann/Neumann (Hrsg.), Mehr Markt durch weniger Recht? Chancen und Risiken der Arbeitsmarktflexibilisierung, Wissenschaftszentrum Berlin

für Sozialforschung (WZB), Forschungsschwerpunkt Arbeitsmarkt und Beschäftigung, Berlin 1990, S. 105ff. (zit.: Beschäftigungshemmnis).
ders.: Sozialpläne aus ökonomischer Sicht, ZfA 1989, S. 167ff.
Schettkat, Ronald: 2 Millionen neue Jobs in einem Jahr! – Die beschäftigungspolitische Bedeutung des tertiären Sektors in den USA im Vergleich zur Bundesrepublik, WSI-Mitt. 1994, S. 363ff.
Schiefer, Bernd: Anm. zu LAG Düsseldorf vom 9.11.1994, DB 1995, S. 275f.
ders.: Kündigungsschutz und Unternehmerfreiheit - Auswirkung des Kündigungsschutzes auf die betriebliche Praxis, NZA 2002, S. 770ff.
Schlüter, Wilfried: Das obiter dictum, München 1973.
Schmidt, Folke: Zur Methode der Rechtsfindung, Schriften zur Rechtstheorie, Berlin 1976.
Schmidt, Klaus/Luczak, Stefan: Der Berufsrichter in der Arbeitsgerichtsbarkeit, FS zum 100jährigen Bestehen des Deutschen Arbeitsgerichtsverbandes, Neuwied/Kriftel/Berlin 1994, S. 222ff.
Schmidt-Jortzig, Edzard: Perspektive der Europäischen Privatrechtsangleichung, Vortrag vor der Juristischen Gesellschaft zu Berlin, "recht", Information des Bundesministeriums der Justiz (BMJ), H. Jan./Feb. 1998, S. 11ff.
Schnorr, Gerhard: Entwicklungstendenzen des Europäischen Gemeinschaftsrechts auf arbeitsrechtlichem Gebiet, RdA 1981, S. 329ff.
Schober, Reinhard: Politische Funktion und soziales Ideal des Bundesarbeitsgerichts – anhand der Rechtsprechung zu den Gewerkschaften, Diss., Bremen 1977.
Scholz, Rupert: Bundesarbeitsgericht und Arbeitsverfassung. In: FS 25 Jahre Bundesarbeitsgericht, München 1979, S. 511ff.
Schröder, Ulrich: Altersbedingte Kündigungen und Altersgrenzen im Inividualarbeitsrecht. Zur Zulässigkeit einer "Zwangspensionierung" mit 65 Jahren, Berlin 1984.
Schwedes, Rolf: Der Wiederaufbau der Arbeitsgerichtsbarkeit in den neuen Bundesländern, in: FS zum 100jährigen Bestehen des Deutschen Arbeitsgerichtsverbandes, Neuwied/Kriftel/Berlin 1994, S. 147ff.
Schwerdtner, Peter: Kündigungsschutzrechtliche Probleme der Änderungskündigung, FS 25 Jahre BAG 1982, S. 555ff. (zit.: FS 25 Jahre BAG).
ders.: Lernen auf Vorrat als Risiko – Besprechung von BAG, NJW 1987, S. 1662, in: NJW 1987, S. 1607ff.
ders.: Offene Probleme des Kündigungsschutzes bei betriebsbedingten Kündigungen, Anm. zum Urteil BAG v. 24.3.1983, ZIP 1984, S. 10ff.
Sell, Stefan: Flexibilisierung des Arbeitsmarktes durch Eingriffe in das Arbeitsrecht? Das "Arbeitsrechtliche Beschäftigungsförderungsgesetz" aus ökonomischer Sicht, arbeit und beruf, 1997, S. 353ff.

Semlinger, Klaus: Flexibilisierung des Arbeitsmarktes, Interessen, Wirkungen, Perspektiven, Frankfurt a.M./New York 1991.
Sengenberger, Werner: Arbeitslosigkeit und Arbeitsmarktstruktur, WSI-Mitt. 4/1977, S. 213ff.
ders.: Arbeitsmarktstruktur – Ansätze zu einem Modell des segmentierten Arbeitsmarktes, 1975, S. 29 (zit.: Modell).
ders.: Struktur und Funktionsweise von Arbeitsmärkten. Die Bundesrepublik Deutschland im internationalen Vergleich, Institut für sozialwissenschaftliche Forschung (ISF) e.V., Frankfurt/New York 1987 (zit.: Struktur).
Sesselmeier, Werner/Blauermel, Gregor: Arbeitsmarkttheorien, ein Überblick, 2. Auflage Heidelberg, 1998.
Shrubsall, Vivien: Competitive Tendering, Out-sourcing and the Acuired Rights Directive, The Modern Law Review, 1998.
Simitis, Spiros: Sind im Interesse einer gerechten Verteilung der Arbeitsplätze Begründung und Beendigung des Arbeitsverhältnisses neu zu regeln? Referat zum Gutachten von Wolfgang Zöllner, Bericht 52. DJT 1978, Bd. 2, M6ff.
Simons, Rolf: Made in USA, Die Mitbestimmung 1996, H. 7+8, S. 23ff.
Smid, Stefan: Richterliche Rechtserkenntnis. Zum Zusammenhang von Recht, richtigem Urteil und Urteilsfolgen im pluralistischen Staat, Berlin 1989.
Söllner, Alfred: Arbeitsgerichtsbarkeit im Wandel der Zeiten, in: FS zum 100jährigen Bestehen des Deutschen Arbeitsgerichtsverbandes, Neuwied/Kriftel/Berlin 1994.
Soltwedel, Rüdiger: Regulierungen auf dem Arbeitsmarkt der Bundesrepublik, IWW-Uni Kiel, Kieler Studien, 1990, S. 135ff.
Soskice, David: Erfolgsrezept? Ein Gespräch mit FAZ Autor und Wirtschaftsredakteur Rainer Frank. In: Die Mitbestimmung 1996, H. 7+8, S. 18ff.
Spinti, Henning: Die Ansprüche aus Sozialplan (§ 112 BetrVG 1972) und Nachteilsausgleich (§ 113 BetrVG 1972) bei Insolvenz des Arbeitgebers, Diss., Berlin 1989.
Statistisches Amt der Europäischen Gemeinschaften (Eurostat): Monatsberichte, Luxembug 1998 - Juni. 2003.
Statistisches Bundesamt: Statistisches Jahrbuch 1999, Wiesbaden 1999
Stevens-Bartol, Eckart: Mediation im Arbeitsrecht. In: Breidenbach/Henssler, Mediation für Juristen, Konfliktbehandlung ohne gerichtliche Entscheidung, Köln 1997, S. 141ff.
Stockert, Andreas: Wirkungen von Rechtsnormen auf Personalanpassungen, Diss., Stuttgart 1987.
Theis, Björn: Zur jüngeren Entwicklung des Rechts zum Betriebsübergang in „contracting-out"- Fällen in Großbritannien, ZIAS 1998, S.228ff.

Thüsing, Gregor: Die Entwicklung des U.S.-amerikanischen Arbeitsrechts in den Jahren 1997 und 1998, NZA 1999, S. 635ff.

Träxler, Christian: Betriebsänderung nach § 11 S. 2 Nr. 1 BetrVG und Sozialplanpflicht – Die Bedeutung der Einfügung von § 112a Abs. 1 BetrVG durch Art. 2 BeschFG'85, Diss., Regensburg 1993.

Turcon, Remi J./Zimmer, Daniel (Hrsg.): Grundlagen des US-amerikanischen Gesellschafts-, Wirtschafts-, Steuer- und Fremdenrechts: Rechtliche Rahmenbedingungen für ausländische Direktinvestitionen in den USA, München 1994 (zit.: Turcon/Zimmer-Bearbeiter).

Udke, Brigitte: Ende des "Loseblattdaseins" in Sicht? – 59. DJT votiert für eine gesetzliche Regelung des Arbeitsvertragsrechts, AuA 1992, S. 330f.

Unterhinninghofen, Hermann: Fristlose Kündigung der ostdeutschen Manteltarifverträge, "Hilfeschrei" oder "eklatanter Rechtsbruch"?, ArbuR 1993, S. 101ff.

Vollmer, Lothar: Verkürzung der regelmäßigen Arbeitszeit statt Einzelkündigung bei dauerhaftem Produktionsrückgang? Zugleich Besprechung der Entscheidung des Arbeitsgerichts Bocholt vom 22.6.1982, DB 1982, S. 1933.

Waas, Bernd: Anm. zu BAG vom 19.5.1993 AP Nr. 34 zu § 2 KSchG 1969.

ders.: Das Recht des Betriebsüberganges in Großbritannien und Nordirland im Prozeß der Anpassung an das Europäische Gemeinschaftsrecht, ZIAS 1989, S. 313ff.

Wagner, Thomas/ Jahn, J.Elke : Neue Arbeitsmarkttheorien, Düsseldorf 1997.

Wallington, Peter: Butterworth Employment Law, Handbook, 8. Auflage, London/Dublin/Edinburgh 1998.

Walwei, Ulrich/ Zika Gerd: Sozialer Schutz als Beschäftigungshemmnis? Internationale Revue für Soziale Sicherheit, 1997, S. 7ff.

Walwei, Ulrich: Ansätze einer ökonomischen Analyse des Arbeitsrechts: Debatte um Deregulierung und Flexibilisierung des Arbeitsrechts aus ökonomischer Sicht (Arbeitspapiere aus dem Arbeitskreis sozialwissenschaftlicher Arbeitsmarktforschung (SAMF)), Arbeitspapier 1989-6 (zit.: Ansätze).

ders.: Ökonomische Analyse arbeitsrechtlicher Regelungen am Beispiel des Kündigungsschutzes, WSI-Mitt. 1990, S. 392ff.

ders.: Beschäftigungspolitisch erfolgreiche Länder: Konsequenzen für Deutschland, MittAB 2/98.

ders.: Labour Market Effects of Employment Protection, IAB Labour Market Research Topics No 48, (2002); deutsche Übersetzung: Arbeitsmarktwirkungen des Kündigungsschutzes, BeitrAB, 2002, S.75ff.

Walwei, Ulrich/ Werner, Heinz: Das amerikanische "Beschäftigungswunder": Lehren für Deutschland, aber das Dilemma bleibt, Bonn Electronic ed. 1998.

Wank, Rolf: Arbeitnehmer und Selbständige, München 1988 (zit.: Arbeitnehmer).
ders.: Grenzen richterlicher Rechtsfortbildung, Berlin 1978 (zit.: Grenzen).
ders.: Rechtsfortbildung im Kündigungsschutzrecht, RdA 1987, S. 129ff.
Weber, Hansjörg: Anm. zu BAG vom 6.6.1984, SAE 1985, S. 62ff.
Weiler, Karl-Heinz: Der befristete Arbeitsvertrag, eine kritische Untersuchung der Rechtsprechung des Bundesarbeitsgerichts, BB 1985, S. 934ff.
Weimar, Robert/Alfes, Jochen: Arbeitsrechtliche Grundsatzfragen der Betriebsaufspaltung, BB 1993, S. 783ff.
dies.: Betriebsübernahme ohne § 613a?, NZA 1993, S. 155ff.
Weimar, Robert: Psychologische Strukturen richterlicher Entscheidung, Basel/Stuttgart 1969 (zit.: Strukturen).
Weissleder, Wolfgang M.: "Soziale Auswahl" bei betriebsbedingter Kündigung in der Gerichtspraxis. Zur Rechtswirklichkeit einer Norm (§ 1 III Kündigungsschutzgesetz), Diss., Kiel 1982.
Weller, Bernhard: Betriebliche und tarifliche Regelungen, die sich auf die soziale Auswahl nach § 1 Abs. 3 KSchG auswirken, RdA 1986, S. 222ff.
Wenzel, Leonhard: Kritische Anmerkung zum Ersten Arbeitsrechtsbereinigungsgesetz, DB 1969, S. 1402ff.
Wiedemann, Herbert/Willemsen, Heinz: Die Anwendung des § 613a BGB im Konkurs, unter besonderer Berücksichtigung der betrieblichen Altersversorgung, RdA 1979, S. 418ff.
Wiedemann, Herbert: Subjektives Recht und sozialer Besitzstand nach dem KSchG, RdA 1961, S. 1ff.
Wilkinson, Frank: Regierungspolitik und Umstrukturierung von Arbeitsmärkten – Das Beispiel Großbritanniens, WSI-Mitt. 1988, S. 482ff.
Willemsen, Heinz Josef/Tiesler, Ralf-Dietrich: Interessenausgleich und Sozialplan in der Insolvenz, Köln 1995.
Willemsen, Heinz Josef: Anm. zu BAG, Urteil vom 4.12.1986, AP Nr. 56 zu § 613a BGB.
ders.: Der Grundtatbestand des Betriebsübergangs nach § 613a BGB, RdA 1991, S. 204ff.
ders.: Kündigungsschutz- vom Ritual zur Rationalität, NJW 2000, S. 2779ff.
Wisskirchen, Alfred: Der Soziale Dialog in der Europäischen Gemeinschaft, FS zum 100jährigen Bestehen des Deutschen Arbeitsgerichtsverbandes, Neuwied/Kriftel/Berlin 1994, S. 653ff.
Wlotzke, Otfried/Lorenz, Martin: Arbeitsrecht und Arbeitsschutzrecht im deutsch-deutschen Einigungsprozeß, BB 1990, Beil. 35 zu H. 28, S. 3ff.
Wolff, Klaus: Schwarzarbeit in der Bundesrepublik Deutschland. Eine makroanalytische Untersuchung, Diss., Frankfurt a.M./New York 1991.

Wollny, Paul: Die Sozialstaatsklausel in der Rechtsprechung des Bundesarbeitsgerichts, AuA 1973, S. 33ff.
Wolter, Jürgen: Der Schutz des Arbeitnehmers vor betriebsbedingter Kündigung. Die Wirksamkeit des geltenden individualrechtlichen Kündigungsschutzes und Überlegungen zu einer verbesserten Handhabung, Berlin 1980.
Worswick, David: Das Ende der Vollbeschäftigung, WSI-Mitt. 1994, S. 338ff.
Worzalla, Michael: Arbeitsrecht in den neuen Bundesländern – Sonderregelung und ausgewählte Probleme, DtZ 1992, S. 302ff.
ders.: Neue Spielregeln bei Betriebsübergang –die Änderungen des § 613 a BGB, NZA 2002, S. 353ff.
WSI-Projektgruppe Prognose: Wirtschaftliche Entwicklung in Deutschland im Jahre 1994 und im Jahre 1995, WSI-Mitt. 1994, H. 5, S. 278ff., WSI-Mitt. 1995, H. 5, S. 277ff.
Wüllenweber, Ulrich: Die Entwicklung des Kündigungsschutzrechts seit dem Ersten Weltkrieg, Diss., Universität Köln 1965 (zit.: Entwicklung).
Wulsdorf, Helge : Der Verband als moralischer Akteur. Die Verantwortung von Unternehmensverbänden aus sozialethischer Sicht, ZfR 1996, S. 135ff.
Zachert, Ulrich: Arbeitsrechtskodifikationen in Europa – eine rechtsvergleichende Skizze, AuR 1993, S. 193ff.
ders.: Entwicklung und Perspektiven des Normalarbeitsverhältnisses, WSI-Mitt. 8 1988, S. 457ff.
Zirnbauer, Ulrich: Die Änderungskündigung, NZA 1995, S. 1073ff.
Zöllner, Wolfgang/Loritz, Karl Georg: Arbeitsrecht, Ein Studienbuch, 5. Auflage, München, 1998.
Zöllner, Wolfgang: Der kritische Weg des Arbeitsrechts zwischen Privatkapitalismus und Sozialstaat, NJW 1990, S. 1ff.
ders.: Flexibilisierung des Arbeitsrechts, ZfA 1988, S. 265ff.
ders.: Privatautonomie und Arbeitsverhältnis – Bemerkungen zu Parität und Richtigkeitsgewähr beim Arbeitsvertrag, AcP 176 (1976), S. 221ff.
ders.: Sind im Interesse einer gerechten Verteilung der Arbeitsplätze Begründung und Beendigung des Arbeitsverhältnisses neu zu regeln?, Gutachten zum 52. DJT 1978, Bericht, Bd. 1, D13ff. (zit.: 52. DJT).
Zuleeg, Manfred: Die Rolle des Arbeitsrechts in der europäischen Integration, RdA 1992, S. 133ff.
ders.: Europäischer Gerichtshof und nationale Arbeitsgerichte aus europarechtlicher Sicht, RdA 1996, S. 71ff.
Zwanziger, Bertram: Arbeitsrechtliche Aufhebungsverträge und Vertragsfreiheit – zugleich Anm. zum BAG-Urteil vom 30.9.1993, DB 1994, S. 982ff.
ders.: Tarifliche Unkündbarkeit und Sozialauswahl, -zugleich Stellungnahme zu ArbG Cottbus, DB 2000, S. 1817ff., NJW 2000, S. 2166ff.

Zweigert, Konrad/Kötz, Hein: Einführung in die Rechtsvergleichung auf dem Gebiete des Privatrechts, 3. Auflage, Tübingen 1996.

Tatjana Aigner / Joachim Heilmann (Hrsg.)

Wertorientierungen in Unternehmen und Arbeitsrecht

Frankfurt am Main, Berlin, Bern, Bruxelles, New York, Oxford, Wien, 2002.
VI, 234 S., zahlr. Abb.
ISBN 3-631-39443-8 · br. € 37.80*

Wirtschaftsunternehmen sind nicht nur ökonomische Einheiten, sondern auch Wertgemeinschaften. In der Wissenschaft wird das bisher unterschiedlich erfasst. Die Wirtschaftstheorie konzentriert sich auf ökonomische Wertungen wie Gewinn, Erhaltung der Ertragskraft, Umsatzsteigerung, Bestehen im Wettbewerb, Sicherheit und Qualität der Produkte oder Dienstleistungen.Die Unternehmenspraxis nennt darüber hinaus in Unternehmensgrundsätzen, Führungsleitlinien, Arbeitsordnungen und Betriebsvereinbarungen auch Wertorientierungen wie Kooperation, Reziprozität, Achtung, Integrität, Fairness, Aufrichtigkeit, Vertrauen und nicht zuletzt Umweltschutz. Welches Gewicht haben in der Praxis diese sozialen Wertungen neben den ökonomischen? Stehen diese so im Vordergrund, wie das ökonomische Leitbild des „homo oeconomicus", des rational auf Maximierung des eigenen Gewinns ausgerichteten Einzelnen glauben macht? Sind daneben die sozialen oder ethischen Aspekte nur schmückendes Beiwerk? Oder wird in ihnen ein spezielles Eigeninteresse der Unternehmen und ein Bewusstsein sozialer Verantwortlichkeit erkennbar? Erste Antworten versuchen die Beiträge dieses Bandes zu geben.

Aus dem Inhalt: Stellung und Gewicht sozialer und ökonomischer Wertorientierung in der Unternehmenspraxis · Menschenbilder in Wirtschaftstheorie und -praxis · Verantwortung im Management · Lebensqualität im Beruf · Mobbing · Interventionsmittel der Gerichte · Verhältnis von Grundrechten und Arbeitsrecht

FSC
www.fsc.org
MIX
Papier | Fördert gute Waldnutzung
FSC® C083411

Kolibri 360 GmbH
Ferdinand-Jühlke-Straße 7
99095 Erfurt, Deutschland
produktsicherheit@kolibri360.de

Druck:
CPI Druckdienstleistungen GmbH
im Auftrag der
Kolibri 360 GmbH
Ferdinand-Jühlke-Str. 7
99095 Erfurt